KB021969

삼국시대 정사·야사

삼국시대 정사·야사

이강래 편저

문지사

정사正史가 뼈라면 야사野史는 살이다

야사의 사전적 의미는 '민간에서 사사로이 기록한 역사'로 되어 있다.
정사가 정부의 전담 기구에서 사실을 연대기적으로 기술하여 편찬한 공식
기록인 데 비하여, 야사는 역사에 관심을 가진 사람이 민간인의 자격으로
기록한 것이라는 해석이다.

그렇다면, 야사는 엄밀한 의미의 역사로서는 가치가 없는 한낱 '옛이야기'에
불과하냐 하면 그렇지 않다.

정사는 시대 상황의 주체인 자, 승리한 자의 기록이라고 할 수 있다.
따라서 그 흐름이나 내용이 주관적이고 자기 본위적인 입장을 취하는 것이
일반적이다.

역사 기록의 책임을 맡은 사관史官들은 임금으로부터도 독립적이고
객관적인 지위를 보장 받았다고는 하나, 그들 역시 그 시대의 주체인 승리
집단의 일원이며, 무오사화戊午士禍의 예에서 볼 수 있듯이 붓대를 잘못 놀린
죄로 목숨을 잃기도 했던 것을 보면 아무래도 붓끝이 무뎌지지 않을 수 없었을
것이다.

거기에 비하여 야사는 다음과 같은 특징을 보여준다.

첫째, 대체로 후세의 기록자에 의하여 씌어지고, 공식화되지 않는 만큼
자유롭고 객관적인 기술 방식을 유지하며, 문제 발생을 우려하여 필자의 이름이

감춰진 경우도 있다.

둘째, 한 시대의 일괄적 연속적 기록이기보다는, 집필자 자신이 특별한 관심이나 흥미를 가진 어떤 사건 또는 시대 상황을 집중 기록함으로써 단편적인 성격을 띤다.

셋째, 의미 전달의 극적인 효과를 거두기 위하여 다소 과장되기도 한다.

넷째, 문자에 의한 기록뿐 아니라 구전되는 이야기도 포함된다.

이와 같은 특성들을 감안하여 생각하면, 야사는 총체적 기준의 역사로서는 다소 미흡할 수밖에 없는 것이 사실이다. 그러나 야사는 정사에서는 결코 기대하기 어려운 독특한 매력을 지니고 있다. 이야기 자체가 상당히 재미있을 뿐 아니라 정사의 행간에서 누락된, 보다 인간적인 훈훈한 체취를 느끼게 된다.

그 시대의 인문이나 풍속, 어떤 특정인의 인간적 면모 같은 것은 오히려 야사 쪽에서 명료하게 이해할 수도 있다.

정사가 뼈라면 야사는 살이라고 해도 무방할 것이다. 따라서 야사를 읽는 것은 단순히 책 읽는 재미를 취한다는 의미를 넘어 역사 이해의 한 방법으로 차원을 높여 생각할 일이다.

편저자 이강래

목차

삼국시대 야사

4

5

삼국시대 정사

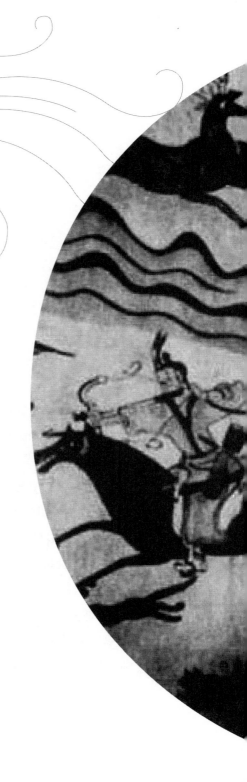

고구려

주몽의 탄생

어느 날, 해모수解慕漱가 말을 타고 아리수압록강를 돌아보던 중 목욕하고 있는 한 아가씨를 발견했다. 해모수는 아가씨에게 다가가 물었다.

"그대는 누구인가?"

"예, 소녀는 웅신산에 살고 있는 하백의 딸 유화라고 합니다."

"허, 이런 곳에서도 사람이 사는구나. 날도 저물고 갈 길이 멀어 그대의 집에 유숙을 부탁해도 되겠나?"

"곤란합니다. 지금 소녀의 아비가 집에 없습니다."

"걱정하지 마라."

해모수는 유화를 안심시킨 후 하룻밤을 묵었다. 그렇지만 해모수는 자신의 욕정을 이기지 못해 유화에게 사랑을 고백하고 정을 나누었다. 그 다음 날, 해모수는 유화에게 이 말을 남기고 성으로 돌아갔다.

"나는 천제의 아들인데, 오늘 급히 하늘나라로 돌아가야 한다."

며칠 후 화백이 돌아왔다. 하백에게는 딸이 셋 있었는데, 유화가 첫째이고, 환화가 둘째이며, 위화가 셋째딸이었다. 동생들은 유화에게 있었던 이야기를 아버지에게 고자질했다.

화가 난 하백은 유화를 집에서 내쫓았다. 이에 유화는 해모수를 만나기 위해 태백산 남쪽 우발수로 갔다. 유화가 우발수 강가에서 방황하고 있을 때 사냥하던 동부여 금와왕이 그녀를 발견하고 물었다.

"무슨 일로 방황을 하고 있는가?"

"소녀는 웅심산에 살고 있는 하백의 딸입니다."

"무슨 연유로 이곳까지 왔느냐?"

금와왕은 유화로부터 이야기를 듣고 자신의 궁에서 살게 하였다. 금와왕은 가섭원에 동부여를 세운 해부루의 아들이다.

해부루가 늙도록 자식이 없어 명산을 찾아다니며 기도했다. 그러던 중 바위 밑에서 개구리 모양에 몸에서 금빛을 발산하고 있는 아기를 발견했다. 이 아기가 바로 해부루의 대를 이어 왕이 된 금와왕이다.

동부여궁에서 살게 된 유화는 출산의 고통을 겪다가 큰 알을 낳았다. 금와왕은 유화가 알을 낳았다는 소식을 듣고 신하들에게 명령했다.

"해괴한 일이구나. 사람이 알을 낳다니. 필시 불길한 징조이니 알을 돼지 먹이로 주어라."

신하들은 알을 돼지에게 주었지만, 돼지는 이상하게도 알을 피했다. 그러자 이 사실을 신하는 금와왕에게 보고했다. 그는 또다시 명을 내렸다.

"그래? 그러면 길에다 버려라."

역시 가축들은 모두 알을 피해 다녔다. 그러자 이번엔 들판에 버리도록 명했다. 들판에 버려진 알은 새들이 날아와 품어주었다.

금와왕은 어쩔 수 없다며 알을 유화부인에게 돌려주라고 했다. 알을 돌려받은 유화부인이 이불에 싸서 따뜻한 곳에 두자, 며칠 후 건강한 사내 아이가 알을 깨고 나왔다.

알에서 태어난 사내 아이는 어느덧 7살이 되었고, 누구에게도 배우지 않았지만 스스로 활과 화살을 만들었다. 더구나 화살을 쏘기만 하면 모두 백발 백중이었다.

유화부인이 아이가 활을 잘 쏜다고 붙인 이름이 주몽朱蒙이다.

이때 금와왕은 태자 대소를 비롯해 7명의 왕자가 있었다. 주몽은 그들과 함께 자랐지만, 그의 재주에 질투하기 시작했다.

이 사실을 알아차린 금와왕은 주몽을 보호하기 위해 마구간으로 보내 말을 돌보게 했다. 그러자 유화부인은 주몽에게 타일렀다.

"주몽아, 마구간에서 제일 잘 달리는 말을 고른 후 야위게 만들어야 한다. 그 대신 다른 말들은 먹이를 많이 주어 살을 찌워라."

"그렇게 하겠습니다."

시간이 지나면서 주몽이 고른 말은 몹시 야위었고 다른 말들은 살이 올라 보기 좋았다. 그러던 어느날 금와왕이 마구간에 들렀다가 여윈 말을 보고 놀라며 물었다.

"주몽아, 저 말은 왜 저렇게 말랐느냐?"

"대왕마마 저의 불찰이옵니다."

"그럴 수도 있겠지…. 저 마른 말을 너에게 주겠다. 이제부터 마구간 일을 그만두고 저 말을 잘 키워봐라."

주몽은 여윈 말을 명마로 길러냈다. 세월이 흘러 주몽은 20살이 되었다. 유화부인은 주몽과 예씨를 짝을 지어주었다. 그렇지만 태자 대소를 비롯한 일곱 왕자들은 주몽을 해치기 위해 호시탐탐 기회를 노리고 있었다. 그래서 주몽은 그들에게서 떠나기로 마음 먹었다. 때마침 어머니 유화부인 역시 주몽을 불러 부여궁을 떠나라고 했다.

이 말을 들은 주몽은 곧장 임신 중인 아내에게 달려가 칼집에서 칼을 뽑아 두 동강을 낸 후 반쪽을 아내에게 주면서 이렇게 말했다.

"부인, 반쪽의 칼을 일곱 모서리가 있는 돌 위 소나무 밑에 묻어두겠소. 만약 사내 아이가 태어나면, 이것을 찾은 후 나에게 보내시오."

그런 다음 주몽은 심복 오이와 협부와 마리 등을 불렀다.

"난 오늘 이곳을 떠나기로 결정했다."

"형님, 어디로 가시려고요?"

"남쪽으로 내려가 나라를 세우겠다."

"저희들도 뒤를 따르겠습니다."

주몽은 그들과 함께 자신이 길러온 명마를 타고 부여궁을 떠났다. 이 사실을 늦게 보고받은 태자 대소는 군사들을 데리고 주몽을 쫓았다. 그러나 앞서 간 주몽 일행은 엄호수에 도착했다. 하지만 강이 깊어 건널 수가 없음을 알고 고민하고 있었다. 이때 일행 중 한 사람이 외쳤다.

"형님, 물고기와 자라들이 다리를 놓고 있습니다."

주몽 일행이 무사히 강을 건너자 물고기와 자라들은 감쪽같이 사라졌다. 이들 일행은 모둔골에 도착했는데, 이곳에서 기골이 장대한 무골·재사·묵거 등을 만났다.

주몽은 이들에게 자신의 뜻을 말했다.

"내가 큰 뜻을 품고 나라를 세우려고 하오. 오늘 세 분을 만난 것은 하늘의 뜻으로 생각하오."

"거둬만 주신다면 충성으로 따르겠습니다."

이에 주몽은 임무를 맡기고 졸본으로 갔는데, 이곳은 땅이 기름져 도읍을 정하기엔 안성맞춤이었다. 22세의 주몽은 비류수 강가에 초가를 짓고, 나라 이름을 '고구려高句麗'로 했다.

유리왕의 황조가

주몽과 예씨 사이에서 태어난 아들 유리가 어린 시절 부여궁에서 화살로 장난치다가 어느 부인이 머리에 짊어지고 있는 물동이를 맞춰 깨뜨렸다. 그러자 화가 난 부인은 유리를 쫓아오면서 욕을 하였다.

"아비 없는 자식이라 어쩔 수 없구나."

이 말을 들은 유리는 어머니에게 왜 아버지가 없느냐고 따졌다. 그러자 예씨 부인은 아들 유리가 컸다고 생각해 숨겨왔던 이야기를 해주었다.

"너의 아버지는 고구려를 세운 분이다. 네 아버지는 칼을 부러뜨려 반쪽을 일곱 모서리가 있는 돌 위 소나무 아래에 묻어둘테니 찾아서 널 보내라고 하셨다."

유리는 이튿날부터 반쪽 칼을 찾았지만 쉽지 않았다. 하지만 포기하지 않고 열심히 칼을 찾고 있던 어느 날, 자기 집 주춧돌 틈에서 알 수 없는 소리가 들렸다.

그 주춧돌은 일곱 모서리였고 기둥은 소나무로 되어 있었다. 그곳에 반쪽 칼날이 끼워져 있었다. 유리는 칼을 가지고 아버지 주몽을 찾아갔다. 주몽은 유리가 내민 반쪽 칼을 보자, 기뻐하며 왕자로 맞았다.

유리 왕자는 송양국의 딸 다물도주를 왕비로 맞이했다. 주몽이 죽고 고구려 2대왕으로 즉위한 22년 후, 졸본을 떠나 국내성으로 도읍지를 옮겼다. 이곳에서 위나암성을 쌓고 왕궁을 지었다.

유리왕은 왕비 송씨가 죽자 골천 사람 화희와 한나라 사람 치희를 부

고구려 귀부인

인으로 맞았다. 하지만 두 부인은 유리왕을 놓고 서로 질투하기 시작했다. 그래서 유리왕은 양곡에 두 개의 궁전을 지어 서로 떨어져 살게 했다.

유리왕은 기산으로 7일 동안 사냥을 갔다가 돌아왔다. 그동안 두 부인은 싸움을 했고 그 결과 치희가 자신의 집으로 돌아가 버렸다.

유리왕은 치희 집으로 찾아가 달랬지만 헛수고였다. 어쩔 수 없이 유리왕은 혼자 궁으로 돌아오면서 안타까운 마음에서 시 한 수를 읊었는데, 이 시가 바로 '황조가'이다.

훨훨 나는 꾀꼬리는
암놈, 수놈 쌍을 지어 노닐건만
외로이 홀로 있는 이 내 몸은
누구와 함께 돌아갈거나

광개토대왕

광개토 대왕은 고구려 고국양왕의 아들이며 19대 임금으로 즉위했다. 광개토 대왕은 넓은 만주 땅을 차지하면서 고구려를 동북아시아에서 최고의 국가로 만들었다.

391년 18세로 왕위에 올랐을 때, 고구려는 남북으로 침략을 받고 있었다. 특히 할아버지 고국원왕 때는 중국 전연의 침략을 자주 받아왔다.

고국원왕 12년³⁴²년 연나라 왕 모용황이 5만의 군사를 이끌고 국내성에 침입했다. 그는 궁궐을 불태웠고 고국원왕 아버지 미천왕의 무덤에서 시신까지 꺼내갔다. 이와 함께 왕의 어머니와 고구려 백성 5만 명을 인질로 잡아갔다. 또 고국원왕 41년³⁷¹년 백제 근초고왕이 3만 명의 군사를 이끌고 평양성을 공격해왔다. 이때 고국원왕은 전쟁터에서 전사했다.

복수를 꿈꾸며 왕위에 오른 광개토 대왕은 연호를 '영락'으로 하고 고구려가 독립국가임을 선포했다. 이에 백성들은 광개토대왕을 '영락 대왕' 또는 '호태왕'으로 불렀다.

392년 7월 4만 명으로 하북의 백제성 10여 곳을 함락시켰는데, 이것은 고구려가 20년만에 거둔 대승리였다. 같은 해 10월엔 20일만에 백제 관미성을 함락시켜 백제 북방의 주요 요새까지 점령하고 말았다.

그 뒤 백제가 옛 영토를 찾고자 자주 침입했지만, 격퇴시키면서 남쪽 국경선에 성 7개를 쌓았다.

395년 12월엔 기병 3천 명을 데리고 쑹화강까지 진격해 북쪽 변방을 괴롭히던 비려를 정벌했다. 귀국 후 백제의 아신왕이 공격해오자, 수군을 앞세워 남쪽으로 갔다.

396년 고구려군은 한강을 넘어 백제의 서울 위례성을 포위하자,

광개토 대왕비

아신왕은 항복하고 말았다.

광개토 대왕은 항복한 아신왕을 살려주는 대신, 그의 동생과 대신 10여 명을 볼모로 데리고 돌아왔다. 광개토 대왕이 돌아가자, 아신왕은 복수를 위해 일본에 구원을 요청했다. 이에 출전 준비를 하고 있던 광개토 대왕은 때마침 신라 사신이 찾아와 왜구들이 쳐들어왔다며 구원을 요청했다.

광개토 대왕은 보병과 기병 등 5만 명의 군사를 신라에 보내 왜구들을 무찔렀다. 이때 백제 아신왕은 고구려군이 신라에서 왜구를 전멸시켰다는 소문을 듣고 후퇴했다.

얼마 뒤 후연의 모용희가 3만 명의 대군으로 고구려 북방 요새인 신성과 남소성을 함락시켰다. 광개토 대왕은 이번 침략을 계기로 오래 전부터 꿈꿔온 후연을 쳐 영토를 넓히겠다고 결심했다.

402년 마침내 광개토 대왕은 6만 명의 군사를 이끌고 후연 정벌에 나섰다. 요하를 건너 숙군성을 향해 만주 벌판으로 진군했다. 당시 숙군성에는 후연의 장수 모용귀가 있었다.

광개토 대왕은 화살에 항복하라는 편지를 달아 모용귀 진영으로 쏘았다. 이에 화가 난 모용귀는 부하 장수를 성 위로 보내 외치게 했다.

"목숨이 아까우면 하루 빨리 돌아가라."

이에 광개토 대왕은 활시위를 당겨 소리친 장수를 쏘아 죽이자, 전쟁이 시작되었다. 하지만 고구려의 공격을 받은 모용귀는 패하여 북문으로 달아났다.

숙군성이 함락되었다는 소식을 접한 후연의 다른 성주들은 겁을 먹고 달아나기에 급급했다. 이에 따라 고구려군은 현도성과 요동성까지 점령할 수 있었다. 또한 광개토 대왕은 고구려 북쪽 동부여를 정벌하기로 했다. 그러자 동부여왕은 순순히 항복했고 이런 여세를 몰아 숙신족까지 정벌하면서 고구려는 만주의 넓은 땅을 차지하게 되었다.

광개토 대왕은 병을 앓다가 412년 40세로 죽고 왕자 거련이 고구려 20대 장수왕으로 즉위했다.

을지문덕과 살수대첩

영양왕 9년598년, 평원왕 때 말갈족이 고구려를 치기 위해 1만 명을 이끌고 영주를 공격해왔다. 이때 수나라 문제는 한왕양과 왕세적을 원수로 삼아 30만 대군을 이끌고 고구려를 공격했다.

고구려 무사도

고구려 수렵도

그러나 한왕양의 군사가 음유관에 도착했을 때는 심한 장마철이었다. 그래서 보급로가 끊어져 군량미가 부족했고 전염병까지 돌았다. 이에 수나라는 주라후에게 바닷길을 이용해 평양을 공격하도록 했다.

그러나 때아닌 폭풍우로 수 많은 배가 침몰되었고 남은 군사들이 평양 근처에 도착했지만 고구려의 공격으로 전멸했다. 한마디로 수나라 30만 대군은 싸워보지도 못하고 대패한 것이다.

영양왕 23년 수나라 문제의 아들 양제는 2백만 대군을 앞세워 고구려를 침공했다. 두 나라 군사들은 요하를 사이에 두고 첫 번째 전투를 벌였다. 수나라 양제는 공부상서 우문개에게 부교를 만들어 사용하게 했지만 실패했다.

하지만 수나라군은 이틀만에 서쪽 언덕에서 부교를 완성해 요하를 건너 요동성을 에워싸고 공격했지만 성은 쉽게 함락되지 않았다.

계절이 바뀌어 여름이 되었지만, 성은 꿈쩍도 하지 않았기 때문에 도리어 수나라 군사들은 사기가 떨어졌다. 그러자 양제는 하는 수없이 요동성 서쪽에 위치한 육합성에 머물렀다.

한편 좌익위 대장군 내호아는 수군을 거느리고 패수로 쳐들어와 평양성을 위협했다. 이때 부총관 주법상이 자신의 작전을 건의했다.

"기다렸다가 뒤에서 오는 군사들과 함께 공격합시다."

그러나 내호아는 그의 말을 듣지 않고 고집만 부렸으며, 수나라 군사들은 공격을 시작했다. 그렇지만 고구려 군사들은 성 안의 빈 절에 숨어 있었고 일부는 성 밖으로 나와 싸우는 척하다가 도망쳤다. 그러자 수나라 군사들은 성 안까지 고구려 군사들을 쫓아왔다가 물건을 약탈하기 위해 흩어졌다.

그때 숨어있던 고구려 군사들의 일사분란한 공격으로 수나라 군사를 공격해 전멸시켰다. 그렇지만 내호아만은 간신히 목숨만 부지한 채 해포로 도망쳐 진을 쌓은 후 싸울 생각을 하지 않았다.

이때 좌익위 대장군 우문술은 부여도로 나오고 우익위 대장군 우중문은 낙랑도로 나왔다. 그밖의 수나라 군사들은 요동성을 돌아 압록강 부근으로 모여들었다.

이때 을지문덕 장군은 깊은 생각에 잠겼다가 직접 동태를 살펴보기로 했다. 그러자 장수들은 한결같이 말렸다.

"직접 적의 동태를 살피러 적진에 가는 것은 매우 위험합니다."

"걱정하지 마라. 나에게도 계략이 있다."

을지문덕 장군은 거짓 항복문서를 가지고 배를 타고 적진으로 향했다. 이것을 본 우중문과 우문술은 기뻐서 박수를 쳤다.

"을지문덕도 별 수 없는 모양이군. 제발로 항복하러 찾아오다니."

강기슭에 배를 정박한 을지문덕 장군은 적진으로 걸어갔다. 이때 수나라 군사들 모두가 지쳐 있다는 것을 알았다. 우중문은 을지문덕 장군이 들어오는 것을 보았다.

우중문은 이미 양제의 밀서를 가지고 있었다. 밀서엔 '만일 고구려왕이나 을지문덕이 오면 반드시 사로잡아야 한다'라고 씌어 있었다. 을지문덕 장군은 우중문에게 거짓 항복문서를 꺼내주었다.

그러자 우중문이 고함을 치며 을지문덕 장군을 체포하라고 명령하자, 장군은 여유롭게 웃으며 말했다.

"허어, 수나라가 이렇게 소인배인 줄을 몰랐소."

"소인배라고?"

"한나라 사신이 항복문서를 가지고 왔는데, 졸개 취급을 하고 있지 않소?"

그러자 우중문은 을지문덕 장군을 체포하려고 다가온 군사들을 물리쳤다.

"장군, 내가 너무 흥분했소. 그러니 돌아가서 당신 왕에게 조공 문제를 해결하고 다시 돌아오시오."

우중문은 얼떨결에 을지문덕 장군을 놓아주었다. 그러자 을지문덕 장군이 재빨리 배를 타고 강 중간쯤 건너왔을 때, 우중문은 그제야 양제의 밀서가 생각났다.

우중문은 급히 부하를 시켜 을지문덕 장군을 다시 불렀지만, 못 들은 척하고 강을 건너왔다. 얼마 후 을지문덕 장군은 우중문에게 조롱의 시를 지어보냈다. 그러자 우중문은 을지문덕이 보낸 시를 보고 분을 삭이지 못했다. 이때 우문술이 의견을 내놓았다.

"장군, 군량미가 바닥났습니다. 지금 돌아가야합니다."

"무슨 말을 하는것이냐? 대군으로 작은 적을 이기지 못하고 돌아가면, 무슨 낯으로 황제를 뵙겠나?"

이에 양제는 우중문의 주장에 찬성한 후 그를 총사령관으로 임명해 전군 통솔권을주었다. 병권을 쥔 우중문의 공격으로 압록강을 사이에 두고 고구려와 전쟁이 시작되었다. 이때 을지문덕 장군은 수나라 군사들을 지치고 굶주리게 하는 작전을 사용했다.

"모든 군량미를 평양성으로 속히 옮겨라."

배가 고픈 수나라 군사들이 압록강을 건너 공격했지만, 먹을 것이 없었다. 그러자 우중문은 군사들에게 평양성에는 먹을 것이 많다며 공격 명령을 내렸다.

이에 고구려 군사들은 살수에서 일부러 패하며 달아났다. 더구나 작전상 천천히 퇴각하면서 평양성으로 들어가 성문을 굳게 닫았다. 이어 수나라 군사들은 평양성을 겹겹이 에워쌌지만, 너무 조용했다. 그러자 우문술은 또다시 을지문덕이 잔꾀를 쓴다고 생각했다.

우문술은 부하를 시켜 성문을 두들기게 했다. 그러자 성 안쪽에서 이런 연락이 왔다.

"지금 항복문서를 꾸미고 모든 것을 정리할테니 며칠 말미를 주시오."

이 말에 우문술은 우쭐했지만, 며칠이 지나도 성 안에서는 아무런 기별이 없었다. 화가 난 우문술은 또다시 부하에게 성문을 두들기게 했다. 그러자 성 안에서 연락이 왔다.

"지금 수나라 황제와 군사들을 위해 음식 준비를 하고 있소. 그런데 아직 술과 고기가 부족해 소를 잡고 있소이다. 준비될 때까지 2~3일만 더 기다려주시오."

우문술은 기뻐하며 군사들에게 알리자, 굶주림에 지쳐 있어 더욱 배가 고파졌다. 하지만 약속한 사흘이 지났지만, 성 안에서는 아무런 말도 없었다. 화가 난 우문술과 우중문은 성문으로 달려가 발로 걷어찼다. 그때 성루에서 을지문덕 장군이 내려다보자, 우문술은 급히 몸을 피하면서 물었다.

"어째서 매번 약속을 어기는것이오? 기다리라고 한 날이 벌써 8일이나 되었소."

"대국 사람들은 그렇게 성질이 급하오? 조금만 참으시오."

"우리에게 항복하겠다고 약속하지 않았소?"

"곧 항복할테니 군사들을 모두 물리시오."

"뭐, 지금까지 우리를 가지고 놀았단 말이지?"

이렇게 흥분했지만, 수나라 군사들은 지치고 굶주려 있어 평양성을 공격할 힘도 없었다. 이에 우문술과 우중문은 후퇴하기 시작했다.

이때 고구려 군사들이 일제히 성 밖으로 나와 공격했다. 이에 놀란 수나라 군사들은 살수까지 도망쳤지만, 그곳엔 모든 다리가 끊어지고 배 한 척도 없었다. 이때 스님들이 바지를 걷어 올리고 강을 건너가는 것을 본 수나라 군사들은 모두 강물로 뛰어들었다.

수나라 군사들이 강 한복판에 도착했을 때, 강 위쪽에서 갑자기 거센 물결이 휘몰아치며 내려왔다. 을지문덕 장군이 군사들을 시켜 미리 막아놓은 보를 무너뜨리게 했던 것이었다.

이때 수장된 수나라 군사들은 모두 30만 명이었으며, 살아서 돌아간 숫자는 2천백여 명뿐이었다. 이것이 유명한 을지문덕 장군의 살수대첩이다. 이후 수양제는 두 번이나 고구려를 침략한 후유증으로 나라까지 멸망시키고 말았다.

안시성과 양만춘

618년 수나라가 망하고 당나라가 들어서면서 고구려와 화친정책을 폈다. 이때 고구려는 연개소문이 대막리지가 되어 정권을 잡고 신라의 당항성을 공격하고 있었다.

그러자 신라는 당나라에 구원을 요청했고, 당나라 태종 이세민은 고구려를 칠 좋은 기회로 생각하여 승낙했다.

당나라의 첫 전투는 고구려 28대 보장왕 3년^{644년} 여름 요동성을 중심으로 건안성·개모성·비사성·신성 등에서 벌어졌다.

이때 당 태종은 한 달 이상의 전투로 요동성을 함락시켰다. 그 다음 대군을 이끌고 안시성을 공격했는데, 이때 안시성을 지키고 있는 장군은 양

황룡산성. 북한 평안남도 남포시 교외에 있다.

만춘이었다. 그는 군사와 성 안의 백성과 단결하여 용감하게 싸웠고 이에 당 태종은 하루에 6, 7차례 공격을 했지만, 끄덕도 없었다.

그러자 당 태종은 군사들에게 안시성 옆에 흙언덕을 쌓으라고 지시했다. 이에 양만춘 장군은 부하들에게 명령했다.

그날 밤 성에서 몰래 나온 고구려 군사들은 돈대를 완전히 허물어 버렸다.

아침에 이것을 본 당 태종은 돈대를 다시 쌓도록 명령했다. 당나라 군사들은 두 달여 동안 50만 명을 동원해 성 옆에 흙산을 쌓았다.

그후 당 태종은 흙산 꼭대기에 올라가 성 안을 살펴보았다. 그러자 양만춘 장군은 또다시 흙산을 파헤치라 명했다.

당 태종은 다음 날 아침 흙산이 파헤쳐진 것을 보고 화가 나 안시성을 향해 소리쳤다.

"양만춘은 목숨을 부지하려면 빨리 항복하라!"

그 순간 안시성에서 화살이 날아와 당 태종의 갑옷을 맞힌 후 외쳤다.

"이세민, 포기하고 군사를 되돌리지 않으면 머리통을 뚫어놓겠다."

당 태종은 양만춘 장군이 화살을 겨누자 가슴이 철렁했다.

진영으로 돌아온 당 태종은 어찌할 바를 몰랐다. 이때 보급로가 차단되었다는 부하의 보고를 받았다. 당 태종은 할 수 없이 군사들에게 퇴각 명령을 내렸다.

당 태종이 군사들과 함께 퇴각할 때 고구려 군사들의 맹공이 시작되었다. 당 태종은 막대한 피해를 입고 돌아갔다. 하지만 647년부터 649년에 걸쳐 고구려를 두 번이나 침공했지만, 모두 패하고 말았다.

고구려의 멸망

보장왕 19년 가을 어느 날, 3일 동안 대동강 물이 핏빛으로 물들었다. 이 때문에 민심은 극도로 어지러워졌다.

몇 달 후 겨울이었다. 당나라 좌효위 대장군 설필하력과 포주 자사 정명진이 고구려를 침략했다. 이에 고구려군은 당나라군과 용감하게 싸우다가 3만여 명이 죽고 나머지는 항복하고 말았다.

보장왕 25년에 연개소문이 죽자, 그의 맏아들 남생이 막리지가 되었다. 남생은 변방을 시찰하기 위해 떠나면서 아우 남건과 남산에게 나랏일을 맡겼다.

이때 간신배들이 이들 형제간을 이간질시키자, 남생은 부하를 시켜 몰래 두 동생의 움직임을 살피게 했다. 그러나 두 동생은 남생이 보낸 부하를 붙잡고는 어명으로 형 남생을 불렀지만, 남생은 끝내 고구려로 돌아오지 않았다.

이에 남건은 스스로 막리지가 되어 남생을 죽이려 했다. 하지만 남생은 국내성으로 피신한 후 아들 헌성을 당나라에 보내 구원을 요청했고 이것이 고구려가 망하게 된 결정적인 원인이 되었다.

　이때 당나라는 12월 이적을 출전시켜 요동의 여러 성을 함락시켰다. 이듬해 가을 이적은 신성을 함락시키고 이어서 평양성까지 함락시켰다. 결국 고구려는 형제간의 권력 싸움으로 인하여 668년 9월에 멸망하고 말았다.

백제

백제의 탄생

주몽과 졸본부 여왕의 둘째 딸 소서노 사이에서 비류와 온조 형제가 태어났다. 백제의 탄생은 주몽이 소서노와 결혼하여 두 형제를 낳은 뒤 갑자기 유리가 찾아와 태자로 책봉되면서 시작되었다.

유리가 세자로 책봉되자, 비류와 온조는 오간과 마려 등 10여 명의 신하를 비롯해 자신을 따르는 백성들을 데리고 남쪽으로 내려갔다.

한산에 도착한 비류와 온조는 언덕에 올라가 지형을 살폈다. 이때 신하들은 하남땅이 도읍지로 좋다고 했지만, 비류는 마음에 들지 않는다며 자신을 따르는 무리와 함께 미추홀에 정착해 도읍을 정했다.

먼저 온조는 기원전 18년에 하남 위례성에 도읍을 정하고 나라 이름을 '십제'라고 정했다. 이때 비류와 함께 미추홀로 간 백성들은 토지에 물기가 많고 물맛이 짜 온조에게 되돌아 왔다.

이에 비류는 자신의 선택이 잘못된 것을 후회하다가 죽어버리고 말았다. 이후 온조가 나라 이름을 십제에서 백제로 고쳤는데, 백제란 '백성들이 즐겨 따랐다'고 해서 지어진 이름이었다. 또한 백제는 고구려와 함께 부여에서 나왔기 때문에 성의 이름조차 부여라고 했다.

효자인 온조왕은 아버지 주몽을 위해 사당을 세웠다. 온조왕 2년 어느 날 왕은 여러 신하들에게 예언했다.

"우리 나라 북쪽과 경계를 맞대고 있는 말갈이 침략의 기회를 엿보고 있소. 그들의 침략을 막기 위해 무기를 수선하고 군량미를 비축해야 될 것이오."

백제를 중흥시킨 왕들

한수 유역에 자리잡은 백제의 온조왕은 세력을 점차적으로 키워나갔다. 그 뒤를 이어 2대 다루왕, 3대 기루왕, 4대 개루왕, 5대 초고왕, 6대 구수왕 등이 차례로 영토를 넓혔다.

그후 8대 고이왕 때부터 나라의 기틀이 갖춰지기 시작했다.

백제의 왕들은 붉고 큰 소매의 곤룡포를 입었으며 머리엔 황금색 꽃으로 장식한 비단관을 썼다.

19대 책계왕이 대방군 태수의 딸 보과를 왕비로 맞은 얼마 뒤 고구려 13대 서천왕이 대방군을 공격했다. 그러자 대방군은 사위 나라인 백제에 원군을 요청하자, 흔쾌히 승낙했다. 이로 인해 백제와 고구려는 멸망할 때까지 원수지간이 되었다.

고구려는 백제가 낙랑군을 넘본다는 구실을 내세워 침략해 책계왕을 죽였다. 298년 책계왕의 뒤를 이어 맏아들이 10대 분서왕으로 즉위한

무령왕릉 묘실 내부

후 복수의 칼을 갈았다. 하지만 304년 분서왕 역시 낙랑 자객에게 암살 당하고 말았다.

분서왕이 죽자 구수왕의 둘째 아들 비류가 11대 왕위를 이었다. 분서 왕의 적자가 왕위를 계승하지 못한 이유는 나이가 너무 어렸기 때문이다. 그렇지만 비류왕 다음으로 분서왕의 아들이 12대 계왕으로 즉위했다.

그러나 346년 계왕은 즉위 3년만에 죽고 비류왕의 둘째 아들이 13대 근초고왕으로 즉위했다. 근초고왕은 고구려에 대한 복수로 군사력을 키워 3만 명의 대군을 이끌고 고구려를 공격했다.

백제군과 고구려군은 패수를 사이에 두고 맞섰다. 이때 근초고왕의 태자가 선봉에 서서 공격 명령을 내리자, 백제군은 고구려군 진영으로 화 살을 퍼부었다. 그런 다음 군사들이 돌격하면서 창과 칼을 휘두르자, 고 구려군은 추풍낙엽처럼 쓰러졌다.

이때 고구려는 고국원왕이 친히 싸움터에 나왔다가 백제군의 화살을 맞고 말에서 떨어졌다. 그러자 근초고왕의 태자가 고국원왕을 사로잡기 위해 돌진했지만, 막고해 장군이 말고삐를 잡았다.

"장군, 왜 그러십니까?"

"저하, 고구려왕은 이미 죽었습니다."

"그래? 그렇다면 이번 기회에 고구려를 멸해야 합니다."

"저하, 참으십시오. 옛말에 족함을 알면 욕이 되지 않고, 그칠 줄 알면 위태로움이 없다고 했습니다."

나라를 망친 왕들

태자 수는 백제 14대 근구수왕으로 즉위하여 10년 동안 통치했다. 그 다음으로 맏아들이 백제 15대 침류왕으로 즉위했지만, 1년만에 죽었다. 그 뒤를 이어 침류왕의 동생이 16대 진사왕으로 즉위했다.

진사왕은 백성들과 함께 태평세월을 누리면서 궁전을 아름답게 짓는 일에만 전념했다.

궁전이 완성되자, 그는 나랏일보다 오직 사냥과 놀이에만 집중했다. 이에 백제는 국력이 점점 쇠약해지면서 고구려에게 침략의 빌미를 주었다.

백제 21대 개로왕 때엔 고구려의 침략을 견디지 못해 위나라에 사신을 보내 고구려 토벌을 청했지만 거절 당했다. 그럼에도 불구하고 개로왕은 한강변에 토성을 쌓고 궁궐을 더더욱 화려하게 조성했다.

475년에 고구려 장수왕의 공격으로 개로왕은 한성을 빼앗기고 고구려 군사에게 잡혀 죽었다. 이때 백제는 고구려의 침략을 대비해 신라와 동맹을 맺었지만, 신라군 1만여 명이 백제에 도착하기 전에 패하고 말았다.

개로왕의 뒤를 이어 백제 22대 문주왕이 즉위했다. 문주왕은 도읍지를 웅진 공주로 옮긴 후 부왕의 복수를 노렸다. 하지만 정신적인 충격으로 나랏일을 좌평 해구에게 맡겼는데, 그는 반역의 음모를 꾸몄다.

문주왕이 죽자 백제 23대 삼근왕이 13세의 나이로 뒤를 이었다. 그렇지만 해구가 권력을 쥐고 맘대로 휘두르다가 대신들로부터 미움을 샀다.

이 사실을 눈치 챈 해구는 대두성에서 반란을 일으켰다. 그러자 덕솔 진로가 군사 5백 명을 동원해 해구를 죽이고 반란군을 진압했다.

이때 해구와 반란을 일으킨 연신이 고구려로 달아나 백제의 모든 비밀을 말해 주었다.

479년 삼근왕이 재위 3년만에 15세로 죽자, 그의 사촌이 백제 24대 동성왕으로 즉위했다.

동성왕은 활을 잘 쏘고 담력이 뛰어났으며 성격까지 호탕했다. 그는 즉위초부터 고구려의 침략을 막기 위해 신라와 동맹관계를 맺기 위해 정략적으로 결혼했다.

결혼 이듬해 고구려가 신라를 공격한다는 말을 듣자, 동성왕은 1천 명의 군사를 파병해 고구려를 물리쳤다. 또다시 고구려가 백제의 치양성을 공격하자, 신라에서는 덕지장군을 보내 백제를 구원했다.

그렇지만 동성왕 역시 궁궐 동쪽에 임류각을 짓고 왕비와 궁녀들을 데리고 잔치로 세월을 보내면서 나랏일을 돌보지 않았다. 더구나 흉년까지 겹쳐 전국에 도적떼가 들끓고 거리에는 걸식하는 백성들로 가득했다. 보다 못한 신하들은 동성왕에게 정사에 힘쓰라고 충언했다.

하지만 동성왕은 신하들의 말을 무시하자, 좌평 백가가 나서서 왕을 살해했다. 그 다음 동성왕의 둘째 아들이 백제 25대 무녕왕으로 즉위

백제 공산성

하면서 나라를 안정시켰다. 하지만 고구려와 말갈과의 수많은 전쟁으로 백성들의 생활은 역시 궁핍했다.

　무녕왕이 죽고 뒤를 이어 백제 26대 성왕이 즉위하면서 신라와의 동맹 관계를 더더욱 다져나갔다. 그러나 고구려의 끊임없는 침략으로 538년에 도읍지를 웅진에서 사비 부여로 옮긴 후 국호를 남부여로 개칭했다.

백제의 충신과 간신

　사비성으로 도읍지를 옮긴 백제 성왕은 중국 양나라와 교역하면서 남조문화를 받아들여 찬란한 백제문화를 완성시켰다. 그러나 국력이 강해진 신라는 백제를 압박했고, 신라 24대 진흥왕 때 백제를 침략해 한산주와 삼년산성을 빼앗고 옥천까지 공격했다. 이에 성왕은 크게 분노했다.

"우리는 고구려와 맞서기 위해 신라와 맺은 동맹관계가 백년인데, 이렇게 배신할 수가 있는가. 내가 친히 신라를 공격하겠다."

성왕 32년554년 7월, 성왕은 직접 대군을 이끌고 관산성으로 나가 싸우다가 전사하면서 패하고 말았다. 이후부터 두 나라는 원수지간이 되었다.

554년 성왕의 뒤를 이어 태자 창이 백제 27대 위덕왕으로 즉위했다. 왕은 부왕의 원수를 갚기 위해 신라의 국경을 위협했다.

백제 30대 무왕은 신라의 아막산성을 공격했지만, 완벽한 승리를 거두지 못했다.

무왕은 왕흥사를 짓도록 했다. 이 사찰은 무왕 1년에 착공하여 600년에 준공되었다. 무왕은 왕흥사 낙성을 축하하기 위해 운하를 백마강에서 20여 리나 떨어진 대궐 앞까지 파게 했다.

국력이 강해진 백제는 신라의 옥문곡을 기습으로 공격했지만, 김유신의 방어로 실패했다. 백제의 마지막 왕인 31대 의자왕은 무왕의 맏아들이다. 그는 어릴 때부터 효성이 지극했고 형제간의 우애가 돈독해 '해동증자'로 불렸다.

의자왕은 당나라와 친교 정책을 폈고 이에 당 태종은 의자왕을 '주국대방군공백제왕'으로 책봉했다.

의자왕은 즉위 초에 나라를 안정시키고 군사를 훈련시키며 영토 확장에 힘썼다. 의자왕 2년642년, 왕은 군사를 이끌고 신라를 공격해 미후성 등 40여 성을 함락시켰다. 같은 해 윤충에게 1만여 명의 군사를 내주어 대야성을 함락시키면서 대승을 거두었다.

의자왕 3년에는 적대관계를 풀고 고구려에게 화친을 청했으며 신라를 멸망시키겠다고 마음먹었다. 더구나 당항성을 빼앗아 신라와 당나라 간의 교역 통로를 막았다.

이에 신라 선덕여왕은 당나라에 구원을 청했고, 당 태종은 의자왕에게 압력을 행사해 군사를 철수시켰다. 또한 의자왕 13년655년에는 일본과도 외교관계를 맺어 신라를 제압하기도 했다.

그러나 의자왕 15년 이후 왕은 즉위 초와는 달리 궁전 남쪽에 정자를 짓고 궁녀들과 함께 주지육림에 빠지고 말았다. 이때 후궁 사이에 태어난 왕자만 모두 41명이나 되었다고 한다.

이에 백성들의 원망이 하늘을 찔렀지만, 의자왕은 이를 무시한 채 아버지 무왕처럼 나랏돈을 탕진했다. 그때 충신 좌평 성충이 의자왕에게 충언했다.

"대왕마마, 하루 속히 도탄에 빠진 백성들을 구하고 정사에 힘쓰십시오."

"뭐라? 네까짓 것이 뭔데 썩 물러가지 못할까!"

"대왕마마, 신라는 당나라와 연합해 우리를 노리고 있습니다."

"에이, 시끄럽다고 했다. 여봐라! 저 늙은 놈을 당장 하옥시켜라! 하하하…. 감히 신라가 백제를 친다고?"

옥에 갇힌 성충은 의자왕에게 상소문을 올렸다.

'충신은 죽음을 맞아도 임금을 잊지 않습니다. 대왕마마, 마지막으로 아룁니다. 만약 외적이 침략해 오면 육로로는 탄현을 넘지 못하게 하시고, 수로로는 기벌포의 언덕을 들어서지 못하게 하옵소서.'

그러나 의자왕은 성충의 상소문을 찢어버렸다. 이 소식을 접한 성충은 28일 동안 단식하다가 죽었다. 그가 죽은 지 2년 후부터 나라에는 이상한 징조들이 나타났다.

궁중에 흰 여우떼가 나타났고, 사비수 백마강에는 세 길이나 되는 죽은 물고기가 떠올랐다. 또한 키가 18자나 되는 여인의 시체가 생초진에서 발견되었고, 궁중에는 매일 밤마다 귀신의 울음소리가 난무했다. 그리고 배의 돛대가 큰물을 따라 절로 들어오는 것을 왕흥사 중들이 보았고, 노루처럼 생긴 개가 사비수 언덕에 올라와 대궐을 향해 짖다가 사라지기도 했다.

같은 해의 어느 날 귀신이 대궐 안으로 들어와 백제가 망한다고 외친 후 땅속으로 사라졌다. 군사들이 그곳을 파헤치자 거북이 한 마리가 나왔는데, 등에는 이런 글이 적혀 있었다.

'백제는 보름달 같고 신라는 초승달 같다.'

그러자 의자왕은 거북이 등의 글을 점쟁이에게 보여주면서 풀이를 명했다.

"백제가 보름달 같다는 것은 달이 꽉 찼으니 기울어진다는 뜻이고, 신라는 초승달 같다는 것은 곧 보름달 같이 된다는 뜻이옵니다."

이 소리에 의자왕은 화를 내며 점쟁이를 죽이라고 명하자, 그는 겁을 먹고 거짓으로 아뢰었다.

"백제는 보름달처럼 강하고 신라는 초승달처럼 약하다는 뜻이옵니다."

660년, 당나라 고종은 소정방에게 13만 대군을 내주며 백제를 공격하라고 했다. 신라도 당나라와 연합해 백제를 공격할 준비를 끝낸 상태였다.

소정방은 성산을 출발해 바다를 건너 백제의 도성 서쪽 덕물도에 도착했다. 신라의 무열왕은 김유신에게 5만의 정예군을 이끌게 했다. 모월 모시에 의자왕은 신라와 당나라 연합군이 쳐들어온다는 보고를 받고 정신을 차렸다.

그러나 술이 덜 깬 의자왕은 대신들을 불러 어전회의를 열었다. 이때 좌평 의직이 의자왕에게 아뢰었다.

"당나라군은 물에 익숙하지 못해 군사가 배에 남아있기 어려울 것

미륵사지 석탑

입니다. 그들이 뭍으로 내려와 대열을 갖추기 전에 공격하면 승산이 있을 것입니다. 당나라군만 믿는 신라군은 감히 공격하지 못할 것입니 다."

이 말에 달솔, 상영 등이 의직의 의견에 반대했다.

"당나라군들은 멀리서 왔기 때문에 싸움을 서두를 것입니다. 그래서 그들의 기세를 꺾을 수가 없습니다. 그렇지만 신라군들은 우리에게 적수가 못됩니다. 이에 따라 먼저 당나라군의 진로를 막고, 한편으로는 신라군을 공격한 후 전군이 합세하여 싸우도록 하십시오."

몇 달 전 좌평 흥수가 의자왕의 문란한 행동을 말리다가 도리어 고마 미지로 귀양 보내졌다. 문득 흥수가 생각난 의자왕은 즉시 사람을 보내어 흥수에게 의견을 묻도록 했다. 그러자 흥수는 이렇게 대답했다.

"당나라군은 대군이고 군율이 엄격합니다. 따라서 넓은 들판에서 당나라군과 싸운다면 이길 수가 없습니다. 우선 백강과 탄현의 길목을 지켜 당나라군이 들어오지 못하게 막고 신라군은 탄현을 넘지 못하게 막으시면 됩니다. 그런 다음 대왕께서는 성문을 굳게 닫고 지키시옵소서. 그러면 두 나라 군사들은 군량미가 떨어지고 지칠 것입니다. 그때를 노려 공격하면 섬멸할 수가 있습니다."

그렇지만 의자왕과 대신들은 흥수의 의견이 옥에서 굶어 죽은 성충의 능산리 고분 상소문과 같다고 반대한 다음, 이런 대책을 내놓았다.

"당나라군이 백강에 들어와도 배를 나란히 띄울 수 없을 것입니다. 또한 신라군이 탄현을 넘더라도 좁은 통로 때문에 말들이 한꺼번에 들어오지 못할 것입니다. 그때를 기회로 삼아 공격하면 적들을 섬멸할 수 있습니다."

의자왕은 결국 충신들의 계략을 물리치고 대신들의 의견을 따랐다.

백제의 멸망

신라 명장 김유신은 5만 명의 군사와 함께 백제로 쳐들어 왔지만, 무혈로 탄현을 통과했다. 이때 당나라군은 백강에 도착해 진을 치고 있었다. 의자왕은 어떻게 적을 막느냐는 문제를 고민하면서 시간만 보냈다. 이때 계백 장군이 이렇게 아뢰었다.

"신 계백이 직접 전장에 나가겠습니다."

"고맙소. 이제부터 장군에게 백제의 운명을 걸겠소."

그렇지만 계백 장군이 거느린 군사는 고작 5천이었다. 계백 장군은 5천의 결사대와 함께 황산벌에서 신라군과 싸우다가 전사했다.

신라군은 사비성을 총공격했고, 당나라군들은 백강 어귀에서 패한 직후 상륙작전을 감행해 30만 대군으로 하여금 사비성을 공격했다.

이때 의자왕은 태자 효와 함께 궁궐을 탈출해 부소산을 거쳐 웅진성으로 피했다. 그러자 궁녀들 역시 의자왕을 따르려고 했지만, 서로가 뒤엉켜 진퇴양난이었다. 따라서 궁녀들은 적에게 치욕을 당하는 것보다 죽음이 낫다고 판단해 백마강으로 몸을 던졌다.

오늘날 이곳은 낙화암으로 불리고 있으며 강물에 뛰어든 궁녀만 무려 3천 명이나 되었다고 한다.

한편 의자왕이 피신하자, 셋째 왕자 융은 좌평 각가를 시켜 당나라 소정방에게 군사를 철수시켜 달라는 글을 전했다. 그렇지만 소정방이 묵살하자, 융은 어쩔 수 없이 항복했다. 그때 신라 세자 법민은 융을 꿇어앉힌 후 말했다.

"20년 전 네 아버지 의자왕이 내 누이동생을 죽였다. 그것으로 하여금 원한을 사게 했다."

얼마 후 의자왕은 태자와 함께 사비성으로 들어와 당나라 소정방과 신라 태종 무열왕에게 항복했다. 소정방은 의자왕과 효와왕 자태를 비롯해 융과 1만천여 명의 포로를 끌고 당나라로 돌아갔다. 678년 결국 백제는 31왕만에 멸망하고 말았다.

계백과 5천 결사대

계백 장군은 의자왕 때 달솔이란 벼슬자리에 있었다. 의자왕 20년 660년에 당나라 소정방이 30만 대군을 바다로, 신라 김유신은 5만 군사를 이끌고 육지로 침략해왔다.

그러자 계백 장군은 의자왕의 명으로 5천 결사대를 조직했다.

그는 황산벌로 나가기 전 집에 들렀다.

"싸움터로 나가지만, 앞날을 예측할 수가 없구나. 내가 죽어 처와 자식이 적의 노예가 되는 것보다 내 손에 죽는 것이 훨씬 행복할 것이다."

계백 장군은 처와 자식들은 모두 죽이고 싸움터인 황산벌로 향했다. 그는 지형에 따라 3영을 쌓고 결사대에게 외쳤다.

"들어라! 옛날 월나라 왕 구천은 5천으로 오나라 70만 대군을 물리쳤다. 우리군의 수가 적다고 하지만, 죽음을 각오하고 싸운다면 결코 승리할 것이다."

황산벌에서 신라군과 맞붙은 백제군은 4차례의 접전으로 적군 1만여 명을 섬멸했다. 그러나 30만 대군 앞에서 계백 장군은 부하들과 함께 장렬하게 전사했다.

신라

박혁거세의 탄생

서라벌의 넓은 들 가운데는 알천이 흐르고, 이곳을 중심으로 알천 양산촌·돌산 고허촌·취산 진지촌·무산 대수촌·금산 가리촌·명활산 고야촌 등 여섯 마을이 자리잡고 있었다. 각 마을에는 촌장이 별도로 있어 큰일이 있을 때면, 모두 한자리에 모여 회의를 했다.

촌장들은 양산촌의 알평, 고허촌의 소벌공, 진지촌의 지백호, 대수촌의 구례마, 가리촌의 지타, 고야촌의 호진 등이다. 여섯 마을회의 의장은 연장자인 고허촌 소벌공이 맡았다.

어느 날 여섯 촌장들은 알천 동쪽에서 건국에 대한 회의를 했다.

"여섯 마을을 다스리는 왕이 있어야 하지 않겠소?"

"그렇습니다. 그러면 누구를 왕으로 추대하면 좋겠소?"

이 말이 끝나기가 무섭게 갑자기 하늘에서 한 줄기 빛이 내려와 양산촌 나정 우물 옆에 있는 숲속을 비췄다.

촌장들은 동시에 빛이 닿은 곳에서 백마 한 필이 무릎을 꿇고 하늘을 향해 절을 하는 모습을 보았다. 그래서 촌장들은 황급히 달려갔지만, 백마는 울음 소리를 낸 뒤 하늘로 사라지고 말았다.

하지만 촌장들은 백마가 절을 하던 곳에 놓여 있는 커다란 알을 발견했다. 호기심 많은 촌장 한 사람이 알을 만지는 순간 알이 깨졌는데, 깨진 알 속에 건강한 사내 아이가 방실거리며 웃고 있었다.

황급히 아이를 알에서 꺼내자 몸에서 알 수 없는 향내와 광채가 환하게 빛났다.

촌장들의 결정에 따라 소벌공이 사내 아이를 기르기로 했다. 그는 아이의 이름을 고민하다가 박처럼 큰 알에서 나왔으니 성을 박씨로, 이름은 세상을 밝게 다스린다는 뜻으로 혁거세로 지었다.

이 사내 아이는 기원전 57년 4월, 13세의 나이로 왕이 되었다. 백성들은 그를 '거서간'으로 불렀다. 서라벌은 땅도 기름지고 비도 알맞게 내리는 최고의 도읍지였다.

그가 왕위에 올랐을 때부터 서라벌은 매년 풍년이 들었고, 모든 것이 넉넉한 태평세월이었다. 그가 즉위한 지 5년째 되었을 때 알영과 혼인했다.

박혁거세가 태어날 때 양산마을 알영정 우물가에 용이 구름을 타고 내려왔다. 용은 겨드랑이 갈비뼈 밑에서 여자아이를 낳은 후 하늘로 올라가 버렸다. 이 여자 아이를 마을 할머니가 데려왔는데, 입술 모양이 부리처럼 쑥 나와 있었다.

그때 샘물로 입술을 씻자, 본래의 입술로 돌아갔다. 할머니는 여자 아이가 알영정에서 태어났다고 이름을 알영으로 지었다.

박혁거세는 왕이 된 후 61년 만에 죽었다.

포석정

가야국 시조 김수로왕

낙동강 하류는 예로부터 땅이 기름져 매년 풍년이 들었는데, 이를 감사하기 위해 족장들은 함께 모여 풍년제를 지냈다.

"천제님, 올해도 풍년이 들게 해주시어 감사합니다."

그때 하늘에서 우렁찬 소리가 천지를 진동했다.

"아래에 누가 왔느냐?"

"아홉 족장들이 있사옵니다."

"너희들의 정성에 감동받아 선물을 내리겠다. 지금 산봉우리의 흙을 파면서 거북 노래를 불러라. 또한 춤도 반드시 추어야 하느니라. 그러면 너희를 다스릴 사람을 만날 것이다."

일제히 족장들은 천제의 명대로 행하자, 갑자기 하늘에서 무지개가 나타나면서 보자기에 싸인 궤짝 하나가 내려왔다. 족장들은 궤짝을 향해 절하고 뚜껑을 열었다.

그 속에는 여섯 개의 황금색 알이 들어 있었다. 족장의 우두머리 아도간이 여섯 개의 알을 집으로 가져와 따뜻한 곳에 두었다. 얼마 후 여섯 개의 알에서 남자 아이들이 나왔다. 그러나 남자 아이들은 순식간에 어른으로 성장했다.

이때 맨 먼저 나온 남자의 이름을 수로라고 짓고 성은 금궤에서 나왔다고 하여 김씨로 정했다. 아도간은 그를 금관가야왕으로 추대했다.

며칠 후 김수로왕은 신하들에게 이렇게 말했다.

"오늘 왕후가 될 여인이 바닷가에 도착할 것이니 마중하라."

기이하게 생각한 신하들은 바닷가로 달려가자, 그곳엔 시종을 거느린 처녀가 보물을 가지고 도착해 있었다.

"소녀는 16세의 인도 야유타국의 공주랍니다. 성은 허씨고 이름은 황옥입니다. 어느 날 천제님께서 꿈에 나타나 금관가야국 수로왕에게 시집가라고 해서 왔습니다."

김수로왕은 그녀를 맞이해 황후로 삼았다. 또한 김수로왕과 함께 알에서 나온 사내 아이들 역시 다른 곳에서 왕이 되었다.

낙동강 하류에 분포되어 있던 변한의 12개 나라가 금관가야·아라가야·성산가야·대가야·고령가야·소가야 등으로 발전했다.

가야의 연합 세력으로 확장되면서 신라를 위협했으며, 일본까지 진출하여 문화를 전파했다. 이와 함께 최초로 낙랑과 대방 등의 한나라 군현과 일본 등지에 철을 수출하기도 했다.

그러나 신라 23대 법흥왕 19년에 금관가야를 비롯한 모든 가야국들이 신라로 복속되었다. 가야국의 철기문화와 농업기술은 신라 부흥에 원동력이 되었다. 또한 김유신 장군도 금관가야의 왕족 출신이었고, 가야금의 대명사 우륵 역시 가야 출신이다.

가배의 유래

신라 유리왕은 잠행을 나갔다가 한 노파가 추위와 허기에 쓰러져 있는 것을 발견했다. 그는 자신의 잘못이라고 생각해 노파에게 옷과 음식을 내린 후 유사에게 명했다.

"홀아비와 홀어미, 고아와 늙은이, 병으로 능력이 없는 백성을 모두 나라에서 먹여 살리도록 하라."

그러자 이웃 나라 백성들까지 신라로 몰려오고 때마침 풍년까지 들어 '도솔가'가 온나라에 퍼졌다.

유리왕은 6부의 이름을 고치면서 성씨를 하사했다. 성씨의 내력은 양산부를 양부로 고치고 성을 이씨, 고허부는 사량부로 고치고 성을 최씨, 대수부는 모량부로 고치고 성을 손씨, 간진부는 본피부로 고치고 성을 정씨, 가리부는 한지부로 고치고 성을 배씨, 명활부는 습비부로 고치고 성을 설씨 등으로 하였다.

이때 관리제도는 17관등제를 실시했는데, 6부가 정해지면서 6부 여자를 두 편으로 나누었다. 이때 두 사람을 대표로 하여 각각 자기편을 거느리고 7월 16일부터 8월 15일까지 밤낮으로 길쌈을 짠 결과로 성적순이 매겨졌다.

경기에서 진쪽은 술과 음식을 장만해 이긴쪽에게 대접했다. 여기에 진쪽 여자들이 춤을 추면서 '회소회소'라며 탄식조로 노래를 불렀다.

이것이 바로 '회소곡'이다. 또한 이날 밤엔 행해진 노래와 춤과 놀이를 '가배'라고 했는데, 이것이 오늘날 말하는 한가위다.

화랑의 탄생

신라 자비왕 때 고구려의 세력은 조령까지 미쳤다. 이에 신라와 백제는 고구려에 맞서기 위해 동맹을 맺었다. 당시 신라는 군사적인 요지로 삼년산성을 가지고 있었다.

474년 백제가 신라에 구원병을 청하자 곧바로 파병했다. 자비왕이 죽자 소지왕이 뒤를 이었다. 그는 고구려와 충돌을 막기 위해 국방에 주력했다. 그가 죽고 64세의 지대로가 지증왕으로 즉위했는데, 체격이 우람하고 담력이 컸다.

지증왕 4년에 나라 이름을 신라新羅라고 정했다. 신新은 덕업을 매일 새롭게 한다는 것이고, 라羅는 사방을 포함해 다스린다는 의미다.

지증왕 13년에 울릉도를 점령했다. 528년 지증왕의 아들 원종은 불교를 전파한 이차돈이 죽자 불교를 정식으로 인정했다. 또한 율령을 공포해 국가 체제의 확립에 힘썼다.

진흥왕 때는 이사부와 거칠부 등의 명신들이 있어 나라 발전에 큰 공을 세웠다. 당시 고구려는 왕위 다툼으로 국력이 쇠약해졌고, 이때를 놓치지 않고 신라는 중국과의 교역을 위해 북쪽을 공격해 한강 연안을 점령했다.

그는 영토를 넓힌 후 북한산에 순수비를 세웠고, 서남쪽으로 진출해 가야국을 병합했다. 또 지금의 창녕 부근과 함경남도의 황초령과 이원 군에 있는 마운령에 순수비를 세웠다. 이것으로 신라는 제국의 모 습을

진흥왕 순수비

이웃 나라에 확실하게 알렸다.

　불교가 정식으로 인정되면서 황룡사와 많은 사찰이 세워졌는데, 이는 삼국을 통일하는 기반이 되었다. 이와 동시에 화랑도까지 창설되었다. 화랑도는 남자와 여자로 나누어 어울려 놀게 하면서 인재를 뽑았다.

　당시 원화제도에서 뽑힌 원화의 두령인 남모와 준정을 중심으로 3백여 명이 각각 무리지어 놀게 했다. 남모와 준정은 자신을 따르는 남자들에게 여왕처럼 군림했다.

　하지만 두 여자는 결국 서로를 시기했으며 준정은 남모를 죽이려고 음모를 꾸몄다. 얼마 후 준정은 남모를 자신의 집으로 초대해 술을 마시게 했다. 준정은 술에 만취된 남모를 강으로 밀어 죽였다. 그렇지만 준정의 살인이 밝혀지면서 참형을 당했고, 이와 함께 원화제도까지 없어졌다.

　이후부터 남자를 곱게 꾸며 화랑으로 칭했으며 그를 따르는 무리가 모여들었다. 이것이 화랑제도의 시초가 되었다 .

선덕여왕의 지혜

신라 진평왕 43년 가을, 당나라에서 모란꽃이 그려진 병풍과 모란꽃
씨를 보내왔다. 이때 진평왕은 덕만 공주를 불러 병풍을 보여주었다.
그러자 덕만 공주는 병풍에 그려진 모란꽃을 바라보다가 이렇게 말했다.

"아바마마, 좋은 꽃이 아닙니다."

"뭐가 잘못되었느냐."

"네, 꽃에 향기가 없습니다."

"그림인데 향기가 있을 리가 없지."

"아닙니다. 꽃 주위에 벌이나 나비가 없습니다. 그것은 꽃에서 향기가
없다는 증거입니다."

세월이 흘러 봄이 오자, 진평왕은 병풍과 함께 가져온 모란 꽃씨를
뿌렸다. 여름이 되어 꽃이 피자, 진평왕은 공주와 함께 모란꽃을 살펴
보았다. 과연 꽃에는 향기가 없었다. 그때부터 진평왕은 덕만 공주를 자
신의 후계자로 생각했다.

632년 진평왕이 죽자, 덕만 공주가 뒤를 이어 우리나라 최초로 신라
27대 선덕여왕으로 즉위했다. 선덕여왕은 농사를 위해 별을 관측하는
첨성대를 세웠고 영묘사와 분황사 등의 큰 사찰까지 지었다.

특히 젊은이들을 당나라로 유학을 보내 발달한 문물을 배워오게 했다.
이때 여왕을 보필한 인물들이 바로 김춘추와 김유신이었다.

그녀는 김춘추에겐 외교를, 김유신에겐 군사를 맡겼다. 두 사람은 힘을

합쳐 신라의 삼국통일에 초석을 마련했다. 또한 자장율사는 여왕의 명을 받아 8년간 불경을 연구하고 돌아와 통도사와 10여 개의 사찰을 세웠다.

그러나 이런 여왕을 해치려고 비담과 염종은 음모를 꾸며 새해에 거사하기로 결정했다. 그렇지만 음모를 알아챈 알천은 이들의 행동을 몰래 살피고 있었다.

647년 선덕여왕 16년 1월, 새해가 밝아오자 잔치가 벌어졌다. 비담은 여왕에게 새해 인사를 하기 위해 궁궐로 들어오는 순간 알천이 목을 베었다. 뒤이어 김유신이 반란군을 10일 만에 진압했다. 이에 충격을 받은 선덕여왕은 647년에 죽었다.

그 뒤를 이어 즉위한 태종 무열왕 김춘추는 김유신과 함께 백제를 멸망시켰다. 또한 무열왕의 아들 문무왕은 당나라와 연합해 고구려를 멸망시키면서 삼국을 완전 통일했다. 문무왕의 뒤를 이은 신라 31대 신문왕은 국력 신장에 힘썼다. 특히 신라 32대 효소왕부터 성덕왕까지 당나라 문화를 받아들여 신라 문화의 황금기를 누렸다.

신라 35대 경덕왕은 당나라 제도를 받아들여 나라를 9주로 나눴고 9주 안에 5소경을 두었다. 이때 고유 지명까지 한자로 고쳤다. 이 무렵 불국사와 굴불사를 비롯해 황룡사 대종과 봉덕사 종을 만들었다.

신라의 삼국통일

660년 5월 6일, 태종 무열왕은 신라군을 이끌고 백제 원정길에 올라 남천에 이르렀다. 이때 당나라 13만 대군도 황해를 건너 덕물도에 진을 쳤다. 태종 무열왕은 김유신에게 5만 명의 군사를 주었다.

김유신은 군사를 이끌고 품일 장군과 함께 백제의 여러 성을 점령한 다음 황산벌에 진을 쳤다. 이때 백제의 명장 계백의 5천 결사대와 싸웠다. 신라군은 수가 많았지만 백제군에게 번번이 패했다. 그러자 김유신은 장군들을 모아 전략을 의논할 때 김흠춘은 화랑인 아들 반굴을 불렀다.

"반굴아, 이럴 때 나아가 싸우는 것이 나라에 충성하고 부모에게 효도하는 길이다."

"네, 아버님 말씀 명심하겠습니다."

반굴은 곧장 말을 타고 홀로 적진으로 뛰어들어가 용감하게 싸우다가 전사했다. 이를 지켜본 품일 장군의 아들 관창이 앞으로 나섰지만, 나이가 너무 어려 허락하지 않았다.

그러나 관창은 이에 포기하지 않고 여러 차례 출전 요청을 하자, 김유신은 마지못해 허락했다.

관창은 말을 타고 창을 비껴든 채로 적진 깊숙이 들어갔지만, 백제군에게 사로잡혔다. 계백은 관창의 투구를 벗기고 놀랐다.

"허어, 신라에 이런 용감한 소년이 있다니…. 항복하겠느냐?"

"항복이라니! 나는 대신라의 화랑이다. 화랑에게 항복이란 말이 없고 오직 죽음만 있을 뿐이다."

계백은 관창을 번쩍 안아 말에 태워 신라 진영으로 되돌려보냈다. 그러자 아버지 품일 장군은 되돌아 온 관창을 호되게 꾸짖었다.

"네 어찌하여 돌아왔느냐? 다시 출전해 적장의 목을 베기 전엔 돌아오지 마라!"

"죄송합니다. 이번엔 반드시 적장의 목을 베어오겠습니다."

관창은 또다시 말을 타고 적진으로 달려가 목이 터져라 외쳤다.

"적장은 나와서 내 칼을 받아라."

태종 무열왕릉

문무왕 수중릉

그러나 어린 나이라 별 수 없어 백제군에게 사로잡혀 또다시 계백 앞으로 끌려갔다. 계백은 두 말없이 관창의 목을 베어 말안장에 매달아 신라군 진영으로 보냈다.

이를 본 신라군들은 사기가 충천했고, 김유신은 이때를 놓치지 않고 공격 명령을 내렸다. 신라군은 성난 파도처럼 적진을 향해 돌진하여 백제군을 무찔렀다. 결국 백제는 660년 신라 태종 무열왕이 왕위에 오른 지 7년만에 멸망하고 말았다.

태종 무열왕의 아들인 신라 30대 문무왕은 백제의 부흥군을 소탕하고 당나라군과 연합하여 고구려까지 멸망시켰다. 그후 당나라군과 충돌하자, 그들의 세력을 몰아내고 삼국통일을 이뤘다.

해상왕 장보고

장보고는 작은 섬에서 가난한 어부의 아들로 태어났으며, 어릴 때 이름이 궁복이었다. 그는 두서너 살 아래의 정연과 친했다. 두 소년은 넓은 바다를 보면서 꿈을 키웠다.

그러던 어느 날 밤, 두 소년은 두 달에 한 번 정도 도착하는 당나라 배에 몰래 올랐다. 그들은 배가 바다 가운데쯤 왔을 때 창고에 숨어 있다가 발각되었다. 험상궂게 생긴 선장은 두 소년을 바라보며 물었다.

"거짓말하면 바다로 던져버리겠다. 도둑질하러 배에 탔느냐?"

"우리는 당나라로 가서 훌륭한 장수가 되기 위해 배를 탔소."

궁복의 당당함에 선장은 용서해주었다. 두 소년은 무사히 당나라의 산동반도 등주항에 내렸다. 갈 곳이 없던 두 소년은 늙은 무사를 만나

무예를 닦았다.

세월이 흘러 두 소년은 검술·창술·마술·궁술 등에 통달한 무사로 변신했다. 이들은 당나라 무술대회에 참가해 이름을 떨친 다음 궁복이란 이름을 장보고로 바꿨다. 무술 실력이 뛰어난 장보고는 당나라 군관을 시작으로 서주지방 무령군 소장으로 발령 받으면서 정식 장수가 되었다. 정연 또한 무예가 출중해 장수가 되었다.

당시 당나라 등주에는 신라인들의 집단 거주지인 신라방이 있었다. 이곳엔 중국과 거래하는 신라 상인들과 유학 온 중들이 살고 있었다.

어느 날 장보고와 정연은 들녘으로 나갔다가 신라 소년들이 노예가 되어 있는 것을 목격했다. 감독은 소년들에게 채찍을 휘두르며 심하게 다루었다. 순간 장보고는 분노가 치밀었지만, 애써 참고 소년들을 만나 까닭을 물었다. 그러자 한 소년이 대답했다.

"해적들이 마을로 쳐들어와 우리들을 잡아다가 이곳에 팔아 넘겼어요."

"뭣이! 해적놈들이 그랬단 말이지?"

그 당시 신라 바닷가엔 당나라 해적과 일본 해적들이 침입해 약탈을 일삼았다. 이런 사실을 알게 된 장보고는 소년들을 노예에서 구해주었다.

그 다음날, 장보고는 당나라 조정에 해적을 소탕하고 억울하게 잡혀와 팔린 신라 노예들을 풀어달라고 청했다. 때마침 당나라 조정도 해적들의 행패로 골치가 아팠기 때문에 그의 청을 받아주었지만, 움직이지 않았다. 그러자 장보고는 정연에게 말했다.

"신라로 돌아가서 해적을 소탕하세."

장보고의 말에 정연은 반대를 했다. 그렇지만 장보고는 당나라 벼슬을 버리고 20년 만에 신라로 돌아와 흥덕왕을 찾아갔다.

"대왕마마, 신라 소년들이 해적들에게 잡혀 노예로 팔리고 있습니다."

왕은 장보고의 말에 깜짝 놀랐다. 여태까지 신라 조정에서는 아무것도 모르고 있었다. 흥덕왕 3년 여름, 왕은 완도에 청해진을 설치해 장보고에게 1만의 군사를 주면서 대사로 임명했다. 청해진에 도착한 그는 군항과 군선을 만들고 군사들을 훈련시켰다.

"배는 다른 군선보다 크게 만들어야 한다. 특히 배 양쪽엔 공격할 수 있는 뚜껑을 만들어 열고 닫을 수 있게 하라."

날이 갈수록 크고 튼튼한 군선이 계속 만들어졌다. 더구나 그는 훈련시킨 수군을 배에 태워 작전연습을 쉼없이 실시한 다음 바다로 출전했다. 때마침 바다 저편에서 해적선이 나타났다.

"해적선이다! 해적선!"

"적선의 수가 얼마나 되는지 빨리 보고하라."

"해적선의 수가 매우 많습니다."

"그러면, 열 척만 나를 따르고 나머지는 이곳에서 대기하라."

장보고의 배가 해적선 쪽으로 향하자 그들은 굶주린 짐승들처럼 덤볐다. 그러자 장보고는 뱃머리를 순간적으로 돌려 달아나는 작전을 펼쳤다. 얼마 후 모든 군선들에게 작전명령을 내렸다.

"배를 양쪽으로 나누었다가 한가운데로 몰리면 총공격하라."

장보고가 해적선을 한가운데로 유인하자 양쪽에 대기하고 있던 군선들이 일제히 공격했다. 그러자 해적들은 도망치려고 했지만, 결국 바다 속으로 빠져 죽고 말았다.

첫 승리로 신라 수군의 사기는 하늘을 찔렀다. 그 뒤로부터 장보고가 거느린 군선에 의해 해적선들은 모두 패했다. 장보고는 신라와 당나라와

장보고가 활약했던 청해진

일본의 삼국무역을 안전하게 도왔다. 이때부터 장보고는 바다의 영웅으로 떠올랐다.

그러나 846년 안타깝게도 신라 왕족들의 권력 다툼으로 장보고는 왕종 일파가 보낸 염장에게 암살당하고 말았다. 장보고가 죽자, 청해진 역시 소멸되었고, 또다시 해적과 왜구들이 약탈을 감행했다.

행운의 귀공자

신라 경문왕의 이름은 응렴으로 18세 때부터 화랑으로 활동했다. 응렴이 왕위에 오르기 전 헌안왕이 불러 잔치를 베풀면서 물었다.

"너는 화랑으로 전국을 순회하면서 이상한 것을 보지 못하였느냐?"

"있습니다. 선행을 행한 세 사람을 보았습니다. 한 사람은 위에 있지만 겸손하게 남의 밑에 있고, 한 사람은 권력도 있고 부자이지만 검소하고, 한 사람은 귀하고 세력이 있지만 겉으로 나타내지 않았습니다."

이 말이 끝나자 헌안왕은 그에게 청했다.

"나에겐 두 딸이 있는데, 마음에 드는 사람을 골라 아내로 삼으라."

집으로 돌아온 응렴은 부모님에게 이 사실을 말하자, 인물이 없는 맏딸보다 미모가 있는 둘째 딸을 고르라고 했다. 이때 흥륜사 노스님이 소문을 듣고 응렴을 찾아왔다.

"임금께서 공자님에게 공주를 아내로 택하라고 청했습니까?"

"그렇소."

"그렇다면 공자님께서는 두 분 공주님 중 누구를 택하시렵니까?"

"부모님께서는 둘째 공주를 택하길 원하고 있습니다."

"공자께서는 노승의 말을 잘 들으시오. 큰 공주를 택하시게 되면 세 가지 좋은 일이 있습니다."

응렴은 부모님보다 노스님의 말에 따라 큰 공주를 택했다. 혼인 후 3개월이 지나자, 왕은 병이 깊어져 신하들에게 유언했다.

"나에겐 아들이 없고 딸만 있소. 그래서 내가 죽으면 왕위를 맏사위에게 물려주겠소."

헌안왕은 유언을 남긴 이틀 만에 죽자 왕의 유언에 따라 응렴이 경문왕으로 올랐다. 그러자 흥륜사 노스님이 또다시 찾아와 이렇게 말했다.

"마마, 세 가지 일이 모두 이뤄졌습니다. 큰 공주님을 아내로 맞았기 때문에 왕위에 올랐고, 미모의 둘째 공주님도 가질 수 있고 큰 공주님을 아내로 맞아 선왕과 왕비가 매우 기뻐했답니다."

경문왕은 스님의 지혜에 감탄하여 후하게 상을 내렸다. 그 후 밤마다 왕의 침실에 뱀들이 떼를 지어 나타나자 부하들이 뱀을 쫓아내려고 했다. 그러나 왕은 이들을 막으면서 말했다.

"쫓지 말라. 짐은 뱀들이 없으면 편히 잠을 이룰 수가 없다."

더구나 응렴이 왕위를 물려받은 직후부터 귀가 점점 커져 결국 당나귀 귀로 변했다. 이 사실은 왕비도 몰랐고 오직 모자를 만드는 사람만 알고 있었다. 그렇지만 그는 임금의 어명으로 누구에게도 알리지 않았다. 하지만, 그는 이 사실을 숨기느라 병까지 들었다.

그는 병을 고치기 위해 할 수 없이 도림사 대나무숲으로 들어가 큰 소리로 외쳤다.

"임금님 귀는 당나귀 귀! 임금님 귀는 당나귀 귀!"

그는 속이 후련해지면서 자연적으로 치료가 되었다.

어느 날 왕은 우연하게 도림사 대나무숲 옆을 지나가게 되었다. 그때 바람이 불면서 대나무숲에서 '임금님 귀는 당나귀 귀!'라는 소리가 들려왔다. 깜짝 놀란 왕은 대나무숲을 모조리 베어버리라고 했다.

훗날 그 자리에 산수유를 심었는데, 바람이 불 때마다 '임금님 귀는 길다'로 들렸다.

처용 부적의 비밀

헌강왕이 동해를 시찰할 때 갑자기 구름과 안개가 뒤덮여 사방이 캄캄해졌다. 그러자 헌강왕은 기상변화에 대해 일관에게 물었다.

"이것은 동해 용왕의 조화로 대왕께서 선행을 베풀어야만 풀어집니다."

이에 왕은 용왕을 위해 그곳에 사찰을 짓도록 명하는 순간 구름과 안개가 걷혔다. 그때 용왕은 7명의 아들과 함께 나타나 춤을 추자, 헌강왕이 물었다.

"용왕님, 어느 나라의 춤입니까?"

"선정을 베푸는 대왕님의 덕을 칭송하기 위해 추는 춤입니다."

왕이 궁궐로 돌아가려는 순간 용왕 아들 중 하나가 말했다.

"제 이름은 처용입니다. 부왕의 명으로 신라의 신하가 되겠습니다."

왕과 함께 궁전으로 돌아온 처용은 왕의 배려로 아내를 맞이했고 급간이란 벼슬까지 받았다. 이런 기쁜 마음에서 처용은 춤을 추었는데, 이것이 바로 처용무이다.

어느 날이었다. 처용은 늦은 밤까지 춤을 춘 후 집으로 돌아왔을 때 아내가 다른 남자와 함께 있었다. 그러자 처용은 두 사람을 위해 춤을 추며 노래를 불렀다.

'서라벌 달 밝은 밤에 밤새 노닐다가 들어와 보니 다리가 넷이구나.

둘은 내 것인데, 둘은 누구 것인고?

본디 내 것이었지만, 빼앗긴 것을 어찌하리?'

이 노래를 들은 남자가 갑자기 벌떡 일어나 처용 앞에 무릎을 꿇고 말했다.

"저는 사람으로 변신한 역신입니다. 공의 아내와 함께 있는데도 공은 화내지 않고 춤추며 노래를 불렀습니다. 공의 너그러움에 감탄했습니다. 다음부터 우리 역신들은 공의 초상만 봐도 그 집에는 절대로 들어가지 않겠습니다."

이때부터 사람들은 자신의 집 대문에 처용의 모습을 그려붙였는데, 이것이 풍습으로 전해졌다.

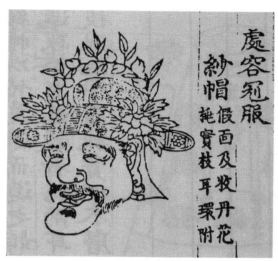

석굴암과 김대성

어느 날, 중시 김문량의 집을 향해 하늘에서 큰 소리가 들렸다.

"모량리의 대성이를 잘 부탁한다."

이 말에 그는 모량리로 사람을 보냈는데, 대성이가 조금 전에 죽었다고 했다. 대성은 모량리 경조라는 가난한 여인의 외아들이었다. 대성이란 이름은 머리가 크고 이마가 성처럼 평평하다고 지어진 것이다.

어느 날 스님이 찾아와 시주를 청하자, 그의 어머니는 시주할 것이 없다고 했다. 그러자 대성이가 얼굴을 내밀면서 말했다.

"저희 집에 있는 것이라곤 지금까지 받은 품삯과 밭 서너 이랑뿐입니다. 그거라도 드리겠습니다."

흥륜사 육륜회에 약속한 것을 시주로 바치는 순간 대성이 죽은 것이다.

김문량은 괴이하다고 생각했는데, 그날 밤 그의 부인이 임신하여 산달을 채운 후 사내 아이가 태어났다. 그래서 아들 이름을 대성이라고 지었다. 즉 15세에 죽은 모량리의 대성이가 김문량의 아들로 다시 태어난 것이다.

청년이 된 대성은 토함산으로 사냥을 나갔다가 곰 한 마리를 잡았지만, 날이 저물어 그곳에서 잠을 잤다.

대성이 꿈속에 죽은 곰이 나타나 죄 없는 자신을 죽였다며 원수를 갚겠다고 별렀다. 그러자 대성은 곰에게 용서를 빌었다. 이에 곰은 자신이 죽은 자리에 사찰을 새워주면 용서하겠다고 했다.

잠에서 깨어난 후부터 대성은 사냥을 금지하고 곰을 잡았던 자리에 장수사를 지었다. 성인이 된 대성은 재상까지 올랐고, 50세에 벼슬에서 물러나 낡고 헐어버린 불국사의 중건과 석굴암 건설에 힘썼다.

석가탑

불국사 대웅전 앞뜰에는 석가탑과 다보탑이 마주보고 서 있다. 석가탑에는 애틋한 사랑의 전설이 서려있다.

백제의 사비성에 살고 있는 석공 아사달과 아사녀가 혼인했지만, 그는 석탑을 세우기 위해 신라로 떠났다.

"부인, 석탑을 완성하는 즉시 돌아오겠소."

"서방님께서 무사히 돌아오시기를 부처님께 빌겠습니다."

서라벌에 도착한 아사달은 부처님께 간절히 빌었다.

"부처님, 이 세상에서 가장 훌륭한 탑을 세우도록 해주십시오."

석가탑

고향을 떠난 지 3년이 되었다. 하지만 아사달이 돌아오지 않자, 아사
녀가 직접 서라벌로 향했다. 이 무렵 석가탑은 거의 완성 단계에 있었다.
서라벌에 도착한 아사녀가 스님에게 남편을 만나게 해달라고 부탁했다.
그렇지만 스님은 탑이 완성될 때까지 만날 수 없다고 했다.

그러자 아사녀는 무작정 영지로 불리는 연못가에서 남편을 기다리기로
했다. 그것은 탑이 완성되면 그 모습이 연못에 비친다는 말을 들었기 때
문이다. 아사녀는 날마다 연못으로 가서 탑의 모습이 물에 비치기만을
고대했다. 이때 연못가에서 놀고 있던 신라의 한 처녀가 친구에게 이렇게
말했다.

"나는 석탑이 완성되는 날 아사달님과 함께 사비성으로 갈거야."

순간 아사녀는 남편의 마음이 변했다고 생각해 연못으로 몸을 던져 자결했다. 그러나 이 사실을 모른 채 아사달은 탑이 완성되자 아내를 만나기 위해 떠날 채비를 했다. 이때 아사달에게 아사녀가 자살했다는 소식이 전해졌다.

아사달은 곧장 연못으로 달려가 아내의 이름을 부르며 울부짖자, 아사녀가 나타났다. 아사달은 바위에 아내의 모습을 새겼는데, 아내는 점점 부처님의 모습으로 변했다. 그러자 아사달은 아사녀의 뒤를 따라 연못으로 몸을 던졌다.

아사달이 죽은 후부터 석가탑의 그림자가 연못에 비치지 않았다. 그래서 석가탑을 그림자가 없는 무영탑이라고 불렀다.

에밀레종

혜공왕은 경덕왕의 뒤를 이어 8세의 어린 나이로 왕위에 올랐다. 이에 태후 만월부인이 수렴청정했다.

그러나 태후가 나라를 잘 다스리지 못해 전국은 도둑들이 들끓고 흉년까지 겹쳐 민심이 흉흉했다. 이때 신하들이 태후 만월부인에게 찾아와 아뢰었다.

"태후마마, 신성한 종을 만들어 치면, 나라가 평안해질 것입니다."

그래서 경덕왕은 부왕 성덕왕의 명복을 빌기 위해 구리 10여 만근을 들여 종을 제작하다가 죽었다. 그러자 종을 제작하는 일은 혜공왕까지 이어졌다. 그렇지만 종을 만드는 재료가 부족해 백성들에게 시주하도록 명했다.

왕의 명으로 봉덕사 노스님이 어느 가난한 집을 방문해 시주를 청했다. 그러자 갓난아이를 안고 있는 여인이 말했다.

"너무 가난해 시주할 것이 없습니다. 이아기라도 괜찮으시다면 데려가 십시오."

어이가 없다고 생각한 스님은 발길을 돌렸다. 시간이 지나고 종이 완성 되었지만, 기이하게도 종을 쳐도 아무런 소리도 나지 않았다. 종을 만드는 책임자 하전은 걱정하다가 죽고 뒤를 이어 일전이 물려받았다. 그러던 어느 날 봉덕사 노스님의 꿈에 백발 노인이 나타나 말했다.

"종을 만들 때 아이를 넣어야 소리가 날 것이다."

꿈에서 깬 스님은 문득 가난한 아기 엄마가 생각났다. 스님은 곧바로 그 집을 찾아가 아기 엄마를 만났다.

"시주님, 일전에 시주할 것이 아기밖에 없다고 하셨지요? 지금이라도 시주를 하시겠소?"

"부처님과의 약속이니 당연하지요."

스님은 아이를 안고 종 만드는 곳으로 갔다. 하지만 혜공왕은 어린아이를 바친다는 것을 반대했다. 그렇지만 신하들의 성화에 할 수 없이 허락했다. 일전은 어명에 따라 아기를 쇳물에 넣었는데, 아기가 너무 슬프게 울어 눈이 멀었다. 드디어 종이 완성되고 종을 쳤는데, 종은 '에밀레…, 에밀레…' 하는 소리를 냈다.

이 소리를 사람들은 에미^{어머니} 때문에 죽었다고 하소연하는 소리라고 풀이했다. 이에 성덕대왕은 신종을 에밀레종이라고 불렀다가 봉덕사로 옮기면서 봉덕사종으로 이름이 바뀌었다.

해동 문장가 최치원

최치원은 신라의 대표적인 학자로 857년에 경주에서 태어났다. 그가 태어날 무렵은 통일신라가 기울어지는 시기로 반란과 민심이 흉흉했다.

그는 4살 때부터 아버지에게 글을 배웠는데, 그의 부친은 아들의 글 재주에 감탄했다. 868년 최치원은 12세의 어린 나이에도 불구하고 당나라로 유학을 떠났다. 그가 당나라로 유학을 온 지 6년이 되면서 그의 스승은 과거를 권했다. 최치원은 18세 때 당나라 과거인 빈공과에서 급제를 했다.

당시 과거 시험관이었던 예부사랑 배찬은 당나라 소년이 아닌 신라의 유학생이란 것을 알고 놀랐다. 그는 당나라 강남도 선주 표수현의 현위 관직이 제수되었다. 이때 백성들은 나이가 어린 신라 청년이 부임하자, 매우 놀랐다. 그는 표수현에서 근무하면서 『중산궤복집』 5권을 집필했다.

능력이 출중한 그는 당나라의 시기와 모함에 환멸을 느껴 벼슬을 버리고 학문에 매진했다. 이 무렵 당나라는 홍수로 인해 황하의 범람으로 민심이 흉흉해지면서 도둑떼까지 들끓었다.

황소가 산동에서 반란을 일으켜 광주를 거쳐 장안까지 진격해왔다. 당나라 황제 희종은 고변에게 반란군을 토벌하라고 명하자, 그는 최치원을 종사관으로 불렀다.

고변은 당나라에 귀화한 고구려 출신 장군 고순문의 손자다. 하지만 고변이 패하면서 희종은 남쪽으로 피신했다. 이에 고변은 최치원에게 이런 말을 했다.

"최공, 당나라는 황소에게 망하게 생겼소. 방법이 없겠소?"

그러자 최치원은 포고문과 선전문을 동시에 썼고 토황소 격문까지 썼다.

'천하 모든 백성들은 그대가 죽어야 마땅하다고 생각한다. 더불어 땅 밑에 있는 귀신들까지 그대를 이미 죽이기로 결정했다.'

이 격문을 본 황소는 깜짝 놀라 후퇴했고, 고변은 이때를 놓치지 않고 도망 가지 못한 반란군의 잔당들을 소탕했다. 장안으로 환궁한 희종은 격문 한 장으로 황소의 난을 평정했다며 최치원을 칭찬했다.

반란이 평정되자 최치원은 『계원필경집』을 집필했으며, 882년 희종은 그에게 벼슬을 내리면서 어대까지 하사했다. 그러나 또다시 당나라 학자들의 모함을 받아 외딴 섬으로 귀양갔다.

29세 때 귀양살이에서 풀려나면서 17년만에 당나라를 떠나 신라로 귀국했다. 헌강왕은 귀국한 최치원을 반갑게 맞이하면서 시독겸한림학사의 벼슬을 내렸다.

헌강왕이 죽고 정강왕이 뒤를 이었지만, 아쉽게도 2년 만에 죽었다. 이에 신라 조정은 어지러웠고 행실이 부적절한 여왕 때문에 간신들이 활개를 쳤다.

이에 최치원은 스스로 지방관직을 택해 890년부터는 대산군·천령군·부성군 태수를 거치면서 학문 연구에 힘썼다.

그러다가 894년 당나라 사신으로 임명되었지만, 나라가 어지러워 떠날 수가 없었다. 진성여왕 8년, 최치원은 「시무책」 10여 조를 지어 여왕에게 바쳤다. 이에 여왕은 그에게 직접 정책을 펴라며 아찬 벼슬을 하사했다. 그러나 「시무책」은 관청에 전달조차 되지 않았다.

조정이 무능하고 부패해 백성들은 궁예나 견훤을 찾아갔다. 이에 따라 여왕은 왕위를 헌강왕의 서자 요에게 물려주었다. 그가 신라 52대 효공왕이다.

　신라의 멸망을 알아차린 최치원은 스스로 벼슬을 내놓고 방랑생활을 시작했다. 처음 금오산을 시발로 쌍계사·청량사·해운대 등을 거쳐 해인사로 들어가 죽었다. 그렇지만 그가 언제 어떻게 죽었는 지에 대해 아는 사람은 아무도 없었다.

삼국시대 야사

1

하늘의 아들 동명왕

동서양을 막론하고 지구상의 모든 고대 국가는 나름대로의 건국 신화를 가지고 있다. 나라를 세움에 초인간적, 초능력적 신비성을 부여함으로써 왕조 탄생의 당위성과 권위를 높이고, 천년 만년 부강하고자 하는 기원을 표방하고 있다.

이와 같은 건국 신화에 대하여 사실성의 검증주의 사고를 가지고 있는 사람들은 황당무계한 이야기로 그 의미를 깎아내리는 경향이 있으나 그것은 지나치게 경직되고 편협한 역사 해석이라고 하지 않을 수 없다.

왜냐 하면 그 건국 신화가 오늘날 우리의 과학적 인식으로 바라보기에는 너무나 비현실적인 구조를 가지고 있을지라도, 내용상의 기본 근거는 어느 정도 사실에서 꾸며진 것이라고 봐야 하기 때문이다.

우리나라 고대 국가의 건국 신화 중에서도 유난히 고구려의 그것은 분량도 방대하거니와, 구성면에서 설화와 사실을 교묘히 서술하여 엮음으로써 장엄한 소설적 흥미를 불러일으키고 있다.

아주 오랜 옛날, 지금의 만주 길림성 서북쪽으로 추정되는 부여 땅에 해부루라는 임금이 있었는데, 늙도록 자식이 없음을 근심하여 명산대천을 돌아다니며 후사가 태어나기를 빌었다.

어느 날, 곤연이라는 연못을 지나가는데 갑자기 말이 멈추더니 연못가의 큰 바위를 바라보며 크게 울음소리를 내는 것이었다.

해부루는 마음에 짚이는 것이 있어 뒤를 따르는 신하들에게 지시를 했다.

"저 바위 주위를 잘 살펴보아라."

왕의 명령을 받은 신하들이 병사를 시켜 바위를 한쪽으로 굴려보니, 그곳에는 온몸이 금빛을 띤 개구리 형상을 하고 있는 아기가 누워 있었다. 신하들이 깜짝 놀라며 아기를 해부루에게 보이자, 왕은 무척 기뻐하며 말했다.

"이 아기는 하늘이 나에게 내려주셨음이 틀림없다."

해부루는 지체없이 그 길로 궁성으로 돌아와 아기의 이름을 '금와'라 짓고 태자로 책봉했다.

어느 날, 대신 아란불이 임금 해부루를 뵙고 말했다.

"대왕마마 긴히 여쭐 것이 있습니다."

"말해 보시오."

"황공스럽게도 간밤에 천신께서 신에게 말씀하시기를, '이 땅은 내 자손으로 하여금 나라를 세우도록 할 터이니, 너는 너희 임금을 모시고 동쪽 바닷가 가섭벌로 가거라. 거기도 기름지고 곡식이 잘 되어 도읍을 정할 만한 땅이다.'라고 하셨습니다."

"아니, 뭐라고!"

이 말에 해부루가 깜짝 놀라자, 아란불은 허리를 더욱 굽히며 간곡히 말했다.

"대왕마마 이것은 명백히 천신의 계시인지라, 감히 거역할 수 없는 줄로 아옵니다."

"그렇다면 이 일을 장차 어찌 해야 한단 말인가."

해부루는 기가 막혔으나, 천신의 계시라는데 따르지 않을 도리가 없었다. 마침내 가족과 따르는 무리를 거느리고 먼 동쪽으로 향했다. 그리하여 가섭벌에 당도한 다음, 그곳에 새로운 나라를 세웠다. 그것이 동부여이다.

해부루가 떠나고 난, 부여 땅^{동부여와 구분하기 위해 옛 역사서는 북부여로 나라 이름을 쓰고 있다.}에 어느 날 하늘에서 이상한 소리가 들리더니 찬란하기 그지없는 다섯 마리의 용이 수레를 끌고 내려왔다.

수레 위에는 새깃갓을 쓰고 용무늬 칼을 찬 늠름한 모습의 젊은이가 타고 있었고, 수레 뒤에는 흰 따오기의 모습을 한 1백여 명의 신하들이 따르고 있었는데, 일행의 머리 위에는 오색 구름이 감돌고 그 구름 속에서는 청아한 음악 소리가 울려나왔다.

용의 수레를 탄 젊은이는 천신님의 아들 해모수로 웅심산에 도착하여 그곳에 열흘 동안 머문 다음, 산 아래 인간 세상으로 내려와 나라를 세웠다.

해모수는 아침에 모습을 나타내 세상을 다스리는 일을 시작하고, 저녁이면 하늘 궁전으로 올라가곤 했다. 그래서 백성들은 그를 '천왕랑'이라 불렀다.

그 무렵, 청하^{지금의 송화강}를 다스리는 강신^{江神}인 하백에게는 유화·환화·위화라는 세 딸이 있었는데, 이들 자매는 아름답기가 비할 데 없었다.

어느 날, 이들 세 자매가 나들이를 나섰다가 웅심산 밑의 연못가에 이르렀는데, 마침 그녀들의 모습이 해모수의 눈에 띄었다. 산 언덕에서

꽃보다 아름다운 처녀들을 내려다보는 해모수의 젊은 가슴은 뜨겁게 불타올랐다.

"저 처녀들 중에 하나를 왕후로 삼으면 장차 자손이 번창하겠거늘……."

해모수가 좌우의 신하들을 보고 넌지시 떠보자, 신하들 중에서 지혜롭기로 이름난 한 사람이 말했다.

"지당하신 말씀입니다. 대왕마마의 뜻이 그러시다면, 지금 저 처녀들이 있는 자리에다 궁궐을 지어 가둔 다음에 마마께서 친히 문을 막으시면 뜻을 이루실 수 있을 것이옵니다."

해모수는 그 말을 듣자 들고 있던 채찍으로 땅바닥에 이리저리 금을 그었다. 그러자 처녀들이 앉아 있는 주위에 눈부시게 찬란한 궁궐이 생겼다.

기둥은 모두 붉은 구리로 세워졌고, 방안에는 비단 방석 셋이 놓였으며, 탁자 위에는 향기로운 술과 맛있는 갖가지 음식이 그득히 쌓였다.

"어머! 이것이 무슨 조화일까?"

"아마도 천신께서 우리 자매를 어여삐 보시고 호사를 시켜 주시려는가 봐."

"그래, 맞아. 세상에 이보다 더 기쁜 일이 있을까."

세 처녀는 아무도 없는 호화스러운 궁궐 안에서 비단 방석 하나씩을 차지하고 앉아 향기로운 술을 마시며 산해진미 음식을 먹었다. 그러면서 너무나 즐거워 웃음꽃을 피우며 시간 가는 줄을 몰랐다.

이윽고 세 처녀가 술에 취하여 얼굴이 복숭아처럼 붉어졌을 때, 돌연 해모수가 나타났다.

"에구머니!"

처녀들은 너무나 놀라 허둥지둥 도망치기에 바빴다. 둘째와 막내는 이 문 저 문으로 달음질쳐 밖으로 도망하는 데 성공했으나, 맏이인 유화만은 해모수에게 붙들리고 말았다.

"소저는 너무 놀라지 말라. 나는 천신의 아들로서 인간 세상을 다스리기 위해 내려온 해모수이다. 그대가 너무나 아름다워 조금 술법을 쓴 것이오, 나의 아내가 되어 줄 수 있겠는가?"

유화가 유심히 쳐다보니 나무랄 데 없는 준수한 젊은이였다. 첫 만남에 나무나 마음이 끌려 다소곳이 고개를 숙였다.

하백은 세 딸이 함께 나들이를 나갔다가 두 딸만 돌아오는 것을 보고 그 까닭을 물었다.

환화와 위화가 웅심연에서 겪은 사실을 자세히 설명하자, 하백은 화가 치밀었다. 마침내 사신을 보내어 해모수의 무례함을 엄중히 항의하도록 했다.

"그대는 누구인데 감히 하백의 딸에게 이런 무엄한 짓을 하는가?"

이에 해모수가 당당하게 대답했다.

"과인은 천신의 아들이다. 유화 아가씨한테 장가를 가고자 이제 곧 청혼하려 한다."

그 말을 전해 들은 하백은 다시 사신을 보내어 꾸짖었다.

"그대의 뜻이 그렇다면 중매를 넣어 정식으로 청할 일이지, 어째서 남의 딸을 강제로 억류한단 말이냐."

해모수가 생각해 보니 백 번 지당한 말이었다. 그래서 유화를 하백의 사신과 함께 보내려고 마음먹었다.

그러나 불과 며칠 동안이지만, 해모수에게 빠져 그를 사랑하게 된 유화는 혼자 돌아가고 싶은 생각이 없었다. 그래서 해모수에게 간청했다.

"용의 수레만 있다면 함께 저의 친정으로 갈 수 있지 않겠어요?"

그 말을 들은 해모수가 천신께 용의 수레를 내려주기를 빌었으므로, 천신이 아들의 청을 들어주었다.

이윽고 용의 수레가 하늘에서 내려왔다. 해모수와 유화는 그 수레를 나란히 타고 하백의 궁궐로 향했다.

느닷없이 찾아온 해모수를 보고, 하백은 당황하지 않을 수 없었다. 그러나 어찌 되었건 귀한 손님임에는 틀림없으므로, 하백은 정중한 예를 갖추어 해모수를 영접했다.

하백이 해모수를 보아하니 선골의 풍모가 돋보이고 기상이 늠름한 것은 감탄할 만했으나, 그가 정말 천제의 아들이라는 확신은 서지 않았다. 그래서 시험해 보기로 작정했다.

"그대가 천신의 아들이라고 하나, 나는 그것을 믿을 수가 없구려."

"어떻게 하면 믿어주시겠습니까?"

"정말 천제의 아들이라면 비상한 재주를 가졌을 것이니, 나와 재주를 겨루어 이기면 믿겠소."

"알겠습니다. 그렇다면 기꺼이 상대해 드리겠습니다."

하백은 먼저 못에 뛰어들어 잉어의 형상으로 바꾸었다. 그러자 뒤이어 물 속으로 뛰어든 해모수는 수달피가 되어 잉어를 잡으려고 덤벼들었다. 깜짝 놀란 하백이 이번에는 사슴으로 변신하여 쏜살같이 달아나자, 해모수는 표범이 되어 그 뒤를 쫓았다. 목덜미를 물리기 직전에 하백이 황급히 꿩으로 변신하여 공중으로 날아오르자, 해모수는 보라매가 되어 날카로운 부리로 쪼려 했다.

혼신의 재주를 다 부려도 당할 길이 없자, 마침내 하백은 항복을 했다.

"내가 졌소. 그대의 재주를 보니 과연 천제의 아들인 것 같구려. 내 딸과의 혼인을 허락하리다."

그리하여 하백의 궁궐에서는 큰 잔치가 벌어졌고, 해모수와 유화는 정식으로 부부가 되었다. 하백은 마지못하여 혼인을 허락하고 잔치를 베풀어 주었으나 마음의 응어리가 풀리지 않았다.

'괘씸한 것들! 저희들 멋대로 불장난을 벌이고 나서 뒤늦게 감히 나더러 인정해 달라고? 더군다나 나한테 그런 망신까지 당하게 하다니, 도저히 용서할 수 없어.'

하백은 짐짓 좋은 얼굴로 해모수한테 술을 권했다. 그런데 그 술은 아주 독할 뿐 아니라, 한번 취하면 이레만에야 깨어나는 술이었다. 그런 줄도 모르고 해모수는 즐거운 혼인날이라 장인이 권하는 대로 마음놓고 받아 마셨고, 마침내 대취하여 그 자리에 쓰러지고 말았다.

'옳거니!'

하백은 속으로 쾌재를 부르며 주위를 둘러보고 큰소리로 외쳤다.

"저 자를 가죽부대 속에 집어넣어 용의 수레에 태워라. 내 딸년도 같이!"

어느 명령이라고 거역할 것인가. 하백의 신하들은 득달같이 달려들어 해모수와 유화를 질긴 가죽부대 속에 집어넣은 다음, 다시 단단한 틀 속에 끼워넣어 도저히 빠져나올 수 없게 만들었다. 유화가 울며불며 용서를 빌어도 소용이 없었다.

달리는 용의 수레 안에서 해모수는 정신을 차렸다. 이레가 지나야 독이 풀리는 술이지만, 그는 여느 인간과는 달랐으므로 그만큼 빨리 깨어난 것이다.

"아니!"

해모수는 깜짝 놀랐다. 그는 자기뿐 아니라 유화까지 그 꼴이 되어 있는 것을 보고 비로소 사정의 전말을 이해했다.

해모수는 유화의 비녀를 뽑아 가죽에 구멍을 낸 다음, 그 구멍으로 틀 속을 빠져나왔다. 그러고는 용의 수레를 세웠다.

해모수는 생각할수록 불쾌하고 괘씸한 생각이 들어 유화에게 화풀이를 했다.

"천제의 아들인 나에게 그대의 아버님이 어찌 이럴 수가 있단 말이오."

"노여움을 푸시옵소서. 아버님의 성미가 워낙……."

"아무리 그렇더라도 시위이거늘……. 역시 그대와 나는 제대로 된 인연이 아닌 모양이구려."

해모수는 도저히 분이 풀리지 않아 유화를 내팽개친 채 혼자 용의 수레를 타고 하늘로 올라가 버리고 말았다. 유화가 아무리 울고불고 매달려도 소용이 없었다.

유화는 할 수 없이 궁궐로 돌아갔으나, 분노한 아버지로부터 용서를 구할 도리가 없었다.

"가문을 욕되게 하고 아비를 곤란하게 만든 너는 이미 내 자식이 아니다."

"소녀를 용서해 주시옵소서. 아버님."

"듣기 싫다. 얼굴이 너무 예뻐서 오늘날 이런 소동을 만들었으니, 그 얼굴을 그대로 두어서는 안 되겠다."

하백은 신하들에게 명하여 유화의 입술을 뽑아 버리라고 말했다. 그러자 신하들이 달려들어 유화의 입술을 잡아당겼다. 그리하여 유화의 아름답던 입술이 석 자나 뽑혀 나왔다.

그와 같은 잔혹한 형벌을 주고도 하백의 분노는 풀리지 않았다.

더군다나 입술이 석 자나 늘어난 딸의 모습을 보면 볼수록 정나미가 떨어졌다. 그래서 여종 둘을 딸려 유화를 우발수 근처로 귀양을 보내고 말았다.

그 무렵, 동부여에서는 해부루가 세상을 떠나고 왕자 금와가 장성하여 임금이 되어 있었다.

금와왕의 신하 중에 부추라는 사람이 있었는데, 그의 직명은 어사魚師 (어업 감독관)였다.

어느 날, 부추가 임금 앞에 머리를 조아리며 말했다.

"대왕마마께 아뢸 일이 있습니다."

"무엇인가?"

"황송하오나, 요즈음 통발 속에 든 고기를 몰래 훔쳐 가는 자가 있습니다."

"그래?"

"아무리 밤낮없이 지키고 있어도 귀신같이 고기를 훔쳐 가는 것을 보면, 그것이 사람은 아닌 것 같습니다."

"그렇다면 질긴 그물을 사용하여 무슨 방법으로든 사로잡도록 하여라."

"그렇게 하겠습니다."

어사 부추는 임금의 명령에 따라 강에다 질긴 그물을 쳤다.

이윽고 그물에 무엇인가 걸린 듯했으므로 부하들을 시켜 급히 잡아 당기도록 했다. 그러나 막상 끌어올리고 보니 텅 빈 데다 찢어지기까지 한 그물뿐이었다.

부추는 이번에는 쇠그물을 쳤다. 그리하여 마침내 목표로 삼은 도둑을 사로잡는데 성공했으나, 막상 그물을 끌어올린 부추는 깜짝 놀라지 않을 수 없었다. 입술이 석 자나 되는 젊은 여자가 바윗돌에 걸터 앉아 있었기 때문이었다.

"너는 사람이냐, 괴물이냐?"

"……."

"지금까지 네가 통발 속의 고기를 훔쳐 먹었지?"

"……."

아무리 추궁해도 여자는 대답을 하지 않았다. 그것은 너무 긴 입술 때문이었다.

뒤늦게 그 사실을 안 부추는 세 번에 걸쳐 여자의 입술을 짧게 잘라 내어 보통 사람의 입술처럼 만들었다. 그제야 여자는 말을 할 수 있게 되었을 뿐 아니라, 그 아름다운 모습은 비할 데 없었다.

부추가 그 여자 유화를 데려다 임금에게 바치자, 금와왕은 기뻐하여 그녀에게 별궁을 하사했다.

그런데 이상한 일이 일어났다. 유화가 기거하는 별궁에는 흐리거나 비가 오는 날 뿐만 아니라, 밤에도 항상 한 줄기 밝은 햇빛이 비쳐드는 것이었다. 그러더니 얼마 안 가서 유화는 왼쪽 겨드랑이 밑으로 다섯 되 크기의 알 하나를 낳았다.

임금은 물론이고 모든 신하들은 그 알을 불길한 징조로 보았다. 그래서 알을 마구간에 던져 버렸는데, 말들은 그 알을 밟아 깨뜨리지 않으려고 조심조심 피하는 것이었다.

이번에는 깊은 산 속에 갖다 버렸으나, 모든 짐승들이 그 알을 보호해 주었다. 그래서 다시 알을 물가에 내버렸는데, 이번에는 새들이 날아와 깃을 펴서 덮어주는 것이었다. 할 수 없이 알을 도로 가져와서 깨뜨려 버리려 했으나, 껍질이 얼마나 단단한지 사람의 힘으로는 도저히 깨뜨릴 수가 없었다.

'아무래도 이 알은 보통 물건이 아니다. 굳이 깨뜨려 없애려고 하다가는 도리어 내가 화를 입을지도 모른다.'

이렇게 생각한 금와왕은 알을 유화부인에게 돌려주며 잘 보관하여 살펴보라고 당부했다.

얼마 후에 알 껍질이 저절로 터지면서 그 속에서 건강하고 잘 생긴 사내아이가 태어났다. 아기는 태어나면서부터 걸음마를 했고, 말도 할 줄 알았다.

아기는 태어난지 한 달만에 어머니인 유화부인에게 말했다.

"어머니, 파리가 너무 성가시게 굴어서 잠을 잘 수가 없어요. 활과 화살을 좀 만들어 주세요."

그 말을 들은 유화부인이 뽕나무 가지로 작은 활을 만들고 쑥대로 화살을 만들어 아기에게 주었다. 그러자 아기는 뽕나무 활과 쑥대 화살로 벽에 붙어 있는 파리를 한 마리 한 마리 쏘아 맞혀 떨어뜨렸다. 실로 신기한 재주가 아닐 수 없었다.

그래서 아기의 이름을 주몽朱蒙이라 지었다. 주몽이란, 부여 말로 활을 잘 쏘는 사람이라는 뜻이었다.

주몽은 점점 씩씩하게 자라났고, 일곱 살이 될 무렵에는 활솜씨가 아무도 그를 당할 자가 없을 만큼 뛰어났다.

주몽의 나이 열다섯 살이 되었을 때, 금와왕은 자신의 일곱 왕자들 사냥놀이에 주몽도 참가하도록 배려해 주었다. 그래서 주몽은 태자 대소帶素를 비롯한 왕자들과 산과 들을 쏘다니며 사냥을 했는데, 어느 누구도 그의 솜씨와 수확을 따르지 못했다.

어느 날, 일곱 왕자가 40명의 군사를 거느리고 대대적인 사냥에 나섰을 때 주몽도 참가를 했는데, 그날 하루 종일 산야를 뛰어다닌 결과 왕자들과 군사들은 겨우 사슴 한 마리밖에 잡지 못했는데, 주몽은 혼자서 짐승을 수십 마리나 잡았다.

그 꼴을 당한 왕자들은 자존심이 몹시 상했다. 그러잖아도 평소에 주몽을 고깝게 여기던 그들은 화가 치민 나머지 달려들어 주몽을 큰 나무에 묶어 버렸다. 그리고는 주몽이 잡은 짐승을 모조리 빼앗아 가지고 궁궐로 돌아가고 말았다.

"이것 야단 났구나. 이 노릇을 어쩐담."

해가 뉘엿뉘엿 지는 첩첩산중에 혼자 남아, 그것도 꼼짝달싹할 수 없을 정도로 결박당한 주몽은 걱정이 태산 같았다. 그러나 걱정만 한다고 해결될 문제가 아니었다. 위기를 벗어나려는 노력은 끝까지 해볼 필요가 있었다.

주몽은 몸을 비틀며 '끙!' 하고 힘을 써보았다. 나무가 조금 움직이는 것 같았다. 그래서 다시 한 번 힘을 주었다. 세 번, 네 번 거듭 될수록 나무는 크게 흔들렸고, 마지막으로 젖먹던 힘까지 보태어 두 다리에 힘을 주자, 그 큰 나무가 마침내 뿌리째 뽑히고 말았다.

"됐구나!"

주몽은 피곤한 것도 잊고 커다란 나무를 짊어진 채 달음박질하여 산을 내려왔다.

이윽고 궁궐에 도착하니, 그 모양을 본 일곱 왕자는 물론이요, 모든 사람들이 벌어진 입을 다물지 못했다.

태자 대소는 아무래도 주몽의 존재가 마음에 걸려 견딜 수 없었다. 그 엄청난 힘과 뛰어난 재주를 보면 볼수록 자신의 장래가 걱정되었기 때문이다.

대소는 부왕 앞에 나아가 엎드렸다.

"아바마마, 소자가 간곡히 아뢸 것이 있습니다."

"무엇이냐?"

"주몽은 사람의 몸에서 태어나지도 않았을 뿐 아니라 힘이 굉장히 세고 몸도 날렵합니다. 도저히 사람이라고 할 수 없습니다. 아무래도 궁궐에 둘 수 없으니, 일찌감치 물리치는 것이 좋을 듯합니다."

"그것은 인정상 차마 하기 어려운 일이다."

"그러다가 나중에 돌이킬 수 없는 화를 불러일으키면 어쩌시겠습니까?"

"그래, 너의 말도 일리가 없지는 않다고 생각되는구나."

금와왕은 고민에 빠졌다. 태자의 불만을 무시할 수도 없고, 그렇다고 아무 죄도 없는 주몽을 야박하게 내쫓을 수도 없었다. 그래서 궁리 끝에 주몽에게 궁중의 말을 기르는 직책을 부여했다. 태자의 체면을 세워주면서 주몽도 내쫓지 않고, 그런 방편은 주몽에 대한 또 하나의 시험이 되기 때문이었다.

어쨌든 그날부터 마구간에서 하루 종일 말똥 냄새를 맡으며 생활하게 된 주몽은 자신의 신세가 한탄스럽고 분했다. 그래서 어머니 유화 부인에게 하소연을 했다.

"어머니, 천제님의 손자로 태어난 소자가 마구간에서 말 시중이나 들다니, 세상에 이런 법이 어디 있습니까. 이것은 차라리 죽느니만 못한 노릇입니다. 그러니 저 멀리 남쪽으로 가서 따로 나라를 세워볼까 합니다."

"너의 포부가 정말 그렇다면 가상하구나."

"그렇지만 어머님을 홀로 이곳에 남겨 두고 떠나야 되니 이 노릇을 어찌합니까."

"그런 걱정은 할 필요가 없다. 그보다도 네가 먼 길을 가려면 잘 달리는 말이 필요할 것이니, 이 어미가 준마 한 필을 골라줄 것이다."

그렇게 말한 유화부인은 아들을 앞세우고 몰래 마구간으로 갔다. 그러고는 긴 채찍을 들어 말들을 향하여 마구 휘둘렀다. 그러자 말들이 놀라서 이리저리 달아나는데, 그 중의 한 마리는 한 걸음이 두 길이나 되었다. 털빛이 검붉은 적토마였다.

유화부인이 말했다.

"바로 저 말이다. 저것은 보통 말이 아니니라. 그러니 남의 눈에 잘 띄지 않도록 은밀히 기르도록 하여라."

"어머님 말씀 명심하겠습니다."

주몽은 그 말을 붙들어다가 혓바닥에 바늘을 박아 두었다. 마구간의 다른 말들은 모두 여물을 잘 먹어서 털빛이 번지르르 하고 건강했으나, 적토마는 혀에 바늘이 박혀 있는 탓에 마음대로 먹을 수가 없었다. 그러다 보니 나날이 여위어져서 볼품없는 꼴이 되고 말았다.

주몽의 나이 19세가 되던 해 어느 날, 금와왕이 궁중을 순시하다가 발길이 마구간에 이르렀다. 마구간지기 주몽이 일을 열심히 하는 것을 본 금와왕은 기특하고 가엾은 생각이 들어 말했다.

"말들을 돌보느라 수고가 많구나. 그 상으로 너에게 말을 한 필 하사할까 하니, 마음에 드는 놈을 골라 보아라."

"황공하옵니다. 소인은 이놈으로 만족하겠습니다."

그러면서 주몽이 고른 말은 바싹 야윈 적토마였다.

그렇게 하여 적토마를 얻은 주몽은 말의 혓바닥의 바늘을 뽑고 잘 먹여 얼마 안 가서 훌륭한 준마로 탈바꿈시켰다.

그 해 시월 제천날, 사냥 경기에 주몽이 적토마를 타고 참가하니,

비로소 넘치는 기운을 마음껏 쓸 수 있게 된 말은 온 산야를 바람처럼 종횡무진으로 달리며 산짐승을 뒤쫓았다. 거기에 천하 명궁의 활솜씨가 보태어지니, 주몽이 가장 많은 사냥을 하여 1등을 차지한 것은 두말할 필요도 없었다.

그럴수록 일곱 왕자들의 시기와 원한은 더욱 쌓여갔고, 주몽의 신변에는 점점 검은 구름이 다가오고 있었다.

유화부인은 아들이 왕자들의 미움을 사서 아무래도 무사할 것 같지 않으므로 걱정이 태산 같았다. 어떻게 하면 왕자들의 증오심으로부터 피할 수 있을까 궁리한 끝에, 아들을 장가 들이기로 결심했다.

주몽이 가정을 이루어 소박한 행복에 만족하는 듯한 모습을 보이면 왕자들도 그를 더 이상 위험 인물로 경계하지 않으리라는 계산에서였다.

마침내 주몽은 예씨 집안의 새아기를 아내로 맞아들여 왕자들의 의혹에 찬 시선을 일시적으로 피하는 데 성공했다. 그러나 그와 같은 안식의 시간은 길지 않았다. 얼마 지나지 않아 왕자들은 주몽을 아무래도 살려 둘 수 없다고 결론을 내리고는 결정적인 기회를 노리고 있었기 때문이다.

그 기미를 알아차린 유화부인은 마침내 큰 결단을 내렸다.

"아들아, 이제는 더 머뭇거릴 수가 없게 되었구나. 어디 간들 네 재주로 뜻을 이루지 못하겠느냐. 어서 떠나거라."

"어머니!"

"어미와 새아기는 걱정할 필요 없다. 어서 가서 사나이의 뜻을 이루도록 하여라."

"알겠습니다. 어머님의 결정에 따르겠습니다. 그럼 안녕히 계십시오."

어머니께 절을 하고 물러나온 주몽은 아내의 손을 잡고 간곡히 말했다.

"그대를 두고 가려니 가슴이 찢어지는 것 같소. 데리고 가야 마땅하지만, 급박하게 도망하는 몸인 데다 정처도 없고 보니, 지금 홀몸도 아닌 당신에게 그런 험한 고생을 요구할 염치가 없구려. 다행히 나라를 세우게 되면 꼭 어머님과 당신을 찾아올 것이니, 슬프더라도 꾹 참고 기다려 주기 바라오."

예씨는 눈물을 펑펑 쏟으면서 말했다.

"이렇게 떠나시면 살아서는 서로 만나기가 어려울 것 같아요."

"무슨 그런 말을 하오."

"아니에요. 소첩은 낭군님을 못 만나게 되더라도, 지금 뱃속에 든 아이는 태어나면 아버지를 찾아가겠지요. 그럴 경우를 생각해서 신표를 남겨 주세요."

"정 그렇다면 말하리다. 그 신표는 일곱 모가 난 돌 위의 소나무 아래에 감추어 두었으니, 아이가 태어나면 찾으라고 하시오. 훗날 그것을 들고 나를 만나러 오면 틀림없는 내 아들이라 믿겠소. 그럼 아무쪼록 몸조심하시오."

이처럼 어머니와 아내한테 하직을 고한 주몽은 적토마에 올라 궁궐을 몰래 빠져나왔다.

이때 그를 따르는 충직한 부하 세 사람이 있었다. 오이, 마리, 협부가 그들로서, 주몽의 건국 동지들이었다.

주몽이 없어진 사실을 뒤늦게 안 왕자들은 즉시 추격대를 보냈다.

주몽 일행은 쉴 새 없이 말을 달려 어느덧 엄사수에 이르렀다. 앞을 가로막는 큰 강에 맞닥뜨린 주몽은 말에서 내려 무릎을 꿇고 하늘을 우러러보며 부르짖었다.

"천제님, 저는 천제님의 손자, 하백의 외손자입니다. 위험을 피하여 이제 이곳까지 도망 왔으나, 큰 강에 막혀 더 나아갈 수 없게 되었습니다. 지금 저의 뒤에는 저를 죽이려는 무리들이 달려오고 있습니다. 이 외로운 손자를 어여삐 여기셔서 강을 건너갈 수 있도록 도와주십시오."

기도를 끝낸 주몽은 일어나서 들고 있던 채찍으로 강물을 때렸다. 그러자 물 속으로부터 큰 고기들과 자라들이 떼를 지어 떠올라와 이쪽 강기슭에서 저쪽 강기슭까지 다리를 만들어 주는 것이 아닌가.

주몽 일행은 천제님께 감사한 다음, 고기와 자라를 조심조심 밟고 강을 무사히 건넜다.

그들이 막 강을 건넜을 때, 추격대가 강가에 도달했다. 추격대는 주몽 일행이 어떻게 강을 건넜는가를 곧 알아차렸다. 그래서 그들도 강을 건너기 위해 고기와 자라 위에 뛰어내리려 했으나, 고기와 자라들은 보란 듯이 깊은 물 속으로 일제히 자취를 감추어 버렸다.

그렇게 하여 무사히 위기를 넘긴 주몽은 부하들을 데리고 다시 말을 달렸고, 모둔곡이란 곳에 이르러 다시 세 사람을 만나게 되었다. 한 사람은 삼베옷을 입었고, 한 사람은 칡베옷을 입었으며, 나머지 한 사람은 마름옷을 입고 있었다.

"먼저 그대들의 신분과 이름을 말하라."

주몽이 묻자, 먼저 삼베옷을 입은 사람이 자신의 이름은 재사라 했고, 칡베옷을 입은 사람은 무골이라 했으며, 마름옷을 입은 사람은 묵거라 했다. 그러나 성을 밝히지 않았으므로, 주몽은 재사에게 극씨라는 성을 주고, 무골에게는 중실씨란 성을 주었으며, 묵거에게는 소실씨란 성을 주었다.

"나는 하늘의 뜻을 받들어 나라를 세우고자 하는데, 그대들 세 보배로운 인걸을 만났으니 필경 하늘이 나에게 보내주셨음이 틀림없다."

주몽은 기뻐하며 그렇게 말한 다음, 그들에게 각각 재능에 따라 직책과 임무를 부여했다.

이윽고 주몽 일행이 졸본천에 이르렀는데, 주위 경관을 살펴보니 땅이 기름지고 아름다우며 산이 험준하여 마땅히 도읍으로 정할 만하였다. 그러나 아직 궁궐을 지을 겨를이 없어 비류수 기슭에 적당한 집을 짓고는 국호를 '고구려'라 하고, 성을 고씨로 정했다. 주몽의 나이 22세 때였다. 이때가 서기전 37년, 신라 시조 혁거세 21년이었다.

주몽이 나라를 세우자, 그 소식을 듣고 인근 사방에서 찾아와 복종하는 사람이 많았다. 그런데 이웃의 말갈족이 우습게 여기고 변방을 노략질하므로, 주몽은 부하들을 거느리고 말갈을 쳐서 그들이 감히 넘보지 못하게 만들었다.

그러던 어느 날, 주몽은 비류수 상류로부터 채소 잎사귀가 떠내려오는 것을 발견했다.

"저 위쪽에는 아마 더 기름진 땅이 있는 모양이다. 사냥을 하면서 살펴보도록 하자."

주몽은 부하들을 데리고 강 상류쪽 탐사 작업에 나섰다.

그때 마침 그곳 상류 지역의 나라 비류국의 임금 송양왕도 사냥을 나왔다가 주몽과 맞닥뜨리게 되었다.

송양왕은 초면이지만, 주몽의 수려한 귀골과 건장한 체구를 보고는 감탄해 마지않았다.

"나는 이처럼 궁벽한 곳에서 지내다 보니 지금까지 잘난 인물을 본 적이 없었는데, 오늘 그대 같은 훌륭한 대장부를 만나게 되어 기쁜 마음 한량이 없소이다. 그런데 그대는 어디에서 온 누구시오?"

"나는 천제님의 자손으로서, 저 아래 서쪽 나라의 임금입니다. 그렇게 묻는 그대의 신분은 무엇이며, 어느 조상의 자손인가요?"

"나는 여기 비류국의 임금으로서 선인仙人의 후손이오."

"그러신가요."

"이 강 언저리의 땅은 보다시피 비좁아서 두 나라, 두 임금이 양립할 여지가 없소이다. 나는 이곳에 나라를 세운 지 오래되었고, 그대는 얼마 되지 않은 모양이니, 차라리 나한테 의탁하여 지내는 것이 어떻겠소?"

그 말을 들은 주몽은 기가 막힌 나머지 피가 끓어올랐다. 이만저만 자존심을 건드리는 말이 아니었기 때문이다.

"무슨 말씀을 그렇게 하십니까. 나는 엄연히 천제님의 자손이거니와, 그대는 그렇지도 않으면서 멋대로 나라를 세웠답시고 임금 노릇을 하고 있으니, 그대가 나한테 항복하는 것이 순리가 아니겠소? 그렇게 하지 않으면 아마도 천제님의 노여움을 사서 큰 재앙을 입게 될 것입니다."

"그대가 정말 천제의 자손이라면 그 증거를 보여주시오. 우선 나와 활쏘기를 겨루어 봅시다."

그렇게 말한 송양왕은 먼저 백 걸음 앞에 사슴 그림판을 걸어놓고 활을 쏘았으나, 사슴을 맞히지 못했다.

이번에는 주몽의 차례였다. 그는 백 걸음 앞에 옥가락지를 걸어 놓고 활을 쏘았는데, 시위를 떠난 화살은 옥가락지를 정통으로 맞혀 깨뜨렸다.

"놀랍구나! 참으로 신궁의 재주로다."

송양왕은 감탄해 마지않았다.

"어떻습니까. 이만하면 항복해도 되겠지요?"

"아무리 그렇더라도 나라를 세운 순서가 있는데, 어찌 뒷사람이 앞사람에게 양보하라고 할 수 있단 말이오. 내가 그대의 거처를 찾아가 보고

수긍할 만한 점이 발견되면 고려해 보겠소이다."

그렇게 둘러대고 돌아간 송양왕은 트집거리를 발견하기 위하여 얼마 후에 주몽의 거처로 찾아왔다.

주몽은 송양왕이 찾아오기 전에 서둘러 궁궐을 지었다. 초라한 임시 거처로는 그의 비웃음만 살 것이 확연했기 때문이다. 그런데 궁궐을 지으면서 일부러 좋은 재목은 피하고 좀먹거나 썩은 나무로 기둥을 세우고 서까래를 올리도록 했다. 그렇게 하여 다 짓고 보니 천 년이나 된 고궁처럼 보였다.

이윽고 트집거리를 발견하기 위해 송양왕이 도착했는데, 고구려의 궁궐이 대단히 웅장하면서도 고풍스러운 운치를 자아내므로 속으로 깜짝 놀랐다. 그리하여 트집거리를 발견하지 못한 채 돌아가고 말았다.

그러나 고구려는 부족한 것이 한 가지 있었다. 새로 세운 나라인지라 북과 나팔 같은 악기가 없었던 것이다. 그래서 비류국 사신을 맞이하고 보낼 때 마땅한 주악을 울리지 못함으로써 위엄과 예절에 흠결을 보여 비류국의 비웃음을 사고 있지 않는가 하는 것이 주몽의 고민거리였다.

임금의 그와 같은 심정을 헤아린 신하 부분노가 말했다.

"대왕마마, 신이 가서 비류국 곳간에 있는 북과 나팔을 가져올까 합니다."

"그대가 무슨 재주로 남의 나라 곳간에 들어 있는 악기들을 가져온단 말이오?"

"그것은 모두 천제님이 내리신 신성한 물건이므로, 마땅히 천제님의 자손이 가지시는 것이 순리입니다. 마마께서 일찍이 동부여에 계시면서 그처럼 어려운 고비를 넘기실 때, 이런 대업을 이루리라고 예견한 사람은 아무도 없었을 것입니다. 이제 이곳에 나라를 세우신 것도 순전히 천제님의 뜻이거늘, 더 이상 무슨 일인들 이루지 못하겠습니까."

그렇게 말한 부분노는 두 사람을 데리고 비류국에 잠입하여 궁궐 창고 속에 들어 있는 북과 나팔을 빼내어 오는 데 성공하였다.

뒤늦게 북과 나팔이 없어졌을 뿐 아니라, 그것이 고구려로 유출된 사실을 알게 된 송양왕은 사신을 보내어 조사하도록 했다. 그러나 비류국의 사신이 고구려 궁궐에 도착하여 문제의 북과 나팔을 살펴보니, 모양은 비슷하지만 현저하게 색깔이 변해 있어서 자기네 것이라고 우길 수가 없었다. 그래서 할 수 없이 부끄러운 얼굴로 돌아가고 말았다.

이듬해 6월 어느 날, 주몽은 산에 사냥을 나갔다가 흰 사슴 한 마리를 사로잡았다.

주몽은 언덕 위의 큰 나뭇가지에 흰 사슴을 거꾸로 매달고는 저주를 걸었다.

"흰 사슴아, 흰 사슴아! 네가 이 고난에서 벗어나고 싶으면 천제님께 간절히 빌어서 큰비가 오게 하여라. 큰물이 나서 비류국 도성이 잠기게 하면 너를 살려주겠지만, 그렇지 못하면 네 모가지를 이 칼로 베고 말 테다."

흰 사슴은 애처롭게 울며 산신령께 간절히 도움을 청했다. 그 울음소리는 산신령의 귀에 들어갔고, 산신령의 마음을 움직였다. 그리하여 그날부터 비가 내리기 시작하여 이레 동안이나 계속되었다. 마침내 비류국 도성은 큰물에 잠기고 말았다.

비로소 흰 사슴을 놓아준 주몽은 사람들을 시켜 갈대로 굵은 줄을 꼬아 강 양쪽 기슭에 매도록 했다. 그러고는 스스로 오리말鴨馬을 타고 강물 속에 들어가 비류국 백성들이 그 줄을 붙잡고 헤엄쳐 나오도록 했다.

그런 한편 채찍으로 강물을 철썩철썩 때리니, 채찍을 내리칠 때마다 신기하게도 강물이 쑥쑥 줄어드는 것이었다. 이 광경을 지켜본 송양왕은 자기가 도저히 주몽의 적수가 아님을 깨닫고 마침내 항복하고 말았다.

주몽은 비류땅을 다물도라고 개칭한 다음, 송양왕을 다물도주에 봉했다.

그로부터 2년이 지나 4월에 접어든 어느 날, 산 꼭대기에서 검은 구름 한 조각이 일어나더니 금방 온 산을 가렸다. 그러자 구름 속에서 수천 명의 역군들이 무슨 큰 역사를 벌이는지 짐을 져 나르는 소리, 도끼질과 까뀌질하는 소리가 요란했다.

이레가 지난 뒤에야 비로소 구름이 흩어지고 안개가 걷혔는데, 그 자리에는 금빛 찬란한 궁전과 누각들이 고래등같이 번쩍이며 위용을 자랑하고 있었고, 그 주위에는 튼튼한 성곽이 에워싸고 있었다.

주몽은 몹시 기뻐하며 말했다.

"이것은 천제님께서 과인을 위하여 내려주신 궁궐이 아니겠소."

주몽은 곧 성대한 제사로 하늘의 뜻을 기린 다음, 새로 지어진 궁궐에 살림을 옮겨 들어갔다.

주몽이 졸본 땅에 나타난 이래 그곳 사람들은 남녀노소 할 것 없이 그를 흠모했지만, 그중에 소서노라고 하는 젊고 아름다운 과부가 있어 특히, 주몽에게 뜨거운 사랑을 느꼈다.

소서노는 졸본부여의 토박이 부호 연타발의 딸이었다. 그녀는 아버지가 세상을 떠난 후 막대한 유산을 물려받아 해부루의 서손자 우태에게 시집 가서 비류, 온조 두 아들을 낳았는데, 그 남편마저 갑자기 죽는 바람에 청춘 과부가 되어 쓸쓸하게 지내고 있었다. 그러던 중에 주몽이 나타났으니, 그 늠름한 풍모를 본 소서노의 젊은 가슴이 뜨거워진 것은 어쩌면 당연한 일인지도 몰랐다.

　주몽 역시 동부여 일곱 왕자의 핍박을 피하여 허겁지겁 도망쳐와 어찌 어찌하여 나라 세움의 형식은 차렸으나, 아직은 그곳의 지리와 풍속에 익숙지 못했고, 뭔지 모르게 가슴 한쪽이 텅 빈 것 같은 허전한 느낌을 지울 수가 없었다.

　그러던 참에 소서노라는 아리따운 젊은 과부를 만났으므로, 주몽은 금방 그녀에게 몰두하게 되었다.

　마침내 두 사람은 결혼식을 올렸고, 소서노는 자신의 전재산을 아낌없이 내놓아 나라를 세우는 비용을 감당했던 것이다.

　주몽은 새로 세운 나라의 기틀을 튼튼히 하는 일에 바쁘기는 했지만, 그런 중에도 새로 얻은 소서노 부인과의 사랑에 흠뻑 빠져 있었다. 그래서 비록 아내가 데리고 들어온 자식일망정 비류와 온조를 친자식처럼 귀여워했다.

　그러나 소서노 부인과의 달콤한 생활 속에서도 주몽의 가슴 한구석은 비어 있었으니, 그 까닭은 동부여에 남겨 두고 온 어머니와 아내 예씨의 존재 때문이었다. 떠나온 후로 전혀 소식을 듣지 못했고, 그쪽에 신경 쓸 겨를이 없었던 것이다.

　주몽이 나라를 세운 지 14년 되던 해인 서기전 24년 8월에 유화부인이 마침내 세상을 떠났다. 금와왕은 태후의 예로써 후하게 장례를 치른 다음 신묘를 건립하여 봉안했다.

　멀리서 그 소식을 전해 들은 주몽은 땅을 치며 통곡했다. 어머니를 모셔 오고 싶은 생각은 굴뚝같았지만, 동부여와의 미묘한 정치적 관계 때문에 엄두를 내지 못하고 차일피일해 온 그였다. 그러다 그 소원을 풀지 못한 채 어머니와 영영 이별을 하고만 것이다.

주몽은 멀리서나마 제사를 지냈다. 또한 금와왕이 장례를 후하게 치렀을 뿐 아니라 신묘를 건립하여 모셨다는 말을 듣고는 사신을 보내어 고마운 뜻을 전하게 했다.

그로부터 5년이 지난 서기전 19년 4월, 고구려 궁궐에서는 작지 않은 소동이 벌어졌다. 주몽의 본부인 예씨가 동부여에서 아들 유리를 데리고 찾아왔기 때문이다.

의지가 되던 시어머니마저 세상을 떠난 후 유복자로 태어난 유리에게 모든 희망을 걸고 살아가던 예씨부인이 아들과 함께 머나먼 고구려로 남편 주몽을 찾아온 데에는 그만한 곡절이 있었다.

어느 날 유리가 거리에 나가서 놀다 새를 잡으려고 돌멩이를 던졌는데, 그 돌멩이가 그만 지나가던 아낙의 머리에 인 물동이를 맞혀 깨뜨리고 말았다.

화가 치민 아낙은 유리에게 사정없이 욕설을 퍼부었다.

"아비 없는 후레자식이니까 그 따위 못된 짓을 다 하지."

그 말에 심한 상처를 받은 유리는 한달음에 집으로 달려와서, 아버지는 어떤 사람이며, 지금 어디에 계시냐고 울며불며 어머니한테 따지고 들었다.

아들로부터 추궁을 당한 예씨부인은 한숨을 쉬고는 말했다.

"언젠가는 너에게 밝힐 날이 오리라고 생각했다. 너희 아버님은 보통 사람이 아니란다. 이곳에서 용납되지 않아 할 수 없이 남쪽으로 도망을 치셨는데, 지금은 졸본 땅에 나라를 세우고 임금이 되셨어."

"우리 아버지가 임금이라구요? 그렇다면 당장 아버지를 찾아 떠나겠어요."

"너무 서두르지 말아라. 너희 아버님은 떠나시면서 어딘가에 신표를 남기셨다. 너는 마땅히 그 신표를 찾아야만 아버님을 만날 자격을 얻게 된다."

그리고는 주몽이 떠나면서 한 말을 그대로 옮겨 주었다.

'일곱 모가 난 돌 위의 소나무 밑이라니, 그게 도대체 어디 있다는 것일까?'

유리는 아버지의 신표가 숨겨져 있다는 곳을 찾기에 골몰했다. 산골짝을 돌아다니며 그럴싸한 것이 있는가 눈여겨보았으나, 아무리해도 찾을수가 없었다.

며칠 동안 산 속을 헤매던 유리는 마침내 자포자기한 심정으로 힘없이 집에 돌아왔다. 그리하여 토방에 걸터앉아 시름에 잠겨 있는데, 바로 그때눈에 확 띄는 것이 있었다. 소나무로 만든 기둥의 주춧돌이 바로 칠각형이아닌가.

곧 기둥 밑을 살펴보니 주춧돌과의 작은 틈새 안에 부러진 칼 도막이감쪽같이 숨겨져 있는 것이었다.

'오라, 이것이다!'

유리는 뛸 듯이 기뻤다. 얼른 칼 도막을 꺼내어 들고 어머니한테 달려가보이니, 예씨부인의 기쁨도 여간 아니었다.

"찾았어요, 어머니. 이제는 아버님을 만나러 가도 되겠지요?"

"아들아, 이제야 너희 아버님을 만날 명분이 서는구나. 그러나 함부로움직이다가는 또 무슨 오해를 사서 방해를 받을지 모르니, 기회를 봐서은밀히 떠나자꾸나."

이렇게 탈출 계획을 세운 모자는 기회를 노렸다. 그리하여 마침내날을 잡아 동부여를 출발했는데, 이때 옥지, 구추, 도조 세 사람이 유리를따라나섰다.

마침내 그들이 고구려에 도착하니, 주몽의 기쁨은 말할 수 없이 컸다. 그는 곧 예씨부인을 정실 왕후로, 유리를 태자로 책봉하는 예식을 거행했다. 그렇게 되자 자연히 소서노 부인은 측실이 되고, 비류와 온조는 서자가 되었다.

주몽은 소서노 부인과 두 서자를 위로했으나, 그들 세 모자의 마음이 편할 리가 없었다.

"어머니의 전 재산을 털어서까지 나라 세우는 데 썼으니 그 공이 여간 크지 않은데도 부왕의 처분이 이렇고 보면, 장차 우리의 신세가 어떻게 될지 모르겠습니다. 차라리 이곳을 떠나서 신천지를 개척하는 것이 어떨는지요. 저희들이라고 해서 새 나라를 세우지 못하란 법은 없지 않습니까."

비류와 온조가 간곡히 권하자, 소서노 부인의 마음도 움직였다. 그리하여 주몽 앞에 나아가 그 뜻을 밝혔다.

주몽은 마음이 몹시 착잡했으나, 그들이 함께 있음으로써 불필요한 마찰이 발생하느니보다는 차라리 그들의 요구대로 떠나도록 함이 나을 것 같기도 했다. 그래서 금은 보화를 많이 나누어 주고, 성대한 위로 잔치를 열어 주었다.

주몽은 또한 평소에 그들과 친밀한 오간, 마려 등 열 사람을 선발하여 수행하도록 배려한 다음, 좋은 땅을 찾아가 살라고 축원했다. 이것이 백제가 탄생하게 된 배경이다.

그해 9월 어느 날, 천제는 황룡을 내려보내며 주몽으로 하여금 승천하도록 명령했다.

용을 타고 하늘로 아주 올라가게 된 주몽은 눈물을 흘리는 왕후와 태자와 신하들을 내려다보며 말했다.

"과인은 천제의 뜻을 받들어 이제 떠나가니, 태자는 즉시 왕위를 계승하라. 임금의 자리는 어려운 것이니 태자는 부디 지혜와 덕으로써 나라를 다스리도록 하여라."

그리고는 옥으로 만든 채찍 하나와 구슬로 만든 신 한 켤레를 떨어뜨리니, 아랫사람들은 곧 그것을 거두어 용산에 장사 지내고 시호를 동명성왕이라 했다. 그의 나이 49세였다.

우리가 만나는 고구려의 건국 설화가 이처럼 거창한 서사 구조를 형성할 수 있게 된 것은 이규보의 덕이다. 이규보는 그의 방대한 저작인 〈동국이상국집〉에 5연 280어귀, 1,400여 자의 본시本詩와 430어귀 2,200여 자의 주註로 구성된 장편 서사시로 동명왕을 노래하고 있기 때문이다.

이규보는 그 서문에서 이렇게 밝히고 있다.

내가 일찍이 〈구삼국사〉(지금은 전하지 않음)에서 '동명왕 본기'를 읽었더니, 거기에는 요즘 세상에 전하는 것보다 훨씬 지나치게 이상하고 기이한 일들이 많이 적혀 있었다. 그래서 나는 그 말을 귀신 이야기나 환술로 여기고 그냥 던져 버렸으나, 이제 와서 곰곰 생각해 보니 그렇지 않은 점이 있다. 그것은 결코 귀신 이야기나 환술이 아니라, 거기에 거룩한 뜻이 들어 있음을 본다. 김부식이 〈삼국사기〉를 다시 지으면서 그 기이한 이야기는 다 뽑아 버리고 대강만 추려서 쓴 것은 그대로 그의 생각이었겠지만, 나는 여기 그 이야기를 다시 들추어 시로 쓰며, 그리하여 사람들이 우리나라의 근본이 거룩한 것임을 알게 하고자 한다.

이규보는 자칫하면 잃어버렸을 고구려 건국 설화의 전모를 명확한 역사의식과 자주 정신으로 되살려 남겨 주었거니와, 동명왕의 이야기가 이처럼 방대한 것은 진취적이고 대륙 지향적이었던 고구려의 씩씩한

기상을 민족혼의 상징으로 생각하고자 한 후세 사람들의 경모하는
마음에서 비롯되었을 성싶다.

소서노와 온조 형제

　주몽과 눈물로 작별하고 졸본 고향을 떠나 남행길에 오른 소서노 부인과 비류와 온조 두 왕자와 그들을 따르는 무리들은 뱃내^{대동강}와 띠 내^{임진강}를 건너 마한 땅에 들어섰다.

　소서노 부인은 여걸이었다. 그녀는 마한 왕에게 사람을 보내어 자기들이 온 뜻을 전하게 했다.

　"나는 고구려 임금의 아내로서, 궁내의 사정이 여의치 않아 두 아들과 추종자들을 거느리고 내려와 새로운 터전을 개척하려고 하노라."

　영토나 국경의 의미가 엄격할 수 없었던 당시의 사정으로 보아 그것은 선언적 의미가 강했을 터인데도, 마한 왕은 인심 좋게 100여 리의 땅을 떼어주며 국가 건설을 묵인해 주었다.

　졸본 부여에서 주몽을 도와 국가 기반을 다진 솜씨를 발휘한 경력의 소유자인 소서노 부인은 하북 위례홀, 즉 지금의 한강 북쪽인 서울에 도읍을 정하고 새나라 건설에 착수하여 나라 이름을 '백제'라 했다.

　이때가 서기전 18년으로서, 신라 혁거세 40년이요. 고구려 유리왕

2년이다.*

　일부 학자 중에는 지금 정설로 되어 있는 백제 건국사에 대해 일리가 있는 의문을 제기하는 사람들이 있다. 그 대표적 인물이 문학자이며 사학자인 이은상이다. 〈사기〉에는 소서노 부인이 직접 임금 노릇을 했다는 기록이 없고 처음부터 비류, 온조 두 왕자가 도읍 정하는 문제로 다투다가 결별한 것으로 되어 있으나, 그렇지 않다는 것이다. 당시의 형편으로 보아 두 왕자가 비분한 심정으로 어머니를 따라 고향을 떠나온 외로운 처지인 만큼 그만한 일로 간단히 갈라서지는 않았을 것이고, 어머니가 작은아들 편에 서서 큰아들을 배척했을 리가 없다는 것이다. 비류와 온조가 헤어진 것은 탁월한 능력가인 소서노 부인이 세상을 떠난 다음 한강 북쪽의 땅을 지키기가 어려워졌기 때문이고, 따라서 그녀야말로 우리 역사상 가장 최초의 여제왕이며, 개국 연대도 서기전 18년보다 이전으로 보아야 한다는 주장이다.

　그처럼 일단 나라의 기초를 세우는 데 성공하기는 했으나, 소서노 부인은 남편 주몽에 대한 사랑을 저버리지 못하여 홀로 한숨 짓고 눈물 흘리는 일이 많았다.

　그러던 가운데 주몽이 세상을 떠났다는 청천벽력 같은 소식이 전해져 왔다.

　'아아! 그분이 승천하시다니. 나는 이제 아무런 희망이 없구나.'

　언젠가는 남편을 만날 날이 있으리라고 생각했던 그녀의 상심은 이만저만이 아니었다. 그녀는 동명왕묘를 짓고 성대한 제사를 지냄으로써 남편의 넋을 위로했다.

　백제는 남쪽의 마한과는 친교를 맺고 서북쪽의 낙랑, 말갈에 대해서는 대립하는 정책으로 국가 기반을 다져 나갔다. 특히 고조선의 일부 부족인 말갈은 걸핏하면 쳐들어와서 골치를 썩였으므로, 백제는 이를 무력을 써서 물리치는 한편 성을 쌓고 방책을 세웠다.

　이것을 본 낙랑에서는 사신을 보내어 따졌다.

　"양국이 요즈음 수교를 맺고 서로 왕래하며 한 집안처럼 지내고 있거늘, 이제 성책을 세우는 것을 보면 우리 땅을 잠식하려는 것이 아닌지 의심스럽다. 서로의 호의가 변하지 않도록 성책을 헐어 우리의 의구심을 풀어주던지, 싸워서 승부를 보던지 양단간에 결정하라."

선전포고나 다름 없는 방자한 최후 통첩이었다. 이에 대하여 소서노 부인은 당당한 논리로 맞섰다.

"험한 성을 쌓아 나라를 지키는 것은 옛날이나 지금이나 막론하고 떳떳한 도리인데, 어찌 그것 때문에 수교에 변함이 있겠는가. 그러니 의심하지 말라. 만일 힘이 강대한 것을 믿고 명분 없는 군사를 일으킨다면, 우리가 비록 작은 나라일망정 온당한 자구책을 강구할 것이다."

백제의 기세가 이처럼 완강하자, 낙랑은 한풀 꺾였다. 그러나 자존심이 상한 낙랑이 말갈을 부추겨 변경 지대의 성책을 침공하게 하므로, 백제는 '이에는 이'라는 식으로 그때그때 완강히 맞서 효과적으로 막아내었다.

세월은 빨리 지나가 백제가 나라를 세운 지 13년째가 되었는데, 그해 봄에 이상한 일이 일어났다. 도성에 사는 어떤 노파가 갑자기 남자로 변신했고, 다섯 마리의 호랑이가 도성에 나타나 사람들을 공포에 빠뜨리기도 했다.

"이것은 상서롭지 못한 징조임에 틀림없어."

"그러게 말이야. 머잖아 좋지 않은 일이 일어날 거야."

모두들 어두운 얼굴로 이렇게 수군거렸는데, 그와 같은 우려가 금방 현실로 나타났다. 소서노 부인이 61세의 나이로 세상을 떠난 것이다.

비류와 온조 두 형제는 통곡하며 어머니의 장례를 후하게 지낸 다음, 여러 신하들을 모아 놓고 나라의 장래를 의논했다.

"북서쪽의 낙랑과 말갈이 끊임없이 침범하는 이때, 어머님마저 돌아가셨으니 우리가 이대로 있는 것은 현명한 일이 아닐 것이오. 그러니 다시 적당한 도읍을 찾아보는 것이 좋을 듯하오."

그 말을 들은 대신들도 모두 타당하다고 입을 모았으므로, 비류와 온조는 신하들을 거느리고 발뫼[負兒岳, 북한산] 꼭대기에 올라가 도읍을 정하기에 좋은 땅이 없을까 하고 멀리 사방을 둘러보았다.

먼저 비류가 강 건너 서쪽을 가리켰다.

"내 생각에는 저기가 좋을 것 같군."

그가 가리킨 곳은 밑골지금의 인천이었다. 그러자 온조가 고개를 저으며 말했다.

"아니야, 내 생각에는 저곳에 터를 잡는 것이 더 낫겠는데."

온조가 가리킨 곳은 강 건너 동쪽인 아릿골지금의 경기도 광주이었다.

밑골로 가자거니 아릿골로 정하자거니 두 형제의 의견이 서로 맞서자, 여러 대신들이 조용히 말했다.

"신들이 판단하기에 작은 왕자님의 생각이 옳은 듯합니다. 저곳 북쪽으로 아릿내(한강)를 두르고, 동쪽으로 높은 산을 의지했으며, 남쪽으로 기름진 들판을 바라보고, 서쪽에는 넓은 바다가 펼쳐져 있으니 오죽이나 장합니까. 그러니 저기로 도읍을 옮기면 나라의 천년 부강을 기대할 수 있을 것입니다."

그리하여 대세가 온조의 의견쪽으로 기울자, 비류는 자존심이 상했다. 그는 끝내 고집을 부려, 이듬해인 서기전 5년에 도성이 아릿골로 옮겨갈 적에 홀로 추종자들을 거느리고 밑골로 향했다. 독자적으로 새로운 나라를 건설하겠다는 야심이었다.

그러나 비류가 막상 인천에 가서 보니 물이 짜고 토질이 척박하여 도저히 한 나라의 도읍으로 정할 만한 곳이 못 되었다. 그리하여 실망하고 상심한 비류는 아우의 사정은 어떤가 하고 위례성에 가 보았다. 그랬더니 실패한 자기와는 다르게 아우는 도읍에 손색 없는 훌륭한 성을 쌓고 백성들을 편안히 살게 하고 있었으므로, 수치심을 이기지 못한 비류는 마음의 병을 얻어 죽고 말았다.

비류가 죽고 나자, 그의 추종자들은 모두 위례성으로 옮겨왔고, 그리하여 백제는 점점 강성하게 되었다.

그런 중에서도 낙랑, 말갈과의 소모적 국지전은 끊임없이 계속되었다. 온조왕은 적절한 무력 대응으로 잘 막아나가는 한편, 성곽을 축조하고 목책을 세우는 일을 게을리하지 않았다.

이때, 서북쪽에 대한 방비책 뿐 아니라 남쪽인 웅진지금의 공주에도 목책을 세우니, 마한왕이 사신을 파견하여 항의했다. 마한의 사신은 온조왕 앞에서 자기네 임금의 뜻을 전했다.

"대왕께서 지난날 처음 강을 건너오셨을 적에는 발붙일 곳이 없지 않았습니까. 그때 저희 임금께서 동북 100리 땅을 떼어 편히 살게 해 주시고 대우도 각별히 후하게 하셨습니다. 따라서 마땅히 그에 대한 보답을 생각하셔야 할 것인데, 이제 나라를 완전히 세웠으므로 저희가 어찌지 못할 것이라 판단하여 목책을 세우고 강토를 침범하니, 의리상 이럴 수 있느냐고 저희 임금께서는 분개하십니다. 그러니 대왕께서는 인간의 도리에 입각하여 다시 한 번 생각하시기 바랍니다."

온조왕이 듣고 보니 반박할 말이 없었다. 그는 부끄러운 생각이 들어 얼굴을 붉히며 말했다.

"목책을 세운 데 별다른 뜻이 있었던 것은 아니나, 듣고 보니 과인의 생각이 짧았던 것 같소. 그대의 임금께 사과의 뜻을 전해 주기 바라오."

그런 다음 목책을 허물어 버리고 말았다. 그러나 내가 살기 위해서는 남을 쓰러뜨려야 하는 것이다. 적자생존의 엄연한 현실 앞에서 언제 까지나 한낱 지난 의리에 매달려 있을 수는 없었다.

온조 25년인 서기 7년 2월, 나라 안에 이상한 일이 일어났다. 왕궁의 우물이 갑자기 넘치고, 한성에서는 말이 소를 낳았는데, 머리는 하나이고 몸은 둘이었다.

기이하게 생각한 온조왕이 길흉을 점치는 관리를 불러 그 의미를 묻자, 관리가 대답했다.

"대왕마마 걱정하지 마시옵소서. 이것은 크게 길할 조짐이옵니다."

"어째서 그런가?"

"궁궐 안의 우물이 넘침은 마마께서 흥왕하게 일어나실 징조이며, 소의 머리가 하나인데 몸이 둘인 것은 이웃 나라가 곧 마마의 손아귀에 들어올 계시인 것입니다."

"그런가."

온조왕은 비로소 의심이 풀렸을 뿐 아니라 크게 기뻐했다.

이듬해 7월이 되자, 온조왕은 비로소 가슴 속의 웅지를 내비쳤다.

"지금 마한은 점점 쇠약해지고, 윗사람과 아랫사람 사이에 틈이 벌어져 오래지 않아 반드시 다른 나라에 멸망되고 말 것이다. 입술이 없어지면 이가 시리게 될 것은 당연지사이니, 그때 가서 뉘우친들 무슨 소용이 있겠는가. 우리가 먼저 손을 써서 취해야만 뒷날의 고난을 방지할 수 있을 것이다."

그해 10월, 온조왕은 대대적인 사냥을 한다는 구실로 군사를 동원해서 갑작스럽게 마한을 공략하여 손아귀에 넣었다. 오직 원산성^{지금의} 예천과 금현성만 굳게 지키며 항복하지 않았으나, 그 두 성도 이듬해에 항복함으로써 마한은 완전히 멸망하고 말았다.

백제의 국가 기반을 구축한 온조왕은 그 후로도 반란을 일으킨 마한의 잔당을 소탕하고 말갈의 침공을 효과적으로 막아내는 등 신생국을 잘 통치하다가 서기 28년에 세상을 떠나니, 태자인 다루가 그 뒤를 이었다.

바보 온달과 평강 공주

    고구려 25대 평원왕 때 평양성 주변의 산속에 나무꾼 바보 온달이 장님인 늙은 어머니와 함께 살고 있었다. 그가 효성이 지극하다는 소문은 왕까지 알고 있었다.

    평원왕의 슬하에는 왕자와 어린 평강 공주가 있었다. 그런데 평강 공주는 걸핏하면 울었기 때문에 별명이 울보였다. 또 고집이 너무 세서 한번 울면 울음을 그치지 않았다. 이에 평원왕은 공주가 울 때마다 이렇게 달랬다.

    "자꾸 울면 바보 온달에게 시집보낸다."

    공주는 평원왕으로부터 이 소리를 16세까지 들으며 자랐다.

    어느 날 평원왕은 혼기에 찬 공주에게 넌즈시 물었다.

    "아비가 네 지아비감으로 봐 둔 사람이 있는데 괜찮겠느냐?"

    "싫습니다."

    "어째서냐?"

    "아바마마는 늘상 소녀를 바보 온달에게 시집보낸다고 미리 말씀하셨잖아요?"

"그건 네가 너무 울어서 그런거지."

"아무튼 소녀는 온달이 아니면 시집 안 갈래요."

"네 뜻대로 하려거든 당장 궁에서 나가거라!"

부왕에게 이런 말을 듣자, 평강 공주는 사람들에게 묻고 물어 온달의 집을 찾아갔다. 하지만 온달은 집에 없고 맹인인 그의 어머니만 있었다.

"그렇소만, 아가씨는 뉘시오?"

"예, 저는 평강 공주입니다."

"아니, 공주님이 누추한 저희 집에 무슨 일로 오셨나요?"

평강 공주는 자초지종을 말한 다음 온달 어머니에게 큰절을 올렸다. 한편 산에서 나무를 하고 돌아온 온달은 부엌에 있는 처자를 보고 깜짝 놀랐다.

놀라는 온달에게 어머니는 자초지종을 말해 주었다.

평강 공주는 이 날부터 온달의 집에 살면서 온달에게 글과 무술을 가르쳤다. 온달 역시 평강 공주가 가르쳐 주는 모든 것을 열심히 배웠다.

그렇게 열심히 무술을 배운 온달은 그해 3월 3일 낙랑에서 열린 사냥대회에서 당당히 우승을 했다. 그러자 평원왕은 온달에게 누구냐고 물었다.

"그대 이름이 무엇인고?"

"온달이라고 하옵니다."

"아니, 네가 말로만 듣던 그 바보 온달이란 말이냐?"

"그렇습니다. 제가 바보 온달입니다. 평강 공주님께 글과 무술을 배웠습니다."

평원왕은 매우 흡족하여 평강 공주와 온달의 혼인을 허락했다.

훗날 후주의 무제가 고구려를 침략했는데, 온달이 선봉장이 되어 적을 물리쳤고, 이때부터 명장 반열에 올랐다.

이후 고구려의 옛 땅을 회복하기 위해 아차산성에서 신라군과 싸우다가 죽었다. 일설에 의하면, 이때 전사한 온달 장군의 시신이 담긴 관을 옮기려 하자 꿈쩍도 하지 않았는데, 이를 본 평강 공주가 울면서 관을 어루만지자 비로소 움직였다고 전한다. *

박혁거세

신라는 삼국 중에서 가장 먼저 서기전 57년에 나라를 세웠으나 북쪽과 서쪽이 산맥으로 가로막혔고, 한반도 동남부에 치우쳐 있어서 오히려 국가 발전은 고구려나 백제보다 늦은 편이었다.

서기전 2세기 무렵에 고대 조선이 중국 한나라와의 세력 다툼 끝에 멸망하자, 그 유민들은 무리를 지어 새로운 터전을 찾아 남쪽으로 이주하였다.

당시 한강 이남 지역에는 국가 형태의 부족 연맹체인 마한, 진한, 변한이 존재하고 있었는데, 그중 가장 동쪽인 진한 땅에도 조선 유민의 일부가 흘러와 흩어져 마을을 이루어 살고 있었다.

진한에는 12개 부족 국가가 있었는데, 사로도 그중의 하나였다. 사로는 여섯 마을로 구성되어 있었고, 그 마을 하나하나마다 하늘에서 내려온 장로가 모든 일을 주관하고 있었다.

알천 양산촌의 장로는 평, 무산 대수촌의 장로는 구례마, 취산 진지촌의 장로는 지백호, 금산 가리촌의 장로는 지타, 명활산 고야촌의 장로는 호진, 돌산 고허촌의 장로는 소벌도리라 했다.

어느 날, 이들 여섯 장로가 각각 자녀들을 거느리고 알천 언덕 위에 모여서 즐겁게 놀았는데, 한 장로가 이런 말을 꺼냈다.

"우리가 지금까지 한 마을씩 맡아서 다스리고 있다고는 하지만, 마을 전체를 다스리는 임금이 없다 보니 백성들에게 위엄이 잘 먹혀 들어가지 않아 애로가 많소이다. 그러므로 덕이 있는 분을 찾아서 나라를 맡기고 복종하는 것이 어떻겠소."

"그것 참 좋은 의견입니다. 그렇지만 우리가 모실 만한 인물을 어디서 만날 수 있겠소?"

"당장은 어렵겠지만, 시간을 가지고 찾아보아야겠지요."

이런 대화를 주고받던 장로들은 문득 남쪽에 있는 나정이라는 우물가에 하늘에서 휘황한 빛이 드리워지고 거기에 하얀 말 한 마리가 꿇어앉아 자꾸만 고개를 주억거리는 광경을 목격했다.

"아니, 저것이 웬 말일까?"

"글쎄 말이오. 아무튼 예삿일은 아닌 것 같으니 가봅시다."

그들이 그곳으로 달려가자 백마는 크게 한 번 울고는 하늘로 올라가 버렸는데, 말이 있던 자리에는 큰 알 하나가 놓여 있었다.

이상한 생각이 들어 알의 껍질을 깨뜨려 본 사람들은 깜짝 놀랐다. 건강하고 잘 생긴 옥동자가 그 속에 들어 있었기 때문이었다.

그들은 그 아기를 안고 동쪽 우물로 가서 몸을 씻어 주었다. 그러자 아기의 몸에서는 신비한 광채가 났고, 새와 짐승들이 모여들어 춤을 추었으며, 하늘과 땅이 진동하고, 해와 달이 다시 한 번 밝아지는 듯했다.

장로들은 흥분하여 이구동성으로 외쳤다.

"이 아기님은 하늘이 우리의 소원을 들어주기 위하여 내려준 고귀한 분이 틀림없소."

"정말 그래요. 이제야 우리의 주인을 만난 셈이오."

여섯 장로들은 의논 끝에 아기의 이름을 혁거세로 지은 다음 마을로 모셔 와서 극진히 보살폈다.

소문을 들은 마을 사람들도 구름떼처럼 몰려와서 신기해 하고 자신들의 행운을 기뻐했다.

"이제 이 아기님이 자라나면 임금으로 모십시다."

"암, 그래야지요."

"그러나 이분은 천제의 아드님이니 보통 사람과는 다르지 않겠소. 마땅히 어울리는 배필을 만날 수 있어야 할 텐데, 미리부터 걱정이 되는 구려."

"천제님이 이 아기님을 점지해 주셨으니, 그만한 배려가 없기야 하겠소이까."

아기가 5세가 되었을 때, 다시 이상한 광경이 나타났다. 사량리에 있는 알영이라는 우물가에 계룡鷄龍 한 마리가 내려와서 왼쪽 옆구리로 한 여자아이를 낳고는 사라져 버린 것이다.

사람들이 달려가서 보니 아기는 옥같이 어여쁜데, 다만 입이 새의 부리같이 뾰족한 것이 흠이었다. 그래서 사람들이 아기를 안고 월성 북쪽 냇물로 가서 물에다 부리 입술을 떼어버리고 나니 완전한 사람의 모습이 되었다. 그래서 그 냇물을 '발천'이라 불렀다.

여섯 장로들은 남산 서쪽 모퉁이에 궁궐을 짓고 두 거룩한 아기를 받들어 모셨다. 그리고는 혁거세가 처음 나오던 그 알이 바가지만큼 컸기 때문에 성을 박이라 하고, 계룡의 딸은 그녀가 태어난 우물의 이름을 따서 알영이라 지었다.

여섯 장로를 비롯한 온 나라 사람들은 이들 두 아기가 자라나서 각각 13세와 7세가 되었을 때 결혼을 시키고 임금과 왕후로 받드니, 이때가 서기전 57년이었다. 그리고 나라의 이름은 '서라벌'이라 했다.

　　혁거세가 알에서 태어났다는 건국 설화는 고구려의 동명왕이나 가야의 수로왕의 경우와도 흡사한데, 이것은 이들의 탄생이 여느 사람과 다르다는 점을 부각시키려는 의도뿐 아니라 '알'이란 말이 우리말에서 신성하다는 뜻으로 통한다는 점을 감안하면 이해가 쉬울 것이다.

수로왕

변한은 마한과 진한 사이에 위치한 나라였는데, 거기에도 12개의 부족 국가가 존재하고 있었다.

그중의 하나인 구라에는 아홉 마을이 있었고, 마을마다 각각 지배 하는 장로가 있었으니 아도한, 여도한, 피도한, 오도한, 유수한, 유천한, 신천한, 오천한, 신귀한 등이 그것이었다.

어느 날, 고을 북쪽에 있는 구지봉 위에 이상한 기운이 떠 있고, 그곳에서 정체를 알 수 없는 소리가 들려왔으므로, 아홉 장로는 많은 사람들과 함께 올라가 보았다.

그러자 사람의 형체는 나타나지 않으면서 우렁찬 음성만 들려오는 것이었다.

"거기 누구 없느냐?"

"예, 저희들이 있습니다."

장로들이 대답하자, 목소리가 다시 물었다.

"그러면 거기가 어디냐?"

"여기는 구지봉입니다."

"나는 천제님의 지시를 받고 여기에 내려와 새 나라를 세우고 임금이 되려 한다. 그러니까 그대들은 이 산마루 흙을 조금 파고, '거북아, 거북아, 머리를 쳐들어라. 머리를 안 쳐들면 구워 먹고 말 테다'하고 노래를 부르며 춤을 추어라. 그렇게 하면 그대들이 나를 맞이하는 것으로 간주하겠노라."

그 말을 들은 아홉 장로는 시키는 대로 노래를 부르면서 춤을 추었다. 그러자 하늘로부터 커다란 붉은 보퉁이를 매단 붉은 줄이 내려왔다. 장로들이 공손히 그 보퉁이를 받아서 풀어보니, 그 속에는 휘황한 황금 합이 들어 있었다. 다시 합의 뚜껑을 열자, 박만한 황금알 여섯 개가 들어 있었다.

장로들은 그 황금합을 소중히 받들어 안고 산을 내려와 아도한의 집에 모셔 두고 일단 헤어졌다. 그랬다가 열흘쯤 지나서 다시 모여 아도한의 집에 찾아가 보니, 그 사이에 알들은 모두 부화하여 그 속에서 옥동자가 태어나 여섯 명의 아기가 마루 위에 앉아 있었는데, 그 모습은 그야말로 아름답고 고귀하기 그지없었다.

"아하! 천제님이 보우하사, 마침내 우리의 군주를 모시게 되었구나."

장로들은 기쁘고 감격하여 아이들 앞에 엎드려 절을 했다.

아이들은 하루가 다르게 무럭무럭 성장하여, 불과 열흘 남짓 지났을 무렵에는 완전히 어른의 모습으로 변했고, 키가 아홉 자가 넘었다.

장로들은 그 가운데 가장 먼저 태어난 아이를 택하여 수로라 이름 짓고 임금으로 추대했으며, 나라 이름을 가락^{가야}으로 정하였다. 그러고 나자 수로의 다른 형제들도 뿔뿔이 흩어져서 각각 나라를 세웠으니, 수로왕의 금관가야^(김해)를 비롯하여 고령의 대가야, 함안의 아라가야, 성주의 성산가야, 함창의 고녕가야, 고성의 소가야 등 여섯 가야가 그것이다(혹은 창녕의 비화가야를 꼽기도 한다).

수로왕이 등극하여 성을 쌓고 궁궐을 건립하고 신하의 자리를 배치하여 막 백성들을 다스리기 시작했을 때였다.

어느 날, 얼굴은 한 자나 되는데 키는 석 자밖에 되지 않는 괴상한 모습의 남자가 배를 타고 찾아와 임금을 만나겠다고 고집을 부렸다.

"그대는 어디에서 온 누구시오?"

수로왕이 묻자, 남자가 대답했다.

"내 이름은 탈해라 하고, 저 멀리 완화국에서 왔소이다."

"완화국이라……."

"완화국은 왜국에서 동북쪽으로 1천 리 떨어져 있는 나라요."

"그런데 이곳에는 무슨 일로 오셨소?"

"내가 이곳에 온 목적은 임금의 자리를 차지하기 위함이오."

그 말을 들은 수로왕은 어이가 없었다.

"내가 이미 천제님의 명령을 받들어 이곳에 나라를 세우고 보위에 올랐거늘, 그대가 원한다고 해서 어찌 선불리 자리와 백성을 넘겨줄 수 있겠는가. 헛된 야망은 버리는 것이 좋을 거요."

"그렇게는 할 수 없소이다. 정, 뭣하면 함께 재주를 겨뤄 봅시다. 그래서 지는 쪽이 이기는 쪽의 요구를 전적으로 들어주면 되지 않겠소이까."

"그렇게까지 나온다면 과인으로서도 거절할 도리가 없구먼. 그럼 어디 그대의 재주를 나타내 보시오."

탈해가 뽐내며 참새가 되어 날아오르자, 수로왕은 새매가 되어 그 참새를 덮치려 했다. 그러자 참새가 얼른 매로 변하므로, 새매는 수리로 변하여 달려들었다.

탈해가 다른 무엇으로 변해도 수로왕은 그보다 한 단계 위의 변신술을

구사하여 핍박을 가하니, 탈해는 마침내 견디지 못하고 사람의 모습으로
되돌아왔다.

"내가 졌소이다. 대왕께서는 과연 재주가 비상하십니다."

"그럼 이제는 내 보위를 내놓으라고 하지 않겠다는 것이오?"

"겨뤄서 진 마당에 무슨 염치로 그것을 바라겠습니까."

탈해는 그렇게 말하고 순순히 물러가 버렸다.

수로왕이 생각하니 나중에 다시 귀찮은 일을 당할 가능성이 없지
않았다. 그래서 뒤늦게 군사를 풀어 탈해를 붙잡아 오라고 명령 했으나,
추격군이 달려갔을 때, 탈해는 이미 자기 배의 돛을 높이 올려 달고 넓은
바다로 달아난 뒤였다.

그렇게 금관가야를 거쳐간 탈해는 그 길로 신라에 들어가서 박씨에
이어 네 번째 임금의 자리에 올랐으니, 그 역시 보통 비범한 인물은
아니었던 것이다.

어느 날, 아홉 장로들이 수로왕을 찾아와서 말했다.

"대왕께서 이미 보위에 오르시고도 아직 배필을 정하지 못하였으니,
참으로 민망한 노릇입니다. 저희들의 딸자식 가운데 가장 인물이 뛰어난
아이를 가려서 배필로 삼는 것이 어떠하십니까?"

그 말을 들은 수로왕은 웃으면서 고개를 저었다.

"성의는 고마우나, 여러분이 신경 쓸 일이 아닐 것이오."

"그것은 무슨 말씀입니까?"

"과인이 이곳에 온 것이 천제님의 뜻인 것처럼, 과인의 짝이 될 여인
역시 천제께서 점지해 주실 것이기 때문이지요. 유천한과 신귀한 두 분
장로는 지금 당장 망산도로 나가 보도록 하오. 그렇게 하면 좋은 일이 있을

것이오."

장로들은 도대체 무슨 소린지 몰라 어리둥절한 얼굴들이었으나, 임금의 명령인지라 그대로 따르지 않을 수 없었다.

유천한과 신귀한은 임금이 지정해준 망산도로 나가서 먼 바다를 바라보았다. 그러자 서남쪽으로부터 비단 돛을 달고 붉은 깃발을 휘날리는 정체불명의 커다란 배 한 척이 빠른 속도로 바닷가를 향해 다가오고 있었다.

유천한은 횃불을 들고 흔들어 그 배를 유인했고, 신귀한은 대궐로 달려가서 수로왕께 그 사실을 보고했다.

수로왕은 기뻐하며 나머지 장로들로 하여금 나아가서 배를 타고 온 사람들을 맞이하도록 했다.

이윽고 문제의 배는 망산도 바닷가에 닿아 돛을 내렸다 그 배에는 꽃이 무색할 정도로 아름답고 젊은 여인이 시종들과 함께 타고 있었다.

장로들이 배 위에 올라가 여인에게 환영의 뜻을 전하고 임금한테로 가자고 권했으나 여인은 고개를 저었다.

"생전 처음 보는 그대들의 말을 어찌 믿고 섣불리 따라간단 말입니까. 그렇게 경솔한 짓은 할 수 없어요."

거절당한 아홉 장로는 할 수 없이 대궐로 되돌아가서 수로왕께 사정을 보고했다.

그 말을 들은 수로왕은 그녀의 입장으로서는 충분히 그럴 수 있을 것이라고 이해하며 친히 거동하여 대궐 밖으로 나가 행궁으로 향했다. 이윽고 행궁에 도착한 수로왕은 궁문에서 남쪽으로 60걸음쯤 떨어진 산언덕 아래에 장막을 치고 여인을 기다리기로 했다.

그제야 여인의 일행도 배에서 내려 육지로 올라왔다. 그러나 곧바로 영접을 받아들이지 않고 먼저 높은 언덕 위로 올라갔다. 여인은 입었던 비단 바지를 벗어 산신령에게 폐백을 바쳤다. 그런 다음에야 언덕에서 내려와 장로들을 따라 행궁으로 향했다.

그녀를 모시고 따라온 신하인 신보와 조광은 각각 아내와 함께 동행하고 있었는데, 신보의 아내는 모정, 조광의 아내는 모량이라 했다. 또한 함께 온 남녀 노비가 20여 명이나 되었고, 비단과 명주로 만든 옷이며 피륙이며 금은보화와 갖가지 그릇 등 값진 물건들이 헤아릴 수도 없이 많았다.

이윽고 여인 일행이 장막 앞에 도달하자, 수로왕은 몸소 나아가 그녀를 맞아들였다. 바라보니 눈이 부실 정도로 아름다운 여인인지라, 수로왕의 젊은 가슴은 뜨겁게 불타올랐다.

수로왕은 여인을 따라온 신하와 남녀 노비들은 따로 나가서 편히 쉬도록 하고, 여인과 단둘이서만 행궁 안으로 들어갔다. 그리하여 두 사람만의 이야기가 시작되었다.

"그대는 어디에서 왔으며, 이름은 무엇이라 하오?"

"소녀는 본시 아유타국의 공주이옵고, 이름은 허황옥입니다."

"아유타국이라……."

수로왕은 되뇌었다. 난생 듣지도 못한 나라 이름이었다. 그럴 수밖에 없는 것이, 아유타국은 지금의 인도 중부로 추정되는 아주 먼 나라였기 때문이었다.

"나이는 몇 살이나 되오?"

"금년에 열여섯입니다."

"과인과 동갑이로군. 그래, 어린 아녀자의 몸으로 이 먼 곳까지 오시게 된 연유를 이야기해 주시겠소?"

"그것은 다름이 아니옵고, 지난 5월 어느 날 소녀의 부왕과 모후께서 꿈에 천제님을 뵈었는데, 천제님께서 '저 가야국에 수로왕을 내려보낸 뒤로 아직 배필을 정해 주지 못했으니, 너희 공주를 보내어 그의 배필이 되게 하라' 하시더랍니다. 그래도 부왕과 모후께서는 차마 선뜻 저를 보내려고 하지 않으셨으나, 소녀는 그 말씀을 듣고 자진하여 서둘러 고국을 출발하였답니다. 이제 대왕마마를 뵈오니 오랜 뱃길에서 겪은 고생이 한순간에 다 씻겨 나가는 것 같습니다."

"그대의 마음가짐이 그렇다면 그보다 더한 기쁨이 어디 있겠소."

수로왕이 넌지시 손을 뻗어 공주의 손을 잡으니, 그녀는 못 이긴 척 이끄는 대로 몸을 기대었다.

천제님의 결정에 따라 천생배필로 만난 두 사람은 행궁에서 두 날, 두 밤을 꿈같이 지낸 다음 사흘째에야 대궐로 향했다.

수로왕은 공주를 모시고 온 뱃사공 열다섯 사람에게는 각각 양식과 재물을 듬뿍 하사하여 수고한데 대한 사례를 표한 다음, 고국으로 돌아가도록 허락했다. 신보, 조광에게는 적당한 벼슬을 주고 부부가 넉넉 하게 살 수 있도록 선처했으며, 남녀 노비들은 공주를 주변에서 모시도록 조처했다.

수로왕은 꿈같은 신혼의 즐거움 속에서도 신하들의 벼슬을 새로 정하고 나라의 제도를 정비하여 국가 기반을 착실히 다져 나갔다.

그러는 중에 왕후의 몸에서 아기가 태어났으므로 태자로 봉하였 는데, 그가 뒷날 2대 임금이 된 거등공이다.

왕과 왕비는 변함없는 사랑으로 오래도록 해후했으며, 그런 다음 왕후가 먼저 세상을 떠나니 그녀의 나이 157세였다.

수로왕은 몹시 애통해 하며 구지봉 동북쪽에 후히 장례를 지내주었다. 또한 백성들도 왕후를 잊지 못하여 그녀가 처음 배를 댄 곳을 임개[主浦]라 했고, 비단바지를 벗었던 장소를 비단고개[綾峴]라 했으며, 처음 깃발을 날리며 들어오던 포구를 깃발어귀[旗出邊]라 이름지었다.

왕후를 잃은 수로왕의 슬픔은 이루 말할 수 없었다. 의욕 상실증에 걸려 왕후를 생각하며 눈물을 흘리는 날이 대부분이었으며, 그와 같은 상심이 병이 되어 마침내 이듬해 뒤따라 세상을 떠나니, 그의 나이 158세였다.

백성들은 대궐 동북쪽에 장례를 지내고 사당을 건립하여 대대로 제사를 모셨다.

이것이 가야국의 건국 신화이다.

해명태자

고구려 2대 유리왕 때의 일이다.

어느 해 봄에 하늘에 올리는 제사에 쓰려고 기르던 돼지가 울을 넘어 도망을 친 바람에 큰 소동이 벌어졌다. 무속 신앙이 정신 생활의 절대적 지주 구실을 하던 고대사회에서 신성한 희생물이 도망을 쳤으니 사건이 아닐 수 없었다.

돼지 사육하는 일을 맡았던 설지는 임금 앞에 엎드려 벌벌 떨었다.

"소인의 잘못으로 이런 일이 일어났으니, 소인을 처벌해 주십시오."

"신성한 제사에 올리려던 제물이 없어졌으니 심히 고약한 일이지만 너를 처벌한다고 돼지가 돌아오겠는가. 너는 즉시 나가 돼지를 붙들어 오너라. 처벌은 그 다음에 생각할 일이다."

유리왕이 관대한 말을 했으므로, 설지는 감사하여 절을 하고 물러나와 즉시 돼지를 찾으러 떠났다.

설지가 며칠 동안이나 그 돼지의 뒤를 추적하여 간 곳은 국내위안 ^{암지금의 만주 땅 안동성 집안현}이란 곳이었다. 돼지는 마치 주인을 유인하기라도

117

한 듯 그곳에서 얌전하게 기다리고 있었다.

그런데 돼지를 뒤쫓을 때는 이것저것 돌아볼 경황이 없었는데, 막상 돼지를 찾아놓고 나서 주위를 둘러보고는 깜짝 놀라지 않을 수 없었다.

산천 경개는 아름답기 그지없고, 토질이 기름져서 오곡이 풍성하게 자라고 있었으며, 산야에는 야생 짐승이 무수하게 뛰놀고, 맑은 강 속에는 손만 집어넣으면 잡힐 정도로 물고기들이 많았기 때문이다.

'아하! 세상에 이런 좋은 곳도 있었던가. 그야말로 지상 낙원이로구나. 어서 임금님께 아뢰어야지.'

설지는 바삐 돼지를 몰아 도성으로 돌아와서 임금에게 보고했다.

"그래, 돼지를 붙잡았느냐?"

"예, 다행히 국내위안암이란 곳에서 찾았습니다."

"다행이다. 수고가 많았으니 나가서 쉬도록 하라."

"대왕마마께 긴히 아뢸 것이 있습니다."

"어디 말해 보아라."

설지는 국내위안암의 자연 조건에 대해서 자세히 설명했다. 그러자, 유리왕은 유심히 귀를 기울이고 나서 말했다.

"그대의 말이 사실이라면 그곳은 한 나라의 도읍지로 삼을 만한 땅이다. 내가 친히 가서 살펴볼 것이니 길을 안내하라."

유리왕이 설지의 안내를 받아 국내위안암에 가보니, 설지한테 들은 바와 조금도 어긋남이 없이 복된 땅이었다. 유리왕은 몹시 기뻤다. 그리하여 도성에 돌아와 대신들을 모아놓고 말했다.

"이곳 졸본 땅은 부왕께서 황급히 나라를 세우시느라 터전으로 잡은 곳이기는 하나, 땅이 비옥하지 못하고 물산도 풍부하지 못하여 한 나라의 도읍으로 삼기에 결코 마땅한 곳이라 할 수 없소. 이번에 과인이 가서 본 국내위안암이란 곳은 풍광이 아름답고 토질이 기름져서 곡식이 잘 자랄 뿐 아니라 산짐승과 들짐승, 물고기도 여간 풍부하지 않습네다. 그래서 도읍을 그곳으로 옮길까 하니, 그런 줄 아시고 준비를 해주기 바라오."

임금의 말을 들은 대신들은 머리를 조아리며 아무도 이의를 달고 나오지 못하는데, 다만 한 사람 큰아들인 해명왕자가 앞으로 걸어나와 조심스럽게 말했다.

"아바마마의 뜻은 잘 알겠사옵니다. 그러나 이곳 졸본은 시조대 왕께서 도읍으로 정한 대단히 중요한 곳이므로 섣불리 버려서는 안 된다고 생각합니다."

"짐도 그 점을 모르는 바가 아니다. 그러나 나라의 백년대계를 생각한다면 훨씬 여건이 좋고 장래성이 유망한 곳으로 옮기는 것이 마땅하지 않겠느냐."

"아바마마의 뜻이 그러시다면 누가 반대하겠습니까. 그러나 천도遷都를 하면서 옛 도읍지를 그대로 버리면 주위에서 어떻게 인식을 할지 걱정됩니다. 지금 우리 고구려의 주변에는 우리를 질시하고 경계하는 나라와 무리들이 많습니다. 그들에게 허점을 보이지 않기 위해서라도 이곳 졸본은 지금까지와 마찬가지의 비중으로 중요시하고 지켜야 할 것입니다. 그 소임을 소자가 맡겠으니, 아바마마께서는 안심하시고 국내위안암으로 떠나십시오."

"너는 짐을 도와야 하고 장차 보위를 물려받을 신분인데, 어찌 그런 말을 하느냐."

"아바마마의 뜻을 소자가 왜 모르겠사옵니까. 그러나 소자가 이곳에 남아서 옛 도읍지를 굳게 지키는 것은, 아바마마를 수행하여 도와드리는 것에 못지않게 중요한 일입니다. 새로운 도읍을 세우고 흥성시키는 소임은, 소자가 아니라도 아바마마의 측근에 계시는 여러 유능한 대신들이 잘 맡아서 수행할 것이옵니다. 아무쪼록 소자의 충정을 헤아려 주십시오.”

유리왕은 왕자가 매우 못마땅했다. 다른 사람도 아닌 아들이, 그것도 보위의 다음 임자가 될 막중한 신분의 소유자가 완곡하게나마 불찬성의 뜻을 밝히고 있기 때문이었다.

그러나 해명왕자의 주장이 전적으로 그르거나 일리가 없는 것도 아니었다. 그 점이 유리왕의 입장을 난처하게 만들었다. 국가의 장래를 위해 결정한 천도라고는 하지만, 시조대왕이 정한 도읍지를 소홀히 버려서도 안 될 일임에는 틀림없었다.

유리왕은 감정을 드러내지 않고 담담히 말했다.

“네 뜻이 정 그렇다면 이곳에 남도록 하라. 그렇지만 자기가 한 말에는 책임을 져야 할 것이니라.”

“알겠사옵니다. 윤허하여 주셔서 감사합니다.”

그리하여 유리왕은 조정을 이끌고 국내위안암으로 출발했고, 해명왕자는 남아서 옛 도읍지를 지키게 되었다. 이때가 유리왕 22년 서기 3년이었다.

유리왕은 큰아들에 대해서 괘씸한 생각이 없지 않았지만, 일단 큰 임무를 맡긴 이상 힘을 실어줄 필요가 있으므로 이듬해에 태자로 봉하는 한편, 그 축하의 뜻으로 대사령을 내렸다.

해명태자는 인물이 잘 생기고 몸집이 커 기운이 장사일 뿐 아니라 무용이 출중했다. 그의 명성은 이웃 나라들에까지 잘 알려져 있어, 그들은 해명태자의 인물됨에 호기심과 두려움을 동시에 느끼고 있었다.

해명태자가 부왕에게 자기 뜻대로 졸본 땅을 지키기 5년째가 되던 유리왕 27년 서기 8년 정초에, 이웃 황룡국에서 사신이 찾아왔다.

"저희 임금께서는 태자마마의 용력이 비상하다는 소문을 들으시고 흠모하는 마음에서 선물을 내리시며 소신더러 전하라고 하셨습니다."

사신이 내미는 것은 커다란 활이었고, 웬만한 장정은 시위를 잡아당기지도 못할 정도의 강궁이었다.

'이것은 나를 시험하려는 의도가 분명하다. 그렇다면 어디 본때를 보여주리라.'

이렇게 생각한 해명태자는 그 활을 받아 시위를 힘껏 잡아당겼다. 그러자 팔 힘이 어찌나 센지 활대가 휘다 못해 중동이 부러지고 말았다.

"과연 듣던 바와 같이 태자님의 용력은 대단하십니다. 그저 놀라울 따름이오."

사신이 눈이 휘둥그레져서 감탄하자, 해명태자는 웃으며 말했다.

"그렇지 않아요. 내 팔 힘이 강해서가 아니라, 활대가 약한 탓이오. 귀국의 활이 겨우 이 정도밖에 안 되오?"

사신이 돌아가서 자기네 임금한테 사실을 그대로 보고하니, 황룡국 왕은 무안하기도 하고 불쾌하기도 했다.

그 소식을 전해 들은 유리왕은 화가 몹시 났다. 자기의 천도 방침에 뒤따르지 않고 남더니, 이제는 이웃 나라에 거만을 떨어 마음을 상하게 함으로써 불필요한 불씨를 만들고 있는 것이다.

오로지 우호적인 유화책으로 이웃 나라와의 분쟁을 피함으로써 신생국의 약점을 슬기롭게 헤쳐 나간다는 생각을 가지고 있는 유리왕의 눈에는 비록 자식이긴 하지만 해명태자의 존재가 갑자기 망국의 화근 덩어리로 보였다.

유리왕은 즉시 황룡국왕에게 사신을 보내어 자기의 뜻을 전했다.

"해명은 자식으로서 어버이의 뜻을 따르지 않았을 뿐 아니라, 이번에 귀국에 무례한 짓을 했으니 용서할 수 없습니다. 과인이 간곡히 청하는 바이니, 그 아이를 부디 처치해 주십시오."

황룡국왕으로서는 황당한 노릇이 아닐 수 없었다. 자칫하면 불에 기름을 쏟아 붓는 것과 같이 될 위험성이 없지 않았기 때문이다. 그러나 한편으로 생각하면 도랑 치고 가재 잡는 식의 이득이 돌아올 것도 같았다. 해명태자의 존재야말로 은근한 화근 덩어리라고 할 수 있는데, 그 아비이자 당사국의 임금이 그를 죽여 없애 달라는 요청을 하고 있지 않는가.

황룡국왕은 일단 사신을 보내어 해명태자를 초대했다.

해명태자가 그 초대에 선뜻 응할 태도를 보이자, 측근에서 주의를 환기시켰다.

"지금 이웃 나라에서 이유도 없이 태자마마를 불쑥 초청하는 그 저의를 알 수가 없습니다. 위험에 빠질지도 모르니 거절하십시오."

"걱정할 것 없다. 하늘이 나를 죽이고자 하면 모르지만, 황룡왕이 어찌 나를 해칠 수 있겠느냐."

해명태자는 조금도 주저하는 빛이 없이 황룡국을 향해 떠났다.

황룡국왕이 해명태자를 만나 보니 그 인물됨이 과연 사나이 대장부이므로 감탄하여 반하고 말았다. 그래서 암살하려던 생각은 멀리 달아나 버리고, 오히려 극진히 환대하여 돌려보냈다.

그 소식은 유리왕의 마음을 결정적으로 비뚤어지게 했다. 해명태자의 존재가 그런 식으로 부각되면 될수록 이웃 나라들의 경계심을 북돈아 국제간의 긴장감을 더욱 조성할 뿐 아니라, 자신의 왕권은 상대적으로 빛바랜 꼴이 된다고 생각한 것이다.

유리왕은 신하에게 칼을 보내어 해명태자에게 자결을 명령했다.

"과인이 도읍을 옮겨 백성들을 편안하게 하고 나라의 기반을 굳게 하고자 하는데, 너는 따라오지도 않았을 뿐 아니라 힘의 굳셈을 믿고 이웃 나라들과 원한을 맺으니, 사람의 아들로서 어찌 이럴 수가 있단 말이냐. 이 칼로 마땅히 자결하여라."

해명태자로서는 청천벽력 같은 명령이 아닐 수 없었다. 그는 억울하기도 했으나 왕권이 지엄한데 어찌하랴. 그는 곧 칼을 받아 자결하려 했다. 그러자 측근에서 극구 말리며 간언했다.

"대왕마마의 큰아드님은 이미 돌아가셨으므로 마마께서 마땅히 태자에 봉해진 것입니다. 따라서 장차 보위를 물려 받으실 고귀한 신분입니다. 그런 태자마마께 그만한 일로 대왕마마께서 자결하라고 하실 리가 없습니다. 사실을 알아보아야 하고, 설령 사실이라고 하더라도 대왕마마의 노여움을 풀어드릴 방도를 강구하는 것이 순리일 것이니, 제발 섣부른 행동은 하지 말아 주십시오."

해명태자는 쓸쓸히 웃으며 고개를 저었다.

"내가 전날에 황룡국왕이 보낸 활을 부러뜨려 보인 것은 그들이 우리를 얕보지 못하도록 하고자 함이었는데, 뜻밖에도 부왕께서는 그것을 책망하실 뿐 아니라 이번에는 불효하다 하여 칼을 보내면서 자결하라 하시니, 아들된 도리로서 그 명령을 어찌 따르지 않을 수 있겠는가."

그렇게 말한 해명태지는 주위의 만류를 뿌리치고 새벌[東原] 언덕 위로 올라갔다. 그러고는 창을 땅바닥에 꽂아 놓고 말을 달려와 그 창 위에 몸을 날려 장렬한 자결을 감행하니, 그때의 나이 22세였다.

해명태자의 주검은 우리 역사 기록에 등장하는 최초의 자결이며, 고구려 남아의 기상을 보여주는 강렬한 한 컷의 삽화이기도 하다.

아무튼 그가 죽음으로써 그의 동생 무휼왕자가 유리왕으로부터 보위를 이어받아 대무신왕이 되었다. 또한 그 왕의 아들인 호동왕자가 이른바 유명한 '자명고 사랑' 끝에 역시 부왕의 명령에 따라 자결함으로써 큰아버지의 재판을 보여주었던 것이다.

운명을 바꾼 두 자매

신라 진평왕 15년 가을밤, 태수 김서현의 아내 만명 부인은 태몽을 꾸었다. 금빛 갑옷을 입은 아이가 하늘에서 구름을 타고 내려와 부인의 품에 안겼다. 이보다 앞서 남편 김서현은 화성과 토성이 안마당으로 떨어지는 꿈을 꾸었다.

산달이 찬 만명 부인은 남자 아이를 순산했는데, 등에는 북두칠성 모양의 점 일곱 개가 있었다. 이 아이가 바로 김유신으로 그는 화랑이 되어 매일 몸과 마음을 갈고 닦았다.

당시 원광법사는 '첫째, 사군이충事君以忠 − 임금을 섬기되, 충성을 다하라. 둘째, 사친이효事親以孝 − 부모를 섬기되, 효도를 다하라. 셋째, 교우이신交友以身 − 벗을 사귀되, 믿음을 다하라. 넷째, 임전무퇴臨戰無退 − 싸움터에 나가서는 물러서지 말라. 다섯째, 살생유택殺生有擇 − 살아있는 것을 죽일 때에는 때와 장소를 가려라.' 등의 세속오계世俗五戒로 화랑도의 근본으로 삼았다.

화랑 김유신은 모가대와 우기나 등과 말을 타고 남산으로 올라갔다.

남산에 오른 이들은 훌륭한 인물이 되자고 굳게 언약했다. 해가 저물자 이들은 남산을 내려와 북문 밖 술집으로 향했다. 술집에는 미모의 기생 천관이 있었다.

김유신은 그날부터 천관을 만나기 위해 술집에 자주 들렀다. 김유신이 가야금을 뜯고 있는 천관의 손을 잡자, 그녀는 이렇게 말했다.

"백제와 고구려를 반드시 정복해야 합니다."

이 말을 들은 김유신은 천관을 대견스럽게 쳐다봤다. 그가 계속해서 술집을 들락거리자, 어느 날 어머니 만명 부인이 김유신을 불렀다.

"듣자하니, 공부를 게을리하고 날마다 기생집에 출입한다는 것이 사실이냐?"

"그렇습니다. 어머니, 기생 천관이 저에게 많은 것을 깨우쳐 줍니다."

"그것을 묻는 것이 아니라, 네 나이가 술집을 드나들 나이가 되느냐?"

김유신은 어머니에게 이제부터는 술집에 절대로 안 가겠다고 맹세했다. 맹세 후 어느 날, 김유신은 잔칫집에서 밤 늦도록 술을 마시고 귀가를 위해 말에 올랐다.

술에 취한 김유신은 말을 타자마자 졸았다. 말은 혼자 걸어가다가 어느 집 앞에 멈추자, 김유신은 잠에서 깼다. 고개를 든 김유신은 깜짝 놀랐다. 그곳은 천관이 있는 술집으로 말은 습관에 따라 그곳으로 왔던 것이다. 이때 김유신을 본 천관은 버선발로 뛰어나와 반겼다.

하지만 김유신을 그녀를 거들떠보지 않고 말에서 내리는 순간, 말의 목을 베었다. 이 광경을 본 천관은 목놓아 김유신을 불렀지만, 뒤돌아 보지도 않고 곧장 집으로 돌아왔다.

이에 천관은 머리를 깎고 중이 되었다가 죽었는데, 훗날 김유신은 천관이 살던 곳에 '천관사'라는 사찰을 지어 그녀의 넋을 달랬다고 한다.

김유신에게는 사랑하는 여동생으로 보희와 막내 문희가 있었다. 당시 신라는 엄격한 계급사회였지만, 김유신은 진골 김춘추와는 둘도 없는 친구 사이였다.

정월 보름날, 김유신은 김춘추를 초대해 집 근처에서 공차기를 했다. 김유신은 공을 빼앗는 척하면서 일부러 김춘추의 소맷자락을 잡아당겼다. 그러자 옷의 바느질 사이가 터졌다.

하지만 김춘추는 놀이에 정신이 팔려 옷이 터진 줄을 몰랐다. 놀이가 끝나자, 그제야 김춘추는 소맷자락이 터진 것을 알았다.

"이런, 옷이 터졌구먼."

"상공, 저희 집에서 꿰매고 가시지요."

"괜찮소. 집에 가서 꿰매면 됩니다."

"그대로 가시는 것보다 낫지 않겠습니까?"

김유신은 김춘추를 데리고 집안으로 들어갔다. 그때 방안에 있던 보희와 문희가 일어나 김춘추에게 인사를 하였다. 그러자 김유신은 동생들에게 김춘추의 옷을 꿰매라고 부탁했다. 그러자 보희가 이렇게 말하면서 거절했다.

"이런 하찮은 일로 어찌 귀공자를 가까이 하겠습니까?"

이에 김유신은 문희에게 청하자, 쾌히 승낙했다. 그러자 김춘추는 문희 앞으로 다가갔고, 그녀는 다소곳이 터진 곳을 꿰맨 후 입을 열었다.

"천한 소녀가 귀공자님의 옷을 제대로 꿰맸는지 모르겠군요?"

이날 이후부터 김춘추는 문희가 눈에 어른거려 공부가 되지 않았다. 30세가 넘은 김춘추는 이미 결혼했지만, 그녀를 만나기 위해 공놀이를 핑계로 자주 김유신의 집을 들락거렸다.

그러던 어느날, 김유신은 문희를 불러 꾸짖었다.

"문희야, 어찌해서 상공의 아이를 가졌느냐?"

"오라버니, 죽을 죄를 지었습니다."

"너도 알고 있듯이 상공은 기혼자다. 그렇다고 네가 상공의 첩으로 들어가는 것은 절대로 반대다."

그런 후 김유신은 문희를 김춘추의 정실부인으로 만들 방법을 생각하였다. 때마침 선덕여왕이 신하들을 거느리고 남산으로 거동했다. 이때를 놓치지 않고 김유신은 자기 집 마당에 나무를 잔뜩 쌓아놓고 불을 질러 연기를 피웠다. 자욱하게 피어오르는 연기를 본 여왕은 신하에게 까닭을 물었다.

"여봐라, 저기에 웬 연기인가?"

"김유신이 자기 누이를 태워 죽인다고 하옵니다."

"뭣이라고? 그렇다면 무슨 이유가 있지 않겠느냐?"

"네, 누이가 처녀의 몸으로 임신했기 때문이랍니다."

"흠, 그렇다면 그 남자가 누구라더냐?"

"어느 진골이라고 하옵니다."

그때 김춘추는 얼굴이 빨개졌고, 여왕은 김춘추를 바라보면서 말했다.

"춘추공, 어찌 안색이 좋지 않습니다."

"마마, 용서하시옵소서. 그 진골이 바로 소신입니다."

"그래요? 그렇다면 공이 책임지셔야겠네요. 여봐라, 어서 그만두라고 하라. 그리고 어명으로 혼인을 하도록 하라."

이렇게 김유신의 계략으로 문희가 정실부인이 되었다. 오랜 세월이 흘러 김춘추는 태종 무열왕으로 등극했으며, 문희는 왕비가 되었다. 혼례를 치르는 날, 보희는 비단치마 하나를 찢으며 울었다.

비단치마는 자신의 꿈을 동생 문희에게 팔면서 받았던 것이었다. 꿈이야기는 김춘추가 집에 들르기 전의 일이다. 언니 보희가 꿈을 꾸고 문희에게 이야기를 했다.

"문희야, 언니가 어젯 밤에 이상한 꿈을 꾸었단다."

"무슨 꿈을 꾸었기에?"

"꿈에 내가 서현산에 올라가 소변을 보았는데, 서라벌이 온통 오줌바다로 변했지 뭐니!"

"어머, 그러면 그 꿈을 나한테 팔아요."

"팔면, 무엇으로 살 것이니?"

"지금까지 한 번도 입어보지 않은 비단치마를 줄게."

꿈은 왕비가 되는 선몽으로 영특한 문희가 그것을 알아차리고 꿈을 샀던 것이다. 그리고 김춘추의 옷도 언니가 아닌 본인이 꿰맸던 것이다.

삼국시대 야사

2

대무신왕의 동부여 정벌

고구려 대무신왕은 유리왕의 셋째 아들로서, 어머니는 다물국왕 송양의 딸이었다. 어려서부터 총명하고 지혜로우며 인품이 뛰어났다.

부왕의 서거에 따라 열한 살에 왕위에 오르니, 그때가 서기 18년이었다.

대무신왕 3년 가을, 동부여의 대소왕이 사신 편으로 까마귀 한 마리를 보내왔다. 털빛이 붉고, 머리 하나에 몸통이 둘인 괴상한 형상의 까마귀였다.

동부여의 사신은 까마귀를 대무신왕에게 바치며 말했다.

"저희 임금께서 이 까마귀를 얻자, 어떤 사람이 '이 까마귀가 머리는 하나인데 몸뚱이는 둘이니, 이것은 대왕께서 고구려를 합칠 징조입니다.' 하고 말했답니다. 그래서 저희 임금께서는 그와 같은 내용을 알려드리고자 저에게 이 까마귀를 가지고 귀국을 방문하라 하셨습니다. 이 점에 대하여 어떻게 생각하시는지요."

은근한 협박인 동시에 반응을 떠보는 수작이었다. 그 말을 들은 대무신왕은 신하들과 의논하고 나서 이렇게 대꾸했다.

"본래 검은색은 북방을 상징하는 빛이고, 붉은색은 남방을 상징하는 빛인 것이오. 검은 까마귀가 붉어졌을 뿐 아니라 붉은 까마귀는 상서로운 짐승인데, 그것을 귀국의 임금이 얻고서도 가지지 않고 과인한테 보내주었으니, 두 나라 가운데 어느 쪽이 유리할는지 모를 일이오."

사신이 돌아가서 대무신왕의 대답을 그대로 전하자, 대소왕은 까마귀를 고구려에 보낸 것을 후회했다.

대무신왕은 이듬해 말에 동부여를 정벌하기 위해 군사를 일으켰다. 시조인 동명왕 때부터 묵은 원한이 있을 뿐 아니라, 고구려가 앞으로 융성하기 위해서는 극복해야 할 첫 번째 걸림돌이 바로 동부여였기 때문이다.

이윽고 비류강^{압록강 상류}에 이르러 잠시 쉬면서 대무신왕이 한 곳을 바라보니, 어떤 여자가 커다란 솥을 씻고 있었다. 호기심이 생겨 다가가자, 여자는 혼비백산하여 솥도 버린 채 달아나고 말았다.

마침 점심때였으므로 군사를 시켜 그 솥으로 밥을 짓게 했더니, 불을 때기도 전에 쌀을 안치자마자 솥이 저절로 끓어 밥이 맛있게 지어져 군사를 배불리 먹일 수 있었다.

"이런 보배로운 물건을 얻은 것은 나라의 상서로운 조짐이다. 이 솥을 거루에다 실어라."

대무신왕이 말한 '거루'는 지난해 가을에 골구천에 사냥을 나갔다가 얻은 신마神馬의 이름이었다.

군사들이 솥을 들어 말에 실으려 할 때, 갑자기 한 사나이가 달려오며 소리쳤다.

"그 솥은 우리 집의 물건인데, 누이동생이 잃어버린 것이옵니다. 대왕께서 이제 그 솥을 얻으셨으니, 바라건대 소인이 그것을 지고 따라가게 해주십시오."

대무신왕이 보니, 기골이 장대한 사나이였다. 그래서 임금은 그에게 부정씨負鼎氏라는 성을 하사하고 따르도록 허락했다.

다시 출발하여 이물림이란 곳에 이르자, 해가 저물어 군막을 치고 야영을 하게 되었다. 그런데 밤에 어딘가에서 이상한 쇳소리가 어지럽게 들려왔다. 그래서 날이 밝는 대로 군사들로 하여금 수색하게 했더니, 금으로 된 옥새와 훌륭한 무기들을 찾아왔다.

"이것은 하늘이 과인에게 내리시는 물건이 틀림없다."

대무신왕은 기뻐하며 절을 하고 그 물건들을 거두었다.

그런 다음 다시 길을 떠나려는데, 갑자기 한 사나이가 나타나서 임금 앞에 엎드렸다.

"소인은 북명 사람 괴유라 하옵니다. 대왕께서 북쪽으로 동부여를 치기 위해 떠나셨다는 소식을 듣고 달려왔으니, 종군을 허락해주시면 대소왕의 머리를 갖다 바치겠나이다."

대무신왕이 보니 사나이는 키가 아홉 자나 되고, 얼굴은 희었으며, 눈빛이 형형하여 보통 인물이 아님을 알 수 있었다. 그래서 두 말없이 종군을 허락했다.

그때, 또 한 사나이가 나타나서 말했다.

"소인은 적곡 사람 마로이옵니다. 이곳 지리에 밝으니, 청하건대 긴 창을 들고 길을 인도하도록 허락해 주십시오."

대무신왕은 마로 또한 기꺼이 거두어 들였다.

고구려군은 이듬해 2월에 동부여 남쪽 지역에 진입했다. 그곳은 습지여서 진흙 수렁이 많았으므로, 대무신왕은 평탄한 곳을 가려서 장막을 치고 말과 군사들을 쉬도록 했다.

동부여 대소왕은 고구려군이 미처 휴식 채비를 다 차리기도 전에 군사를 휘몰아 공격을 개시했다. 그러나 성급한 나머지 지세를 살피는 것을 소홀히 한 탓으로 동부여의 군마와 군사들은 수렁에 깊이 빠져 제대로 움직일 수가 없었다.

그 바람에 시간을 번 고구려군이 전열을 가다듬는데, 누구보다 먼저 달려나간 사람은 바로 괴유였다.

"대소왕은 목을 늘여 내 칼을 받아라!"

괴유가 쩌렁쩌렁한 음성으로 냅다 소리를 지르며 달려드니, 그 험상궂은 기세에 동부여군은 혼비백산하여 바람결에 눕는 갈대처럼 어지럽게 쓰러졌다.

대소왕 역시 간담이 서늘하여 말머리를 돌리려 했으나 이미 때가 늦었다. 괴유의 긴 칼이 무지갯빛을 번득이자마자 대소왕의 머리는 몸통에서 분리되어 나갔다.

임금을 잃은 동부여군은 일시적으로 큰 혼란에 빠졌으나, 위기에 빠진 쥐가 고양이한테 덤비는 격으로 죽을 둥 살 둥 모르고 고구려군에 대항했다. 그 바람에 오히려 전세가 역전되어 고구려군이 밀리게 되었다. 그리하여 고구려군은 수적으로 우세한 동부여군에게 포위되는 지경을 맞고 말았다. 승세를 잡은 동부여군은 임금을 잃은 복수심으로 더욱 사나워져서 고구려군을 무섭게 압박해 왔다.

고구려군의 입장에서 더욱 난감한 노릇은 밥을 지어먹을 겨를이 없을 뿐 아니라 군량미마저 떨어졌다는 사실이었다. 위기에 처한 대무신왕은 하늘을 우러러 빌었다.

"천지신명이여! 이 몸을 거두어 가실 뜻이 아니라면 길을 열어주소서."

그러자 갑자기 짙은 안개가 밀려오기 시작하여 금방 지척을 분간하기도 어려워지고 말았다. 그러니 동부여군으로서도 효과적인 공격 작전을 전개할 수가 없었다.

안개는 이레 동안이나 계속되었고, 그 바람에 시간을 얻은 고구려군은 풀을 베어 사람 형상을 만들어 진영 안팎에 늘여 세워 동부여군의 눈을 속이고는 사잇길로 빠져나오는 데 성공했다. 그러나 그 경황 속에 신마 거루와 큰솥을 잃어버리고 말았다.

가까스로 도성에 돌아온 대무신왕은 탄식하며 말했다.

"비록 동부여왕의 머리를 베어오기는 했으나, 과인에게 덕이 없어 그 나라를 멸하는 데는 실패하고 말았소. 게다가 많은 군사를 잃었을 뿐 아니라 고단하게 만들었으니, 이것은 모두 과인의 허물이오."

그런 다음 친히 전사자들을 위한 제사를 성대히 지내고, 다쳤거나 병든 사람들을 문병하며, 아울러 백성들을 위로했다. 백성들은 그와 같은 임금의 어진 태도에 감복하여 모두 몸과 마음을 바쳐 충성할 것을 맹세했다.

3월이 되자, 전장에서 잃어버렸던 신마 거루가 동부여의 말 1백여 필을 거느리고 학반령 밑의 차회곡에 나타남으로써 사람들을 놀라게 했다. 그러나 모두들 기뻐하며 좋은 징조라고 입을 모았다.

이때 대소왕의 아우금와왕의 막내아들는 자기 형이 죽는 것을 보고는 나라가 곧 망하리라 예상하여 부하 1백여 명과 함께 동부여를 떠났다. 그 나름의 새로운 터전을 찾기 위해서였다. 그리하여 압록곡압록강 유역에 이르렀을 때, 마침 사냥을 나왔던 해두국 임금과 조우하게 되었다.

좋은 기회다 싶어진 그는 갑자기 습격을 가하여 해두국 임금을 죽이고는 그대로 쳐들어가 해두국을 점령하고 스스로 왕이 되어 갈사국 건설을 선언했다.

한편, 동부여에는 대소왕의 사촌이 남아 있었는데, 그는 난국을 헤쳐 나갈 만한 인물이 못되었다.

"임금은 세상을 떠나고 나라가 망하여 백성들이 의지할 곳을 잃었는데, 왕제王弟 또한 도망하여 갈사에 도읍하였다고 한다. 나는 불초하여 나라를 다시 일으킬 만한 능력이 없으니, 차라리 새로운 광명을 좇는 것이 낫다."

대소왕의 사촌은 이렇게 말한 다음 1만여 명의 추종자를 거느리고 고구려에 항복하니, 대무신왕은 그를 봉하여 왕으로 삼고 5부족의 하나인 연나부에 살게 하는 한편, 낙씨絡民라는 성을 하사했다.

그로써 동부여는 마침내 멸망하고 말았고, 고구려는 비로소 큰 발전의 기틀을 확보하여 영토 확장에 나서게 되었던 것이다.

호동왕자와 낙랑공주

고구려 3대 대무신왕 15년[32년] 늦은 봄, 옥저 땅[함남 지방] 한 청년이 풀밭에 누워 하늘을 쳐다보고 있었다. 청년의 옆에서 윤기가 자르르한 한 필의 백마가 한가롭게 풀을 뜯고 있었다.

청년은 그렇게 누워 있다가 한참만에 일어나서 멀리 벌판을 가로지른 길쪽을 내려다보기도 했다. 뭔가를 기다리는 듯한 눈치였다. 그래도 길에 아무것도 나타나지 않자, 다시 풀밭에 드러누워 한가롭게 하늘을 올려다보았다.

그렇게 하기를 한나절, 어느덧 해가 서산 쪽으로 거의 기울어졌을 무렵에야 벌판 저쪽에서 기마대 한 떼가 먼지를 일으키며 나타났다.

그 기척을 듣고 벌떡 몸을 일으킨 청년은 예리한 눈빛으로 그쪽을 바라보다 말고 얼른 백마를 끌어다 수풀 속에 숨겼다. 그러고는 행렬이 가까이 다가오기를 기다렸다.

이윽고 두 필의 말이 끄는 호화로운 마차와 그 마차를 옹위하거나 따르는 행렬이 청년이 몸을 숨기고 있는 바로 아래까지 다다랐는데,

마차 위에 높이 앉아 있는 사람은 낙랑^{한나라가 정벌하여 세운 낙랑군과는 다른 고조선} ^{부족국가 가운데 하나}의 임금 최이였고, 나머지 기마대는 신하들과 호위 군졸들이었다.

숨어서 바라보던 청년은 단단한 돌멩이를 하나 집어 힘껏 던졌다. 얼마나 세게 던졌던지, 돌멩이는 눈에 보이지 않을 정도로 빠른 속도로 날아가 견인마의 뒷다리를 때렸다.

깜짝 놀라고 아프기도 한 말이 비명 소리를 지르고 미친 듯이 내닫기 시작하니, 다른 말도 덩달아 놀라서 뛰기 시작했다.

놀란 것은 견인마뿐 아니라 마차에 타고 있던 늙은 임금 역시 마찬가지였다.

"아니, 어떻게 된 노릇이냐? 어서 멈추어라!"

최이는 마부를 보고 소리쳤다.

"예, 예, 대왕마마."

마부는 쩔쩔매면서 고삐를 잡아당겨 말을 멈추려 했다. 그러나 소용이 없었다. 말은 점점 더 빨리 내닫기만 할 뿐이었다.

"저런!"

"대왕께서 위험하시다!"

신하들과 호위 군졸들은 의외의 사태에 낯빛이 새파랗게 변했다. 그들은 말들이 갑자기 왜 미쳐 날뛰는지 영문을 알지 못한 채, 다만 임금의 안전을 염려하여 허둥지둥 말들을 붙잡으려 했다.

낙랑은 땅이 넓고 기름질 뿐 아니라 높은 문화와 충실한 국력을 자랑하고 있었다. 따라서 그 임금의 마차를 끄는 말이고 보면 보통 말을 선택했을 리가 없었다. 좋은 종자에다 잘 훈련된 힘이 좋은 두 마리의 견인마가 전력을 다해 달리니 그 빠르기가 실로 놀라울 지경이었다. 그

러므로 신하들이나 호위 군졸들이 아무리 박차를 가해 따라잡으려
한들 따라잡을 도리가 없었고, 갈수록 거리만 벌어질 뿐이었다.

참으로 위기의 순간이었다. 마차를 탄 사람도 뒤따르는 사람들도 모두
사색이 되어 어쩔 줄 모르고 있을 때, 갑자기 뒤쪽에서 청년 무사를 태운
눈빛같이 흰 백마 한 필이 나타나 일행을 뒤쫓기 시작했다.

백마는 눈에 보이지 않을 정도로 네 다리를 빨리 놀려 기마대를 금방
추월하고는, 곧장 임금의 마차를 향해 바람처럼 달려갔다. 생각하지도
않은 기마 인물의 출현에 신하들과 군졸들의 눈이 휘둥그레진 가운데,
백마는 마차를 금방 따라잡았다. 그리하여 마침내 견인마와 나란히
달리게 되었을 때, 청년은 견인마의 콧등을 후려갈기고 재갈을 붙잡아
뒤로 확 잡아채며 위압을 가했다.

"워, 워!"

그러자 지금까지 미친 듯이 내닫던 견인마가 갑자기 기가 죽어 푸르르
콧김을 내뿜고 속도를 늦추더니 마침내 유순하게 멈추어 섰다.

청년은 마차를 완전히 정지시킨 다음, 말머리를 돌려 마차 위의
임금에게 허리를 굽혀 인사를 했다.

"잠시 동안 얼마나 놀라셨습니까."

최이는 수건으로 얼굴의 진땀을 닦으며 고마운 은인을 내려다보았다.

"장하도다. 그대가 도와주지 않았던들 하마터면 큰일 날 뻔했구나."

"운이 좋으셨기 때문입니다. 아무튼 무사하셔서 다행입니다."

"이 늙은이는 낙랑의 최이라고 하네. 그대는?"

청년은 짐짓 놀라는 기색을 보이며 허리를 굽혀 경의를 나타냈다.

"존귀하신 대왕을 몰라뵈어 송구하옵니다. 저는 고구려의 왕자
호동이라 합니다."

최이는 깜짝 놀랐다. 호동이라고 하면 대무신왕의 둘째 왕비가 낳은 왕자로서, 인물이 잘 생기고 심성이 훌륭하며 무예가 뛰어난 것으로 널리 알려져 있었다. 더군다나 정실 왕후의 소생이 너무 어려서, 고구려 조정 대신들과 백성들 중에서는 호동왕자를 태자로 삼아야 한다는 목소리가 높았다. 호동이 혼자 말을 타고 대궐을 빠져나온 이유 중에는 그와 같은 곤혹스러운 논의로부터 자유로워지고 싶은 희망도 없지 않았던 것이다.

"오! 그대가 바로 그 호동인가? 진작부터 그대의 명성을 듣고 있었노라. 과연 명불허전^{名不虛傳}의 청년 영웅이로군."

"과분한 말씀이라 듣기에 민망합니다."

"아닐세. 아무튼 그대가 이 늙은이를 위험에서 구해준 답례를 하고 싶으니, 급한 일이 없으면 같이 가주지 않겠나?"

"심신을 단련하기 위해 오랫동안 산야를 돌아다니던 길입니다마는, 공연히 폐가 되지 않을는지요."

"폐라니, 그런 걱정 말고 함께 가세나."

그래서 호동은 못 이긴 척, 낙랑 도성까지 따라가게 되었다.

낙랑의 대궐에서는 호동에 대한 대우가 극진했다. 하마터면 큰 사고를 당할 뻔한 임금을 구한 은인이니 당연했다.

최이는 가까이서 보면 볼수록 호동의 씩씩하고 호남아적인 풍모가 마음에 들었다. 상대방이 비록 신경 쓰이는 북쪽의 호전적인 신흥국 고구려 왕자라는 점이 마음에 걸리기는 했지만, 바로 그렇기 때문에 더더욱 오래 붙들어 놓고 싶었다. 정략적으로 보면 적국의 볼모라고도 할 수 있겠고, 다행히 그가 돌아가지 않고 아주 머물러준다면 큰 인재 한 사람을 얻는 셈이 되는 것이다.

최이의 그런 속셈에 호응이라도 하듯, 호동은 융숭한 대접에 푹 빠져서 돌아가려는 태도를 보이지 않았다. 그 점에서 최이는 은근히 쾌재를 부르고 있었는데, 그것은 그의 오산이었다. 호동은 호동대로 속셈이 있었던 것이다.

당시 고구려는 신생국다운 패기와 의욕으로 국토 확장에 열을 올리고 있었는데, 가장 큰 걸림돌이 바로 이웃 낙랑이었다. 중국의 은근한 지원을 업고 있을 뿐 아니라 기름진 땅을 차지하고 있는 낙랑은 힘이 강대해서 고구려가 함부로 넘볼 수 없는 상대였다.

더군다나 낙랑의 대궐에는 신기한 북과 나팔이 있었다. 적의 내습 기미만 있어도 그 북과 나팔이 저절로 소리를 내는 바람에 신속한 대비가 가능했다. 따라서 고구려가 낙랑을 치려 해도 문제의 북과 나팔을 먼저 제거하지 않는 한 절대 불가능한 일이라 해도 과언이 아니었다.

호동이 심신 단련을 핑계삼아 산야로 나온 것은 사냥을 좋아하는 낙랑왕 최이에게 접근하여 대궐에 들어간 다음, 기회를 보아 북과 나팔을 찾아 무력화시키려는 계략이었던 것이다.

호동은 맛난 음식과 술, 편안한 비단 잠자리를 마냥 즐기는 듯하면서 낙랑의 두 보물이 있는 곳이 어딘지를 알아보려 했다. 그러나 구중궁궐 깊은 곳에 감추어 둔 귀중한 물건이 그의 눈에 쉽사리 띌 리가 만무했다.

'어떻게 하나. 무작정 오래 머무는 것은 의심을 사기 십상인데. 자칫 하다가는 목적 달성은 고사하고 내 목숨마저 위태로울 게 아닌가.'

호동은 은근히 걱정이 되었고 조바심이 나기도 했다. 그러나 하늘의 운이 그에게 기회를 부여했다. 그것도 낙랑 쪽에서 스스로 제공한 기회라고 할 수 있었다.

낙랑의 공주가 먼발치에서 호동을 보고는 연정을 품기 시작했기 때문이었다.

'아아! 어쩌면 저렇게 잘 생기셨담. 저이의 아내가 될 수만 있다면, 나는 모든 것을 아낌없이 내버릴 수 있겠어.'

가슴의 타는 불을 끌 수 없게 된 공주는 입술이 타고 몸이 여위어 갔다. 사랑의 열병이 걷잡을 수 없게 된 것이다.

공주의 변화에 놀란 왕비가 딸에게 간곡히 물었다.

"아가, 네가 웬일이냐? 이렇게 몸이 못쓰게 되어가니, 어디가 아픈 게로구나."

"아녜요. 어머니."

"그럼 무슨 걱정거리라도 있는 거냐?"

"사실은……."

모녀간에는 어버이와 자식 관계 이전에 같은 여자로서 통하는 바가 있는 법이다. 어머니로부터 간곡한 추궁을 받은 공주는 마침내 눈물을 글썽이며 호동에 대한 연정을 실토하고 도움을 호소했다.

왕비는 깜짝 놀랐다.

"아니, 얘야. 그 사람은 고구려의 왕자가 아니냐. 하필이면 그런 사람을 사랑하다니."

"알아요, 어머니. 그렇지만 그이가 우리한테 나쁘게 한 일은 없잖아요? 오히려 아바마마의 목숨을 구해 주셨으니, 우리로서는 은혜를 입은 셈이지요."

"그것은 맞는 말이다. 하지만, 은혜에 감사하는 것 하고 네가 그 사람을 사모하는 것은 다른 문제란다."

"어쨌든 저는 그분을 단념할 수 없어요. 도와주세요, 어머니. 아바마마께 말씀드려 저를 그분한테 시집보내주세요. 제발!"

"너두 참. 이런 딱할 노릇이 있나."

왕비로서는 기가 막힐 일이었다. 이치상으로 도저히 될 일이 아니라고 생각했지만, 사랑하는 딸의 염원을 묵살해 버릴 수도 없었다. 그래서 할 수 없이 남편에게 딸의 일을 실토하고 말았다.

최이는 처음에는 펄펄 뛰며 반대했으나, 한편 생각해 보니 손해되는 일은 아닐 것 같기도 했다.

'호동이 내 사위가 되어 자기 나라로 돌아가지 않고 아주 이곳에 머물러 있게 된다면, 여러 모로 유리한 것이 사실이렷다.'

이렇게 돌려 생각한 최이는 어느 날 호동에게 넌지시 말했다.

"그대가 우리 궁궐에 들어온 지도 꽤 되었군. 어디 지낼 만한가?"

"예. 덕분에 호의호식 즐겁게 지내고 있사옵니다."

"그렇다니 다행이군. 차라리 여기에 아주 눌러 사는 것이 어떨꼬?"

"무슨 말씀이신지……."

"우리 딸아이가 아마 그대한테 마음을 주고 있는 모양일세. 본 적이 있는지 모르겠으나, 딸아이는 한실漢室에서도 혼인 말이 있을 만큼 자색이 뛰어나다네. 솔직히 말해 나와 아내는 딸아이를 머나먼 중원까지 시집 보내고 싶지 않아. 그러니, 그대가 딸아이의 배필이 되어 이곳에 머물러 준다면 더 바랄 나위가 없겠군 그래. 그대는 귀국 임금의 차비次妃 소생이니 장차 보위를 물려받아야 할 처지도 아니지 않는가."

"말씀은 감사하나 너무 갑작스러워 선뜻 받아들이지 못하겠사옵니다."

"그럴 테지. 아무튼 생각해 보게나."

최이의 앞을 물러나온 호동은 이것이 웬 떡인가 싶었다. 그러잖아도 날짜는 자꾸만 흘러가고 목적 달성의 기회를 얻기가 난망하여 조바심하던 참이었던 것이다. 이제는 마음 놓고 낙랑 대궐에 머물러 있을 수 있는 구실이 생긴 셈이었다.

그러나 한편으로는 다른 의미로 마음이 설레기도 했다. 낙랑공주의 모습은 먼 발치에서나마 한두 번 본 적이 있었다. 세상에 저렇게 아리따운 처녀가 있는가 싶을 정도로 눈에 확 들어오는 미모였다. 그런데 그녀가 자기를 연모하여 측면을 통해 노골적으로 접근하고 있는 것이다. 호동의 젊고 뜨거운 피는 그 청혼을 받아들이라고 재촉했다. 그러나 엄밀히 따지면 그녀는 적국의 딸이었고, 그렇기 때문에 문제가 간단하지 않았다.

'나는 이 낙랑을 쳐서 멸망시키지 않으면 안 된다. 그것이 고구려인의 기개요, 사명이다. 그렇게 될 때 그녀와의 관계는 어떻게 되는가? 사랑 으로써 두 사람 사이의 복잡한 갈등을 과연 극복할 수 있을까? 아니, 그보다 먼저 아바마마께는 뭐라고 여쭈어야 하나. 목적 달성을 위해 불가피한 선택이었다고 하면 과연 납득해 주실까?'

어쨌든 절호의 기회를 놓치고 싶지 않았고, 공주의 사랑도 싫지 않았다. 그래서 호동은 일단 공주와 혼인하여 낙랑 궁중에 눌러 있으면서 북과 나팔을 제거할 기회를 노리기로 마음먹었다.

일방적인 절차에 의한 혼인이었을망정 두 사람은 결국 맺어졌고, 마음과 피가 금방 통하여 어느덧 떨어지려야 떨어질 수 없는 사이가 되고 말았다.

그렇지만 달콤한 행복 속에서도 호동의 뇌리에는 애국에 대한 사명 감이 한시도 떠나지 않았다. 공주와의 사랑은 사랑이고, 북과 나팔을 제거하는 것은 그것대로 또한 중요했던 것이다. 그러니 마음의 갈등이 심하지 않을 수 없었다.

어느 날, 호동은 아내에게 아무래도 고국에 가봐야겠다고 말했다.

"아니, 그게 무슨 말씀이세요?"

공주는 깜짝 놀라며 물었다.

"아주 가겠다는 것이 아니라 다녀오겠다는 거요. 내가 당신을 아내로 맞아들이기는 했으나, 사실상 혼자 결정하고 혼자 혼인한 것일 뿐이잖소 따라서 부왕께 큰 불효를 저지른 셈이니, 하루라도 더 늦기 전에 돌아가서 사죄를 드리고 당신을 우리나라로 데려가리다."

"여기서 저와 그냥 사시면 안 될까요?"

"그럴 수는 없소. 나는 왕자요. 장차 한 나라의 주인이 될지도 모르는 신분이란 말이오. 그런 내가 다른 나라 왕실의 사위가 되어 고국에 돌아가지 않는다면 세상의 웃음거리가 되지 않겠소?"

"그럼 제 처지는 어떻구요."

"그대는 공주이기 이전에 여자요. 모름지기 여자란 지아비를 따라가야 하는 것이 법도가 아니겠소. 다만, 곧바로 같이 돌아가는 것은 문제가 있는 만큼, 일단 나부터 먼저 가서 그대를 데려갈 방도를 마련하겠다는 거요."

"가셔서 돌아오지 않으시면 저는 어떻게 하나요?"

"공주, 내가 어찌 당신을 다시 안 볼 수 있겠소. 꼭 돌아와서 당신을 맞이해 가리다. 믿어주시오."

호동은 공주를 끌어안으며 힘주어 말했다.

공주는 사랑하는 사람과 하루라도 헤어져 있고 싶지 않았지만, 호동의 귀국 이유가 타당했기 때문에 더 이상 반대하거나 매달리지 못했다. 오로지 눈물만 흘리며 한동안의 이별을 슬퍼할 뿐이었다.

낙랑왕 또한 호동의 귀국 의사를 막을 도리가 없었다. 명분상으로도 그랬고, 잘만하면 고구려와의 첨예한 마찰을 피할 수 있는 계기가 될지도 모른다는 기대감도 없지 않았던 것이다.

그리하여 호동이 오랜만에 고구려로 귀국하니, 임금인 대무신왕은 물론이요, 온 왕실과 조정이 기뻐해 마지않았다.

"얼마나 고생이 많았느냐. 그동안 어디서 무얼 어떻게 하고 지냈는지 듣고 싶구나."

대무신왕은 떠날 때보다 한결 씩씩하고 의젓한 모습으로 돌아온 아들이 대견해서 그동안의 경험담을 듣고 싶어했다. 그래서 호동은 낙랑의 북과 나팔을 제거하기 위해 계략으로 낙랑왕한테 접근한 일에서부터 공주의 청혼을 받고 혼인하기까지 자초지정을 아뢰었다. 듣고 난 대무신왕의 낯빛이 변했다.

"최이가 나이를 먹더니 노망이 든 게로구나. 과인이 아무려면 그의 여식을 며느리로 맞아들일까 보냐."

"그렇지만 아바마마, 소자는 이미 공주와 백년해로를 약속했사옵니다."

"그거야 네가 적지에서 보신책으로 어쩔 수 없이 한 혼인이 아니겠느냐."

"그렇지 않사옵니다. 남아일언이 중천금이거늘 한 아녀자에게 신의를 지키지 못하는 자가 어찌 대임을 맡으며 큰일을 해낼 수 있겠습니까. 소자의 배필은 오로지 낙랑공주뿐이옵니다."

"아니, 뭐라고?"

"이 문제는 소자의 일신에 관한 것 뿐만이 아니옵고, 나라를 위해서도 필요한 것이라고 생각합니다. 잘만 하면 공주를 통해 북과 나팔을 제거할 수 있고, 그러고 나면 낙랑을 무찔러 병합하고자 하는 선대왕으로부터의 숙원을 달성할 수 있지 않겠사옵니까."

대무신왕이 생각해 보니 전혀 터무니없는 소리만은 아니었다. 그래서 호동의 계책을 묵인하고 지켜보기로 했다.

호동은 공주에게 편지를 썼다. 고구려에 잘 도착했다는 것과, 공주가 몹시 보고 싶다는 것 외의 다른 내용은 없었다. 그러고는 그 편지를 몸이 날랜 부하에게 주어 낙랑으로 달려가게 했다.

편지를 받은 공주는 연인을 만난 것만큼이나 반가워하면서도, 자기를 데려가는 문제에 관해서는 언급이 없는 점이 불만스럽고 걱정이 되기도 했다. 그래서 어서 부왕의 허락을 얻어 자기를 데려가 달리는 답신을 써서 호동의 부하에게 주어 보냈다.

그 후에도 편지 왕래는 계속되었으나, 사랑하는 사람을 하루라도 빨리 만나고 싶어 안달인 공주에 비해서 호동은 일부러 핵심 사항은 빼놓고 변죽만 울리는 식의 내용으로 일관했다. 그렇게 되니 공주는 미치고 환장할 노릇이었다. 그래서 마침내 이판사판의 심정으로 구구절절한 편지를 띄웠다.

왕자님의 편지를 보건대, 아마도 이제 이 몸을 버리려 하시는 듯하옵니다. 그렇지 않고서야 어찌 이 애타는 심정을 그다지도 헤아려 주시지 않으십니까. 저에게 주신 언약은 거짓이었다는 말씀입니까. 이제는 눈물도 메마르고 울음으로 목도 쉬었습니다. 살아도 산 것이 아니요, 자나깨나 왕자님 생각뿐이옵니다.

거듭 간청하오니, 저를 측은히 여기셔서 부디 데려가 주옵소서. 만일 이 몸이 애달다 못해 이승을 하직하면, 혼이나마 왕자님 곁으로 달려가 모실 것이옵니다.

마지막 구절은 비록 완곡한 표현이기는 해도, 끝까지 맺어지지 못하면 한을 품고 죽어서 원귀가 되어 따라다니며 괴롭히겠다는 협박의 의미가 분명했다.

　편지를 읽은 호동은 빙긋이 웃었다. 그러고는 다시 붓을 들어 써내려 갔다.

　공주의 편지를 받고 보니 애끓는 심정을 참으로 가누지 못하겠구려. 난들 어찌 그대의 심정을 모를까마는, 사정이 여의치 않으니 어떻게 하겠소. 마음 같아서는 모든 것을 버리고 그대 곁으로 달려가고 싶은 생각 간절하나, 이 몸은 부왕의 윤허 없이는 차마 도성을 벗어날 수가 없구려. 그동안 부왕께 그대와의 혼인 문제를 수차례 간언했으나 도무지 인정하지 않으십니다. 우리 사이의 절절한 심정을 이해 못하시니 무리도 아니지요. 오히려 부왕께서는 내가 그대와 그대 아버님의 술수에 놀아났다고 생각하십니다.

　우리 두 사람의 사랑이 그토록 절절하고 공주가 진정 나를 잊지 못한다면, 그것을 증명해 보이라고 하십니다. 그러나, 부왕께서 말씀하시는 증명의 조건을 차마 어찌 내 입으로 말할 수 있겠소.

　아무쪼록 너무 상심 말고 자중자애하기 바라오. 그러다 보면 혹시 좋은 세월이 돌아올지도 모르지요.

　호동의 부하가 이 편지를 가지고 다시 낙랑으로 달려가 전하니, 공주는 읽어보고 나서 즉시 답신을 보냈다. 당신을 만날 수만 있다면 어떤 일이라도 하겠다는 내용이었다.

　이에 대해 호동은 다음과 같은 내용의 편지를 적었다.

　공주여, 나와 그대는 어찌하여 이다지도 기구하게 만나야 되었는지 모르겠구려. 남녀간에 서로 원하면 맺어져야 하고, 맺어졌으면 백년해로해야 하는 것이 인륜의 본질임에도 불구하고, 우리는 주변 여건의 제약으로 그러하지 못하니 말이오. 그대가 나를 그리워하는 것만큼 나 또한 그대를 그리워하며, 만일 그대가 이승의 사람이 아니게 된다면 나 또한 살아 있는 목숨이 아니게 될 것이오. 죽어서나마 천년만년 해로하면 다행이긴 하나, 기왕이면 그것이 이승에서 이루어짐이 어찌 더한 행복이 아니겠소. 그런 생각을 하면 가슴이 찢어질 것 같소이다. 그대가 그다지도 간곡히 물으니 대답하지 않을 수 없구려.

부왕께서 말씀하시는 증명의 조건이란, 귀국의 보기寶器인 북과 나팔을 없애는 것이오. 그 물건들은 고구려와 낙랑 사이 국교의 커다란 장애물로서, 귀국이 그것을 비장해 두고 있기 때문에 이쪽은 그쪽을 경계하지 않을 수 없고, 경계를 하다보면 적의가 쌓이는 것이며, 적의가 있으면 언제든지 폭발하여 전쟁으로 비화될 수 있으니, 그런 나라의 공주를 어찌 며느리로 맞이할 수 있겠느냐는 것이 부왕의 뜻이오. 그 북과 나팔이 없어지면 서로의 불신이 자연히 해소되는 것이니, 부왕께서 직접 나서셔서 다시금 국혼의 예를 갖추어 그대를 맞이하도록 주선하시겠답니다. 그렇지만 그 물건들은 귀국의 무엇보다도 큰 보물이니 어찌 이쪽에서 없애라 말아라 하겠소. 그러니 일은 난감할 뿐이고, 우리의 결합이 당장은 가망이 없는 것이오.

참으로 애달프고 안타깝구려. 그렇더라도 너무 조급하게 생각하지 말고 좋은 날이 올 때를 참고 기다립시다. 붓끝에 나의 진정한 마음을 담아 삼가 그대에게 전하오.

편지를 본 공주는 매우 놀랍고 기가 막혔다. 나라의 명운에 관계되는 신기한 보물을 없애라는 것이 아닌가.

평상시 같으면 천하 없어도 안될 일이었으나, 이미 사랑에 눈이 멀어 이성적인 판단이 불가능한 상태인 공주는 다시 호동왕자와 맺어질 수 있다면 그보다 더한 보물이라도 팽개칠 수 있었다.

공주는 머리를 굴려서 다음과 같은 내용의 답신을 발송했다.

왕자님의 편지를 읽고 또 읽었습니다. 국보를 없이하라는 말씀은 너무 뜻밖이어서 오직 놀라울 뿐이나, 생각해 보면 그와 같은 물건이 신기神氣를 지니고 있다는 믿음 자체가 허무맹랑한 일이 아닐까 합니다. 이 몸이 왕자님 곁에 갈 수만 있다면 그보다 더한 일인들 못하겠습니까만, 곧 돌아올 8월 제천祭天 행사에 북과 나팔을 꺼내어 세상에 보이게 되어 있답니다. 그런 다음 다시 깊이 두어 오랫동안 꺼내지 않으므로, 행사 직후 무고武庫에 들어가서 그 물건들을 없애겠습니다. 그러니 아무쪼록 시기를 맞추어 이 몸을 데리러 와 주시옵소서.

편지를 받은 호동은 즉시 임금에게 달려가서 보이고는 말했다.

"드디어 절호의 기회가 왔사옵니다. 아바마마께서는 어서 낙랑 정벌군을 동원하시옵소서."

"글쎄, 이 편지를 믿어도 될지 모르겠구나."

"의심의 여지가 없사옵니다. 만일 일이 잘못되면 소자의 목숨을 기꺼이 내놓겠습니다."

호동이 그렇게 서두르는 것은 전쟁도 전쟁이지만 공주의 신상에 무슨 불행이 생기기 전에 그녀를 낙랑에서 빼내야겠다는 조바심 때문이었다.

어쨌거나 대무신왕은 호동의 능력과 기개를 신뢰했다. 그래서 즉시 낙랑을 치기 위한 동원령을 내렸고, 호동에게 선봉장의 임무를 부여했다.

'공주여, 미안하오. 그러나 그대의 나라는 하늘의 운수가 다한 것일 뿐, 어찌 그대나 나로 인하여 망했다고 할 수 있겠소. 어쨌든 우리는 이제 완전한 부부로서 맺어지게 되는 거요.'

호동은 신바람이 났다. 군마를 이끌고 질풍처럼 내닫는 그의 앞에 거칠 것이라고는 없었다.

고구려군의 움직임이 너무나 빨랐기 때문에, 그들이 낙랑 도성의 성벽 아래에 도착했을 때까지도 상대방은 까맣게 모르고 있었다.

마침내 고구려군이 성벽을 넘어들어가 문을 열고 함성을 지르며 대궐로 쳐들어가자, 낙랑의 왕실과 조정은 사색이 되었다. 사태가 그 지경에 이르도록 감감 무소식이었던 자신들을 책망한들 무슨 소용이며, 황망중에 효과적인 방어와 격퇴가 어찌 가능할 수 있겠는가.

함성과 비명, 말 울음소리, 칼과 칼이 부딪치는 소리가 점점 가까워져 오는 가운데, 낙랑왕 최이는 무기고로 달려갔다. 적병이 도성에 도달하도록 어째서 북과 나팔이 울리지 않았는지 영문을 알아보기 위해서였다.

창고문을 열어본 최이는 경악했다. 북은 찢어졌고 나팔은 부러져 있었기 때문이다. 절망과 분노로 미칠 지경이 된 최이는 허연 수염을 떨면서 소리쳤다.

"대체 어느 역적이 이런 짓을 했단 말이냐!"

그리하여 추상같은 혐의자 색출이 벌어졌고, 그 결과 공주의 소행임이 밝혀졌다.

"네, 네가 그랬느냐?"

최이가 어안이 벙벙하여 묻자, 공주는 무릎을 꿇으면서 울음을 터뜨렸다.

"아바마마 소녀를 용서해 주시옵소서."

"세상에 이런 노릇이……. 무엇 때문에 이런 짓을 했지?"

"낭군께서 부왕의 요구라 하시며……. 그래야만 두 나라가 화목해지고 저를 데려간다 하길래……."

공주는 더 말을 잇지 못하고 목을 놓아 통곡했다.

"아아! 이 몸이 불초하여 나라를 망하게 하는구나."

하늘을 우러르며 탄식한 최이는 들고 있던 칼로 딸을 내리쳤다. 순식간의 일이었다. 피보라가 일고, 공주는 꽃다운 나이로 사랑하는 사람과 세상을 하직하고 말았다.

자기 손으로 딸을 죽인 최이는 모든 것을 체념했다. 그래서 칼을 던지고는 밖으로 나가 고구려군에 항복해 버렸다.

너무나 간단히 승리를 쟁취한 고구려 군사들이 환호성을 지르며 자축하는 가운데, 오직 한 사람 호동만은 허둥지둥 대궐 내전으로 뛰어들어가 공주를 찾았다.

그러나 이미 숨진 사람에게 대답이 있을 턱이 없었다. 목이 쉬도록 부르며 찾아다니던 호동은 마침내 무기고 앞에 피투성이가 되어 쓰러져 있는 공주의 주검을 발견했다.

"공주!"

호동은 칼을 팽개치고 투구마저 벗어 던진 채 달려들어 공주를 와락 끌어안았다.

"내가 왔소, 공주. 그런데, 이 무슨 변고란 말이오."

호동은 공주의 싸늘한 얼굴에 자기 얼굴을 비비며 목을 놓아 울었다. 그의 얼굴과 전신이 공주의 피로 범벅이 되었다. 부하들이 달려왔으나, 감히 말릴 엄두를 내지 못했다. 모두 그 애절한 비련의 극치를 목격하고는 눈물만을 흘릴 뿐이었다.

임금이 고구려에 항복하긴 했어도 낙랑이 그로써 멸망한 것은 아니었다. 그 후로도 몇 년간 더 명맥을 유지하며 재기를 꿈꾸던 낙랑을 고구려가 완전히 패망시킨 것은 대무신왕 20년[37년]의 일이었다.

그러나 고구려는 점령한 낙랑을 영토로서 효과적으로 보전하지 못했다. 그러기에는 신생국 고구려의 국력이 아직 충분하지 못했기 때문이었다. 대무신왕 27년[44년] 후한의 광무제가 군사를 파견하여 낙랑 땅을 점령하고 낙랑군으로 만드니 살수[청천강] 이남의 낙랑 고토는 엉뚱하게 한나라의 차지가 되었고, 고구려는 다시 그 땅을 되찾기 위해 몇 대 임금을 거치며 중국을 상대로 피나는 싸움을 계속하지 않을 수 없게 되었던 것이다.

어쨌거나 낙랑왕의 항복을 받고 승리를 쟁취한 대무신왕의 기쁨은 말할 수 없었다. 그러나 한 가지 마음에 걸리는 것은 호동의 일이었다. 사랑하는 공주의 주검을 목격한 호동은 너무 애통한 나머지 완전히 삶의 의욕을 상실하고만 것이다.

"이미 그렇게 된 일을 어떻게 하겠느냐. 그것은 너와 공주의 맺어짐이 하늘이 정한 인연이 아니었기 때문일 것이다. 너무 상심하지 말아라. 고구려 규수들 가운데 그만한 인물이 없을까 보냐."

그런 말이 호동의 귀에 들어올 리 만무였다. 승전하고 돌아온 그는 온 나라가 떠들썩한 축하 잔치 따위는 거들떠보지도 않고 자기 방에 틀어박혀 넋나간 사람처럼 멍하니 앉아 회한의 눈물만 흘렸다. 생각할수록 공주에 대한 그리움이 뼈에 사무쳤고, 그녀를 불행하게 만든 자신이 미웠다.

'나라란 무엇이고 왕업 또한 무엇이란 말인가. 그것이 그렇게도 가치가 있는 것일까? 사랑하는 사람과 자식을 낳고 일평생을 해로하는 것 이상으로 행복하고 가치 있는 일이 또 어디 있으랴. 그런데도 공주는 가고 나만 홀로 남았으니, 그 행복과 가치를 어디서 취한단 말이냐.'

그처럼 회한과 자책감에 견딜 수 없을 정도가 된 호동은 마침내 부왕 앞에 나아가 혼자 멀리 떠나고 싶으니 허락해 달라고 요청했다.

대무신왕은 깜짝 놀랐다.

"간다니, 어디로 간단 말이냐?"

"소자는 그저 바람처럼 구름처럼 천하를 주유하고 싶사옵니다. 그렇게 하지 않고는 배길 수가 없습니다."

"허락할 수 없다. 그 심정을 이해하지 못하는 바는 아니나, 일시적 감정에 따라 행동해서는 안 되느니라. 지금 온 나라의 촉망이 네 한 몸에 쏠려 있다는 사실을 잊지 말아라. 그러잖아도 과인은 대신들을 불러모아 너를 태자로 책봉하는 일을 의논하려던 참이다."

그 말을 들은 호동은 깜짝 놀랐다.

"아바마마 그것이 어인 말씀이옵니까. 왕통은 적자嫡子가 잇는 것이 원칙입니다."

"그러나 너의 이복동생은 너무 어려서 대임을 맡길 수 없다."

"아니되옵니다. 아바마마께서는 아직 한창의 보령寶齡이시고 기력이 왕성하시지 않습니까. 태자 책봉은 이우님이 장성한 다음에 하셔도 늦지 않을 것입니다."

"이것은 아비가 왕권으로 하는 것인즉, 너는 딴소리하지 말라."

대무신왕은 호동에게 왕위를 보장해 줌으로써 그의 슬픔을 달래고 그 자신의 미안한 마음의 부담도 덜려고 했던 것이다.

그러나 태자 책봉 문제는 간단히 결정되지 않았다. 당사자인 호동이 우선 극구 사양하는 데다, 조정 대신들 중에서 왕후와 가까운 세력이 임금의 기력이 건강함을 들어 시기상조라고 극구 주장했기 때문이었다. 그래서 결국 그 문제는 유보되고 말았다.

태자 책봉 문제가 불씨로 남겨 놓은 채 가라앉기는 했으나, 그 일과성 소동에 누구보다도 마음이 급해진 사람은 다름아닌 왕후였다. 그녀는 정비이면서도 후궁인 호동의 어머니보다 나이도 젊었고 아들 생산도 늦었다. 그래서 항상 찜찜하던 차에 아니나 다를까, 태자 책봉 문제가 불거지고 보니 뒷일이 걱정스럽지 않을 수 없었다. 호동이 사양하고 대신들이 유예 주장을 하는 바람에 유보되기는 했으나, 언제 상황이 불리하게 변할지 모르는 일이었다.

'문제는 호동이란 놈이야. 그놈이 없어져야 내 아들의 승계가 보장되는 것이렷다.'

이렇게 생각한 왕후는 기회를 노렸다.

어느 날, 대무신왕 앞에 왕후가 눈물을 흘리며 나타났다.

"대왕마마 세상에 이런 일은 다시없을 것이옵니다."

"아니, 무슨 일인데 그러오?"

대무신왕이 눈이 둥그레져서 묻자, 왕후는 울먹이며 말했다.

"너무나 무도하고 민망하여 차마 입에 올리기도 두렵사옵니다."

"어허! 대체 무슨 일인지 말을 해야 알 것 아니오."

"다름이 아니옵고, 호동왕자가……."

"그 아이가 어쨌다는 거요?"

"호동이 신첩에게 불측한 생각을 품고 있는 것 같아서……."

"뭐라고!"

대무신왕의 입에서 불호령이 떨어졌다. 그는 그런 해괴망측한 소리가 나올 줄은 꿈에도 생각하지 못했던지라 자기 귀를 의심했다.

"왕후는 지금 제정신으로 하는 소리요? 세상에 어디 그런……."

"그러실 줄 알았습니다. 공연한 평지풍파를 일으키려 한 신첩에게 죽음을 내려주옵소서."

왕후는 짐짓 대성통곡을 했다.

왕후가 그렇게 나오는 데는 대무신왕도 신중해지지 않을 수 없었다. 그는 목소리를 가다듬어 다시 말했다.

"진정하고 자초지종을 말해 보오. 도대체 어떻게 되었다는 거요?"

"호동이 진작부터 자주 신첩을 바라보는 눈빛이 예사롭지 않았으나, 신첩은 너무 두렵고 황망한 나머지 덮어두려고 했사옵니다. 그런데 이번에는 이런 편지를 몰래 보내오지 않았겠습니까."

그러면서 왕후는 소매 속에 들어 있던 비단 조각을 꺼내어 바쳤다. 대무신왕이 받아서 펴보니, 비단은 불에 타다만 조각이었는데, 거기에는 '이루지 못할 소망을 그래도 단념하지 못하고 못내 그리워하는 호동은……'이라고 적혀 있었다.

"신첩에게 향한 연서이옵니다. 너무나 놀라서 혼자 불에 태우다가, 가만히 생각해 보니 다시는 이런 일이 거듭되어서는 안 되겠기에……. 대왕마마, 이 노릇을 어쩌면 좋겠사옵니까."

대무신왕의 손이 떨렸다. 틀림없는 호동의 필적이었다. 그러나 이것이 과연 있을 수 있는 일인가 하는 의심이 들었다. 왕후는 나이답지 않게 아직 미색이 그대로여서 어느 남자라도 쳐다볼 만했고, 호동은 혈기왕성한 청년이었다. 그렇지만, 아무리 친모자간이 아니라 할지라도 엄연히 어머니요 아들의 관계이며, 더구나 임금인 자신의 눈이 시퍼렇게 살아 있는 것이다.

대무신왕은 이 일을 신중하고 냉정하게 처리해야겠다고 생각했다. 그래서 다음 날 아침, 호동을 조용히 불렀다.

"호동아."

"예, 아바마마."

"왕후는 너한테 어떤 분이시냐?"

"무슨 말씀이온지……."

"관계로 보아 어떻게 되는 분인지 물었노라."

"그야 비록 소자를 낳아주시지는 않으셨어도 모후이시옵니다."

"그렇다면 이 글은 어떻게 설명해 주겠느냐."

대무신왕은 왕후로부터 받은 비단 조각을 호동 앞에 던졌다. 그것을 펼쳐본 호동은 눈앞이 아찔했다. 죽은 낙랑공주를 잊을 수 없어 밤이면 혼자 붓을 들고 띄우지도 못할 편지를 쓰고 또 써온 호동이었다.

그 비단 조각은 자신이 공주에게 쓴 편지 가운데 일부분인 것은 틀림 없는데, 그것이 어떤 영문인지는 모르겠으나 불에 타다만 조각이 되어 지금 부왕의 손에 들어가 있는 것이다. 더구나 부왕의 말투로 봐서는 그것이 단순한 편지 자체의 차원으로 끝날 사건이 아닌 듯 싶었다.

"설명하라는데 왜 대답이 없느냐?"

"……."

"입을 다물고 있음은 자신의 과오를 인정하는 것이렷다."

"아바마마!"

호동은 꿇어 엎드렸다. 그의 눈에서 뜨거운 눈물이 쏟아져 나왔다.

그는 모든 상황을 이해할 수 있었다. 왕후가 자기를 제거할 목적으로 꾸민 흉계임이 분명했다. 그렇지만 그것을 극구 변명해서 어떻게 한단 말인가. 그렇게 하는 경우, 왕후는 중죄를 면할 수 없게 되는 것이다. 그는 정당성의 문제와 관계없이 자기 한 몸의 모면을 위해서 모후를 곤경에 몰아넣어야 하는 것이 죽기보다 싫었다. 이런 낭패를 당하면서까지 공주도 없는 세상을 살아야 한다는 것이 그로서는 지겨웠다.

"소자는 아무 말도 하지 않겠사옵니다. 죽이든지 내치든지 성심대로 하소서."

대무신왕은 말없이 굽어보았다. 아들의 심중을 알 것 같았다. 아니, 아들이 그런 천박한 인간이라고 인정하기가 싫었다는 것이 옳을지도 모른다. 그렇다고 이 일을 유야무야로 돌릴 수도 없었다. 국모의 체통이 걸린 문제였다. 따라서 명분상으로나마 합리적인 조치를 취하지 않으면 안 되었다.

잠시 침묵이 이어진 끝에 대무신왕의 입에서 떨어진 명령은 다음과 같았다.

"멀리 떠나거라. 그리고 다시는 돌아오지 말아라."

북국의 계절은 대체로 빠르다. 여름이 짧고 겨울이 길어서 여름의 끝자락인가 하면 어느 틈에 단풍이 물들어 있고, 곧이어 무서리가 내리면서 금방 혹독한 겨울 추위가 계속되는 것이다.

날이 어둑어둑해질 무렵, 지금은 고구려의 수중에 들어간 낙랑의 도성 밖 야트막한 동산에는 모진 바람이 눈보라를 동반하여 몰아치고 있었는데, 한 사람이 말을 타고 눈보라를 헤치며 그곳에 나타났다. 그는 후줄근하고 얇은 때가 묻은 옷을 입고 있었으며, 볼이 홀쭉하도록 야위어 있었다. 그러나 그가 탄 말만은 털빛에 윤기가 자르르한 하얀 준마였다.

그것은 고구려 도성에서 쓸쓸히 자취를 감춘 호동의 평소 모습과는 너무나 달랐다.

그가 부왕으로부터 물리침을 받아 떠나게 되었을 때, 왕실과 조정에서는 소동이 일어났다. 그의 인간됨과 재능을 아끼는 많은 사람들이 임금의 처사가 부당함을 역설하면서 재고를 요청했다. 낙랑을 쳐부순

공로를 내세워 선처를 주장하기도 했다.

그러나 소용이 없었다. 왕후의 지원 세력은 호동의 궁한 처지를 좋아라 하고 떠벌렸으며, 왕실의 체통을 우선적으로 생각하지 않을 수 없는 임금은 아들 하나를 버림으로써 더한 파국을 막고자 했던 것이다.

호동이 먼 길을 달려와서 눈보라를 무릅쓰고 그 동산에 올라온 것은 사랑하는 낙랑공주의 무덤을 찾아보기 위해서였다. 그 무덤은 낙랑성이 함락된 다음 날, 그가 손수 공주의 시신을 안고 와서 땅을 파 눕히고 봉토封土를 하여 떼를 입힌 곳이었다.

이윽고 공주의 무덤을 찾은 호동은 말에서 내려 눈이 쌓인 차디찬 땅바닥에 꿇어앉았다.

"공주여! 내가 찾아왔는데도 그대는 어찌 찬 흙속에 그냥 누워 있단 말이오?"

호동은 마치 산 사람한테 하듯이 말했다. 충혈된 눈에서는 눈물이 마구 쏟아졌다.

"우리의 만남이 하늘이 정한 바가 아니었는지는 모르지만, 그렇더라도 서로의 애끓는 정을 누가 무슨 수로 방해할 수 있겠소. 도대체 삶과 죽음이 무슨 차이가 있단 말이요. 한 사람이 죽으면 또 한 사람은 살아도 산 것이 아니니, 그것은 하늘도 어쩌지 못할 도리가 아니겠소. 나는 이제 세상의 모든 것을 버렸다오. 그대가 옆에 없는데, 나라와 지위와 부귀영화가 무슨 의미가 있단 말이오. 이제 오로지 내 몸 하나만 가지고 그대 곁으로 갈 것이니, 그대는 부디 반갑게 맞이해 주구려. 그리하여 구천에서나마 이승에서 못 다한 우리의 사랑을 꽃피워 봅시다."

무덤을 향해 그처럼 피맺힌 절규를 한 호동은 칼을 뽑아 자신의 목을 찔렀다.

주인이 쓰러지는 광경을 목격한 백마는 앞발을 쳐들며 일어나 하늘을 향해 큰소리로 울부짖었다. 그런 다음 쏜살같이 산 아래로 내닫기 시작했다.

사람들이 호동의 애마를 알아보고 그 뒤를 따라 애처로운 주검의 현장에 올라온 것은 다음날이었다. 호동은 공주 무덤의 마른 잔디를 움켜쥐고 꽁꽁 언 채로 엎드려 있었다.

사람들은 목놓아 울면서 공주의 무덤을 파고 호동을 같이 묻어주었다. 비련의 주인공들은 죽어서야 비로소 사랑하는 사람과 살을 맞댈 수 있게 되었다.

봄이 되자 두 사람의 무덤 주위에는 아름다운 들꽃이 무성하게 피어났고, 그로부터 무덤 앞에는 고구려 사람들이 줄을 이어 찾아와 애모하여 피우는 향 연기가 끊이지 않았다.

〈삼국사기〉는 이 호동의 가련한 사연에 대해서 다음과 같이 논평하고 있다.

논하건대, 지금 왕이 참언을 믿고 무고한 아들을 죽였으니, 그 어질지 못함은 말할 나위 없을 것이다. 그러나 호동도 죄가 없다고 할 수는 없다. 왜냐하면, 아들이 그 아비에게 책망을 들을 때면 마땅히 순임금이 고수에게 대한 것처럼 작은 매이면 맞고 큰 매이면 달아나서 그 아비로 하여금 불의에 빠지지 않게 해야 하는데, 호동은 이것을 알지 못하여 그 죽을 곳에서 죽지 않았으므로 가히 작은 일은 삼가면서 큰 의리에는 어두웠다고 할 것이다.

명재상 을파소

165년에 즉위한 고구려 신대왕의 이름은 백고, 6대 태조왕의 막내 아우였다.

원래 태조왕은 2대 유리왕의 왕자 가운데 하나인 고추대가 재사의 큰아들이었는데, 전왕인 5대 모본왕이 성질이 극도로 포악하여 대신들과 백성들의 신망을 잃고 미움을 받아 죽임을 당한 바람에, 비록 왕족이기는 하지만 방계에 지나지 않은 그에게 기회가 돌아온 것이었다.

53년에 불과 일곱 살의 나이로 추대되어 왕위에 오른 태조왕은 어른이 되자 밖으로 싸워서 영토를 넓히고 안으로 백성을 사랑하는 어진 정치를 베풀어 만백성의 우러름을 받았는데, 나이 백 살이 되던 146년에 왕위를 아우인 수성에게 물려주고 별궁으로 물러앉았다.

76세의 늙은 나이에 형으로부터 양위를 받은 수성이 곧 7대 차대왕이니, 그러니까 태조왕부터 신대왕까지 3대를 형제들이 차례로 물려주고 물려받는 이색적인 왕위 계승의 형태를 보여준 셈이다.

그러나 비록 친형제간의 양위라 할지라도 그 과정이 순탄했던 것은 아니었다. 우선 태조왕이 수성에게 양위를 한 것부터 수성이 조정 안에 막강한 동조 세력을 형성하여 은연중에 압박을 가했기 때문에 노쇠한 그로서는 어쩔 수 없었던 것이다.

수성이 그처럼 야망을 노골적으로 드러냈을 때 막내동생 백고는 작은형에게 그 부당성을 말하며 말렸다. 그러나 이미 자기 갈 길을 확정한 수성은 들은 척도 하지 않고 콧방귀만 뀔 뿐이었다.

결국 수성이 형으로부터 왕위를 넘겨받아 차대왕으로 등극하자, 백고는 자기 몸에 화가 미칠 것을 염려하여 산 속으로 도망하여 숨어버렸다. 그런데 차대왕이 흉폭무도하여 인심을 크게 잃은 탓으로 165년에 대신 명림답부의 손에 죽임을 당하자, 사람들이 산 속에 숨어 지내던 백고를 찾아내어 억지로 대궐로 모시고 와 보위에 앉히니 그가 곧 신대왕이며, 그때 그의 나이 77세였다.

신대왕은 형제들의 경우를 반면교사로 삼아 화합의 어진 정치를 베풀고 한나라의 무력 침공을 물리치는 등 임금 노릇을 충실히 수행한 후 179년에 91세의 나이로 세상을 떠났다.

그 다음에 등극한 이가 9대 고국천왕으로서, 그는 신대왕의 둘째 아들이고, 이름은 남무였다. 키가 아홉 자나 되고 위용이 대단할 뿐 아니라 힘이 장사인 그는, 어진 심성으로 남의 말에 귀를 기울일 줄 알고 생각에 중심이 잡혀 있어 바른 정치를 펴려고 노력했다.

고구려의 명신 을파소는 그와 같은 시대 배경 아래 역사의 전면에 등장하여 한 시대를 풍미했던 인물인 것이다.

고국천왕의 형 발기는 자기가 맏이인데도 임금 자리가 동생에게 돌아가자 매우 불만이 컸다.

조정 대신들이 의논하여 동생을 옹립했으면 다른 사람들의 객관적 판단에 자기의 사람됨이 아우보다 처지고 임금 재목이 못 되어서 그런가 보다고 생각하여 수치심을 느끼고 한결 자기 수양을 쌓아야 마땅하 건만, 발기는 그러지 않았다.

오히려 부하 소노가와 함께 3만 명을 거느리고 한나라 쪽에 항복해 버렸다. 그러나 그와 같은 반역 행위에 스스로 마음이 편할 리가 없었다. 또한 한나라의 대우도 처음과 같지 않았 으므로 발기는 마침내 부하들을 거느리고 도로 떨어져 나와 비류수 상류로 돌아오고 말았다.

고국천왕은 어진 임금으로서 바른 정치를 펴려고 노력했지만 세상사가 마음대로 되지 않는 것처럼, 상당한 어려움을 겪어야 했다.

가장 큰 문제가 척신들의 발호였다. 고국천왕의 왕후는 제나부우소의 딸이었는데, 그녀의 가까운 친척인 어비류와 좌가려는 나라의 권세를 독차지하여 국정을 좌지우지했다. 그뿐 아니라 그 자식들까지 득세하여 교만과 사치가 극에 달했으며, 남의 재산을 빼앗고 부녀자를 겁간하는 등 그 횡포가 이만저만이 아니었던 것이다.

그 꼴을 보다 못한 대신들과 백성들이 분노에 떨었고, 그 소문은 마침내 임금의 귀에까지 들어갔다.

"척신으로서 그와 같은 짓을 하는 것은 과인을 욕보이고 나라를 위태 롭게 하는 일이다. 이들을 그냥 두어서는 안 되겠구나."

고국천왕은 곧 어비류와 좌가려 일당을 잡아들이려 했다.

그런데 사세가 급해진 어비류와 좌가려가 이판사판이라는 생각으로 사연나라는 자와 더불어 모반을 일으킴으로써 사건은 걷잡을 수 없이 확대되고 말았다. 이때가 고국천왕 12년(190년) 가을이었다.

고국천왕은 도성의 군사를 징집하여 토벌에 나섰고, 여섯 달 동안이나 계속된 힘겨운 싸움 끝에 마침내 난을 평정하는 데 성공하여 한숨을 돌릴 수 있었다.

'임금 노릇이란 참으로 힘들구나. 나 혼자 아무리 바른 생각으로 좋은 정치를 하려 해도 손발처럼 움직여주는 어진 신하의 도움을 받지 못하면 아무 소용이 없구나. 인재를 찾아야 한다. 인재를……'

이렇게 깊이 깨달은 고국천왕은 조정 대신들을 불러모으고는 말했다.

"요즈음에 관작을 은총으로 주었을 뿐 아니라 벼슬의 승진도 덕행에 따라서 행하지 않은 까닭으로 그 해독이 백성들에게 미치고 왕실을 위태롭게 만들었소. 이것은 모두 과인이 밝지 못한 탓인 줄 아오."

임금이 모든 책임을 스스로 뒤집어쓰는 겸손을 보이자, 신하들은 황공해서 머리를 들지 못했다.

"무슨 말씀이옵니까. 대왕마마의 어지심과 백성을 사랑하심에 누구나 감읍할 따름이옵니다."

"그렇지 않소. 과인은 부족한 것이 많은 사람이오. 그러니 과인을 도와서 태평성대를 이룩할 큰 인물을 찾아야겠소이다. 사부四部에 널리 알려 어질고 현명한 인재를 천거하도록 하시오."

그와 같은 임금의 명령에 따라 동부, 서부, 남부, 북부 등 사부 곳곳에 방이 나붙었고, 모두들 머리를 모아 인물을 물색했다.

그 결과 적임자로 천거된 사람은 동부 출신의 안유였다. 사람이 평소에 덕과 신망을 쌓으면 자연히 돋보여서 가만히 있어도 그런 경우에 득을 보게 되는 것이다.

모든 사람의 천거를 받아 임금 앞에 나아간 안유는 그 이름값만한 인품의 소유자가 틀림없었다. 출세는 따 놓은 당상이고 임금도 기대와 존경으로 자기를 대하는데도 그는 엉뚱한 소리를 했다.

"대왕마마, 미천한 신이 여러 사람의 입에 올라 어전에 불려나왔으나, 황공하옵게도 신은 그만한 그릇이 못 되는 줄 아뢰오."

"무슨 겸손의 말씀이오. 경이 사람들의 칭송을 받는 것은 그만한 이유가 있을 것인즉, 아무쪼록 과인의 곁에서 잘 보필해주기 바라오."

"신의 능력이 그만하기만 하다면 뼈가 가루가 된들 어찌 수고를 마다하겠습니까. 하오나 신의 능력이 기대치에 못 미쳐 마마를 낭패하게 해드릴 것이 걱정이옵니다. 감히 여쭙건대, 신보다 몇 갑절 훌륭한 인재가 있사오니, 그를 데려다 중임을 맡기도록 하옵소서."

고국천왕은 처음에 안유가 겸손의 뜻으로 히는 말인 줄 알았다. 그러나 그의 태도가 진지할 뿐 아니라 자기보다 나은 인물이 있다고까지 말하므로 부쩍 호기심이 동했다.

"아니, 모든 사람이 한 목소리로 경을 천거했는데, 경보다 나은 인재가 도대체 누구며, 어디에 산단 말이오?"

"그 사람의 성은 을이요, 이름은 파소라 하옵고, 선대 유리왕 때의 대신이던 을소의 손자이며, 지금 압록곡 좌물촌에 살고 있사옵니다."

"을파소……. 경이 그토록 말하니 어렵하겠소마는, 그의 성품과 평소의 행실이 어떤지 좀 자세히 말해 보구려."

"그는 소신처럼 용렬하거나 어리석은 사람이 아니라 큰 정사를 맡길 만한 인물임을 먼저 말씀올립니다. 성품은 강직하여 남의 것을 거저 받는 일이 없고, 지혜와 도량은 그 넓이와 깊이를 헤아리기 어렵습니다. 그런 큰 그릇이면서도 잘 알려지지 않는 것은 세상에 나오기를 싫어하기 때문이옵니다."

"그렇다면 사는 모양은 어떤고?"

"이익이 많이 남는 장사나 거저 생기는 물고기 따위를 잡아다 파는 그런 생활이 아니라, 스스로 논밭을 갈고 열심히 농사를 지어 유족하게 살고 있사옵니다. 농사를 잘 짓기로는 따라갈 사람이 없다 하옵니다."

"말하자면 전형적인 농사꾼이로군. 그런 사람이 나라의 큰일을 맡아서 감당할 수 있을까?"

"대왕마마, 황공하오나 농사야말로 천하의 근본이 아니겠습니까. 신은 다만 책임을 모면하고자 여쭙는 것이 절대 아니오니, 아무쪼록 큰 그릇을 잃지 않도록 하소서."

안유가 그렇게까지 말하니 고국천왕도 귀가 솔깃하지 않을 수 없었다. 그래서 칙사로 하여금 예물을 가지고 을파소를 찾아가게 했다.

을파소가 삼가 절하고 임금의 칙서를 받아 열어보니, 거기에는 다음과 같은 내용이 실려 있었다.

그대의 어진 것을 안유에게서 들었도다. 정사가 권신과 외척의 농단으로 말이 아니니, 부디 출사하여 나라에 봉사해 주기 바라노라. 변변치 않은 예물을 보내니 사양 말고 받아주기 바라며, 중외대부 품계에 우태의 벼슬을 줄 것이다.

과인이 일찍이 조업祖業을 이어받아 신하와 백성의 위에 있으나 덕이 박하고 재주가 없어 이치에 어긋남이 많으니라. 그대는 감춘 총명과 학식을 오래 쌓은 터라, 이제 과인을 저버리지 말고 번연히 나서서 도와주면 과인에게만 기쁨이 되는 것이 아니라 실로 사직과 백성에게도 복이 되지 않겠는가. 청컨대 가르침을 바라노니, 그대는 성의를 다하도록 하라.

내용이 간곡하고 절절했으나, 그것이 을파소의 마음을 결정적으로 움직이게 하는 데는 미흡했다. 우태라는 어중간한 벼슬을 덥석 받고 나갔다가는 가슴의 포부를 제대로 못 펼 것이고, 그렇게 되면 임금의 실망만 사서 우스운 꼴이 되기 십상이라고 생각했기 때문이었다.

을파소는 삼가 답신을 적었다.

초야에 묻힌 한낱 농사꾼을 불러주시는 성은에 감읍할 따름이옵니다. 하오나, 신의 노둔한 재주로는 이 같은 엄하신 분부를 받들 길이 없습니다. 바라건대 대왕께서는 참으로 어질고 유능한 인재를 구하사 좀 더 무거운 벼슬을 주시어 책임을 크게 지우고 왕업을 이루시기 엎드려 비옵니다.

그와 같은 답신을 받아 본 고국천왕이 생각해 보니, 임금이 바라는 바에 부응하기에는 벼슬이 낮다는 불만인 것 같았다.

'너무 벼슬 욕심을 내는 것이 아닐까, 그렇다면 안유가 침이 마르도록 칭찬할 만한 위인이 못 되지 않는가?' 하는 의혹이 고개를 들었다. 그러나, 한편 생각하면 충분히 일할 테니 합당한 직책을 맡겨 달라는 자신감의 표현 같기도 했다.

'에라, 그만한 믿음없이 어찌 인재를 구할 수 있으랴.'

이렇게 생각을 바꾼 고국천왕은 최고의 관직인 재상을 제시하면서 다시 출사를 권했다.

다시 칙사를 맞이한 을파소는 두어 번 형식적으로 사양하다가 마지 못한 듯 받아들였다. 이것은 후한의 유비가 제갈량을 삼고초려로 맞이한 것과 흡사하다고 할 수 있는데, 유비와 제갈량이 만난 때가 207년인데 비해 고국천왕이 을파소를 만난 것은 그보다 16년이나 앞선 191년이었다.

아무튼 고국천왕이 직접 만나 대화해 본 결과, 을파소는 과연 안유가 장담한 대로 인품이나 학식에서 큰 인물임이 틀림없었다. 고국천왕은 기뻐하며 그를 재상으로 삼아 나라의 일을 맡기는 동시에 엄한 교지를 내렸다.

"지위 여하를 막론하고 앞으로 재상에게 복종하지 않는 자는 멸족을 면하지 못할 것이다."

입맛이 쓴 것은 왕실 친척들과 조정의 수구 세력이었다. 시골 출신의 한낱 농사꾼이 하루아침에 나라의 재상으로서 자기들 위에 군림하게 되었으니 그럴만도 했다. 을파소를 가소롭게 보고 장차 비협조로 일관함으로써 그를 무능한 사람으로 추락시키려고 마음먹고 있던 그들은 임금의 추상 같은 엄명에 목을 움츠리지 않을 수 없었다.

을파소는 임금의 처사가 눈물겹도록 고마웠다. 그는 물러나와서 자기를 천거한 안유의 손을 붙잡고 고마움을 표했다.

"어떻소. 이번에도 벼슬을 사양하고 시골로 달아나려오?"

안유가 빙그레 웃으며 농담을 하자, 을파소가 대답했다.

"때를 만나지 못하면 숨고, 때를 만나면 벼슬을 하는 것은 선비의 떳떳한 도리가 아니겠소. 이제 대왕께서 이처럼 후대해 주시니 어찌 숨을 생각을 하겠소이까."

나라의 일을 맡은 을파소는 임금의 신임에 부응하기 위해 밤낮을 가리지 않고 열심히 노력했다. 정치의 기강과 제도를 바로잡고, 상벌을 신중하면서도 엄격하게 시행했으며, 관료들의 가렴주구를 원천적으로 봉쇄했다. 또 홀로 사는 사람과 늙고 병들고 빈궁해서 자활이 어려운 사람들을 조사하여 구제하고, 환자還子라 하여 백성들이 한참 바쁘게 농사짓는 봄인 3월부터 초가을 7월까지 식량이 떨어져 고통 받을 동안 나라에서 관청의 쌀이나 잡곡을 빌려주었다가 추수 때 갚도록 했다.

을파소가 등용된 후에 그처럼 정치의 기강이 바로서고 백성들은 세금과 부역의 부담에서 벗어나게 되니, 나라는 평안하고 재상과 임금에 대한 칭송의 소리가 자자했다.

고국천왕은 너무나 흐뭇한 나머지 안유를 특별히 불러 말했다.

"만약 경의 말을 듣지 않고 을파소를 정사에 끌어들이지 않았더라면 어찌 지금과 같은 공업功業을 이룰 수 있었겠소. 이것은 모두 경의 덕이오."

그리고는 안유의 벼슬을 대사자로 높여주었다.

〈삼국사기〉는 고국천왕이 을파소를 등용한 일을 이렇게 논평하고 있다.

옛날에 명철하고 거룩한 임금은 어진 사람을 거리낌없이 등용하고 모든 일에 의심하지 않는데, 이것은 은나라 고종이 부열에게, 촉나라 유비가 공명에게, 진나라 부견이 왕맹에게 대한 것과 같은 것이니, 그런 뒤에야 어진 사람이 제자리를 바로 지키고, 유능한 사람이 직책을 다하여 정교政敎가 밝게 닦여지며, 나라가 잘 보존될 것이다. 지금 왕은 결연히 을파소를 해빈海濱에서 뽑아, 여러 사람의 말에 흔들림이 없이 그를 백관의 위에 두고 그를 천거한 사람에게 상을 주니, 가히 선왕의 법도를 본받은 것이라 할만하다.

그처럼 서로 이해하고 존중하면서 나라를 평화롭게 다스리기 6년만인 197년 초여름에 고국천왕이 재위 17년만에 갑자기 세상을 떠나니, 을파소의 슬픔은 말할 수 없었거니와, 백성들 또한 어진 임금을 잃은 것을 부모의 상을 당한 만큼이나 애통하게 생각했다.

고국천왕에게는 아들이 없었으므로, 그 뒤를 이은 것은 임금의 동생인 연우로서, 바로 10대 산상왕이다.

원래 신대왕에게는 여러 왕자가 있었다. 그가 승하했을 때 장자인 발기가 중신들의 인정을 받지 못했던 관계로 둘째아들인 남무가 등극하여 고국천왕이 되었음은 앞에서 밝힌 바와 같은데, 고국천왕에게는 아들이 없었기 때문에 부득이 그 동생이 뒤를 잇게 되었던 것이다.

그런데 연우는 고국천왕의 바로 아랫동생이 아니었다. 그 사이에 발기와 고국천왕에게 밀려 왕위를 놓친 맏아들 발기라는 동명이인 형제가 있었다.

발기는 성품이 강직한 반면 급하고 융통성이 없는 위인이었는데, 그는 어느 날 밤에 형수인 왕후의 갑작스럽고 은밀한 방문을 받았다. 그는 조금 전 왕이 승하한 사실을 알지 못하고 있었다.

"아니, 이 야밤중에 마마께서 어인 일이십니까?"

자다가 허겁지겁 일어나 왕후 우씨를 맞은 발기는 깜짝 놀라 소리쳤다.

"쉿! 아주버님, 조용히 하세요. 긴요하게 나눌 이야기가 있으니 사람들을 멀리 물리쳐 주시구요."

발기로서는 한밤중에 홍두깨 격이 아닐 수 없었으나, 어쩔 수 없이 주위 사람들을 물러가게 하고 단둘이 마주 앉았다.

"대체 무슨 일입니까?"

"아주버님도 아시다시피 제가 여태까지 생산을 하지 못한 관계로 형님이신 대왕께는 자식이 없지 않습니까. 그런데 지금 대왕께서 병환이 드셨으니, 쉽게 입에 올릴 소리는 아니지마는 미리 후사를 정해 두는 것이 마땅하다고 생각합니다."

"그, 그런 중대한 문제를 하필 지금 왜 갑자기……."

"나라에는 한시도 주인이 없어서는 안 될 것인즉, 만약의 경우를 생각해서 그럽니다. 당연히 왕제분 가운데 한 분이 보위를 물려받아야 마땅한데, 아주버님 생각은 어떠신지요."

왕후 우씨는 짐짓 그렇게 말하면서 눈을 가늘게 뜨고 은근한 미소를 지으며 발기를 응시했다.

발기는 정신이 혼란스러웠다. 그는 왕후의 말뜻을 이해 못하는 것은 아니었다. 자신이 원하기만 하면 힘을 실어주겠다는 제안이었다. 노골적으로 말하면, '나를 너의 여자로 택해 달라, 그러면 임금으로 만들어 주겠다'는 뜻이었다.

당시에는 근친혼이 예사였기 때문에, 형이 죽는 경우 형수와 시동생이 부부가 된다고 해서 이상할 것은 하나도 없었다.

발기는 가슴 떨리는 흥분을 느꼈다. 바야흐로 나라의 주인이 되느냐 못 되느냐 하는 중대한 문제였기 때문이었다.

그러나 이 경우에는 최대한 냉철해질 필요가 있었다. 임금인 형이 조금 전에 승하한 사실을 알지 못하는 그가 생각하기에 잘못하다가는 목이 달아나기 십상인 노릇이었다. 더군다나 상대방은 왕후이기 이전에 형수였다. 형님의 병상을 지켜야 마땅한 형수가 한밤중에 찾아와서 교태까지 부리며 흥정을 하려는 것이다. 그 점이 우선 발기의 강직한 성미를 건드렸다.

"하늘의 역수曆數를 어떻게 가벼이 의논한단 말입니까. 더군다나 아녀자 몸으로 이처럼 야행을 하심은 예에 어긋난 짓이 아닌가 합니다."

발기가 원칙과 예절을 들먹이며 불쾌한 빛을 보이니, 왕후는 얼굴이 뜨거워지지 않을 수 없었다. 그래서 속으로는 앙심을 품으면서도 겉으로는 내색하지 않고 웃으며 말했다.

"아주버님, 너무 허물하지 마세요. 갑자기 뒷일이 걱정되어 찾아왔을 뿐이랍니다. 그럼 이만 돌아가겠어요."

그러고 나서 일어나 발기의 집을 나선 왕후는 그 길로 다음 시동생인 연우의 집으로 찾아갔다.

연우는 형에 비해 생각이 깊고 판단이 빠른 사람이었다. 그는 한밤중에 느닷없이 왕후가 찾아온 것을 보고 본능적으로 자기에게 행운의 기회가 찾아왔음을 알아차렸다. 그는 격식대로 의관을 차려입고 정중히 맞아들인 다음, 늦은 시각인데도 불구하고 갖은 음식을 차려 왕후를 대접했다.

"형님이신 대왕의 병구완을 하시느라고 얼마나 힘드십니까. 저는 항상 형수님을 존경하고 감사하게 여기고 있습니다."

손수 술을 권하면서 정성스럽게 말하니, 그러잖아도 발기한테서 무안을 당하고 온 왕후의 마음은 봄눈 녹듯 사르르 풀렸다. 그녀는 스스로 마음의 결정을 하고 연우에게 말했다.

"아주버님, 사실은 조금 전에 대왕께서 승하하셨답니다."

"아니, 뭐라고요?"

짐작하고 있었으면서도 연우는 짐짓 몹시 놀라는 시늉을 했다.

"너무나 놀랍고 슬픈 나머지 황망중에 궁을 나오지 않았겠어요. 그래서 먼저 발기 큰아주버님을 찾아갔답니다. 저로서는 어려운 경우에 가장 의지할 데라고는 아주버님들 말고 또 누가 있겠어요."

"그야 당연하신 말씀입니다."

"그런데 큰아주버님은 제가 딴마음이라도 있다는 듯이 무안을 주면서 오만 무례하게 굴지 뭡니까. 그래서 이번에는 아주버님을 찾아온 거랍니다."

생각이 깊은 연우는 모든 상황을 꿰뚫어 이해했다. 그는 자기한테 찾아온 복을 걷어찰 만큼 어리석지 않았다.

"정말 잘 오셨습니다, 형수님. 제가 뒷힘이 되어드릴 테니 아무 염려 마십시오."

연우는 정이 뚝뚝 떨어지는 소리로 말하며 손수 고기를 썰어 왕후에게 권했다. 그러다가 짐짓 실수한 척 고기를 썰던 칼로 손가락에 상처를 내었다.

"어머나, 아주버님!"

왕후는 질겁을 하며 자기의 치마끈을 풀어 상처를 싸매어 주었다. 잡고 잡힌 손, 그 따뜻한 체온을 통해 두 사람의 야심은 하나로 합치되었다.

왕후는 돌아가면서 연우에게 밤이 깊어서 도중에 무슨 일을 당할지 몰라 두려우니 대궐까지 호위해 달라고 요청했고, 연우는 그것을 기꺼이 받아들였다.

다음 날 아침, 왕후는 비로소 임금의 승하를 알리면서, 연우에게 보위를 물려주는 것이 선왕의 유명遺命이었다고 말을 지어내었다.

임금 자리가 왕제에게 돌아가리라는 것은 당연한 이치인 데다, 선왕이 유언으로 후계자를 지명한 것에 대해 왈가왈부할 신하는 한 사람도 없었다. 그래서 산상왕이 등극할 수 있었으며, 우왕후는 자신의 원대로 시동생의 아내가 되어 왕후의 지위를 계속 누리게 되었던 것이다.

이렇게 되자 분통이 터진 것은 발기였다. 닭 쫓던 개 지붕만 쳐다보는 격이 된 그는 추종하는 군사를 이끌고 궁성을 포위한 다음 아우를 꾸짖었다.

"이놈 연우야! 형이 죽으면 다음 아우에게 사직을 맡기는 것이 당연한데, 네가 어찌 차례를 건너 보위를 빼앗을 수 있단 말이냐. 빨리 나오너라. 그러지 않으면 온 궁성을 불바다로 만들어 버리고 말 것이다."

그러나 산상왕이 사흘 동안이나 궁성 문을 굳게 닫고 싸움에 응하지 않자, 발기는 제풀에 진이 빠지고 말았다. 더구나 관료들은 물론이고 백성들조차 그를 배척하고 따르지 않았으므로, 위기감을 느낀 그는 처자를 이끌고 요동으로 달아났다. 그리하여 요동태수 공손도에게서 군사 3만 명을 빌려 쳐내려 왔다.

산상왕이 아우인 계수에게 군사를 주어 막게 하니, 계수는 요동병을 크게 깨뜨린 데 이어 스스로 선봉이 되어 패잔병을 추격했다.

다급해진 발기는 돌아보며 소리쳤다.

"아우야, 너 어찌 이 형을 죽이려 하느냐!"

그러자 조금 멈칫해진 계수가 대꾸했다.

"작은형님이 나라에 욕심을 낸 것이 떳떳하다고는 할 수 없으나, 그렇다고 큰형님은 어떻게 되놈들을 이끌고 와서 종국宗國을 망하게 하려고 할 수 있단 말이오. 죽어서 무슨 면목으로 조상들을 뵐 작정이오?"

그 말을 들은 발기는 몹시 부끄러웠다. 그리하여 배천으로 도망가서 자결하고마니, 계수는 울면서 불우한 형의 시체를 거두어 묻어주었다.

계수가 개선하여 돌아오자, 산상왕은 일단 아우의 노고를 치하한 다음 얼굴빛이 변하여 말했다.

"발기는 적국의 군사를 이끌고 와서 나라를 침범했으니 그 죄가 몹시 크다. 네가 그를 죽이지 않고 놓아 보낸 것은 형제의 의리로 그럴 수도 있겠으나, 자살한 형을 묻어주면서 운 것은 무슨 까닭인가. 과인이 무도하다는 뜻이냐?"

추궁을 받은 계수는 울면서 말했다.

"신은 죽음을 무릅쓰고 한 말씀올립니다. 왕후께서 비록 선왕의 유명을 받들어 대왕마마의 옹립을 주선하셨으나, 마마께서 예로써 사양하지 않으신 것을 보고 사람들은 우리 형제들이 의리가 없다고 생각할 것입니다. 신이 형의 시신을 거두어 묻은 것은 마마의 미덕을 세상에 보여주기 위한 것이었습니다. 마마께서 지금이라도 인으로써 악을 잊으시고 큰형님의 장례를 치르신다면, 세상의 누가 마마더러 불의하다고 하겠사옵니까. 이제 드릴 말씀 다 올렸으니, 처분대로 하십시오."

그 말을 들은 산상왕은 크게 깨달은 바가 있어 계수의 손을 잡고 웃으며 말했다.

"과연 아우의 말이 옳다. 스스로 부끄럽구나. 과인을 너무 야속하게 생각하지 말아다오."

그리고는 아우를 위해 잔치를 베풀어 주었을 뿐 아니라, 발기의 시체를 다시 거두어 임금의 예를 갖추어 장례를 치러주었다. 그는 한 나라의 주인이 될만한 도량을 갖춘 인물이었던 것이다.

아무튼 그처럼 별로 떳떳하지 못한 방법으로 즉위한 산상왕이었으나, 명재상 을파소가 조정에 버티고 있으면서 잘 보필해 주어 별다른 문제 없이 왕권을 발휘할 수 있었다.

산상왕이 즉위한 이듬해^{198년}에 을파소는 만주 집안현 통구의 환도성 축조에 착수했다. 그런 다음, 임금에게 아뢰었다.

"이제 나라의 백년대계를 위하여 축성의 큰일을 벌였사오나, 여기에는 엄청난 인력과 물자가 필요한 만큼 국가 총력의 지원 체제가 필요합니다. 따라서 민심의 흔들림을 막고 백성들로 하여금 대왕마마의 크신 아량에 감읍하여 복종할 수 있도록 대사령을 내리는 것이 좋을 듯하옵니다."

"대사령이라……."

"선대 대무신왕께서도 보위에 오르심에 즈음하여 죄인들을 풀어주신 전례가 있사옵니다. 신의 생각에는 대역죄와 살인죄 두 무거운 죄를 제외한 모든 혐의를 사면하는 것이 좋을 듯싶습니다."

"재상의 말씀이 지당하오. 두루 알아서 처리하시구려."

그리하여 대대적인 사면령이 내려졌고, 백성들의 환희 속에 산상왕은 즉위에 얽힌 석연치 못한 구석을 말끔히 씻고 떳떳하게 백성들 앞에 나설 수 있었던 것이다.

그처럼 을파소가 곁에 있으므로 나라는 부강하고 백성은 편안하여 좋은 세상을 맞이했으나, 산상왕은 홀로 고민에 빠져 있었다. 슬하에 자식이 없다는 점이었다. 태자를 두지 못하므로 왕위 계승을 둘러싼 갈등과 위기로 시끄러운 경우가 많았을 뿐 아니라, 자신도 당사자의 한 사람이었던 산상왕은 자기 대에서 그것이 끝났으면 싶었고, 한편으로는 친자식에게 왕권을 물려주고 싶은 욕심도 강했다.

문제는 왕후 우씨가 임신을 하지 못한다는 점이었다. 형인 고국천왕한테도 자식을 낳아주지 못해 형제간 싸움이 일어나게 하더니, 자기한테도 똑같은 고민을 안겨주고 있는 것이었다. 그리고 보니 왕후는 체질적으로 석녀가 틀림없었고, 설령 그렇지 않다 하더라도 이제는 나이가 꽤 들어 임신이 거의 불가능한 실정이었다.

'나의 대에서 또다시 지난날과 같은 다툼이 일어나야 한단 말인가.'

이렇게 고민하던 산상왕은 보위에 오른 지 7년째 되던 203년 3월에 산천에 나가서 기도를 올리기 시작했다. 그러자 보름날 밤에 꿈을 꾸니 하늘에서 이런 소리가 들려 왔다.

"내 너의 소후小后로 하여금 생남하게 하여 근심이 없도록 하리라."

꿈에서 깨어난 산상왕은 이상한 생각이 들었다. 그래서 을파소를 불러 물어보았다.

"재상, 이 꿈이 무슨 뜻인 것 같소?"

"대왕마마의 성심을 알고 하늘이 도우려 하심인가 싶습니다."

"그렇지만 과인한테는 소후가 없지 않소."

왕후 우씨는 투기가 심한 여자여서 산상왕은 다른 여자 근처에는 얼씬도 못하고 있었던 것이다.

그 말을 들은 을파소는 싱긋 웃으며 말했다.

"심려하지 마옵소서. 하늘이 명하시는 일은 우리 인간이 헤아릴 수 없는 것입니다. 겸허히 시기를 기다림이 좋을 것이옵니다."

"하기야 다른 도리가 없지."

그런데, 그 다섯 달 뒤인 8월에 을파소가 세상을 떠났다. 그도 나이는 어쩔 수 없었던 것이다. 임금은 물론이고 온 백성이 길거리에 나와 명재상의 죽음을 슬퍼했다.

고구려 초기의 국가 기반 구축에 탁월한 업적을 남긴 을파소는 그렇게 갔지만, 그가 추진한 정책의 기조는 그대로 계승되어 중흥의 밑거름이 되었다.

그렇다면 을파소가 임금에게 시기를 기다리라고 한 후사後事 문제는 어떻게 되었는가.

을파소가 죽은 지 5년이 지난 산상왕 12년208년 동짓달 신제神祭에 제물로 쓰려했던 돼지가 도망치는 바람에 소동이 벌어졌다. 무속이 정신문화를 지배했던 고대 사회에서 희생물의 도망은 간단한 사건일 수 없었던 것이다.

깜짝 놀란 사람들이 돼지를 뒤쫓아 주통촌이란 곳까지 갔으나,

돼지가 이리저리 잘도 도망 다니는 바람에 도저히 잡을 수가 없었다. 그러자, 스무 살쯤되어 보이는 예쁜 처녀가 웃으면서 나타나더니 힘도 안 들이고 거뜬히 돼지를 잡아주는 것이었다.

돼지를 잡으러 갔던 사람들로부터 그 이야기를 들은 산상왕은 호기심이 발동했다. 그래서 직접 주통촌으로 미행하여 문제의 처녀를 불러본 결과 모습이 아름다울 뿐만 아니라 드물게 지혜로운 처녀였으므로, 그날 밤 그 집에 머물면서 통정하려고 했다. 그러자, 처녀가 물었다.

"대왕마마의 분부시니 감히 거역하지 못하겠사오나, 만일 제 몸에 아기씨가 생기면 어떻게 하실 생각이옵니까?"

"그렇게만 된다면야 그보다 더한 경사가 어디 있겠는가."

"알겠사옵니다. 그 말씀 잊지 마시옵소서."

그렇게 하여 산상왕은 처녀와 사랑을 맺은 다음 새벽녘에야 환궁했다.

아니나 다를까, 주통촌 처녀는 그때부터 태기가 있더니 나날이 배가 불러갔다. 나중에 그 사실을 안 왕후는 질투심을 이기지 못하여 갖은 수단으로 처녀를 죽이려 했으나, 그녀는 그때마다 기지로서 위기를 모면했고, 마침내 산상왕이 왕명을 엄히 세워 보호하는 바람에 왕후의 기도는 실패로 돌아가고 말았다.

이듬해 9월에 처녀가 옥동자를 낳으니, 산상왕의 기쁨은 말할 것도 없거니와 온 백성들이 축하했다. 주통촌 처녀는 임금의 소후가 되었으며, 후녀라는 이름을 얻었다.

그렇게 태어난 왕자는 이름을 교체라고 했다가 나중에 우위거라고 고쳤다. 그가 산상왕 재위 17년에 태자가 되고, 31년만인 227년에 승하하자 보위를 물려 받으니, 곧 11대 동천왕이다.

소금장수 을불 공자

　어느 날 해질녘 압록강 건너편의 고구려 수실촌에 한 젊은 나그네가 찾아들었다.

　갓은 구겨지고 옷은 때에 절어 행색이 초라하기 짝이 없었으나, 갸름한 얼굴에는 기품이 있고 피부가 희며 걸음걸이가 점잖은 것으로 보아 무슨 곡절이 있는 사람임이 분명했다.

　청년은 길가 나무 그늘 아래에서 손자를 어르고 있는 노인에게 물었다.

　"실례지만, 이 마을에서 가장 부잣집은 어느 집입니까?"

　"왜 그러오?"

　"갈 곳이 없는 몸이라, 의탁하여 머슴살이라도 부탁할까 해서요."

　"그렇다면 저 집에 찾아가 보구려."

　노인은 언덕 위의 큰집을 가리켰다.

　음모라고 하는 그 집주인은 마을에서 가장 부유하고 세도가 당당한 사람이었는데, 거만하고 옹졸하여 인간적인 면에서는 형편없는 졸장부 위인이었다.

어쨌든 청년은 그 집에 찾아가 주인 음모에게 머슴살이를 부탁하여 승낙을 받았다. 그리하여 식은 밥 한 덩이를 얻어먹어 허기진 배를 채운 다음, 뜰아랫방 한쪽 구석에 잠자리를 얻었다.

청년은 피곤한 몸을 눕혔으나, 잠은 오지 않고 착잡한 상념만 가슴이 답답하도록 피어올랐다.

'참으로 모를 것은 사람의 일인가 보다. 내가 이런 벽촌까지 굴러와서 머슴살이를 하게 될 줄이야 누가 알았으랴. 더러운 세상, 무서운 인심이로구나. 자기 권세와 이익을 위해서는 골육도 가차없이 죽이는 지경이고 보니……. 아아, 하늘이여! 나의 앞 길이, 과연 이 나라의 장래가 대체 어찌될 것인가.'

청년은 속으로 이렇게 부르짖으며 방바닥이 꺼져라 한숨을 토했다. 그렇다면 이 청년의 정체는 무엇이며, 왜 그런 탄식을 하게 되었을까?

그 무렵은 고구려 제14대 봉상왕의 치세였다. 성품이 교만하고 의심이 많은 봉상왕은 나라에 큰 공을 세운 데다 백성들의 신망을 한몸에 받고 있는 삼촌 안국군 달고를 시기하여 공연한 죄로 죽였고, 그것으로도 모자라서 친동생인 돌고마저 모반을 꾸미고 있다는 혐의를 걸어 죽여 버리고 말았다.

돌고의 아들 을불은 임금의 잔인한 마수가 자기한테 뻗어오기 전에 떨어진 옷으로 바꾸어 입고 재빨리 도성을 벗어나 먼 곳으로 도망쳤다. 수실촌 음모의 집 새 머슴이 된 청년이 바로 그 을불이었던 것이다.

을불이 신분을 숨기고 머슴살이를 한 지도 어느덧 한 해가 지났다.

마침 때는 찌는 듯한 여름이었다. 을불은 온몸에 팥죽 땀을 흘리며 산을 오르락내리락하면서 겨우살이에 대비한 땔나무를 지게로 져

나르고, 들판에 나가서 풀을 베어 두엄더미를 만들었다.

아무튼 그 고생이란 이루 말할 수 없었다. 그러나 을불은 그 고생을 꾹 참았다.

'참자. 참자. 이것은 나의 운명이다. 언젠가는 이 고난도 끝날 때가 있지 않겠는가.'

그렇게 자신을 달래며 오로지 일에 열중함으로써 암담한 현실을 잊으려 노력했다.

주인되는 음모는 어디선가 굴러들어와 머슴노릇을 착실히 하고 있는 청년이 그런 기막힌 곡절의 소유자인 줄은 꿈에도 몰랐다. 인색하고 욕심이 많으며 남의 사정 따위는 관심도 없는 음모는 어느 날 아침 을불을 불러 이렇게 말했다.

"지난밤에 뒷담벼락 바깥의 연못에서 개구리란 놈들이 어찌나 시끄럽게 우는지 도무지 잠을 못 자겠더구나. 그러니까 너는 돌멩이를 많이 준비해 두었다가 오늘밤부터는 연못가에 나가 앉아서 새벽녘까지 개구리가 울 때마다 하나씩 던져 울지 못하게 해라 알겠느냐?"

을불은 어이가 없었다. 낮에는 하루 종일 머슴 일을 하고 밤에는 또 개구리를 겁주는 일을 하라니, 그렇다면 언제 쉬고 언제 눈을 붙이란 말인가. 그렇다고 부당함을 이야기한들 알아들을 위인이 아니었으므로 을불은 아무 말없이 주인 앞을 물러나왔다.

그날 밤, 을불은 소쿠리에 돌을 가득 담아 가지고 연못가로 나갔다.

서늘한 저녁 바람이 옷 속에 스며들고, 하늘에는 밝은 달이 둥실 떴으며, 풀숲에는 반딧불이 무수히 떠다니고 있었다. 참으로 한가롭고 정취 가득한 여름밤의 풍정이 아닐 수 없었다.

무엇보다도 개구리 울음소리는 너무나 처량하고 맑아서 을불의

심금을 울려주었다. 밤새도록 들어도 싫증을 느끼지 않을 것 같았다.

그러나 아무리 듣기 좋더라도 주인을 위해서는 그 소리를 멈추게 해야 하는 것이다. 을불은 하는 수 없이 돌멩이 하나를 집어 연못에 던졌다. 첨벙! 하는 소리와 함께 개구리들의 울음이 한순간 멎었다.

'아차! 내가 던진 돌멩이가 어쩌면 죄 없는 개구리를 다치게 하지나 않았을까.'

걱정이 되고 후회가 되었다. 잠시 후에 개구리들이 다시 울기 시작했으나, 을불은 돌멩이를 던질 수가 없었다. 그래서 모래흙을 한 줌 집어 연못에다 흩뿌렸다.

"딱한 미물들아, 어찌 내 사정을 이토록 몰라준단 말이냐."

이렇게 탄식하는 을불의 눈에서는 눈물이 솟아 나왔다.

그럭저럭하는 동안 밤은 깊어졌고, 그 깊은 밤도 어느덧 새벽녘으로 기울었다.

잠 한숨 못 자고 모래흙을 연못에다 흩뿌리던 을불은 마침내 음모의 집을 떠나기로 결심했다. 다른 방법이 없었기 때문이었다.

다시 표랑의 길에 들어선 을불은 자신의 행색이 사람들의 시선에 이상하게 비칠 것을 염려한 나머지 소금장수로 변신했다. 도매상에서 소금을 떼어 짊어지고 이 마을 저 마을을 떠돌며 팔게 된 것이다.

소금장사를 시작한 지 어언 서너 달, 을불의 발걸음이 압록강 남쪽 사수촌에 다다랐다. 낮이면 소금짐을 지고 떠돌아 다니며 팔고, 저녁이면 정해 놓은 주막집에 돌아와 피곤한 몸을 눕히곤 했다.

그러던 어느 날, 주막집의 주인 노파가 소금 한 말을 달라고 했다. 값을 치르겠다는 것이 아니라 거저 달라는 요구였다.

을불은 어처구니가 없었다. 밥값, 잠자리 값은 꼬박꼬박 챙기면서 소금을 공짜로 달라는 것이다. 그러나 인정의 소중함을 뼈저리게 느껴 온 을불은 웃으면서 선뜻 소금 한 말을 노파에게 퍼주었다. 그런데 공짜에 맛을 들였던지, 아니면 을불을 만만하게 보았던지 노파는 다음 날도 다시 소금 한 말을 요구했다.

이번에는 을불도 거절하지 않을 수 없었다. 노파의 뻔뻔스러움이 얄미워서가 아니라, 본인의 주머니 사정상 도저히 그럴 수가 없었기 때문이었다. 그러자 노파의 태도가 일변했다.

"당신처럼 주인 알아볼 줄 모르는 장사치는 우리 집에 둘 수 없으니 당장 나가우."

을불은 기가 막혔으나, 웃는 낯으로 부드럽게 말했다.

"그러지요. 그동안 신세를 져서 고맙습니다. 그러나 오늘은 밤이 이미 깊었으니 어쩝니까. 자고 내일 아침에 떠나겠습니다."

노파는 그 청마저 무시하고 밀어내기가 안 되었던지, 그러면 그렇게 하라고 순순히 허락했다.

을불은 노파의 호의에 감사를 표했지만, 사실을 알고 보면 그것은 호의가 아니라 교활한 흉계였다. 그녀는 한밤중에 몰래 자기의 새 신발을 을불의 소금짐 속에 집어넣었다.

그런 줄은 꿈에도 알 길이 없는 을불은 아침이 되자 주인 노파한테 하직 인사를 하고 주막집을 출발했다.

"소금 사시요, 소금이오." 하고 외치며 저만큼 가고 있었다. 그때 주막집 노파가 눈에 불을 켜고 달려와 느닷없이 멱살을 움켜잡았다.

"이 도둑놈! 소금 팔러 다니는 척하면서 남의 집 물건을 훔쳐다 팔아먹는 거지? 그러고도 네 뼈다귀가 성할 줄 알았더냐? 흥!"

을불도 이번 만큼은 감정을 숨길 수가 없었다. 그는 정수리에 피가 솟구치는 것을 간신히 참으며 노파를 점잖게 꾸짖었다.

"이런 딱한 노인네 보았나. 사람을 어떻게 보고 하는 소리요. 도대체 내가 뭘 훔쳤다는 거요."

"뻔뻔한 놈 같으니! 네가 내 새 신발을 훔쳐가지 않았단 말이냐?"

"뭐라구요? 아니, 그까짓 신발짝이 뭐 값 나가는 물건이라고 훔친단 말이오."

"잔말 말고 그 앞에 소금짐을 내려놔 봐. 뒤져보면 알 것이 아니냐."

그러고는 을불이 짊어진 소금짐을 왈살스럽게 잡아당겨 떨어뜨리고는 속을 마구 헤쳤다. 소금이 사방으로 흩어지는 가운데 문제의 신발이 나타났다.

"이놈! 이것이 신발이 아니고 소금이란 말이냐? 이 도둑놈! 이래도 할 말이 있느냐? 잔말 말고 관가로 가자."

을불은 벌어진 입을 다물 수가 없었다. 청천벽력 같은 일이었다. 노파의 흉계를 비로소 간파했지만, 이미 엎질러진 물이었다. 꾸역꾸역 모여든 구경꾼들 역시 주막집 노파의 주장을 인정하는 표정들이었다. 을불로서는 변명의 여지가 없었다.

결국 압록태수 앞에 끌려간 을불은 도둑의 누명을 벗을 길이 없어, 소금짐을 압수당하고 사지가 늘씬하도록 매질을 당한 다음에야 간신히 놓여났다.

이와 같은 표랑의 험한 고생은 을불로 하여금 세상의 단맛 쓴맛을 다시 한 번 새기게 해주었고, 그리하여 일신의 아픔은 더할망정 인간적으로는 한층 더 성숙할 수 있게 했다.

그 무렵 나라의 사정은 어떠했는가. 봉상왕 9년, 서기 300년 정월에 지진이 일어난 데다 2월부터 7월까지 비가 전혀 내리지 않은 탓으로 기근이 극심하다 보니 사람들이 서로를 잡아먹을 지경이었다. 그런데도 봉상왕은 대궐을 수리한답시고 열다섯 살 이상의 남녀들을 징집하여 혹사시키니, 백성들은 굶주리고 일에 시달리다 못해 도망치기 일쑤였다.

당시의 재상은 창조리였는데, 그는 백성들의 참상을 보다 못하여 임금 앞에 나아가 간언했다.

"천재가 연이어 흉년이 드는 바람에 백성들은 살 터전을 잃고 장정들은 사방으로 흩어지니, 늙은이와 어린애들만 진구렁에 뒹굴게 되었습니다. 이때야말로 하늘을 두려워하고 백성을 걱정해야 할 때가 아니겠습니까. 그런데도 대왕께서는 그 점을 생각하지 않으시고 굶주림에 허덕이는 사람들을 끌어다 토목 역사에 시달리게 하시니, 이것은 백성들의 부모된 뜻에 어긋나는 처사입니다. 하물며 이웃에는 강한 적이 있으니, 저희들이 피로하고 지친 틈을 타서 침공이라도 감행해 온다면 사직과 백성들이 어떻게 되겠습니까. 대왕께서는 그 점을 통촉하소서."

그 말을 들은 봉상왕은 버럭 화를 내었다.

"무릇 임금이란 백성들로부터 우러러보여야 하는 법인데, 궁성이 장엄하고 화려하지 못하고서야 어찌 위엄을 보일 수 있단 말이오. 재상은 과인이 하는 일을 막음으로써 백성들로부터 칭찬을 받고 싶은 모양이구려."

그러나 창조리는 자기 뜻을 굽히지 않았고 공손하면서도 당당한 논리로 임금을 설득하려 들었다.

"임금으로서 백성을 사랑하지 않음은 인仁이 아니고, 신하로서 임금께 바른 소리를 아뢰지 않으면 충忠이 아닌 것입니다. 불초 소신이 재상의 지위에 있는 이상, 듣기 거북하시더라도 간언을 올리지 않을 수 없습니다.

백성들의 칭찬 같은 것은 생각조차 해 본 적이 없습니다."

"그렇다면 재상은 백성들을 위하여 목숨이라도 바치겠단 말이오? 그런 소리는 다시는 하지 마오."

봉상왕은 딱 잘라 말했다. 창조리는 하는 수 없이 긴 한숨을 토하고 수심 가득한 얼굴로 어전을 물러나올 수밖에 없었다.

'임금의 잘못이 너무나 커서, 이대로 가다가는 백성들이 더더욱 도탄에 빠지고 나라가 거덜 날 지경이니 이를 어쩐담. 임금의 마음이 바로 돌아오기를 기대한다는 것은 애당초 틀렸고, 그렇다고 잠자코 묵인할 수도 없는 노릇이다. 차라리 무슨 수단을 강구하여 폐위시키는 것이 대의를 위하는 길이 아닌가.'

창조리의 가슴은 뛰었다. 신하로서 임금을 폐하려고 생각하는 그 자체가 역모이며, 그만큼 위험 부담이 컸다. 그렇지만 아무리 생각해도 그 길밖에는 돌파구가 없었다. 어느덧 창조리의 결심은 굳어져 갔다.

그러나 임금을 폐위시키는 것으로 문제가 종결되는 것은 아니었다. 다음에는 대체 누구를 보위에 앉혀 종사를 맡겨야 하는가 하는 중요한 문제가 따랐다.

그때, 창조리의 머릿속에 홀연히 떠오른 인물이 있었다.

'옳지! 을불 공자가 있구나. 그래, 신분으로 보나 사람됨으로 보나 을불 공자밖에 없다.'

이렇게 단정한 창조리는 심복인 북부의 조불과 동부의 소우를 조용히 불러다 속셈을 드러내보이고 마음을 맞추었다.

"그대들은 지금 당장 길을 떠나서 무슨 수를 쓰든지 을불 공자를 찾아 모셔 오도록 하라. 다만, 만일을 생각해서 남의 주목을 받지 않도록 신중히 행동하라. 알겠는가?"

"나라의 장래가 걸린 문제인데, 여부가 있겠습니까. 기필코 나리의 심려를 덜어드릴 것이니 염려 마십시오."

바야흐로 구국의 모반이 잉태되는 순간이었다.

조불과 소우는 을불을 찾으러 그날로 길을 떠났다.

커다란 귀, 빛나는 눈빛, 넓은 이마, 갸름한 얼굴, 그리고 후리후리하게 큰 키가 을불 공자의 특정적인 인상이었다. 그러나 어디서부터 그의 흔적을 더듬어야 할지 알 수 없으니 딱한 노릇이었다. 그저 발길 닿는 대로 무작정 열심히 돌아다니며 탐문하고 열심히 눈을 굴리는 수밖에 없었다.

그렇게 하기를 여러 달만에 두 사람의 발길은 어느덧 비류강에 다다랐다. 물 위에 크고 작은 배들이 떠있는 평화로운 강 풍경을 바라보면서 강기슭을 거닐다 말고, 조불이 문득 걸음을 멈추었다.

"여보게, 저 사람을 좀 보라구."

조불은 소우의 옆구리를 찌르며, 배 위에 서 있는 젊은 사나이를 가리켰다. 다음 순간, 소우의 눈이 크게 벌어졌다.

"정말! 공자의 인상과 똑같은 걸."

"틀림없어, 을불 공자야."

두 사람의 가슴은 뛰었다. 배 위의 사나이는 그들이 알고 있는 을불의 인상과 조금도 다름이 없었다. 다만, 거친 풍상에 시달린 탓으로 초췌하고 얼굴빛이 거무튀튀해지기는 했으나, 그렇다고 본바탕을 몰라 볼 정도는 아니었다.

두 사람은 문제의 사나이한테 다가가서 말을 붙였다.

"느닷없는 질문이오마는, 당신은 왕손이신 을불 공자가 아니시오?"

사나이는 깜짝 놀라는 기색이었으나, 이내 시치미를 떼었다.

"무슨 말씀인지 통 알아듣지 못하겠군요."

"더는 속이려 하지 마십시오. 저희들은 공자님을 모시러 온 사람들입니다."

"글쎄, 사람을 잘못 보고 그러시는데, 나는 신분이 비천한 사람입니다."

"공자님이 신분을 숨기려는 심정은 충분히 이해합니다. 그러나 지금 조정에는 생각이 바른 대신들을 중심으로 무도한 임금을 끌어내린 다음, 밝고 어진 이를 보위에 모시려는 모반의 움직임이 있답니다. 그래서 을불 공자야말로 인자하고 지혜로우며, 능히 국가의 큰일을 맡을 만하다는 결론을 내리고, 저희들로 하여금 은밀히 공자님을 찾아 모셔 오라고 했습니다. 이 말은 추호도 거짓이 없으니, 의심을 푸시고 저의 진정을 받아들여 주십시오."

그렇게까지 말하는데, 을불로서도 끝까지 아니라고 우길 수가 없었다. 그래서 마침내 본색을 실토하고 조불과 소우의 뒤를 따라 도성으로 향했다.

을불을 만난 창조리의 기쁨은 말할 수 없었다. 혼탁한 임금을 밀어내는 일이 아무리 정당성을 획득하고 있다 하더라도 대안이 갖추어지지 않으면 아무 소용이 없었기 때문이다.

"금지옥엽의 신분으로 그동안 얼마나 고생이 막심했겠습니까. 저희들은 오로지 민망할 따름입니다."

"이 사람을 잊지 않고 불러주시니 고맙기는 하오만, 과연 경들의 계획이 성사될 수 있을지 걱정이군요."

"염려 마십시오. 그러나 아직 거사의 시기가 조금 이르니, 우선 도성 밖 오백남의 집에 은신하고 계십시오."

그렇게 을불을 숨겨놓은 창조리는 거사의 기회를 엿보았다.

때마침 봉상왕이 화창한 날을 골라 후산으로 사냥을 나가자, 창조리를 비롯하여 조정 대신들도 따라가게 되었다.

창조리는 이 기회야말로 천재일우라고 생각했다. 수행 인원이 별로 많지 않았으므로, 그만큼 임금의 신변 호위에 허점이 생기기 때문이었다.

그런 모의가 진행되고 있는 줄은 꿈에도 알지 못한 봉상왕은 말을 타고 산야를 달리며 온종일 사냥놀이를 즐겼다. 그런 다음 휴식을 취하기 위해 가까운 행궁에 들었다.

창조리는 임금이 침상에 누워 눈을 붙이는 것을 보고는 조용히 물러나와 여러 사람이 모여 있는 곳으로 갔다. 이제 그의 얼굴에는 비장함이 흘러 넘쳤다.

"여러 대신들과 장수들은 들으시오. 이 사람은 재상의 신분으로서, 영명하신 시조대왕께서 창업을 이룬 이래로 어느 때보다 극심한 위기에 처해 있는 오늘날의 나라를 구하고 사직을 보전하기 위해 감히 이 늙은 목숨을 바치기로 결심했소. 내가 무슨 말을 하고 있는지, 여러분은 이심전심으로 아실 줄 믿소이다. 나와 뜻을 같이 할 분은 나처럼 해주기 바라오."

창조리는 갈잎 하나를 따서 자기 머리의 관 위에 꽂았다.

숨막힐 듯한 긴장감이 흐르는 가운데, 가장 먼저 조불과 소우가 창조리의 행동을 따라 갈잎을 따서 관 위에 꽂았다. 그러자 한 사람 두 사람이 뒤따르기 시작했고, 이윽고 그 자리의 대소 신료들이 모두 갈잎의 맹세를 하기에 이르렀다.

용기를 얻은 창조리는 신속한 조치를 취했고, 동지들을 대동하고 들어가 임금을 깨웠다.

"재상, 무슨 일이오?"

선잠에서 깨어난 봉상왕은 눈이 휘둥그레져서 불만스럽게 물었다.

"대왕께서는 인의를 저버리고 백성들을 도탄에 빠뜨림으로써 군왕의 체신을 잃으셨습니다. 이에 신들은 위태로운 나라를 구하고 사직을 보전하기 위해 대왕마마를 보위에서 내리기로 중론을 모았습니다."

"아니, 뭐라고!"

"대왕마마의 시대는 끝난 것이오. 그러니 마지막 체통을 생각하소서."

그리고는 병사들을 시켜 임금을 별실에 가두고 이중삼중으로 에워싸서 지키게 했다.

봉상왕으로서는 청천벽력 같은 노릇이 아닐 수 없었다. 그러나 그는 곧 창조리의 말대로 자기 시대가 끝났음을 알아차렸다. 안타까워하고 후회해도 소용없는 일이었다. 자기를 배반한 신하들을 원망하고 싶지도 않았다.

'그래, 군왕으로서 치욕적인 꼴은 보일 수가 없지 않느냐.'

이렇게 생각한 봉상왕은 스스로 목숨을 끊었다.

그 놀라운 소식은 금방 온 도성 안에 알려졌고, 두 왕자의 귀에도 들어갔다. 왕자들의 놀라움과 슬픔은 말할 수 없었으나, 그들 역시 아버지의 비극적 운명에 따라 자신들의 운명도 끝났다고 판단하여 자결을 감행하고 말았다.

창조리는 임금에 대한 예우를 다하여 봉상왕을 봉산에다 후히 장사지낸 다음, 드디어 을불 공자를 군왕으로 맞아들이는 의식을 거행했다.

을불 공자가 임금이 되어 돌아온다는 소식에 도성 사람들은 물론, 온 백성들이 환호성을 지르며 춤을 추었다. 그와 같은 대환영의 물결 속에 임금의 복색으로 빛나는 수레를 타고 입궁하는 을불의 눈가에 이슬이 맺혔다. 기구했던 지난 반생을 생각하니 너무나 기가 막혔기 때문이다.

이렇게 하여 등극한 임금이 바로 고구려 제15대, 국가적 세력을 대내외에 크게 떨친 명군으로 기록되는 미천왕이다.

홍장의 사부곡

고구려 18대 고국양왕 때의 일이다.

지금의 충남 서산 지방인 대흥에 원양이라는 가난한 장님이 살고 있었다. 태어날 때부터 장님이었던 원양은 부모가 일찍 세상을 떠나는 바람에 몹시 어렵게 성장했다.

어느덧 어른이 되어 그를 불쌍히 여기는 주위 사람들의 주선으로 장가를 들고 조금 살맛나는 생활을 맛보기도 했으나, 아내가 딸 하나를 남기고 죽는 바람에 긴 슬픔과 고난의 세월을 살지 않으면 안 되었다.

앞을 볼 수 없는 몸으로 자식까지 거느려야 했으니, 그 고달픔이야 구태여 장황하게 설명할 필요가 없을 것이다. 어쨌든 그런 생활 속에서도 한 가지 위안은 딸 홍장이 옆에 있다는 사실이었다.

홍장은 어려서부터 효심이 지극했을 뿐 아니라 총명하고 아름다워 사람들의 칭찬을 받았다. 자신의 처지를 한탄하지 않고 아버지의 충실한 눈이 되어 주었으며, 남의 집 방아 찧어주기와 삯바느질 등 무슨 일이든 닥치는 대로 하여 생활을 꾸려 나갔다. 조금이라도 맛난 음식을 얻으면 자기는 입에 대지도 않고 가져다 아버지의 입에 넣어주었고, 피곤한 몸으로 돌아와서는 아버지의 팔다리를 주무르며 도란도란 재미있는 이야기로 아버지를 즐겁게 해주었다. 그래서 사람들은 하늘이 내린 효녀라고 입을 모아 칭찬했다.

그러던 어느 봄날이었다.

원양은 앞은 보이지 않지만, 기분 좋게 따뜻한 봄기운에 이끌려 대지팡이를 짚고 집을 나섰다. 그러다가 길에서 스님을 만났는데, 홍법사의 화주승이며 성공대사라는 이름난 중이었다.

"나무아미타불! 시주님, 마침 잘 만났습니다. 소승은 홍법사의 성공이라 합니다. 이번에 불당을 다시 크게 지으려고 시주를 얻으러 나온 길이니, 부디 권선책勸善册에 이름을 올리시고 부처님의 복을 받으십시오."

그 말을 들은 원양은 하늘을 쳐다보고 웃었다.

"허허. 대사님, 보시다시피 나는 앞도 못 보는 신세에다 찢어지게 가난한 사람입니다. 입에 풀칠하기도 어려운 생활인데 무슨 여유가 있어 시주를 하겠습니까. 부처님의 복을 받고 싶은 마음이야 간절하지만, 형편이 이 지경이니 도리가 있어야지요."

그러자 성공대사가 말했다.

"아니올시다. 소승이 이 권선책을 처음 받은 날 밤에 꿈을 꾸었는데, 부처님이 나타나셔서 이렇게 말씀하셨습니다. '네가 아무 날 아무 시에 어느 땅을 지나면 틀림없이 봉사 한 사람을 만날 것인즉, 그 사람이 너의 소원대로 법당을 지어줄 만한 큰 시주이니라. 그러니 내 당부를 잊지 말고 꼭 그 사람에게 권하여 시주를 삼도록 하라'고 말입니다. 그런 현몽을 받고 나서 오늘 이곳을 지나가며 두리번거렸더니, 아니나 다를까, 시주님이 나타나시지 않겠습니까. 여기에는 틀림없이 부처님의 깊은 뜻이 있을 것입니다. 무엇이라도 좋으니 시주를 하십시오. 부처님을 모시고 절을 짓는데 시주하는 것만큼 크고 훌륭한 복이 어디 있겠습니까. 또 그 정성이 부처님께 통하여 시주님의 눈이 밝아질지도 모르는 일입니다."

"말씀은 고마우나 집에 쌀 한 톨 없는 가난한 살림이니 도대체 무엇으로 시주를 한단 말입니까. 나를 붙들고 있어 봐야 귀중한 시간만 허비하는 일밖에 되지 않으니, 딴 집을 한 군데라도 더 들러보심이 좋을 것입니다."

원양이 그렇게 완곡히 거절했으나, 그래도 성공대사는 놓아주지 않고 부득부득 시주를 졸랐다.

마침내 원양은 화가 치밀어서 버럭 소리를 쳤다.

"아니, 대사! 본시 시주라는 것은 내고 싶은 사람 마음에 달린 것인데, 이렇게 막무가내로 요구하는 법이 어디 있소. 내가 가진 것이 라고는 딸년 하나밖에 없으니, 그 애라도 시주거리가 된다면 데려가구려."

그러자, 성공대사는 두말없이 선뜻 받아들이는 것이었다.

"아, 예. 그럼 그렇게 하지요. 나무관세음보살."

원양은 탄식을 금치 못했다. 세상에 이런 억지가 없는 것이다. 그러나 한번 입 밖에 낸 말을 주워 담을 수는 없었다. 딸을 시주하겠다고 스스로 말한 이상, 그리고 중이 그것을 수락한 이상 결정 자체를 아예 없었던 것으로 할 수는 없는 일이었다.

성공대사의 다그침에 처지가 궁해진 원양은 정 그렇다면 일단 집에 같이 가서 딸의 뜻을 물어나보자고 한 발 양보하고 말았다.

그런 어처구니없는 결정에 뒤이어 기어코 원양의 집까지 따라간 성공대사는 홍장을 만나 자초지종을 말하고 자기와 함께 가자고 말했다.

홍장은 기가 막혔다. 그런 중에도 사려가 깊은 그녀는 이것이 우연히 일어난 단순한 일 같지는 않다는 생각이 들었다. 성공대사가 말하는 꿈 이야기도 그렇고, 하필이면 오늘 그 시각 아버지와 성공대사가 길거리에서 마주친 것도 예사롭지 않았다.

'어쩌면 스님의 말씀대로 부처님의 뜻이 담긴 일인지도 모르겠구나. 만일 그렇다면 미천한 내가 왈가왈부할 성질이 아니지 않는가.'

이렇게 생각한 홍장은 성공대사에게 말했다.

"스님, 잘 알겠습니다. 저희 아버님이 저를 시주하겠노라고 말씀하셨다면, 그것은 부처님과 약속한 것이나 다름없는데, 제가 어찌 감히 그 약속을 뒤엎겠습니까. 스님을 따라가겠습니다."

"잘 생각하셨네. 참으로 생각이 깊은 소저로군. 그럼 떠나세."

"그렇지만 제가 당장 떠나고나면 아버님을 돌봐드릴 사람이 없으니 한동안만이라도 불편하시지 않도록 집안일을 정리해야겠습니다. 오늘 하루만 말미를 주십시오. 내일 아침에 떠나도록 하겠습니다."

"그러시게. 그 정도야 어려울 것이 있겠나."

입이 딱 벌어진 것은 원양이었다. 자신은 한 말이 있는 만큼 성공대사의 다그침을 딱 부러지게 거절할 수 없었지만, 딸은 책잡힐 일이 없으므로 단호하게 거부할 것이 틀림없다고 생각하여 뻔뻔스런 중을 집으로 데려간 것인데, 딸은 한 술 더 떠서 스스로 따라 나서겠다고 하는 것이다.

원양은 뒤늦게야 중을 데려온 것을 후회하며 막무가내로 시주 약속을 깨뜨리려 했다. 그러나 딸까지 중에게 합세하여 오히려 자기를 설득하려고 드는 데에는 당할 재간이 없었다. 그래서 마침내 자포자기하는 심정으로 가슴을 치며 주저앉고 말았다.

성공대사가 무슨 빚쟁이처럼 방안에 버티고 앉아 있는 가운데 홍장은 밤늦게까지 집안을 깨끗이 치우고 빨랫감을 손질하며 밑반찬을 장만하는 등 아버지가 당장 불편하지 않도록 최선을 다했다.

성공대사가 그와 같은 그녀의 거동을 가만히 지켜보며 혼자 고개를 끄덕이고 있다는 사실을 홍장은 물론 그녀의 눈먼 아버지가 알 턱이 없었다.

이튿날 아침이 되자, 홍장은 아버지와 슬픈 작별을 하고 성공대사를 따라서 집을 나섰다.

보이지 않는 눈으로 눈물을 쏟으며 가슴을 치는 아버지를 두고 떠나는 홍장의 발걸음은 차마 떨어지지 않았고, 이웃 사람들도 모두 나와서 그녀의 기구한 운명을 동정하여 눈물을 흘렸다.

이윽고 소랑포에 이른 성공대사와 홍장이 바다가 내려다보이는 언덕에 앉아 아픈 다리를 쉬고 있을 때였다. 서쪽 바다에서 돛을 높이 단 붉은 배 두 척이 바람을 타고 빠른 속도로 달려오더니 바닷가에 닿아 돛을 내렸다. 그러더니 금관을 쓰고 화려한 비단옷을 입었으며 허리에는 옥띠를 둘러 신분이 고귀함을 나타내는 사람이 수행원들을 데리고 배에서 내렸다.

그 귀인은 어디론가 가려고 언덕 위로 올라왔다가, 마침 다리를 쉬고 있는 성공대사와 홍장을 문득 바라보았다. 귀인의 눈이 화등잔처럼 커지더니, 갑자기 큰소리로 외쳤다.

"오, 우리 국모님이 여기 계시구나!"

그러고는 코가 땅에 닿도록 큰절을 하며 홍장에게 인사를 했다.

"황후마마 소신 문안 여쭈옵니다. 이렇게 뵈오니 무한한 영광이옵고, 또한 나라의 큰 경사가 아닌가 합니다."

그러더니 귀인뿐 아니라 그의 수행인들도 모두 홍장 앞에 절을 하며 축복의 인사를 하는 것이었다.

성공대사와 홍장은 놀랍고 어리벙벙한 나머지 잠시 할 말을 잊었다. 마침내 성공대사가 귀인에게 물었다.

"나무아미타불! 귀인께서는 어찌하여 이 소저에게 국모니 황후마마니 하시는지요."

그러자 귀인이 말했다.

"예. 저희는 바다 건너 중원의 동진에서 온 황실의 사자입니다. 3년 전에 저희 황후께서 세상을 떠나셨는데, 황제 폐하께서 너무 상심하신 나머지 밤낮으로 슬픔에 잠겨 계신 중에, 하루는 꿈에 신인이 나타나 한 폭의 인물화를 보여주면서 이렇게 여쭙더랍니다. '새 황후는 해동국에 태어나서 방년 열여섯 살이 된 처자로서 덕성스러움과 정숙함이 하늘 아래 둘도 없는 분입니다. 그 용모는 이런 분이니, 아무 날 아무 시에 어디로 사람을 보내어 맞이하십시오.'라고 말입니다. 꿈에서 깨어나신 폐하께서는 즉시 화공을 불러 꿈에 본 화폭 속의 인물화를 기억해 내어 설명해 주면서 똑같이 그리도록 하신 다음, 마침내 소신에게 그 화폭을 주시면서 해동국으로 건너가라고 하셨습니다. 그래서 황명을 받잡은 소신이 이렇게 달려온 것인데, 마침 언덕에 앉아 계신 모습을 뵈오니 화폭 속의 모습과 너무나 똑같아 기절초풍하지 않은 것만도 다행이옵니다."

동진의 사자는 그러면서 화폭 두루마리를 내밀었다. 성공대사가 받아서 펼치니, 그 속에 그려진 여자의 얼굴은 틀림없는 홍장이었다.

홍장이 놀란 가운데서도 가만히 생각해 보니, 그 모든 것이 부처가 베푸는 은혜가 틀림없었다. 그녀는 감격과 흥분을 가라앉히고는 사자를 향해 침착하게 말했다.

"말씀을 들으니 모든 일이 너무나 신기하고 놀랍습니다. 그러나 이 몸은 이미 저희 아버님이 흥법사에다 시주하셨기 때문에 대인께서 저를 데려가고 싶어 하셔도 응할 수가 없으니 어떻게 하겠습니까."

그러자 사자는 성공대사를 붙잡고 일의 자초지종을 물었다. 성공이 꿈 이야기와 흥법사 법당 건립의 이야기를 하자, 사자가 말했다.

"그만한 큰 불사佛事에는 비용을 어떻게 마련하느냐가 중요하지, 여자 한 사람의 인력이 무슨 소용이 되겠습니까. 우리 배에는 새 황후마마를 맞기 위해 가져온 폐백과 금은보화가 그득합니다. 그것을 몽땅 드릴 터이니, 부디 우리 국모님을 모시고 갈 수 있도록 허락해 주십시오."

성공대사로서는 생각하고 말고 할 필요도 없었으므로 즉시 응낙했다. 그리하여 배에 있던 물건들은 성공대사에게 넘겨졌고, 홍장은 사자를 따라 배에 올랐다.

소랑포를 출발한 지 사흘만에 배는 서해를 건너 중국 땅에 닿았다. 그리하여 홍장이 동진의 대궐에 도착하자, 황제는 잃었던 황후가 되돌아오기라도 한 것처럼 기뻐하며 맞아주었다. 더구나 호화로운 옷으로 성장한 홍장의 모습은 그야말로 하늘에서 내려온 선녀처럼 아름다웠으므로, 황제는 벌어진 입을 다물 줄 몰랐다.

"바다 건너 작은 땅에 어찌 그대 같은 사람이 태어날 수 있었는지 신기하도다. 어쨌든 이제 바다를 건너와 짐의 사람이 되었으니, 하늘이 준 인연이 다하는 날까지 함께 홍복을 누리기를 바라노라."

황제는 즉시 혼인 잔치를 벌여 홍장을 정식 황후로 맞이했는데, 원황후에 대한 황제의 총애가 너무나 지극하여 그녀의 말이라면 들어주지 않는 것이 없었다. 그러니 황실에서 그녀의 위치는 막강해졌고, 모든 신하와 궁중 사람들이 다투어 줄을 대려고 야단들이었다.

원황후는 그처럼 갑작스런 부귀영화에 둘러싸였으면서도 가슴

한켠에 남아 있는 아픔까지 떨어버릴 수가 없었다. 바로 눈먼 아버지에 대한 그리움과 애처로움이었다. 그래서 아버지에게 부처의 복이 내리기를 빌며 훌륭한 불상과 탑을 조성하여 해동국에 보내 대흥 흥법사에 기증했다.

한편으로는 자기 원불顧佛의 표시로 관음보살 금상을 조각한 다음, 어디든지 돌배가 닿는 곳에 봉안하라는 편지와 함께 실어서 해동국 쪽으로 띄워 보냈다.

그러면 홍장이 동진의 사신을 따라 떠난 후 성공대사와 원양의 일은 어찌 되었을까.

성공대사는 홍장의 몸값으로 받은 폐백 비단과 금은보화를 가지고 돌아가 좋은 날을 받아 재를 올린 다음 흥법사 건립에 착수했다. 그리하여 1년 만에 훌륭한 절을 완성해 내었다.

한편 원양은 사랑하는 딸을 졸지에 잃어버리고 너무나 상심한 나머지 고향을 등지고 말았다. 그리하여 풍찬노숙을 마다하지 않고 이리저리 떠돌아다니며 자학적인 생활을 하던 가운데, 어느 날 딸에 대한 그리움으로 몹시 울다가 갑자기 눈을 번쩍 뜨고 난생 처음으로 광명을 바라보는 행운을 얻었다. 딸의 정성에 드디어 발현을 본 것이다.

흥법사 건립을 마친 성공대사는 어느 날 서해의 낙안 단교 근처를 지나다가 이상한 모양의 돌배가 물결에 떠밀려 바닷가로 다가오는 것을 발견했다.

이윽고 돌배가 바닷가에 도착했을 때 안을 살펴본 성공대사는 깜짝 놀랐다. 배 안에는 휘황찬란한 관음보살 금불상이 안치되어 있지 않은가. 더군다나 금불상과 함께 들어 있는 원황후의 편지를 읽어 본 성공대시는 그 기막힌 인연에 너무나 감동한 나머지 서쪽을 향하여 몇 번이고 합장하며 불호를 외웠다.

성공대시는 그 금불상을 소중히 짊어지고 길을 떠났다. 그리하여 발길 향하는 대로 걸음을 옮기고 있었는데, 처음에는 별로 무겁지 않던 금불상이 갈수록 무게가 더해져서 급기야 도저히 발걸음을 옮길 수가 없는 지경이 되었다.

문득 느끼는 바가 있어 사방을 둘러보니 산세가 좋고 절의 입지 조건으로 그만인 것을 알 수 있었다. 그곳이 바로 지금의 전라남도 곡성군 옥과면 선세리의 성덕산이다. 그리하여 그곳에 절을 짓고 금불상을 모셨으니, 그 절이 바로 옥과 관음사인 것이다.

한편, 원양은 눈을 뜨고 나서 중국의 황후가 된 딸을 우여곡절 끝에 찾아가 만나 눈물의 상봉을 하고, 95세로 세상을 떠날 때까지 매우 호강스러운 말년을 살았다고 한다.

청년 연개소문

    삼국시대 각 나라의 국민성은 자연적 또는 정치적 환경에서 많은 영향을 받았다.

    온난한 기후, 완만하고 비옥한 토지를 생활 터전으로 하여 살았던 신라와 백제 사람들은 감정이 부드럽고 예술을 사랑하며 낙천적인 경향이 있는데 비해 험준하고 척박한 땅과 혹독한 기후에 적응해야 할 뿐 아니라 대륙의 거센 이민족들과 끊임없이 투쟁하며 살아야 했던 고구려 사람들은 자연히 자주적이고 활동적이며 진취적인 경향이 강했다.

    그와 같은 고구려의 기상은 지역적 발전상으로도 증명된다. 그 건국의 유래부터 자연 발생 또는 평화의 산물이 아니었다. 인접 부족들과 피나게 싸우고, 특히 중국의 한족에 대해서는 필사적인 항쟁을 벌이면서 국력을 극대화했으며, 산악지대라 농경지가 부족했기 때문에 풍요한 땅을 찾아 끊임없이 진출을 꾀한 것이 고구려 정신의 본질이요, 근간이었던 것이다.

    그 결과 고구려는 19대 광개토왕과 20대 장수왕 시대에 국력이 최고에 달해, 그 영토가 북쪽으로는 동아시아 대륙의 송화강, 서쪽으로는 요하,

남쪽으로는 한반도의 아산과 삼척까지 내려왔다.

그처럼 웅대한 국토와 역동적인 역사를 이룩한 고구려가 수많은 영웅호걸을 많이 배출한 것은 당연한 일이었으며, 그중에서도 영욕을 함께 누리고 파란만장한 일생을 영위한 점에서 대표적인 인물로 연개소문을 꼽지 않을 수 없다.

연개소문이 국권을 한 손에 틀어쥐고 무단 독재정치를 펼치던 시기는 고구려를 중심으로 한 인접 국가들이 요동하기 시작한 때였다. 서쪽에서는 수나라가 망하고 당나라가 일어나서 신흥 제국의 활력으로 고구려를 집어 삼키려고 호시탐탐 기회를 노렸고, 남쪽의 신라는 진평, 선덕 두 여왕의 시대로서 발전의 터전을 마련한 위에 김유신과 김춘추 같은 영걸이 나타났다.

한편으로는 당나라와 손잡고 양쪽에서 고구려를 포위 압박하는 형세를 취했으며, 고구려는 내부적으로 수나라의 여러 차례에 걸친 대규모 침공에서 받은 막대한 타격을 회복하기 위해 혁신과 변화가 절실히 필요한 시기였다.

평범한 인물로서는 도저히 감당할 수 없는 그와 같은 국면에 혜성처럼 나타나 한 시대를 풍미한 영웅이 바로 연개소문이다. 그는 고구려의 명문거족 출신으로 할아버지 자유와 아버지 태조가 모두 최고위직인 막리지를 지낸 인물이었다.

연개소문은 15세에 이미 영웅호걸의 풍모와 영특한 재능으로 세상에 이름을 떨쳤다. 아버지가 세상을 떠나고 나서 당시의 제도에 따라 그 지위를 물려받을 입장이었으나, 많은 사람들이 그의 지위 계승을 막으려고 획책하는 바람에 위기에 처했다.

세습을 반대한 사람들의 명분은 연개소문의 성질이 포악하다는 것이었는데, 사실은 그의 인물됨이 너무 출중한 데 따른 두려움과 시기심 때문이었다.

그때 연개소문은 전혀 그답지 않은 태도로 반대자들의 마음을 돌려놓는데 성공했다. 일일이 찾아가 머리를 조아리고 눈물로 애소했던 것이다.

일단 국정에 참여하여 자기 기반을 확보한 다음부터 연개소문의 진면목이 나타나기 시작했다. 27대 영류왕 14년[631년]부터 당나라의 침공을 막기 위해 동북쪽의 부여성에서, 남으로는 발해에 이르기까지 천리장성을 쌓는 대역사를 주관했는데, 남자들을 모두 축성작업에 동원하고 부녀자들은 밭을 갈게 함으로써 쉴틈이 없는 노동을 강요했다. 그 결과 축성은 최소한의 공사 기간만으로 성공리에 끝낼 수 있었지만, 그동안 백성들의 고달픔은 말할 수 없을 지경이었다.

어쨌든 그 천리장성 축조를 통하여 연개소문의 존재는 크게 부각되었다. 정치적 결단력과 누구도 흉내 낼 수 없는 추진력, 그리고 견제 세력의 개입을 용납하지 않는 독재적 성향이 많은 사람들을 감탄하게 하고 한편으로는 두려움을 느끼도록 만들었던 것이다.

위기의식을 느낀 임금과 대신들은 마침내 연개소문을 제거할 계획을 꾸미게 되었다. 그러나 그 기밀은 배신자의 입을 통해 연개소문의 귀에 들어갔고, 분노한 그는 피비린내 나는 역습을 계획했다.

하루는 휘하의 병사를 모아 도성 남쪽에 거창한 주안석을 마련해 놓고는 대신들과 왕족들을 초청했다. 다른 사람도 아닌 연개소문의 초대에 응하지 않을 배짱 있는 사람은 아무도 없었다.

그리하여 많은 인사들이 초대연에 나타났을 때, 연개소문은 도열해 있던 병사들을 동원해 그들을 일망타진해 버렸다. 그때 참살당한 사람들이 180명이 넘었다고 하니 그 참상을 상상하기 어렵지 않다.

그처럼 반대 세력을 일거에 쓸어버린 연개소문은 피 묻은 칼을 그대로 들고 대궐로 쳐들어가 영류왕과 그 측근들마저 죽였다. 그러고는 임금의 조카인 보장을 새 임금으로 옹립하고, 자신은 대막리지가 되어 국권을 손아귀에 넣었다.

이 무렵의 연개소문은 그 위엄이 실로 어마어마했다. 〈구당서舊唐書〉에 보면 중국인들의 눈에도 그가 얼마나 대단한 인물로 비쳐졌는지 알 수 있다.

'수염이 길고, 몸집이 거창하고, 칼을 다섯 자루나 찼으므로 좌우 사람들이 감히 우러러보지 못했다. 항상 관료들로 하여금 땅에 엎드리게 하여 그 등을 밟고 말에 올랐으며, 말에서 내릴 때도 역시 그러했다. 바깥 출입을 할 때는 반드시 병정들을 길에 도열시키고, 도자導者가 큰 소리로 행인을 물리쳤으며, 그러면 백성들은 두려워서 피하다가 모두 엉겁결에 구렁텅이에 빠지곤 했다.'

그런 연개소문이 정변을 일으켜 정권을 한 손에 쥐었으니, 국내는 물론 당나라 등 인접국들마저 경악해 마지않았다. 그 사나운 기세로 언제 자기네한테 달려들지 모른다는 생각에서였다.

당시 삼국간의 역학 관계는 미묘했다. 백제가 지난날 빼앗긴 땅을 찾고자 신라를 침범했는데, 백제는 의자왕 시대였다. 나중에는 황음무도한 어두운 임금으로 전락했어도 초기에는 영명한 군주였던 의자왕은 명신 성충의 보필을 받아 신라의 40여 성을 빼앗는 등 크게 위세를 떨쳤던 것이다.

힘이 부친 신라는 당대 최고의 외교 수완가 김춘추를 고구려에 파견하여 도움을 청했다. 그러나 연개소문은 지난날 신라가 죽령 이북의 고구려 땅을 빼앗아간 사실을 들어 비난하고 김춘추를 일시 연금하기까지 했으며, 오히려 백제와 손잡고 신라의 당항성을 빼앗는 등 동냥을 주기는커녕 쪽박을 깨는 조치로 나왔던 것이다. 그렇게 되니 다급해진 신라가 위기를 모면하는 길은 당나라의 힘을 빌리는 것 뿐 이었다.

신라의 도움 요청을 받은 당나라 태종 이세민은 먼저 사신을 고구려에 보내어 신라를 괴롭히지 말고 화해하여 철군하라고 권했다. 이에 대해 연개소문은 코웃음을 치면서 당나라 사신에게 말했다.

"우리와 신라의 원한은 하루아침에 생긴 것이 아니오. 지난날 수나라가 침입했을 때 신라는 옳다꾸나 하고 우리의 땅 5백여 리를 도둑질해 갔단 말이오. 그 땅을 돌려받기 전에는 화해란 있을 수 없소."

"지나간 일은 거론해서 무엇하오. 옛 땅을 찾기로 말한다면 지금 귀국의 요동 땅이 다 옛날 중국의 군현이었소이다. 우리는 그것을 굳이 찾겠다고 하지 않잖소?"

사신의 말을 들은 연개소문은 벌컥 성을 내며 소리쳤다.

"적반하장도 유분수로구나! 우리 요하 동쪽의 땅이 중국의 군현이었다고 하는 것은 한나라 도적 유철이 우리 옛 땅을 도둑질하여 사군을 두었던 일을 말하는 모양인데, 그렇게 따진다면 지금 너희의 영주, 유주 같은 땅도 모두 우리의 군현이었다. 이치상으로 말하면 그 땅도 우리한테 돌려줘야 마땅하지 않느냐"

이렇게 무안을 줘서 돌려보냈을 뿐 아니라, 다음번에 온 사신은 토굴에다 가두기까지 했다.

그런 꼴을 당한 당나라 태종은 화가 있는 대로 치밀었다.

"연개소문이 자기네 임금과 대신들을 학살하고 백성을 크게 괴롭힐 뿐 아니라 짐의 말을 듣지 않으니, 어찌 이를 토벌하지 않으랴."

그러고는 육상과 해상으로 고구려 정벌군을 출동시켰는데, 그 규모는 육군 6만, 해군 4만 3천, 말 1만 필, 전함 5백 척으로서 최정예 부대로 편성되었고, 태종 자신이 군사를 잘 다루기로 귀신같다는 평판을 듣고 있어서 그 위세는 가히 위협적이었다.

이에 대해 고구려군은 성문을 굳게 닫고 지키다가 상대방이 지칠 때를 기다려 두들겨 패는 작전으로 당군을 괴롭혔다.

그런 가운데서도 당군은 간신히 개모성_{지금의 만주 대련만 북안} 한 곳을 함락시킨데 이어 요동성_{지금의 심양}을 집중 공격하기 시작했다.

지난날 수나라 양제가 여러 번 공략하다가 실패한 요동성은 성새가 견고하고 깊은 해자로 둘러싸였는데, 그 존재는 고구려나 당나라 양쪽에 큰 상징적인 의미가 있었기 때문에 공방전이 이루 말할 수 없이 치열했다. 당군은 먼저 흙을 날라다 해자를 메우는 작업부터 했는데, 황제까지 나서서 직접 손에 흙을 묻혔을 정도였다고 하니 그 궁상을 가히 짐작할 만하다.

일단 해자를 메운 당군은 돌덩이를 쏘아 날리는 포차, 성벽을 부수는 공차 등 당시로는 기발한 신병기를 동원하여 공격했으나, 고구려군은 결사적인 방어로 잘 물리쳤다. 그러다가 당군이 바람을 이용하여 화공을 가함으로써 성루와 온 가옥이 불타는 바람에 마침내 요동성도 함락되었다.

기세를 올린 당군은 백암성을 손에 넣은데 이어, 마침내 그 유명한 안시성을 에워쌌다. 용장 양만춘이 지키는 안시성은 고구려의 방어 진지 가운데 가장 견고한 요충이었으며, 당군의 처지에서 보면 안시성을 함락하지 않고서는 더 이상의 동진이 어려운 실정이었다. 따라서 공격하는 쪽이나 방어하는 쪽이나 결사적이지 않을 수 없었다.

태종은 성의 동남쪽에 흙을 쌓은 산을 만들어 성벽을 타 넘으려 했는데, 토산의 높이가 성벽만해지면 고구려군은 다시 성벽을 더 높이 쌓아올리는 방식으로 대처했다. 당군이 포석, 비차 등의 공격용 무기로 성루를 무너뜨리면, 고구려군은 목책을 세워 방어했다. 그러다가 기초가 부실한 토산의 한쪽이 무너지자, 고구려군은 기다렸다는 듯이 뛰쳐나와 토산을 점령한 다음 주위를 깎아 나무를 쌓고 불을 질러 당군이 접근하지 못하게 하여 오히려 공격 기지로 활용했다.

안시성 싸움은 근 석 달이나 계속되었고, 당군은 무수히 죽었다. 마침내 11월이 되어 추위가 밀어닥치고 양식이 떨어지니, 아무리 야심이 크고 자존심이 강한 태종도 돌아서지 않을 수 없었다.

양만춘이 성루에 올라서서 태종에게 석별의 인사를 하니, 태종도 비록 적이지만 영웅적인 용전을 칭찬하면서 비단 백 필을 선물로 남기고 초라한 귀국길에 올랐던 것이다.

안시성 싸움에서 패퇴한 당나라는 그 후로 소규모 단발 공격으로 전환하여 고구려의 힘이 빠지기를 기다려 다시 대규모 공격으로 끝낸다는 전략을 추진해 나갔는데, 그러다가 울화통이 치민 당 태종이 병들어 죽는 바람에 주춤해지고 말았다.

태종은 임종 전에 고구려 원정을 하지 말라는 유언을 남겼으나 그의 아들 고종은 국가의 위엄을 과시하고 선대의 치욕을 씻기 위해 고구려 정복의 야심을 꺾지 않았다. 그리하여 두 나라의 싸움은 줄기차게 계속되었으나, 고구려는 연개소문이란 불세출의 영웅이 버티고 있어 잘 견뎌 나갔다. 그러다가 보장왕 25년이던 666년에 연개소문이 세상을 떠남으로써 고구려의 운명도 다하였다.

연개소문은 임종에 앞서 남생, 남건, 남산 등 세 아들을 불러놓고 간곡히 말했다.

"너희 형제는 물과 고기처럼 화목하고 작위^{爵位}를 다투지 말라. 만일 그렇지 않으면 다른 사람들의 조소를 받을 것이다."

그러나 연개소문의 당부는 허사였다. 그가 임종한 후 맏이인 남생이 대막리지가 되어 전권을 장악했으나, 남생이 지방 순찰을 나가 있는 동안에 간사한 무리들이 중간에서 이간질로 형제간의 의심과 시기심을 부추겼다. 그 결과 위험을 느낀 남생은 도성으로 돌아가지 못하고 할 수 없이 무리와 함께 당나라로 가서 항복한 다음, 동생들에게 원한을 풀기 위해 당군을 이끌고 쳐들어왔다.

설상가상으로 연개소문의 아우인 연정토가 남쪽의 12개 성을 신라에 넘기면서 투항해 버렸다. 형이 죽고 조카들이 다투는 모습을 본 그는 나라의 운명이 다한 것을 깨닫고 자기 보신책을 강구한 것이었다.

남산과 남건은 사력을 다해 신라와 당나라 연합군에 맞섰으나, 이미 기울어진 국면을 돌이킬 수는 없었다. 그리하여 연개소문이 세상을 떠난 지 불과 2년만에 고구려는 28왕 705년으로 막을 내렸던 것이다.

이상이 연개소문의 일대기를 중심으로 한 고구려 말기의 비장하고 격렬했던 실록의 역사이거니와, 여기에 덧붙여서 그의 어린 시절 야록을 소개함으로써 흥미를 더하고자 한다.

연개소문은 그의 아버지 연태조가 나이 50세에 태어났다 하여 아명을 '쉰동'이라 했다.

쉰동은 자라면서 몹시 총명하고 지혜로워 범상찮은 면모를 보였으나,

한 가지 흠은 몸이 허약해 병치레가 잦다는 점이었다. 그래서 연태조 부부는 몹시 걱정을 했다.

쉰동이 나이 7세가 되었을 때, 하루는 어떤 도사가 지나가다가 자기 집 앞에서 놀고 있는 쉰동이를 발견하고는 걸음을 멈추고 바라보며 혀를 끌끌 찼다.

"아하! 참으로 아깝구나 아까워. 쯧쯧."

마침 그 광경을 목격한 연태조는 도사를 불러 연유를 물었다. 도사는 좀처럼 입을 열려고 하지 않다가, 연태조가 하도 간곡히 묻는 바람에 할 수 없이 털어놓았다.

"댁의 공자는 제대로 자라나기만 하면 위대한 공업을 이룰 것이 틀림없는 출중한 재목입니다. 그러나 애석하게도 명이 짧아서 거기까지 이르지 못할 것 같군요."

"그러잖아도 체질이 허약하여 몹시 걱정이오. 무슨 방도가 없겠소?"

"글쎄올시다."

"우리 아이가 단명할 줄을 안다면, 그것을 피할 수 있는 방법 또한 알 것이 아니오. 부탁이니 제발 이야기해 주오."

연태조가 단념하지 않고 극구 매달리자, 도사는 몹시 난처한 듯하다가 마침내 말했다.

"사실은 방법이 한 가지 있긴 하나, 댁의 지체로 봐서 도저히 가당치 않은 일이기에……."

"이보오, 도사. 사람의 목숨이 달렸고 나로서는 소중한 자식에 관한 일인데 어찌 가당하고 말고를 따지겠소. 일단 들어본 다음 가부를 결정할 수도 있는 노릇이니 말이나 해보구려."

"그렇다면 감히 여쭙겠습니다. 댁의 공자를 먼 시골에 보내서 흙냄새도

맡고 힘든 고생 속에서 자라나도록 하십시오."

"시골에? 힘든 고생을?"

"그렇습니다. 아는 집에 맡겨서 적당히 양육하도록 하는 방식으로는 안 되고, 아주 내버린다는 생각으로 멀리 떠나보내십시오. 그러고는 절대 찾지 마시고 열다섯 해쯤 잊어버리셔야 합니다. 그렇게 하여 삶의 밑바닥과 참다운 인정의 세계를 경험하고 나면, 공자는 단명의 운수를 극복하고 장차 이 나라를 책임지고 이끌어 나갈 영웅호걸이 될 것입니다. 제가 여쭙는 말을 명심하십시오."

도사는 그처럼 어처구니없는 말로 연태조의 마음을 흔들어 놓고 홀연히 가버렸다.

연태조가 생각해 보니 보통 문제가 아니었다. 귀한 아들을 아주 내버리듯이 먼 시골에다 보내면 아들을 정말 잃어버리지 않는다는 보장이 없었다. 그러나 어차피 품에 안고 있어 봐야 아들의 명운도 피어나지 못하고 일찍 죽게 된다면 그보다 애통한 노릇이 없었다.

마음을 정한 연태조는 부인과 의논했다. 처음에는 펄쩍 뛰며 반대하던 부인도 마침내 할 수 없다는 체념을 보였다. 그래서 쉰동은 종의 등에 업혀 도성에서 천 리도 더 떨어진 원주 땅 두루미재라는 곳에 내버려졌다.

그 두루미재 마을에는 배달영감이라는 상당한 부자가 살고 있었는데, 하루는 낮잠을 자다가 마을 앞에 있는 연못에서 용이 꿈틀거리면서 하늘로 올라가는 꿈을 꾸었다. 잠에서 깨어난 배달영감은 이상한 생각이 들어 연못에 가 보았다. 그랬더니 연못가에 어린 사내아이가 땅바닥에 앉아 울고 있는 것이었다.

배달영감은 막연하면서도 왠지 가슴이 떨리는 것을 느끼며, 아이에게 물었다.

"애, 너 왜 거기서 울고 있지?"

"우리 집 종이 나를 여기다 두고 달아나 버렸어요."

"너희 집이 어디냐?"

"도성이에요."

"도성에서 이 머나먼 곳까지 왜 왔지?"

"몰라요."

"아버지는 무슨 일하는 분이냐?"

"우리 아버진 벼슬이 아주 높아요."

배달영감은 어린애가 횡설수설한다고 생각했다. 그렇지만 막돼먹은 아이 같지는 않았고, 어쨌든 어린애를 내버려 두고 갈 수도 없는 노릇이어서 집으로 데리고 갔다. 마침 배달영감에게는 늦게야 얻은 세 딸이 있었는데, 쉰동은 딸들의 동무에다 종과 같은 애매한 신분으로 더부살이를 하게 되었다.

그런 가운데 쉰동의 나이 11세가 되었다. 거센 물살에 쓸리며 굴러 내려온 강바닥 돌이 다른 돌보다 더 단단한 것과 마찬가지로, 험한 음식과 안락하지 않은 생활에 길들여지다 보니 쉰동은 언제인지도 모르게 건강하고 민첩한 신체를 가지게 되었다.

이제는 쉰동에게도 '일하지 않으면 먹지도 말라'고 하는 인간적인 사명이 부여되었다. 그래서 들에 나가 농사일을 거들거나 산에 올라가 나무를 하는 것이 새로운 일과가 되었다.

일은 힘들고 바빴지만 쉰동은 열심히 일했고, 그러는 것이 집안에서 잔심부름하고 계집아이들의 말동무나 장난 동무가 되어주는 것보다 훨씬 즐거웠다.

어느 날이었다.

그날도 나무하러 산에 올라간 쉰동은 나무 한 짐을 해서 묶어 놓고 잠시 풀밭에 드러누워 상념에 젖어 있었다. 까마득한 어린 시절의 기억, 고래등 같은 기와집, 바쁘게 움직이던 많은 종들, 근엄한 아버지와 인자한 어머니의 모습, 그런 것들이 쉰동의 눈앞에 꿈결처럼 아련히 떠올랐다. 어째서 자기가 그 모두를 하루아침에 잃고 이런 머나먼 시골에 내팽개쳐져서 더부살이를 하게 되었는지 알 수 없었다. 자신의 신세가 처량하게 느껴졌고, 그런 생각을 하다 보니 어느덧 눈에서 눈물이 흘렀다.

그때였다.

"이놈 쉰동아, 그 무슨 못난 꼴이란 말이냐."

갑자기 나무라는 호령 소리가 들려 왔다.

깜짝 놀라서 일어나 보니, 머리와 눈썹과 수염이 허연 도인이 지팡이를 짚고 서서 내려다보고 있었다. 그 눈빛이 너무나 형형해서 마주 쳐다보기도 두려울 지경이었다.

"하, 할아버지는 누구십니까?"

"내가 누구인들 그것이 중요한 게 아니다. 너는 장래를 생각해서 몸을 단련하고 마음을 수양하기에 전념해야지, 어찌 계집아이처럼 눈물을 찔끔거린단 말이냐."

"저의 일에 대해서 어떻게 그렇게……."

"잔말 말고 나를 따라 오너라."

도인은 그렇게 지시하고 나서 몸을 돌려 걸어가기 시작했다. 어리둥절해 있던 쉰동은 이내 나뭇짐도 내버리고 도인의 뒤를 따르기 시작했다. 늙은 몸인데도 불구하고 몸의 움직임이 어찌나 가볍고 민첩한지, 뒤따르는 쉰동은 땀을 뻘뻘 흘리면서 헉헉거리지 않을 수 없었다.

이윽고 도착한 곳은 울창한 숲속을 탁 틔운 개활지에 있는 커다란 장원莊園이었다. 도인은 쉰동을 데리고 들어가 방안으로 불러들였다. 그러고는 앞에 꿇어앉혀 놓고 근엄하게 말했다.

"비록 지금은 더부살이를 하고 있을망정, 너는 장차 큰일을 해야 할 운명을 타고났느니라. 그렇기 때문에 호방한 기상을 기르고, 다방면의 학문을 공부하며, 신체와 무예를 단련하는 데 게을리해서는 안 된다. 내가 오늘부터 너를 지도할 터이니, 가르치는 것을 열심히 익히도록 하라."

쉰동으로서는 선택의 여지가 없었고, 의문을 나타내는 것도 도인의 위엄에 눌려 불가능했다. 그저 머리를 조아리며 분부를 따르겠다고 할 뿐이었다.

그날부터 쉰동은 산에 갈 적마다 우선 나무를 열심히 해놓고 나서 도인의 장원으로 찾아가 지도를 받는 것이 정해진 일과가 되었고, 그렇게 공부한 다음 다시 나뭇짐을 짊어지고 집으로 돌아오는 것이었다.

이상한 것은 그날부터 배달영감이 쉰동에게 농사일을 시키지 않는 것이었다. 마치 도사와 사전에 약속이라도 한 듯 날마다 나무만 해다 나르는 지시였으니, 쉰동으로서는 다행이 아닐 수 없었다.

도인은 쉰동에게 학예에 대한 공부뿐 아니라 천문, 지리, 의학 등 다방면의 지식을 전수해 주었고, 명상으로 정신 통일의 무아 경지에 이르는 단련법을 익히게 했으며, 한편으로는 무예까지 지도했다. 워낙 천분이 뛰어난 쉰동이고 보니 하나를 가르치면 열을 깨칠 정도로 성취의 진도가 놀랍도록 빨랐다.

어느덧 쉰동의 나이 18세가 되었다. 이제는 헌헌장부의 모습이었고, 아무리 막일을 하고 삼베옷을 걸쳤을망정 그의 전신에서 발산하는 비범한 기상은 숨길 수가 없었다.

쉰동을 눈여겨 보아온 배달영감은 그를 처음 발견하던 날의 꿈을 떠올렸다. 비범한 인물이 틀림없다고 판단한 그는 세 딸 중에서 인연이 닿는 아이와 맺어주려고 생각했다. 그래서 어느 봄날 쉰동에게 말했다.

"얘, 오늘은 날씨도 화창하니 아가씨들을 모시고 소풍이라도 좀 다녀오너라."

지시를 받은 쉰동은 주인댁 딸들한테 가서 그대로 전했다. 그러자 맏딸이 시큰둥한 얼굴로 물었다.

"어디로 갈 건데?"

"날씨는 화창하고 산야와 강변 여기저기에 봄꽃이 만발했으니, 어디로 간들 무슨 상관이겠소."

"그럼 걸어서 가는 거야?"

"소풍이니만큼 땅내음 풀내음을 맡으며 걷는 것이 좋겠지요."

이번에는 둘째딸이 발끈해서 말했다.

"흥! 땅내음 풀내음이야 너 같은 종놈한테는 좋을지 몰라도 난 귀찮아. 피곤하게 걷기는 왜 걸어다녀."

"그럼 수레를 타시구려 내가 끌 테니."

"수레를 타더라도 일단 흙을 밟아야 오를 수 있잖아 난 싫어."

"그래도 영감마님의 지시인데 어떻게 하겠소."

"그렇다면 네 등을 밟고 수레에 오르도록 해줘. 그럼 아버님 지시를 어기지도 않고, 흙을 밟을 필요도 없을 테니."

그렇게 말한 것은 맏딸이었다. 언니나 동생이나 그렇게 짓궂고 심통스러웠다.

쉰동은 속에서 뜨거운 것이 치밀었다. 그러나 상대방은 주인댁 따님이고 자기는 현재 종이나 다름없는 신분이니 화를 낼 수도 없었다.

'내가 하찮은 계집애들과 시비해서야 어찌 사내대장부라 할 수 있겠는가.'

그렇게 마음을 돌린 쉰동은 웃으며 선선히 말했다.

"좋소. 그렇게 하우. 엎드릴 테니 내 등을 밟고 수레에 오르구려."

그런 다음 수레를 끌어다 마루 앞에 대령하고 땅에 엎드리니, 맏이와 둘째는 서슴없이 쉰동의 등을 밟고 수레에 올랐다. 그러나 셋째인 꽃아기만은 달랐다.

"일어나. 이게 무슨 짓이야."

꽃아기는 그러면서 쉰동을 일으켜 세우고는 옷의 흙을 털어주었고, 가마도 타지 않았다.

"소풍을 가면서 수레는 왜 타. 난 쉰동이 말대로 흙내음 풀내음을 맡으면서 걷는 게 더 좋아."

어쨌든 그런 갈등 속에 소풍을 나선 네 사람은 들판을 지나서 가까운 절로 들어갔다. 첫째와 둘째가 돌아다니는 것이 싫으니 쉬고 싶다고 해서였다. 그래서 쉰동은 절방 한 칸을 빌리고 두 처녀에게 편히 쉬면서 마당의 꽃이나 구경하라고 한 다음, 막내와 함께 온 산야를 돌아다니며 신선한 햇빛과 바람을 마시고 꽃내음 풀내음을 만끽했다.

어느덧 누가 먼저인지도 모르게 손을 잡고 있었고, 두 청춘 남녀 사이에는 아지랑이 같은 사랑이 모락모락 피어오르고 있었다. 아니, 그것은 그날 비롯된 것이 아니라, 오랫동안 두 사람 사이에 흐르던 따뜻한 교감이 마침내 계기를 찾아 구체화된 것이라고 할 수 있었다.

그날 이후로 쉰동과 꽃아기는 남의 눈을 피해서 두 사람만의 오붓하고 달콤한 시간을 자주 가졌고, 날이 갈수록 서로 깊이 사랑하게 되었다.

눈치를 챈 큰딸과 둘째딸이 득달같이 아버지에게 일러바쳤으나, 배달영감은 별로 대수롭지 않게 생각하는 투로 대꾸하면서 사실상 두 사람의 관계를 은연중 묵인하는 듯한 태도를 보이는 바람에, 두 딸은 약이 올라 죽을 지경이었다.

그러나 쉰동과 꽃아기의 사랑은 오래 지속되지 못했다. 그것은 주위의 견제와 훼방 때문이 아니라, 쉰동 자신에게 이유가 있었다.

어느 날, 쉰동을 가르치고 난 도사가 정색을 하고 말했다.

"이제 헤어질 때가 된 것 같구나. 나는 더 이상 너를 더 가르칠 것이 없을 뿐 아니라, 너한테도 변신이 필요한 시기가 되었다. 내일 당장 여기를 떠나서 저 멀리 중원으로 나가거라. 그리하여 더 넓은 세상을 구경하고, 더 어려운 역경을 경험하며, 장차 웅지를 펼 때를 대비해 다른 나라의 물정을 머릿속에 익혀라. 그런 다음 돌아오면 그때부터는 네 앞에 새로운 밝은 세상이 열릴 것이니라. 알겠느냐?"

도사는 그렇게 말한 다음, 앞으로 취해야 할 행동 지침 등을 충고하고 나서 돌려보냈다.

산을 내려온 쉰동은 즉시 배달영감을 만나 떠날 뜻을 밝혔다. 처음부터 그 집에 매인 종의 신분도 아니었으므로, 배달염감인들 붙잡을 명분도 이유도 없었다.

그날 밤, 쉰동은 꽃아기와 몰래 만났다. 꽃아기는 쉰동의 말을 듣고는 눈물을 흘리면서 말했다.

"이런 날이 올줄 예상했어요. 어쩔 수 없군요."

"내가 떠나기는 하지만, 당신은 잊지 않을 거요. 약속하겠소."

"그렇게 말하는 것은 장차 큰일을 할 남아의 태도가 아녜요. 대장부는 사사로운 감정의 끈 같은 것은 과감히 끊을 줄 알아야 되는 겁니다. 내 걱정은 말고, 부디 훌륭한 공을 성취하세요."

"아무리 남아의 도리가 중요하다 한들 인간의 도리보다 더할까. 약속하건대, 내 기필코 당신을 찾아올 거요. 그래서 당신을 내 아내로 맞이할 거요. 그때까지 기다려만 준다면……."

"여자가 어찌 한 번 정을 준 남자를 두고 다른 사람한테 시집을 간답니까. 언제까지고 당신을 기다릴 거예요."

"고마워. 꼭 돌아와서 당신을 데려가겠소."

쉰동은 꽃아기를 힘차게 끌어안았다.

꽃아기는 정표로 자신의 금반지를 뽑아 주었고, 팔아서 노자에 쓰라며 상당한 패물을 쉰동에게 주었다.

두루미재 마을을 떠난 쉰동은 그 길로 중국에 들어가 정세를 염탐하고 문물을 구경하면서 이리저리 중원 천지를 떠돌아다녔고, 이름도 돌쇠라고 고쳤다. 그리하여 마침내 달탈국에까지 이르렀으며, 어찌어찌해서 국왕의 종으로 뽑혀 들어갔다.

달탈국의 임금은 돌쇠의 민첩하고 영리한 거동을 살피고는 기특하게 생각해서 곁에 두고 매우 신임하게 되었다. 그러다 보니 돌쇠는 왕실의 모든 사정을 낱낱이 파악할 수 있었다.

달탈국의 둘째왕자는 명민하고 사람을 꿰뚫어 볼 줄 아는 식견을 가지고 있어서, 돌쇠가 비록 종의 신분으로 들어왔지만 근본이 그렇지 않을 뿐 아니라, 뭔가 다른 목적이 있다는 것을 알아차렸다.

둘째왕자는 부왕 앞에 나아가 말했다.

"아바마마, 저 돌쇠란 놈이 아무래도 수상쩍사옵니다. 우리 달탈인도 아니고, 아무튼 이로움을 줄 놈은 아니니 죽여 버립시다."

"원, 그럴 것까지야."

"아니옵니다. 후환을 방지하기 위해서라도 단안을 내리시옵소서. 그까짓 종놈 하나 죽이는 것이 무어 그리 대수이겠습니까."

아들이 그렇게까지 말하는 데는 임금도 마음이 기울어지지 않을 수 없었다. 그러나 돌쇠에게 쏟은 신임도 있는 만큼 참혹한 방법으로 죽이고 싶지는 않았다. 그래서 커다란 철창 속에다 가두어 굶겨 죽이는 방법을 택했다. 그러고는 아들들과 신하들을 데리고 사냥을 나가버렸다.

'내가 여기까지 와서 이런 꼴로 최후를 맞이하게 되는가.'

철창에 갇힌 돌쇠는 암담하고 억울하기 짝이 없는 노릇이었으나, 뾰족한 수가 없었다.

그러다 문득 보니 자기가 갇힌 철창 한구석에 조롱 하나가 있었다. 달탈왕이 사냥에 나가서 부릴 새매를 길들이기 위해 가두어 놓은 조롱이었다.

'저 새매인들 갇혀 있는 심정이 오죽 답답하랴.'

자신의 처지에 빗대어서 생각하니 새매가 불쌍한 생각이 들었다. 그래서 다가가 조롱의 문을 열고 새매를 꺼내어 날려 보내니, 자유를 얻은 새매는 철창의 넓은 창살 틈새로 얼씨구나 하고 빠져나가 훨훨 날아가 버렸다.

마침 그 광경을 보고 깜짝 놀란 것은 달탈왕의 딸인 공주였다. 부왕과 오빠들이 모두 사냥을 나간 바람에 혼자서 시종들과 무료한 시간을 보내던 공주는 우연히 방에서 나왔다가 돌쇠의 행동을 목격했던 것이다.

"아니, 너 그게 무슨 짓이야. 그러면 아바마마와 오라버니들이 화가 나서 너한테 더욱 큰 벌을 내릴걸."

공주의 책망을 들은 돌쇠는 웃으며 말했다.

"갇혀서 천천히 굶어 죽으나 새매를 날려보낸 죄로 빨리 죽으나 마찬가지 아니오."

"그렇지만 아바마마께서 돌아오시면 혹시 생각을 돌리셔서 너를 놓아 주실지도 모르잖아. 그런데 왜 그런 짓을 해."

"공주의 둘째오빠가 나를 죽이려고 작정한 이상 나는 결코 무사하지 못할 거요. 내가 새매를 날려보낸 것은 공연한 화풀이가 결코 아니오. 공주는 갇혀 있는 신세의 고달픔이 어떤 것인지 모를 테지요. 아까의 새매는 살아있어도 결코 산 느낌이 아니었을 거요. 보시오, 내가 풀어 주자마자 얼마나 힘차게 날갯짓하며 날아가던가. 새매는 나한테 감사하는 심정으로 이제는 푸른 창공을 마음대로 날아다니겠지요. 그렇다면 나는 비록 이렇게 죽어가지만, 내 영혼은 새매의 날개를 타고 언제까지나 자유롭게 하늘을 날고 있을 것이 아니겠소."

그 말을 들은 공주는 측은한 생각이 들었다. 그러잖아도 공주는 평소에 돌쇠의 준수한 용모와 씩씩한 태도에 연정을 느끼고 있었다. 다만 신분의 차이나 여러 가지 제약 때문에 표현하지 못하고 있었을 따름이었다.

"너무 비관적으로 생각하지 마. 아바마마께서 돌아오시면 내가 잘 말씀드려서 너를 자유롭게 풀어줄게. 아바마마는 내가 원하는 일이면 지금까지 한 번도 거절하신 적이 없으니까."

"그렇지만 이번에는 다를걸요. 공주님이 그런 부탁을 하면, 내가 공주님의 마음을 흐려 놓았구나 하여 오히려 한시라도 빨리 나를 죽여야겠다고 생각할 겁니다. 특히 둘째왕자가 가만히 있지 않겠지요."

"그렇다면 어쩌면 좋지?"

철창 옆에 붙어 서서 간절한 표정으로 말하는 공주를 보고, 돌쇠는 자기의 목숨을 건질 수도 있겠다는 희망이 생겼다.

"방법은 단 한 가지뿐이오. 이 철창에서 나를 좀 꺼내주시오. 그런 다음……"

"그런 다음?"

"나와 함께 우리나라로 갑시다. 이런 척박하기 짝이 없는 곳에 비하면, 우리나라는 땅이 기름지고 풍요로우며, 얼마나 살기 좋은 곳인지 모른다오. 당신을 아내로 맞이하여 평생 호강하며 살도록 해주겠소. 나도 목숨을 건지고 당신도 행복하게 살 수 있는 기회요. 잘 생각해 보구려."

동서고금을 막론하고 사랑의 힘은 위대한 법이다. 이미 돌쇠에게 마음이 기울어져 있는 공주에게 그 말은 용기를 불어넣어 주었다. 그래서 내전에 들어가 불당 앞에서 자기 행동의 용서를 빈 공주는 간수를 위협하여 철창 열쇠를 받아 가지고는 문을 열었다.

구사일생으로 살아난 돌쇠는 공주와 함께 말을 타고 나는 듯이 달탈국 도성을 벗어났다. 그리하여 고구려로 돌아온 그는 그립던 부모도 찾아 만났고, 아버지가 세상을 떠난 뒤에는 그 지위를 물려받아 오랫동안 고생하며 키워 온 야망을 본격적으로 펼치기 시작했다.

그뿐 아니라 꽃아기를 정실부인으로, 달탈공주를 측실부인으로 맞아들여 행복한 결혼 생활을 하게 되었다.

삼국시대 야사

3

복수의 화신 명원부인

석우로는 신라 10대 내해왕의 아들이다. 상식적으로는 적자로서 아버지의 뒤를 이을 법도 했으나, 내해왕이 죽으면서 사위로 하여금 뒤를 잇게 했기 때문에 임금이 되지 못했다. 여섯 부족 연맹체 형식으로 발전하면서 박, 석, 김 세 성이 합의 선출 형식으로 번갈아 나라를 통치했으며 거서간, 차차웅, 이사금, 마립간 같은 왕호王號를 사용했던 신라 초기에는 이상할 것도 없는 일이었다.

석우로는 매부뻘인 11대 조분왕 2년231년에 이찬 벼슬을 받고, 다시 대장군에 임명되어 군사를 거느리고 나아가 감로국지금의 김천을 토벌하여 신라군으로 만들었다.

조분왕 4년233년에 왜군이 쳐들어오자, 석우로는 군사를 지휘하여 사도에 나아가 적과 싸우게 되었다.

당시 왜국은 미개한 나라였으나 섬나라답게 조선술과 항해술이 뛰어나 그것을 바탕으로 한반도 동쪽과 남쪽에 수시로 해적으로 출몰하여 노략질을 하는 것이 다반사였다. 그리하여 신라와 가야, 백제

등은 그 피해가 막심했고, 때로는 맞싸우고 때로는 달래는 양면 정책으로 대처하고 있었다.

이들 세 나라에 비해 고구려는 왜적의 피해가 거의 없었는데, 그것은 고구려의 국력이 상대적으로 강대했기 때문에 왜국으로서도 조심하지 않을 수 없었기 때문이다.

어쨌든 사도에 도착한 석우로가 형편을 가만히 살펴보니, 왜군은 함선들을 해안가에 정박해 놓고 모두 육지에 올라와 진을 치고 있었다. 그런데 왜군의 수효가 상당하고 기세가 등등하여 정면으로 쳐들어가기가 별로 만만하지 않았다.

신라군이 전열을 정비한 다음 바야흐로 싸움을 시작하려고 했을 때, 갑자기 바람이 크게 일어나기 시작했다. 공교롭게도 바람이 이쪽에서 저쪽으로 불어, 신라군은 바람을 등지고 싸우게 되므로 별로 영향이 없으나, 왜군은 날아오는 티끌에 눈을 제대로 뜰 수 없는 형편이었다.

'이것은 하늘이 우리를 도우시는 것이다.'

석우로는 기뻐하며 장수들을 불러 작전 계획을 세웠다.

"왜적은 흉맹하기 때문에 조심하지 않으면 안 되오. 마침 바람이 저쪽으로 심하게 부니, 이것을 잘 이용하면 대승을 거둘 수 있을 것 같소. 강궁을 사용하는 군사들로 하여금 화살 끝에 솜뭉치를 감도록 하고, 따로 기름 항아리를 여러 개 준비하도록 하오. 그래서 공격 개시 명령과 함께, 먼저 솜뭉치에 기름을 듬뿍 묻혀 불을 붙인 다음 놈들의 배를 향해 일제히 쏘시오. 배에 불이 붙으면 놈들은 마음이 흔들려서 제대로 싸울 생각을 하지 못할 것이오. 그럴 때 우리 군사들이 용맹하게 달려들면 승리는 우리 것이 되는 것이오."

그 말을 들은 장수들은 기뻐하며 입을 모아 말했다.

"장군군님의 계책은 과연 훌륭합니다."

신라군은 석우로의 계획에 따라 서둘러 화공 준비를 한 다음, 마침내 공격 명령에 따라 작전에 돌입했다.

궁노수들이 불붙은 솜뭉치를 단 화살을 무수히 쏘아 날리니, 바람을 탄 화살은 평소보다 훨씬 멀리 날아 왜군의 진지 위를 통과하여 함선들에 마구 떨어졌다. 기름불이고 보니 쉽사리 꺼질 리가 없었고, 선체는 나무요 돛폭은 천이고 보니 화살이 날아가 꽂히자마자 기다렸다는 듯이 금방 불꽃을 활활 피워 올렸다.

왜군은 몹시 당황했다. 배가 없으면 자기네 나라로 돌아가고 싶어도 돌아갈 수 없게 되는 것이다. 일부는 신라군에 맞서고 일부는 함선의 진화 작업에 동원되었는데, 그렇게 역할이 양분된 데다 너나없이 신경이 엉뚱한 데 쓰이고 보니 전투력이 제대로 발휘될 리가 없었다.

마침내 싸움은 신리군의 대승리로 끝났고, 왜군은 극히 일부만 몇 척의 함선을 건져 도망치는 데 성공했을 뿐, 대부분이 신라군의 칼이나 화살을 맞거나 물에 빠져 죽고 말았다.

그 후로 왜적은 석우로를 두려워하여 한동안 신라의 변경을 기웃거리는 짓을 삼가게 되었으나, 그렇다고 제 버릇 개 못 준다는 속담도 있듯이 노략질을 아주 그만둔 것은 아니었다.

얼마가 지나자 왜적은 다시 이따금 나타나 해안 지방을 휩쓸기 시작했고, 그런 기세를 이용하여 왜국은 신라에 대해 턱없는 요구를 하기도 했다. 왕자를 볼모로 달라고 하거나, 공주를 왜왕에게 시집 보내라고 하는 따위였다.

신라는 그런 요구에 조심스럽고 신축적인 대응 태도를 보였다. 생각 같아서는 단호하게 대응하고 싶었으나 그럴 수가 없었다. 신라는 삼국

가운데 가장 먼저 나라를 일으켰지만, 한반도 동남쪽에 치우쳐 있은 까닭에 발전이 늦어서 국력이 충실하지 못했다.

어쨌거나 정규전이라고 하면 한 판의 싸움으로 결판이 나는 만큼 어떻게든 해보겠는데, 왜적은 방비가 허술한 해안 지방에 기습적으로 출몰하기 때문에 효과적인 군사 대응이 불가능한 실정이었다.

더욱이 힘없고 불쌍한 백성들의 계속적인 고난을 무작정 외면할 수도 없는 일이었다. 백성이 없는 나라가 있을 수 없는 만큼, 임금은 어떻게든 그 백성들의 고난을 덜어줄 의무가 있었다. 따라서 왕실에서는 될 수 있으면 왜국의 국혼 요구에 응함으로써 평화가 유지되기를 바라는 정책 기조를 우선으로 했던 것이다.

247년 5월, 조분왕이 재위 18년만에 세상을 떠나고 그의 동생이 보위를 이어받아 첨해왕으로 등극했다.

석우로는 계속해서 조정에 나아가 평화시에는 국정을 처리하고 변란이 일어날 경우에는 군사를 거느리고 나아가 나라의 안녕을 지키는 대들보로서 혁혁한 공적을 쌓아 나갔다. 그러나 그런 석우로에게도 불행한 운명의 시간이 다가왔다.

249년 첨해왕 3년에 왜국의 사신 갈나고가 찾아왔을 때, 임금은 석우로에게 영접사의 직책을 부여했다. 당시 석우로는 재상격인 서불한의 벼슬을 살고 있었는데, 임금이 굳이 그를 영접사로 임명한 것은 번번이 왜적을 혼낸 적이 있는 그의 위엄이 왜인들에게 먹혀 들어가리라고 판단했기 때문이었다.

왜국 사신 갈나고는 금성에 도착한 다음 객관에 머물고 있었는데, 석우로는 그를 만나러 가면서 어린 아들 흘해를 종에게 업혀 데려가려

했다.

"아들아, 내가 오늘 너에게 왜놈이라는 족속을 보여주리라. 키가 작고 온몸에 털이 난 이 괴상한 족속은 우리 신라에게는 쥐새끼 같기도 하고 승냥이 같기도 한 성가신 놈들이란다. 잘 보아 두도록 하여라."

그 말을 들은 아내 명원부인은 웬일인지 몸이 부르르 떨렸다. 조분왕의 딸이고, 현재의 임금 첨해왕의 조카이기도 한 그녀는 걱정스러운 얼굴로 남편에게 말했다.

"왜인은 용렬하고 사납다고 하는데, 서로 나라를 대표하여 공식으로 만나는 자리에 굳이 어린아이를 데리고 가면 조롱하기 위해 그런다고 오해하지나 않을지 모르겠어요. 흘해는 두고 가시지요."

그 말을 들은 석우로는 픽 웃었다. 재상의 지위에 있다고는 하지만, 아직 30대 한창 나이인 그는 왜인들에 대한 경험적인 우월감이 머릿속에 뿌리박혀 있었던 것이다.

"부인은 공연한 걱정을 하는구려. 그까짓 왜놈쯤 오해를 하거나 말거나 뭐가 대수란 말이오."

"그래도 그렇지가 않습니다. 어쨌든 상대방은 저희 나라 임금의 명을 받고 온 사신이고, 이쪽에서 보면 국빈의 신분이 아닙니까. 그러니 예의를 차리셔야지요."

"국빈? 예의? 허허, 이봐요 부인. 제까짓 놈이 자신을 뭐라고 생각하든 말든, 내 입장에서 보면 조악한 섬의 한낱 짐승에 지나지 않소. 아무튼 장차 큰사람이 될 우리 흘해에게 왜놈을 구경시켜 주는 것이 공연한 짓은 아닐 것이오. 염려 마오."

석우로는 그렇게 말한 다음, 굳이 아들을 종의 등에 업혀 객관으로 향했다.

마침내 석우로와 갈나고는 객관에서 마주 앉았고, 어색한 수인사에 이어 먼저 석우로가 말의 포문을 열었다.

"그대는 무슨 용무로 우리 임금을 뵙겠다고 온 거요?"

"다름이 아니고, 귀국 임금의 따님 한 분을 우리 임금께 출가시켜 달라는 것입니다. 그렇게 하는 것이 두 나라의 계속적인 선린 관계를 위해서도 유익하지 않겠소이까."

"흥! 선린 관계라니, 신라와 왜국 사이에 무슨 선린 관계가 있었다는 것인지 모르겠군. 지금까지 당신네의 노략질로 우리 백성들이 입은 피해는 이루 말할 수 없을 지경이오. 진정으로 두 나라 사이의 평화로운 친선을 생각한다면 어떻게 그럴 수 있단 말이오?"

"귀국에 와서 행패를 부리는 자들은 지방의 한낱 도적떼일 뿐입니다. 앞으로 가급적 단속하겠소이다."

갈나고는 속이 뻔히 들여다보이는 거짓말을 서슴없이 주워 섬기고 나서 말머리를 본론으로 가져갔다.

"하여튼 우리 임금께서는 신라 왕실과 혼인 관계를 맺고 싶어 하시니, 귀국 임금께 여쭈어 빨리 성사되도록 힘써 주십시오."

"우리 신라는 지금까지 역대로 여러 번 당신네의 요청을 받아들여 국혼을 허락해 주었지만 해적들의 노략질은 그치지 않았소. 그러고도 또 국혼을 맺자고 하니 뻔뻔하기 짝이 없군."

석우로가 고자세로 빈정거리자, 갈나고도 부아가 치밀었다.

"사신으로 온 사람한테 그런 무례한 말이 어디 있소. 더 말하고 싶지 않으니 가타부타 결정만 하시오."

"거절한다면?"

"그렇다면 뒤끝이 편안하지 않을 것이고, 그것은 모두 귀국의 책임이겠지요."

"흥! 조금 전에 해적들은 자기네 조정과 관계가 없다고 한 말을 스스로 뒤집고 있군그래. 어쨌거나 당신네는 왜 우리 왕실의 공주를 그토록 갈망하는 거요? 당신네 나라에는 계집의 씨가 마르기라도 했소?"

"그야 신라의 여자가 예쁘고 또 일을 잘하고 음식 솜씨가 뛰어나기 때문이지요."

"그럼 우리 공주님을 데려다가 일꾼에다 부엌데기로 부려먹겠다는 심보요, 뭐요."

"대체로 여자의 소임이란 그런 정도가 아니겠소?"

갈나고는 일반론으로서 한 말이었으나, 처음부터 감정이 뒤틀려 있던 석우로는 발끈해서 박차고 일어나며 소리쳤다.

"이런 무엄한 자가 있나. 그 따위 심보라면 공주는커녕 신라의 암캐도 너희 왕의 계집으로는 줄 수 없다. 내 머지않아 너희 나라에 가서 왕을 잡아다가 소금 굽는 일꾼으로 부리고, 왕비는 우리 집 부엌데기로 쓸 작정이니, 돌아가거든 미리 그 일을 잘 배워 두라고 일러라."

국가간의 외교를 논하는 자리에서 석우로가 취한 태도는 결코 현명했다고는 할 수 없었다.

어쨌든 최대의 모욕을 당한 갈나고가 이를 갈며 자기 나라로 돌아가 왜왕에게 석우로의 말을 그대로 전했으니 일은 간단하지 않게 되었다. 노발대발한 왜왕은 화풀이를 하기 위한 군사를 일으켰다. 그리하여 장군 우도주군이 거느린 1만 명의 군사가 몇 십 척의 함선을 타고 바다를 건너왔다.

급보를 받은 신라 조정이고 보니, 곧 첨해왕 자신이 친히 군사를 거느리고 유촌으로 나아가 적과 대치하게 되었다.

바야흐로 한바탕의 싸움이 불가피한 국면이었을 때, 석우로는 임금 앞에 나아가 말했다.

"신이 용렬한 짓을 한 바람에 오늘 이 같은 사태를 불러일으켜 대왕마마께 근심을 끼치게 되었습니다. 그 죄 죽어도 다 갚지 못하겠나이다."

"그런 말씀 마오, 잘잘못의 근본을 따진다면 처음부터 무리한 요구를 들고 나왔던 저들에게 죄를 물어야지. 어쨌든 적을 물리칠 방책이나 강구해 봅시다."

"그래서 드리는 말씀이옵니다. 신을 저들에게 보내주십시오."

"아니, 그게 무슨 말씀이오?"

"신이 단신으로 가서 적장을 만나 담판을 짓겠습니다. 신의 설득을 받아들여 저들이 돌아가면 그보다 더한 다행이 없을 것이며, 불응하면 그때 싸워도 늦지 않을 것입니다."

"큰일 날 소리! 놈들이 경을 해치기라도 한다면 어쩌겠소?"

"그래도 할 수 없겠지요. 어쨌든 이 불행한 사태의 책임은 모두 신에게 있으니, 매듭을 지은 자가 풀도록 허락해 주십시오."

석우로가 자꾸 간청하는 바람에 첨해왕은 기대 반 우려 반의 심정으로 마침내 알아서 하라고 허락했다.

석우로는 그저 남의 집에 인사차 가는 사람처럼 무장도 하지 않고, 종 몇 명만 거느린 홀가분한 행색으로 적진을 찾아갔다. 워낙 대담하고 낙천적인 사람이어서 자기 행동의 무모성을 깊이 생각하지 않았던 것이다. 그랬기 때문에 지난번처럼 종으로 하여금 아들 흘해를 안고 뒤따르도록 했다.

적진에 도착한 석우로는 종자들과 아들을 진문 바깥에서 기다리게 하고 혼자 안으로 들어가서 큰소리로 말했다.

"계림의 서불한 석우로가 너희 장군을 만나러 왔다고 여쭈어라."

왜군의 진중에서는 잠시 혼란이 일어났다. 적의 최고 장수가 비무장 단신으로 찾아왔으니 그럴 만도 했을 것이다.

잠시 후 졸개가 나와서 석우로를 대장의 본영으로 안내했다.

석우로가 바라보니 흉맹스럽게 생긴 적장이 의자에 높이 앉아서 눈을 부릅뜨고 있었다.

'흠, 저 자가 우도주군이라는 놈인 게로구나.'

석우로는 그렇게 생각하며 짐짓 웃는 얼굴로 목소리를 가다듬어 말했다.

"섬 백성의 성미 급함은 알아주어야겠구려. 지난번에 이 사람이 귀국의 사신한테 한 소리는 농담이었는데, 그까짓 일을 가지고 이처럼 번거롭게 군사를 움직인단 말이오?"

우도주군은 잠자코 노려보더니, 석우로의 말이 채 끝나기도 전에 손을 번쩍 쳐들었다. 그러자 기다렸다는 듯이 주위의 군사들이 석우로한테 우르르 달려들었다.

"이런 발칙한 놈들! 화의를 논하러 온 사람에게 이 무슨 무례한 짓이냐."

석우로는 큰소리로 꾸짖었으나 소용이 없었다. 그는 순식간에 꼼짝달싹 못하게 단단히 결박당하고 말았다. 왜군들은 나무를 가져다가 진지 한가운데에 산더미처럼 쌓고, 그 위에 석우로를 던져올렸다. 그러고는 불을 붙였다. 마른나무는 순식간에 활활 타올랐다.

'아하! 내 운명이 여기서 끝나는구나.'

낙천적인 성격으로 절망을 모르던 석우로도 그 지경에 이르러서는 체념하지 않을 수 없었다. 사랑하는 아내와 아들의 모습이 눈앞에 떠올랐다. 그는 그 아내와 아들에게 이별을 고했다.

본영 밖에서 기다리고 있던 종들은 주인이 안으로 들어간 후로 소식이 없을 뿐 아니라, 갑자기 거대한 불길이 하늘로 솟아오르는 것을 보고 불길한 일이 벌어졌음을 직감했다.

특히 흘해를 업은 종은 자기 어린 주인의 안위를 우선 걱정하지 않을 수 없었다. 그래서 안고 있던 흘해를 일부러 실수한 척 땅바닥에 떨어뜨렸다. 엉덩방아를 몹시 찧은 흘해가 새파래져서 울자, 종은 얼른 말에 태워 가지고 영문을 빠져나왔다. 왜군들은 어린아이가 다쳐서 아파 죽겠다고 우는 바람에 별다른 생각없이 통과시켜 주었던 것이다.

종의 재빠른 기지로 그렇게 위기에서 탈출한 흘해가 나중에 성장하여 왕위에 오르니, 그가 곧 16대 흘해왕이다.

한편 왜장 우도주군은 막상 석우로를 불태워 죽이기는 했으나 은근히 뒤가 켕겼다. 격분한 신라군이 죽기 살기로 달려들면 그 결과가 어떻게 될지 예측할 수 없었기 때문이다. 그래서 석우로를 참살한 것으로 지난날의 분풀이를 한 명분을 살려, 그 정도에서 철수하기로 했다. 이번 출병이 석우로 한 사람을 정벌하기 위한 것이었음을 은연중에 알려 신라군의 결전 의지를 약화시키자는 잔꾀도 있었다.

신라 역시 석우로의 죽음은 애석하기 짝이 없으나, 한바탕의 전투로 더 많은 사상자가 발생하고 그 일대의 산야가 초토화하는 것보다는 그 정도에서 매듭이 지어지는 것이 나쁘지 않았다.

결국 양쪽의 희망이 맞아떨어져 왜군은 전열을 거두어 돌아갔고, 신라는 한 차례의 불행한 전란을 모면할 수 있었던 것이다.

나라와 나라 사이의 일은 그런 식으로 어정쩡하게 매듭이 지어졌을 망정, 석우로의 유족들 입장에서는 그렇게 끝낼 수 없었다.

몇 날 며칠을 두고 미친 듯이 통곡하며 남편의 죽음을 슬퍼하던 명원부인은 마침내 눈물을 그치고 마음을 표독하게 다잡았다.

　　'내 이 천추의 원한을 풀지 않고는 도저히 눈을 감고 그분 곁으로 갈 수 없으리라.'

　　이렇게 결심한 명원부인은 의연히 보통 때의 평정을 되찾았다. 우선 급한 것이 남편의 장례였다. 그런데 정작 시신은커녕 유골마저 수습할 수가 없었는데, 그것은 왜군이 석우로를 불태운 다음, 몇 조각 남은 뼈까지 알 수 없는 곳에다 파묻어 버렸기 때문이었다.

　　그렇게 되자, 나라에서는 석우로의 죽음을 조상하고 유족을 위로하는 뜻에서 좋은 땅을 골라 석우로가 입던 옷으로 의복장衣服葬을 치러주었다.

　　명원부인은 아들을 앞에 놓고 말했다.

　　"흘해야, 너희 아버지는 왕가의 고귀한 신분으로 태어났음에도 일신의 편안함을 돌보지 않고 나라를 위해 많은 공적을 쌓으셨다. 조정 안에서는 나라님을 받들어 크고 작은 일을 두루 바르게 행하였고, 밖에 나가서는 칼로써 국토를 넓히고 외적을 크게 무찔렀느니라. 불행히도 섬나라의 키 작은 도적놈들에게 죽임을 당하셨으나, 그 의기는 실로 신라 남아의 표상이니라. 너는 그런 아버지를 공경하고 자랑스럽게 여겨 훌륭한 인물이 되어 유업을 잇도록 하여라."

　　그처럼 아들을 훈육하고 지도에 힘쓰는 한편, 남편의 원수를 갚을 기회가 오기를 손꼽아 기다렸다.

　　그러나 그 기회는 좀처럼 찾아오지 않았다. 석우로 참살 사건이 있은 후로 한동안 왜국에서는 신라의 변경에 대한 노략질을 삼갔을 뿐 아니라 사신도 파견하지 않음으로써 국교 단절 상태가 이어졌다. 그 덕분에 신라는 군사 양성에 힘써 전력을 키우고 요새마다 울타리를 튼튼하게 축조하여 왜적의 기습에 상당한 대비를 할 수 있었다.

　그런 평화로운 세월이 얼마동안 흘러 첨해왕 15년^{261년} 섣달 스무여드레 날, 임금이 갑자기 세상을 떠났다. 그리고 신라는 통치 체제의 변화를 맞이하게 되었다. 첨해왕까지 4대 동안 석씨가 왕위를 차지한데 이어, 이번에는 김씨에게 기회가 돌아가 13대 미추왕이 등극한 것이다.

　석씨에서 김씨로 임금이 바뀐 것을 안 왜국에서는 그동안의 불편한 관계를 풀 기회가 왔다고 생각하여 사신을 보내왔는데, 그 사신은 바로 석우로를 불태워 죽인 우도주군이었다.

　금성에 왜국 사신이 들어온 지 2, 3일 후, 명원부인은 남편을 잃은 후 처음으로 수레를 타고 바깥 나들이를 했다. 그녀가 찾아간 곳은 대궐이었고, 만난 사람은 미추왕의 왕후였다. 그런데 왕후 광명부인은 바로 명원부인의 친동생이었다.

　언니는 과부가 되어 두문불출하고 동생은 신분이 왕후이기 때문에 한동안 서로 만나지 못했으므로 두 자매는 오래간만에 서로 얼싸안고 기뻐했다. 언니는 동생의 신분을 축하하고 동생은 언니의 쓸쓸함을 위로한 후였다. 명원부인이 왕후의 손을 잡으며 간곡히 말했다.

　"마마, 이 언니가 부탁할 것이 있다오."

　"무슨 부탁인데요?"

　"꼭 들어주겠다고 약속해 주오."

　"외로우신 언니를 위해서라면 무슨 부탁인들 못 들어 드리겠어요. 어디 말씀해 봐요."

　"지금 금성에 들어와 있는 왜국 사신이 우도주군이라고 들었소. 그를 우리 집에 초청해서 한번 대접하고 싶으니, 대왕마마께 대신 허락을 맡아 달라는 거요."

"아니, 그 사람은 비록 나라의 사신으로 왔으나 언니 쪽에서 보면 원수인데, 그런 사람을 초청해 대접하겠다는 것은 무슨 뜻이지요?"

왕후가 눈이 둥그레져서 묻자, 명원부인은 웃으면서 말했다.

"이미 지나간 일을 가지고 왈가왈부한들 무슨 소용이 있겠소. 이 언니는 모든 것을 초월했답니다. 다만, 그를 청해다가 좋은 말로 달래어 남편의 유골을 버린 장소라도 알아볼까 하는 거라오."

"그런 일이라면 구태여 언니가 직접 나서지 않아도……"

"이유는 그것뿐이 아니에요. 오랫동안 두문불출하고 세상과의 내왕도 끊고 있었더니 갑갑해서 한번 잔치라도 열어 집안 분위기를 바꾸고 싶으나, 남의 눈이 있는 만큼 떠벌이고 그러는 것도 뭣하지 않아요? 사신이야 왔다가 금방 떠날 타국인이니 이상한 소문을 걱정하지 않아도 될 뿐 아니라, 두 나라 사이에 새로운 관계가 싹트려는 마당에 다른 사람도 아닌 석우로님의 아내가 자청하여 왜국의 사신을 접대했다고 하면, 그 의미와 효과는 예사롭지 않을 겁니다. 대왕마마께서도 그 점을 참작하실 거예요."

왕후가 생각해 보니 여자의 소견으로도 그럴 듯해 보였다. 그래서 왕후는 도움이 되어줄 것을 약속했고, 명원부인이 돌아간 다음, 남편 미추왕을 만나 언니가 찾아와서 한 말을 전했다.

미추왕도 나쁠 것이 없다고 생각했다. 그래서 우도주군을 만난 자리에서 명원부인의 요망 사항을 전달하고 잔치 초대에 응하도록 권했다.

우도주군은 처음엔 기분이 떨떠름했으나, 상대방이 남편의 유골을 찾으려는 단 한 가지 이유 때문이라는 말을 듣고는 마침내 마음이 움직였다. 신라 왕족의 호사스러운 생활 모습을 보는 것도 흥미로울 뿐 아니라, 더군다나 상대방은 금성 안에서도 빼어난 미인으로 소문이 자자한 미망인이었던 것이다.

그로부터 나흘 후, 석우로의 집에서는 성대한 잔치가 열렸다. 잔치의 주빈이 왜국 사신이었음은 두말할 나위가 없었다.

아랫사람들은 딴 방에서 어울리고, 주빈은 별실에서 여주인과 단둘이 마주 앉았다. 만반진수의 상이 사신 앞에 펼쳐지자, 주인인 명원부인은 손수 금잔으로 술을 따라 권하면서 먼저 인사를 했다.

"아실 테지만, 이 몸은 돌아가신 서불한 석우로의 아내요, 선왕의 조카이며, 또한 현왕의 처형이기도 한 명원이라 합니다. 초대에 응해 주셔서 감사합니다."

벼룩도 낯짝이 있다고 뻔뻔한 우도주군도 쩔쩔매지 않을 수 없었다.

"부, 부인께는 참으로 면목이 없습니다. 지난날의 불상사는 나라와 나라 사이의 불화에서 빚어진 일이었을 뿐, 무슨 개인적인 감정이 있었겠소이까. 다 나라를 위하고 나라를 대표하는 입장의 차이에서 빚어진 일이었지요."

명원부인은 짐짓 미소를 보이며 대꾸했다.

"이 몸도 처음에는 슬퍼하고 통분했으나, 사건의 곡절을 따져 올라간다면, 우리 집 나리의 잘못도 작다고 할 수 없지요. 어쨌든 이미 지나간 일이니 돌이키려 한들 돌이킬 수가 없지 않겠습니까."

"잘 생각하셨소이다, 부인. 참으로 현명한 생각입니다."

"다만 한 가지 마음에 걸리는 것은, 우리 신라에서는 홀로 된 여자가 망부의 장례를 제대로 치르지 못하면 영영 사람 구실을 못한다는 사실입니다. 그래서 살아도 산 것이 아니요, 발이 있어도 대명천지의 문밖 출입이 여의치 않답니다. 그러던 차에 마침 장군께서 이번에 사신으로 오셨다는 소문을 듣고 위에다 부탁을 올려 이렇게 초청한 것이랍니다."

"아무튼 감사할 따름이올시다."

"이 몸은 이 나라에서는 부귀영화에 부족함이 없는 신분이지만, 짝 잃은 외기러기 신세이고 보니 산들 무슨 낙이 있겠습니까. 그런 즉 차라리 귀국처럼 아무도 아는 사람이 없는 곳으로 가서 새로 좋은 사람 만나, 여생을 다시 사는 것처럼 살아봤으면 여한이 없겠어요."

우도주군은 자기 귀를 의심했다. 이것이야말로 은근한 추파가 아니고 무엇이란 말인가. 그는 벌렁거리는 가슴을 내리쓸며 말했다.

"염려 마십시오. 부인께서 우리 왜국으로 가시기만 한다면 이 사람이 신명을 다 바쳐 뒤를 보살펴드리겠소이다."

"그러나 그렇게 하려면 우선 망부의 장례부터 제대로 치러야겠지요. 나라에서 의복장을 치러주긴 했지만, 육신이 없는 옷가지 장례가 무슨 의미가 있겠습니까. 그러니 장군께서 혹시라도 제 망부의 뼈가 묻힌 장소를 아신다면……."

"아, 그것은 염려 마십시오. 마침 이번에 본관을 따라온 놈 중에 당시의 일을 소상히 아는 자가 있소이다. 그놈을 불러서 물어보면 석 장군의 임시 유택을 찾을 수 있을 것 같소."

우도주군이 문제의 수행원을 불러서 석우로의 유골을 파묻은 장소를 묻자, 수행원은 자기가 직접 현장에 가면 알 수 있을 것이라고 대답했다. 우도주군은 석우로의 집 종까지 딸려서 그 수행원더러 즉시 다녀오라고 명령했다.

한낮에 유촌을 향해 떠난 사람들이 되돌아온 것은 날이 어둑어둑할 무렵이었다. 이름 없는 들판의 흙 속에서 푸슬푸슬 썩어가던 석우로의 유골은 몇 년만에 비로소 그리운 집으로 돌아오게 되었다. 명원부인은 가슴 속에서 몰아치는 폭풍우를 간신히 다스린 다음, 짐짓 대수롭지 않은 투로 말했다.

"수고들 했구나. 귀기가 서린 유골을 안방으로 모실 수는 없으니, 문간방에다 들여놓아라."

주인마님의 속셈을 알 수 없는 집안 사람들과 종들은 어안이 벙벙했으나 한 마디 불평도 못하고 지시를 따를 수밖에 없었다.

명원부인은 우도주군에게로 돌아가 살짝 교태마저 보이며 말했다.

"이제야 묵은 일을 처리하게 되었으니 실로 다행입니다. 감사의 뜻으로 장군께 새로 술 한 잔을 올릴까 하오니, 아랫사람들은 객관에 돌아가도록 하시지요."

우도주군의 입은 함지박만하게 벌어졌다. 이거야말로 오늘밤 몸을 허락하겠다는 뜻이 아니고 뭐란 말인가. 평상시 같으면 냉철하게 앞뒤를 재봤겠지만, 온종일 여자의 분냄새와 미소에 황홀해져 상대방이 술을 주는 대로 벌컥벌컥 들이켜 대취했으니 온전하게 상황을 판단할 정신일 리가 없었다.

더군다나 이 여자가 보통 여자인가. 타고난 미모에다 30대 장년의 농익은 체취가 물씬 풍기는 귀부인인 것이다.

우도주군은 조금 걱정스러워하는 부하들에게 호통을 쳐서 모두 객관으로 돌려보냈다. 그러고는 혼자 별실에 버티고 앉아서 술을 들이키며, 아름다운 안주인이 자기를 침실로 안내하기를 이제나저제나 기다렸다.

바로 그때, 우람하게 생긴 여종 대여섯 명이 별실에 나타났다. 무슨 시중들 일이라도 있는 듯이 조심스럽게 들어온 여종들은 갑자기 우도주군에게 우르르 달려들었다.

"이, 이게 무슨 무엄한 짓들이냐!"

우도주군이 깜짝 놀라 소리치며 항거했으나, 술을 너무 마셨기 때문에 몸이 마음대로 움직여 주지 않았다. 눈 깜짝할 사이에 우도주군은 양팔 양다리가 묶여 꼼짝달싹도 못하게 되고 말았다.

짐짓 취한 척하고 있던 명원부인은 그제야 눈을 똑바로 뜨고 싸늘한 위엄으로 우도주군을 내려다보며 소리쳤다.

"이 원수놈아! 너의 살을 씹어 먹지 못해 철천지 원한이더니, 우리 서불한 어른의 혼령이 네놈을 기어코 내 앞에 끌어다 주셨구나. 지난날 네놈이 우리 어른께 한 그대로 네놈한테도 뜨거운 맛을 보일 것이니라."

우도주군으로서는 갑자기 천국에서 지옥으로 떨어진 것이나 다름없었다. 어안이 벙벙한 가운데 그래도 자기 몸에 위기가 닥쳤음을 본능적으로 깨닫고 그는 혀 꼬부라진 소리로 용서를 빌었다.

"부, 부인. 이, 이놈이 잘못했소이다. 미련하게도 생각이 짧아서 그만······. 아무쪼록 용서해 주시오."

"흥! 내가 이때를 얼마나 학수고대했는데 네놈을 용서할까. 애들아! 이 털 많은 흉한 짐승을 어서 끌어내라."

추상같은 명령이 떨어지자, 종들은 우도주군을 냉큼 들어다 마당에 내동댕이쳤다. 곧이어 종들은 미리 준비되어 있던 장작을 날라다 마당에다 산더미처럼 쌓아올리고, 그 위에 우도주군을 던져 올렸다.

명원부인은 우도주군을 올려다보며 호령했다.

"잘 들어라. 모든 일에는 원인이 있고 순서가 있는 법이다. 애당초 이 원한 관계는 너희가 공연한 해적질과 노략질을 일삼은 것이 발단이었다. 그러고도 뻔뻔스럽게 국혼을 억지 강요하니 어찌 그 무례를 나무라지 않을 수 있단 말이냐. 더구나 우리 나리는 말로써 꾸짖었는데, 너희는 산사람을 불에 태워 죽였다. 그것은 사람으로서 차마 할 수 있는 짓이 아니니, 곧 스스로 짐승임을 자처한 것이나 다름없다. 그러므로 나는 네놈이 원한 대로 짐승으로 대우해서 똑같은 벌을 가할 터인즉, 저승에 갔다가 부디 사람으로 환생하거라."

그 말을 들은 우도주군은 힘이 쭉 빠지고 말았다. 그리고 하늘을 우러러보며 탄식해 마지않았다.

'아하! 이것이 정녕 인과응보라는 것인가.'

이내 불이 당겨졌고, 마른 장작은 금세 무서운 화염으로 변하면서 우도주군의 몸뚱이를 집어삼키고 말았다.

뒤늦게 이 놀라운 소동을 안 왜국의 사신 일행은 물론이고, 신라 조정도 발칵 뒤집혔다. 이유 여하를 막론하고 한 나라의 사신을 불태워 죽였으니, 국가간의 분란이 발생하지 않을 수 없게 된 것이다. 그러나 명원부인으로서는 신분도 신분이려니와 남편의 원수를 갚겠다고 한 일이고 보니, 임금이나 조정으로서도 크게 꾸짖을 수 없는 노릇이었다. 오로지 큰 화를 불러일으키지 않기만을 조마조마 빌 뿐이었다.

역시 사건은 무사히 지나가지 않았다. 노발대발한 왜왕이 즉시 보복의 군사를 일으킨 것이다. 바다를 건너와 상륙한 왜군은 험상한 기세로 금성을 향해 쳐들어왔다.

그러나 신라는 이미 지난날의 신라가 아니었다. 평화시에 상당한 군사력을 보강하고 있었고, 이번 사건을 계기로 왜군이 쳐들어올 것을 예상하여 나름대로 만반의 대비를 하고 있었다. 따라서 먼 데서 오느라고 쌓인 피로에다 전술에 밝지도 못한 왜군들은 오로지 용맹만을 믿고 달려들었으나, 신라군의 효과적인 반격에 큰 피해만 보고는 도로 물러가고 말았다.

이 사건에 대해 〈삼국사기〉는 다음과 같이 논평하고 있다.

석우로는 대신이 되어 군국사軍國事를 맡아 싸우면 반드시 승리하고 비록 승리하지는 못하더라도 패하지는 않았으니, 모책이 역시 뛰어난 사람이라 하겠다. 그러나 말 한 마디 잘못하여 스스로 죽임을 당한 데다 두 나라가 싸움을 하게 되었다. 그의 아내는 능히 그 원수를 갚았으나, 또한 병란을 일으키게 했으니 올바른 도리라 할 수 없다. 만약 그렇지만 않았어도 그의 공업은 기록할 만했으리라.

박제상의 숭고한 충절

왜국에 볼모로 가 있는 임금의 아우를 구하여 몰래 귀국시키고 자신은 붙들려 죽은 박제상의 비극은 〈삼국사기〉 〈삼국유사〉 〈일본서기〉 등 여러 문헌에 기록되어 있는데, 그만큼 충절의 표상으로 삼기에 족한 감동적인 이야기였기에 그럴 것이다.

박제상이 왜국에서 죽임을 당한 것은 서기 418년인데, 이야기의 발단은 그보다 25년 전부터 시작되었다.

신라 제17대 내물왕 37년392년은 고구려 제19대 광개토왕 2년에 해당되는 해였는데, 그때에 두 나라가 서로 화친하는 표적으로써 당시 세력이 약했던 신라는 왕족이며 벼슬이 이찬인 대서지의 아들 실성을 고구려에 볼모로 보냈다.

볼모란 것이 비록 육체적인 구금은 아닐지라도 머나먼 이국에서 감시의 눈초리 아래 마음 조이며 살아야 하는 것이고 보니 그 정신적 고생이 막심하지 않을 수 없었다. 다행히 9년만에 고구려 임금의 호의로 풀려나 귀국할 수 있었지만, 실성은 그 볼모 생활의 쓰라린 기억을 머리에서 도저히 지울 수가 없었다.

실성이 귀국한 이듬해에 내물왕이 세상을 떠났는데, 그 아들은 임금의 보위에 앉기에 너무 어렸다. 그래서 왕족들과 대신들은 의논한 끝에 실성을 떠받들어 임금으로 추대하니, 그때가 서기 402년이었다.

그 해에 왜국의 사신이 와서 앞으로는 서로 친선하는 국교를 맺자 하고, 그 표적으로 왕자 한 사람을 볼모로 달라고 요구했다.

당시 왜국은 신라에 걸핏하면 쳐들어와서 노략질을 일삼아 큰 골칫거리였는데, 삼국 가운데 국력이 가장 약한 신라로서는 고구려와 백제에 부대끼며 국가를 유지하는 것만으로도 벅차서 왜국을 징벌할 여력이 없었다. 그러므로 가능한 한 그들의 마음을 붙들어 말썽의 소지를 만들어 주지 않아야 할 필요가 있었다.

실성왕은 전 임금 내물왕이 자기를 고구려에 볼모로 보낸 처사에 상당한 앙심을 품고 있었으므로, 그 복수심으로 내물왕의 세 아들들 중에서 막내인 미사흔을 선뜻 볼모로 왜국에 보냈다.

그런 지 어느덧 10년이 지났다. 당시 고구려는 광개토왕 시대가 지나고 장수왕 시대였는데, 고구려는 이번에도 신라에 사신을 보내어 친선의 표시로 볼모를 보내라고 요구했다. 그러자 실성왕은 이번에는 내물왕의 둘째아들이며 미사흔의 형인 복호를 고구려로 보냈다.

내물왕은 생전의 잘못으로 자기가 죽은 뒤에 두 아들을 각각 볼모로 만들고 마는 비극을 초래했던 것이다.

실성왕은 전왕에 대한 복수심으로 복호와 미사흔을 각각 외국에 볼모로 내쫓기는 했으나, 그래도 마음이 개운하지 못했다. 그것은 내물왕의 맏아들인 눌지가 국내에 건재하고 있었기 때문이었다.

'내가 자신의 두 아우를 볼모로 보낸 일에 대해서 그놈이 어떻게 생각할지는 물어보나마나 뻔한 일이다. 호락호락하지 않은 놈이라 무슨 수단을 부릴지 마음을 놓을 수가 없어. 가뜩이나 놈이 내 앞에서 얼찐거리는 것도 눈에 거슬리는 판이니, 기회를 보아 처치해야겠는걸.'

이렇게 생각한 실성왕은 어떻게 하면 눈엣가시 같은 눌지를 없앨 수 있을까 하고 궁리했다.

'옳거니!'

실성왕은 무릎을 쳤다. 기발한 착상이 떠올랐기 때문이었다. 그가 고구려에 있을 때 친근하게 지냈던 무사가 한 사람 있었는데, 그 무사를 이용하여 눌지를 처치한다는 것이었다.

실성왕은 밀사를 파견하여 그 무사에게 비밀 편지를 전하게 했다.

오래 만나지 못했으나, 우리의 우정은 아직도 변함이 없다고 믿소이다. 그래서 하는 부탁인데, 그대는 과인을 위하여 한 가지 중대한 일을 수행해 주기 바라오. 이 글을 받는 즉시 길을 떠나 신라로 들어오시오. 그러면 과인이 영접사 한 사람을 내보낼 것이니, 그를 만나는 즉시 처치해 주시오. 그렇게 해주면 그대에게 후한 상을 내리리다.

이런 편지를 받은 고구려 무사는 곧바로 길을 떠나 신라로 향했다.

먼저 돌아온 밀사로부터 그 말을 들은 실성왕은 속으로 쾌재를 불렀다. 드디어 목적한 일을 이룰 수 있게 되었기 때문이었다.

실성왕은 눌지를 불렀다.

"신, 부르심을 받고 대령한 줄 아뢰오."

"오, 그래. 지금 고구려에서 중요한 임무를 띠고 우리나라를 찾아오는 사신이 있다고 하니, 그대는 지금 즉시 나아가서 그 사신을 정중히 영접하도록 하라."

"알겠사옵니다. 그럼 소신이 다녀오겠습니다."

눌지는 아무 의심없이 임금 앞을 물러나와 북쪽으로 향했고, 마침내 고구려 무사와 조우하게 되었다.

고구려 무사는 비록 지난날 친근하게 지냈던 사이라 할지라도 실성왕의 부탁 그 자체는 도무지 마음에 들지 않았다. 아무리 생각해도 무슨 불순한 곡절이 담겨 있는 것 같았다. 자기를 맞이하는 사람을 만나자마자 죽이라니, 아무리 옛 친구의 부탁이라 하더라도 그런 무도한 부탁을 선뜻 들어주고 싶지 않았던 것이다. 그러나 어쨌든 상대방은 이제 한 나라의 임금이 되어 있으므로 덮어놓고 무시할 수 없는 일이어서, 썩 흔쾌하지 않은 기분으로 일단 출발을 했던 터였다.

그런데 막상 눌지를 만나자 마음이 몹시 흔들렸다. 눌지의 인물됨이 첫눈에도 비범해 보였고, 더군다나 한 가닥의 의심도 없이 정중하게 자기를 환대하는 사람을 죽인다는 것은 차마 못할 짓으로 느껴졌기 때문이었다.

잠시 고민하던 고구려 무사는 마침내 올바른 쪽으로 마음의 가닥을 잡았다.

"사실은 그대의 임금으로부터 은밀한 부탁 편지를 받고 오는 길인데, 그 내용이 무엇이냐 하면 그대를 만나자마자 불문곡직하고 목숨을 빼앗으라는 것이었소. 그러나 막상 그대를 만나니 예사 인물로 보이지 않을 뿐 아니라, 아무 죄도 없는 사람을 차마 해치지 못하겠구려. 무슨 곡절이 있는지 말씀해 주시겠소?"

눌지는 몹시 놀랐고, 한편으로는 실성왕에 대한 분노로 치를 떨었다.

그는 부왕의 생전에 있었던 사건으로부터 지금 두 아우가 볼모 생활을 하고 있는 일까지 숨김없이 털어놓았다.

"나의 두 아우를 만리 타국에 내팽개친 것만으로도 모자라서, 이번에는 그대의 손을 빌어 나까지 해치려고 하다니, 밝은 하늘 아래 이런 무도한 노릇이 있을 수 있단 말이오?"

"듣고 보니 참 어처구니가 없구려. 어쨌든 그대한테 진실을 털어놓은 이상 이제 나하고 그대의 나라 임금하고는 인연이 끝난 것이오. 나는 이대로 내 나라에 돌아갈 터이니, 그대는 아무쪼록 몸조심하기 바라오."

"감사하오. 이 호의는 평생토록 잊지 않겠소."

몇 번이고 허리를 굽혀 고구려 무사를 배웅한 눌지는 귀로에 올랐고, 그의 가슴은 복수심으로 불타 올랐다. 그리하여 도성에 돌아와 실성왕 앞에 나아가자마자 한 칼에 쓰러뜨리니, 임금의 측근들이 미처 손을 쓸 겨를도 없었다. 그때가 서기 417년, 실성왕 재위 16년 째가 되던 해였다.

그렇게 임금을 처치하고 나서 스스로 보위에 오르니, 그가 곧 제19대 눌지왕이다.

그처럼 복수는 또 다른 복수로서 매듭이 지어지고 신라는 새 임금의 치세가 되었다.

막상 원수를 죽이고 보위에 오르기는 했지만, 눌지왕은 조금도 기쁘지 않았다. 그것은 먼 곳에서 고생하고 있을 아우들 때문이었다. 더군다나 자기가 임금이 되고 보니 아우들에 대한 그립고 애절한 정이 더더욱 가슴을 저미는 것이었다. 막내아우가 왜국에 간지 어언 17년이 지났고, 첫째 아우가 고구려에 간지도 벌써 7년이었다. 눌지왕은 북쪽과 동쪽 하늘을 바라보며 눈물짓는 때가 한두 번이 아니었다.

어느 날, 눌지왕은 여러 신하를 모아 연회를 베푼 자리에서 말했다.

"북쪽 고구려와 바다 건너 왜국은 더욱 강성해져서 언제 침범해 올지 알 수 없소. 더구나 짐의 두 아우는 그 나라에 각각 볼모로 가서 고초를 겪고 있으니, 짐이 비록 보위에 올라 영화를 누리고 있으나 두 아우를 생각하면 가슴이 미어지는 듯하오. 무슨 방법으로든 아우들을 데려올 수만 있다면 부왕께 면목이 설 수 있을 뿐 아니라 나라를 다스림에도 떳떳하겠소. 이 일을 어떻게 하면 좋을지, 지혜 있는 의견을 말씀해 주시기 바라오."

눌지왕이 눈물을 지으며 목이 메어 말하자, 신하들도 따라서 눈시울을 적셨다.

서불한 미사품이 머리를 조아리며 말했다.

"대왕마마의 슬픔이 그토록 깊은 줄을 미처 헤아리지 못했으니, 신들의 허물이 실로 크옵니다. 그러나 이 일은 매우 중대합니다. 성공하면 다행이지만, 만에 하나 일이 잘못되는 경우에는 나라가 위태로워질 수도 있사옵니다. 그러므로 뛰어난 슬기와 용맹을 두루 갖춘 인물을 물색하여 이 중차대한 임무를 맡겨야 할 것입니다."

"그럴 만한 인물이 있겠소?"

"삽량주(지금의 경상도 양산) 태수 박제상이라면 그 임무를 능히 감당할 만한 그릇이 된다고 생각합니다."

그러자 그 자리에 있던 대신들이 입을 모아 박제상을 천거했다.

그렇다면 박제상은 어떤 인물이었던가. 흔히 그의 성이 박씨이고 이름이 제상인 줄 알지만, 제(堤)는 '해'요, 상(上)은 '마루'를 뜻하므로 그 지역의 가장 어른, 즉 고을의 태수라는 뜻이다.

〈삼국유사〉에는 김제상으로도 적혀 있거니와, 사기에 정확한 이름이 나와 있지 않고, 다만 박제상으로 통용되고 있을 뿐이다.

어쨌든 박제상은 시조 혁거세의 직계 후손이며, 제5대 파사왕의 5세 손이었다. 그의 할아버지는 갈문왕 아도이고, 아버지는 파진찬 물품이니 당당한 가문의 후예인 것만은 틀림없었다. 그러나 당시는 박씨와 석씨 왕대가 끊어지고 김씨가 왕위를 차지한 지 오래된 때였다.

내물왕 때 태어난 박제상은 할아버지와 아버지의 엄격한 가율家律과 교훈 아래, 의에 살고 의에 죽으며 임금에 충성하는 법을 배웠으며, 문무 양면의 수련으로 심신을 단련한 결과 출중한 기량이 빛을 발하여 불과 20대의 나이에 고을 태수의 중임을 맡고 있었는데, 당시의 혈족혼 풍습에 따라 외가에서 아내를 맞아들여 슬하에 세 딸을 두고 있었다.

눌지왕은 즉시 박제상을 불러올려 주연을 베풀고, 볼모로 가 있는 아우들을 구출해 달라고 간곡히 부탁했다.

박제상은 결연히 말했다.

"신이 일찍이 배운 바로는, 임금의 근심은 신하된 자의 욕이요, 임금이 욕보면 신하는 죽어 마땅하다고 하더이다. 일의 어렵고 쉬움을 따지는 것은 충성이 아니며, 죽고 사는 것을 헤아리는 것은 용기가 아닐 것입니다. 신이 비록 재주도 없고 우둔할망정 대왕마마의 뜻을 안 이상 어찌 마다하겠습니까."

그 말을 들은 눌지왕은 감격하여 눈물 지으며 박제상의 잔에 술을 부어 주었다.

"그대 같은 충신을 곁에 두었으니, 어찌 과인의 홍복이 아니겠소. 아무쪼록 이 애끓는 소원을 풀어주시오."

"염려 마시옵소서. 기필코 성공하겠습니다."

임금을 하직한 박제상은 고구려에 붙들려 있는 복호 왕제부터 구출해 오기 위하여 떠났다. 그리하여 정식으로 사신의 예를 갖추어 장수왕을 알현한 박제상은 자기가 찾아온 뜻을 당당히 말했다.

"신이 일찍이 듣건대, 나라와 나라 사이에는 오직 서로 친선하는 성의와 신의가 있으면 충분하다 했습니다. 그러므로 서로 볼모를 주고 받는 것은 도의가 땅에 떨어진 말세에나 있을 법한 일일 것입니다. 신의 나라 임금께서 귀국에 볼모로 와 계시는 아우를 몹시 걱정하고 그리워함이, 마치 저 할미새가 서로 찾고 부르는 것 같아서 애절하고 측은하기가 이루 말할 수 없을 지경입니다. 대왕께서 설령 볼모를 돌려보낸다 할지라도, 그것은 아홉 마리 소 등의 털 가운데 한 오라기가 뽑혀 나간 것만큼 하찮은 일에 불과할 것입니다. 그러니 이 기회에 큰 덕을 베푸셔서 저희 임금의 형제 그리워하는 정을 풀어주신다면 그 은혜는 길이 빛날 뿐 아니라, 두 나라는 이로써 무궁한 평화를 누릴 수 있을 것이니, 원하건대 대왕께서는 깊이 생각하셔서 감격스러운 분부를 내려주십시오."

장수왕은 비록 다른 나라의 신하일망정 박제상의 지극한 마음씨와 조리 정연한 논조에 감복하지 않을 수 없었다. 그리하여 복호는 볼모생활 7년만에 박제상을 따라 귀국길에 올랐으니, 때는 눌지왕 2년의 일이었다.

꿈에도 그리워하던 아우를 만난 눌지왕의 기쁨은 이루 말할 수 없었다. 형제는 서로 부둥켜안고 대성통곡을 했으며, 그 광경을 지켜본 모든 사람들도 함께 울었다.

한참 동안 그렇게 만남의 기쁨을 즐긴 눌지왕은 잔치를 베풀고 박제상의 노고를 치하했다.

"경 덕분에 잃었던 아우를 찾았으니, 어떠한 상으로 그 공에 보답해야 할지 모르겠구려."

"과찬의 말씀입니다. 오로지 대왕마마의 간절한 형제애가 이웃 나라 임금의 마음을 움직인 것일 뿐, 신의 수고는 별것이 아닙니다."

"그것은 지나친 겸양이오. 아무튼 경의 충성심은 청사에 길이 빛날 것이거니와, 이처럼 한량없이 기쁜 중에도 짐의 막내아우를 생각하면 가슴 한쪽이 미어지는 것 같으니 이를 어찌하면 좋겠소."

"대왕마마."

"어린 나이에 왜국에서 얼마나 고생하고 있을까. 이것은 마치 한쪽 팔, 한쪽 눈만 있는 것과 같구려. 비록 하나를 얻기는 했으나 다른 하나가 없으니 어찌 슬프지 않겠소."

눌지왕의 눈에서 굵은 눈물이 떨어지는 것을 본 박제상은 술잔을 내려놓으며 말했다.

"대왕마마의 심기가 그토록 편하지 못하신데, 신이 어찌 지체할 수 있겠습니까. 바로 출발하여 왜국에 건너가 미사흔 왕제를 구출해 오겠습니다."

"오! 그렇게 해주시겠소?"

"신이 이미 몸을 대왕께 바쳤으니 무슨 일인들 마다하겠습니까마는, 이번에 왜국에 다녀오는 일은 지난번 고구려를 상대했던 것과 전혀 다른 방법을 택하지 않으면 안 될 것입니다. 고구려는 대국이라 임금도 또한 그릇이 크고 어진 분이었으나, 왜인은 섬놈인데다 성정이 옹졸한 놈들이라 인정과 도리를 가지고 이야기해도 먹혀들 여지가 없으므로 치밀한 속임수를 쓰지 않으면 안 됩니다. 따라서 신은 왜국에 가서는 나라를 배반하고 온 것처럼 처신할 터이니, 대왕께서는 신이 떠난 후에 신의 가족들을 짐짓 잡아 가두어 헛소문을 퍼뜨리십시오."

"꼭 그렇게까지 해야 할까?"

"물론입니다. 왜인들은 워낙 의심이 많은 족속들이라, 그들의 마음을 사기 위해서는 부득이합니다."

"알겠소. 아무튼 경만 믿겠소."

박제상은 임금께 하직하고 곧바로 출발했다. 집에도 들르지 않은 채 말을 달려 밤개栗浦, 지금의 월성군 남양면로 가서 배를 띄운 것이다.

그 소식을 들은 박제상의 아내는 허겁지겁 밤개로 달려갔으나, 배는 이미 저만치 바다 위에 떠서 동쪽으로 향하고 있었다. 손을 흔들어 고함을 질렀으나, 아는지 모르는지 배는 무심히 바다 위를 미끄러져 갈 따름이다.

박제상의 아내는 배가 수평선 너머로 사라질 때까지 바닷가에서 가슴을 부둥켜안고 울었다.

왜국에 무사히 도착한 박제상은 왜왕을 알현하고는 거짓말을 했다.

"신은 본시 신라 사람인데, 임금이 무도하고 난폭하여 신의 죄없는 부모와 형제를 죽이므로, 그 화가 언제 미칠지 몰라 분함을 참고 귀국으로 도망쳐 왔습니다. 대왕께서는 신의 처지를 불쌍히 여기셔서 거두어 주시면 백골난망이겠습니다."

"신라도 장차 큰일 났구나. 아무튼 과인에게 귀순한 사람이니 응분의 대우를 하리라."

왜왕은 짐짓 그렇게 말했으나, 워낙 의심이 많은 위인이어서 박제상에 대한 의구심을 떨쳐 버리지 못했다. 그랬는데 얼마 후에 백제 사람이 와서 '신라 임금이 박제상의 기족들을 잡아 가두었다'는 소문을 전했으므로, 그제야 박제상이 정말 신라 임금의 미움을 사서 도망쳐 왔다고 믿게 되었다. 그리하여 좋은 집과 많은 양식을 내리는 등 후한 대접을 했을 뿐 아니라, 신분에 대한 제약을 완전히 풀어 마음대로 활동할 수 있도록 해주었다.

왜왕의 신임을 얻은 박제상은 볼모로 와 있는 미사흔과 함께 강에 나가 물고기를 잡기도 하고, 산에 올라가 사냥을 하기도 했다. 원래 활을 잘 쏘는 박제상은 하루에도 몇 십 마리의 꿩, 오리 따위를 잡아 왜왕에게 바쳐 환심을 샀다. 그러면서 미사흔을 탈출시킬 기회를 노렸는데, 마침 왜국에 와 있던 신라 사람 강구려를 믿음직한 동지로 얻어 적극 추진하게 되었다.

어느 날, 박제상은 왜왕에게 신라를 침공하라고 충동질하여 배를 준비하게 했다. 자기는 기꺼이 앞잡이 노릇을 하겠다는 것이었다. 그 말을 들은 왜왕은 박제상의 속셈도 모르고 몹시 기뻐했다.

"그대가 과인에게 이토록 충성을 다하니 참으로 기특한 노릇이다."

그렇게 왜왕을 완전히 속인 박제상은 구름이 몹시 끼고 안개마저 자욱하여 지척을 분간할 수 없는 어느 날 이른 아침에 드디어 행동을 개시했다. 그는 미사흔을 바닷가로 모시고 가서 말했다.

"드디어 기회가 왔습니다. 이 안개가 걷히기 전에 왕제께서는 어서 출발하십시오."

"장군은 어떻게 하시려고?"

"저는 남아 있겠습니다."

"아니, 그게 무슨 말씀이오. 함께 떠나셔야지, 내가 어찌 어버이 같은 장군을 두고 혼자 갈 수 있겠소."

"같이 가는 것은 두 목숨을 다 보전하지 못할 어리석은 짓입니다. 저는 여기 남아서 왜인들이 추격을 못하도록 속이고 있을 테니, 왕제께서는 제 걱정은 마시고 빨리 떠나십시오. 머뭇거릴 여유가 없습니다."

이렇게 말한 박제상은 강구려를 독려하여 미사흔을 모시고 즉시 출발하도록 했다.

미사흔은 박제상의 목을 끌어안고 통곡한 다음, 할 수 없이 배에 올라 귀국길에 올랐다.

배가 안개 속으로 사라지는 것을 본 박제상은 일부러 미사흔의 숙소에 찾아가 행랑에 드러누워 자는 척하다가, 아침이 밝아 미사흔을 모실 겸 감시하는 왜인들이 들어오자 짐짓 말했다.

"왕제께서는 어제 하루 종일 사냥을 하신 데다 나하고 밤늦게까지 술을 드신 바람에 피로하여 늦잠을 주무시니 방해하지 않도록 하라."

그 말을 들은 왜인들은 의심하지 않고 물러갔다. 그러나 한낮이 되도록 미사흔이 일어나는 기미가 없고 박재상은 같은 말만 반복하므로, 드디어 의심을 가지게 되었다. 그래서 박세상의 만류에도 불구하고 안에 들어간 왜인들은 마침내 미사흔이 없어졌음을 알아차렸다.

왜인들이 추궁하자, 비로소 박제상은 정색을 하고 말했다.

"우리 미사흔 왕제는 고국으로 떠나신 지 오래 되었다. 그러니 더 이상 왈가왈부하지 말라."

왜인들은 하나같이 새파랗게 질렸고, 보고를 받은 왜왕은 노발대발했다. 즉시 뒤따라가 미사흔을 잡으라고 명령했으나, 이미 도망친 지 오랜 시간이 지났을 뿐 아니라, 바다 위에 안개가 자욱하여 도저히 추격이 불가능한 상태였다.

박제상은 오라에 묶인 채 왁살스런 손아귀에 끌려 왜왕 앞에 나아가 문초를 받게 되었다.

"네놈을 받아들여 후대했거늘, 어찌하여 과인을 속이고 큰 죄를 지었느냐?"

"나는 신라의 신하이지, 왜국의 신하가 아니오. 우리 임금의 분부를 받들어 신라 신하로서의 도리를 다한 것뿐이오."

"지난날에야 어쨌든, 네놈은 과인의 충성스런 신하가 되기를 원했고, 또 충성을 보이지 않았느냐?"

"그것은 왕제를 구출하기 위한 임시 방편이었을 뿐, 진심으로 복종한 것은 아니었소."

박제상의 태도는 전혀 두려움이나 꿀림이 없이 의연하고 당당했다.

왜왕은 기가 막혔다. 그는 정수리까지 차오르는 노여움을 간신히 누르고 짐짓 부드러운 말로 달랬다.

"너의 성심은 가상하다고 할 수 있다. 돌이킬 수 없는 상황이 되었으니 더 이상 거론하지 않겠노라. 그 대신 지금이라도 늦지 않으니 용서를 빌고 과인의 신하가 되겠다고 맹세하라. 그렇게 하면 큰 상을 줄 것이요, 거부하면 죽음을 면치 못할 것이다."

"나는 죽어 신라의 개나 돼지는 될지언정, 살아서 왜국의 신하는 되기 싫소. 또한 신라의 형벌은 달게 받을지언정, 왜국의 작록은 받고 싶지 않소."

"저놈의 발바닥을 벗겨 갈대밭 위를 걷게 하라!"

왜왕이 소리쳤다.

박제상은 아픔을 참으며 갈대밭 위를 맨발로 걸었다. 발바닥이 찔리고 찢겨져 피가 줄줄 흐르니, 오늘날 갈대에 붉은 얼룩이 져 있는 것은 그가 흘린 피의 흔적이라고 전해온다.

그리고 나서 또 국문이 계속되었다.

"이제 누구의 신하인지 말하라."

"나는 신라 임금의 신하요."

"저놈의 다리 살을 칼로 저미고 매를 몹시 쳐라!"

발악하듯 외치는 왜왕의 얼굴은 악귀와 같았다.

눈뜨고 차마 볼 수 없는 형벌이 자행되었으나, 박제상은 얼굴 한번 찡그리지 않고 잘 참아 내었다.

"이래도 신라의 신하라고 말할 것이냐?"

"물론이오. 살아서든 죽어서든 신라 임금의 신하요."

"지독한 놈! 저놈을 벌겋게 달군 철판 위를 걷게 하라!"

왜왕은 분노를 참지 못해 펄펄 뛰었으나, 어떤 형벌로도 이미 생사를 초월한 박제상의 입으로부터 항복을 받아낼 수 없었다.

마침내 왜왕도 지쳤다. 박제상의 지조와 충절에 감탄해 마지않으면서도, 그를 목도로 귀양 보내어 장작불에 태워 죽인 다음 목을 베고 말았으니, 이때가 눌지왕 3년^(419년)이었다.

미사흔이 탄 배는 뱃길에 익숙한 강구려의 노력과 하늘의 도우심으로 무사히 신라에 도착했다. 볼모로 간 지 17년만의 귀환이었다.

왕제 미사흔이 도착했다는 소식을 듣고, 신라 도성의 여섯 부락 사람들이 모두 나서서 그의 입성을 환영했으며, 눌지왕과 복호도 성 밖까지 나가서 아우를 맞아 얼싸안고 눈물을 흘렸다.

눌지왕은 대궐 안에 큰 잔치를 베풀고 신하들과 더불어 축하의 술잔을 기울였으며, 기쁨을 이기지 못해 모든 근심이 사라졌다는 뜻의 우식곡憂息曲이란 노래를 친히 지어 불렀으며, 이는 지금까지 향가鄕歌로 전해 온다.

온 군신들과 백성들이 그토록 미사흔의 귀환을 기뻐하고 있을 때, 다만 한 곳 박제상의 집만은 깊은 슬픔에 잠겨 있었다.

박제상의 아내는 둘째딸 보화를 앞에 앉혀 놓고 탄식하고 있었다.

"보화야, 왕제께서는 돌아오셨는데, 왜 너희 아버님은 돌아오시지 않으실까?"

"왕제께서 말씀하시기를, 아버님도 곧 귀국하실 거라고 하셨다니 너무 걱정하지 마세요."

"그럼 바닷가로 나가서 너희 아버님을 기다려야겠구나."

미사흔이 탈출한 후에 벌어진 상황을 알 길이 없는 그녀는 남편이 떠난 밤개에 나가서 먼 바다를 하염없이 바라보았다. 그러나 드나드는 배는 많아도 박제상이 탄 배는 나타나지 않았다.

그녀는 모든 일은 물론 식음도 전폐한 채 날마다 밤개 바닷가에 나가서 바다를 바라보며 오로지 남편이 무사히 돌아오도록 빌고 또 빌었다.

박제상 아내의 애절한 사연은 온 나라에 알려져 사람들의 눈시울을 적셨으며, 특히 눌지왕의 마음을 몹시 아프게 했다.

눌지왕은 문무백관들을 불러 모으고 말했다.

"과인의 두 아우를 구출하여 돌아오게 한 삽량주 태수의 태산 같은 공을 어찌 잊을 수 있겠소. 어제 왜국의 사신이 와서 전하는 바에 따르면, 태수는 과인의 막내아우를 빼돌린 죄로 왜왕의 노여움을 사서 갖은 문초를 당한 끝에 무참한 죽임을 당한 모양이오. 이 어찌 안타깝고 비통한 일이 아니겠소. 과인은 애도의 뜻으로 그에게 대아찬의 벼슬을 추증하고, 그 부인에게는 국대부인의 작호와 함께 넉넉한 식읍食邑을 하사하고자 하오. 그리고 그 딸들 중에 맏이만 출가하고 아래 둘은 아직 미혼이라고 하니, 미사흔으로 하여금 그 둘째를 배필로 맞아들이게 함으로써 태수에 대한 은혜를 만분의 일이나마 갚고자 하오."

"참으로 온당한 분부이십니다."

"아울러, 오늘 날짜로 대사령을 내리도록 하시오."

"성은이 망극하옵니다."

이리하여 미사흔과 보화는 아름다운 은의로서 백년가약을 맺었고, 온

나라에는 대사령의 기쁨이 넘쳤다.

박제상의 아내는 딸의 혼사를 무사히 치르고 나서, 혼자 몰래 집을 빠져나와 치술령에 올라갔다. 그녀한테는 국대부인 칭호도, 커다란 식읍도 아무런 소용이 없었다. 오로지 꿈에도 그리운 남편에 대한 애절한 사랑의 일념뿐이었다.

그녀는 멀리 동해의 수평선 너머 왜국을 바라보고 남편을 부르며 몇 날 며칠 동안이나 울다 지쳐서 쓰러져 그대로 숨지고 말았다.

그 소식을 들은 눌지왕은 정중히 장례를 치르고 그곳에 사당을 지어 그녀를 치술령 신모神母로 모시도록 했다.

박제상의 아내의 애달픈 사연은 많은 이야기를 남겼다. 어떤 이가 그 슬픈 사연을 노래로 지어 부르자, 그것이 온 나라에 퍼져 널리 부르게 되니, 사람들은 그 노래를 '치술령곡'이라 했다.

남편이 왜국으로 떠날 때 그녀가 뒤쫓아가 오래도록 울던 모래밭은 '장사長沙'라는 이름을 얻었고, 그때 친지들이 아무리 위로해도 두 다리를 뻗고 앉아 한없이 울며 일어나지 않은 자리는 '벌지지伐知旨'라 했다.

또한 그녀가 죽기 전에 올라가서 남편을 부르던 수릿재의 커다란 바위는 '망부석望夫石'이라는 이름을 얻었다.

백결선생

신라 제20대 자비왕 때 박문량이란 사람이 있었다.

일찍이 벼슬길에 나갔지만, 명망을 얻거나 이익을 취하는 일에는 관심이 없었고, 오로지 바른 길로 나아가며 직책의 도리를 다하는 데에만 마음을 쏟았다.

그의 취미인 동시에 특기는 거문고 연주였다. 한가한 때는 물론이고 기쁘거나 슬플 때도 거문고를 끌어안고 탔으며, 그 솜씨는 가히 악성의 경지에 이르렀다고 할만큼 특출했다. 그처럼 예능인의 천분을 타고났으니 벼슬살이에 큰 매력을 느낄 리가 없었고, 그러다 보니 이런 생각을 하게 되었다.

'벼슬이라는 것의 근본은 타인을 다스리고 억제하는 것이니, 직책에 충실하면 충실할수록 타인에게 힘을 행사하는 꼴이 되고 만다. 그러니 설령 본인에게는 전혀 그럴 뜻이 없다 하더라도 타인에게 위압과 고통을 안겨줄 수도 있는 것이다. 나 역시 자신도 모르게 그런 부질없는 짓을 행사한 적이 과연 없었는지 모르겠구나. 인생사에 그 어느 것도 영원한

법은 없으니, 벼슬이란 것도 얼마나 부질없는 헛것이랴. 차라리 남은 여생을 한적한 시골에 숨어서 거문고나 타며 보내면 그것이 큰 인생의 즐거움이 아니겠는가.'

이처럼 벼슬살이에 회의를 느끼게 된 박문량은 마침내 결단을 내려 사직을 하고 말았다. 낙향하기 위해서였다.

그는 떠나기에 앞서 곡조 하나를 지어 거문고에 올렸는데, 그 내용은 다음과 같았다.

하늘이 사람 내니 하늘께 매였도다
임금을 잃고 얻음 다 하늘이 맡았도다
얻으나 잃으나간에 내 몸 위함 아니오니
있으나 가거나를 굳이 할 것 무엇이리
별난 낙이 긔 없나니 천명대로 살리로다

그처럼 지위와 영예를 헌신짝처럼 내던진 박문량은 멀리 낭산이라는 산골 마을로 들어가서 수수깡으로 집을 짓고 살았다. 너무나 가난하여 해진 옷을 아무렇게나 꿰매어 입었고, 명아주를 끓여 끼니를 때웠다.

그곳 사람들은 박문량을 동리東里의 '백결선생百結先生'이라고 불렀다. 1백 군데나 기운 옷을 입고 있다는 뜻이었다.

박문량은 집안에 들어앉아 가슴 속에 일렁이는 온갖 시름을 거문고 선율에 띄워 날리며 그야말로 신선처럼 살았다. 그러는 본인은 행복할지 몰라도, 그의 아내는 그런 생활을 참으로 견디기 어려웠다. 그러나 남편의 위인이 워낙 그렇고 보니 어쩔 수 없어 눈물과 한숨으로 나날을 보냈다.

어느 해 섣달 그믐날이었다.

설날이 내일로 다가왔으므로, 집집에서는 새해맞이를 하느라고 설빔 준비를 위한 다듬이 소리와 떡을 찧는 방아 소리가 요란했다. 맛 있는 음식 냄새도 코를 자극했다.

그러나 박문량의 집에서는 아무런 기척도 흘러나오지 않았다. 워 낙 가난한 탓으로 설이라고 해서 특별히 준비할 것이 하나도 없었기 때문이다.

박문량의 아내는 깊은 한숨을 토하고 남편한테 푸념을 늘어놓았다.

"앞뒷집에서는 다들 저렇게 설 준비를 하는데, 우리는 어쩌면 좋지요?"

"어쩌면 좋긴, 그냥 가만히 있으면 해가 떴다가 지고 하루가 가는 것 아닌가."

"기가 막혀라. 어쩌면 그렇게 태평스러울 수가 있지요?"

"세상에 살고 죽는 것은 다 그 천명이 있는 법이오. 따라서 가멸하고 귀한 것도 또한 하늘에 매인 것. 하늘이 복을 내려주시면 스스로 나아가 오는 복을 막을 필요까지는 없지마는, 하늘이 복을 주시지 않는데 굳 이 매달려 달라고 할 수는 없지 않겠소. 부인은 쓸데없는 마음을 떨 어버리시오."

"그렇지만 이웃들 보기가 창피해서 그럽니다. 다들 우리를 어떻게 생각하겠습니까."

아내가 끝내 섭섭한 기색을 거두어들이지 않자, 박문량은 마침내 할 수 없다는 듯이 말했다.

"허허, 정 그렇다면 할 수 없군. 우리도 떡방아를 찧을 수밖에."

"뭐라고요?"

아내가 어이없는 표정을 짓거나 말거나, 박문량은 거문고를 안고 앉 아서 현을 뜯기 시작했다.

기가 막힐 노릇이었다. 거문고에서는 정말 떡방아를 찧는 것과 다름없는 음율이 흘러나왔다. 그 바람에 이웃집에서는 다들 의아하게 생각했고, 그래서 울타리 너머로 넘겨다보고는 그 진상을 알고 가슴이 아파 혀를 끌끌 찼다.

그 떡방아 곡조를 사람들은 '방아타령'이라고 이름 붙였는데, 박문량은 그렇듯 깨끗하고 무욕한 심성과 생활로 일생을 마쳤다고 한다.

〈사기史記〉에는 백결선생의 이름과 시대가 정확하게 나와 있지 않으며, 노래 또한 전하고 있지 않다. 그러나 조선시대의 학자 원천석은 그의 저서 〈해동인물총〉에서 박문량이라는 백결선생의 이름과 곡조와 함께, 그가 눌지왕 때의 충신 박제상의 아들이라고 신분까지 밝히고 있다.

〈해동인물총〉의 문헌적 가치가 정확한가 어떤가는 다른 문제이지만, 아무튼 흥미로운 대목이 아닐 수 없다.

황룡사 구층탑

황룡사는 지금은 비록 없어졌지만, 당시 신라의 불교문화와 불교 예술을 대표할 정도의 웅장하고 화려했던 사찰로 이름을 전하고 있다. 그 규모가 어느 정도 어마어마했는지는 국립중앙박물관에 전시되어 있는 거대한 막새기와를 보고 가늠할 수 있다.

그 황룡사에 높이 쌓아져 있었던 구층탑 역시 지금은 거대한 초석만 남아 당시의 규모를 짐작하게 하는데, 만일 황룡사와 구층탑이 파괴되지 않고 지금까지 남아 있었다면 불국사와 다보탑, 석가탑의 문화 유산적 지위는 지금과 달라졌으리라고 단정해도 억지스럽지는 않을 것이다.

황룡사의 구층탑은 삼국 통일을 위한 신라인들의 염원을 표상하고 있었다. 구층탑을 쌓아 부처의 음덕을 끌어들이므로서 국태민안과 왕업의 번성을 기원하고자 했던 것이다. 그런데 그 구층탑을 건립한 기술자는 백제 사람 아비지로서, 본인의 마음은 그렇지 않았어도 결과적으로 보아 적국을 흥하게 하고 자기 나라를 망하게 하기 위해 구층탑을 만든 셈이 되었다.

이 기구한 아비지의 이야기를 끌어내기에 앞서, 한참 거슬러 올라가 삼국의 정치의 정세 변동을 먼저 설명할 필요가 있다.

백제는 21대 개로왕 62년474년에 고구려의 줄기찬 남진 정책으로 임금이 죽고 국토의 상당 부분을 빼앗겼으며, 도읍조차 한성에서 금강 유역의 웅진지금의 공주으로 옮기지 않으면 안 되었다.

따라서 고구려에 대한 원한이 컸던 백제는 복수와 국토 회복의 칼을 갈았으나, 개로왕의 아들 22대 문주왕이 보위에 오른 지 2년만에 좌평 벼슬에 있던 해구란 역신에게 죽임을 당했을 뿐 아니라, 그 아들 23대 삼근왕 역시 13세로 왕위에 오른 지 2년 만에 급사하므로 나라의 불운은 계속되었다.

문주왕의 동생인 곤지의 아들이고 삼근왕의 사촌이기도 한 24대 동성왕은 왕위에 오른 뒤 신라에 혼인을 청했다. 고구려에 대한 원한을 풀기 위해서는 신라와 친하여 힘을 합하는 것이 최상책이라는 현실적인 판단에서였다.

신라 역시 고구려에 대한 두려움과 원한이 없지 않았으므로, 소지왕은 이찬 비지의 딸을 시집 보내어 백제와 긴밀한 관계를 맺었다. 그처럼 국혼으로 손을 잡은 백제와 신라는 힘을 합쳐 공동의 적 고구려에 맞서게 되었다.

백제가 웅진으로 도성을 옮긴 지도 어느덧 60여 년이 지났고, 동성왕과 무령왕의 시대를 지나 26대 성왕의 시대에 이르렀다.

무령왕의 큰아들로서 이름이 명농인 성왕은 지혜롭고 식견이 높은 영특한 임금이었다. 성왕은 도성을 사비지금의 부여로 옮기고 국력을 충실히 기르는 한편, 잃었던 땅을 되찾기 위해 신라와 연합하여 고구려를 쳤다. 그리하여 남한산성과 북한성 등 여섯 고을을 회복하고 다시 북진하여 열 고을을 빼앗아 비로소 나라의 해묵은 원념을 푸는 듯했다. 이때가 고구려는 양원왕 시대였고, 신라는 진흥왕 시대였다.

그러나 어려울 때는 손을 잡았다가도 막상 눈앞에 이익을 놓고는 서로 으르렁거리게 되는 것이 사람의 욕심이고 세상의 이치임은 옛날이나 지금이나 다를 바가 없다.

백제가 천신만고 끝에 회복한 한강 유역의 땅을, 동맹국인 신라가 느닷없이 진격해 들어와 멋대로 차지해 버린 것이다.

믿은 도끼에 발등 찍힌 꼴이 된 백제 성왕의 상심과 통분은 이루 말할 수 없었다. 성왕은 처음에 그 문제를 순리적이고 평화로운 방법으로 풀려고 생각했다. 그래서 자신의 딸을 신라 진흥왕에게 시집보내기까지 했으나, 신라는 가로챈 땅을 돌려줄 생각을 전혀 하지 않았다.

마침내 분노한 성왕은 친히 군사를 거느리고 신라를 치기 위해 떠났으나, 관산성^{지금의 옥천}에서 신라의 복병을 만나 대패하고 그 자신도 전사함으로서, 백제의 수십 년에 걸친 숙원은 물거품으로 돌아가고 말았다.

그 이후로 백제와 신라는 사돈이 변하여 원수가 되었으며, 끝까지 그 관계가 회복되지 않았다. 백제는 신라에 복수하기 위해 어제의 원수였던 고구려와 화친하는 정책을 취했고, 고구려 역시 한창 힘이 오르는 신라를 견제하기 위해서는 백제와 손을 잡는 것이 나쁠 것도 없었다.

그렇게 되자 다급해진 것은 신라였다. 양쪽의 압박을 견디기가 어렵게 된 신라는 바다를 건너 당나라에 지원을 요청했고, 그러잖아도 고구려와 오랫동안 싸워 원한이 컸던 당나라는 고구려의 배후를 위협하여 신라의 어려움을 덜어주는 척하면서 한반도를 손아귀에 넣을 원대한 야망을 암암리에 키워 나갔다.

그처럼 나라와 나라가 이리 붙었다가 저리 떨어지고 저리 얼렸다가 이리 등지고 하는 동안에 무상한 세월은 흘러서 또다시 1백여 년이 지나갔다. 그래서 백제로서는 마지막 임금인 의자왕 5년이요, 신라는 선덕여왕 14년이던 645년, 여기서부터 이 이야기의 주인공 아비지가 등장하게 되는 것이다.

당시 신라에는 유명한 자장대사가 당나라에서 불법을 연구하고 돌아와 대국통大國統이란 직함으로 불교 융흥의 무거운 임무를 수행하고 있었다. 당나라에서 귀국할 때 석가의 사리를 얻어가지고 온 자장대사는 선덕여왕에게 은밀히 이렇게 말했다.

"신이 당나라에 있을 때, 하루는 천신이 꿈에 나타나시어 이렇게 말씀하셨습니다. '지금 너희 나라에는 여왕이 계시어 덕은 있으나 위엄이 서지 않아 이웃 나라들이 호시탐탐 노리고 있으니, 속히 돌아가서 황룡사 법당 앞에 아홉 층의 큰 탑을 세워라. 그러면 이웃의 아홉 나라가 조공을 바칠 것이요, 왕업도 길이 전하리라.'라고 말입니다. 마침 소승이 부처님의 사리를 얻어왔으니, 이 귀중한 물건을 모시기 위해서도 탑을 세우도록 허락해 주십시오."

그 말을 들은 선덕여왕은 기뻐하며 구층탑의 건립을 즉시 허락했다.

그러나 문제는 간단하지 않았다. 그만한 석조공사를 담당할 수 있는 탁월한 석공을 신라 안에서는 찾을 수 없었기 때문이었다. 그래서 백방으로 수소문해 본 결과, 백제의 아비지라는 석공이 당대 최고의 조탑 기술자임이 판명되었다.

당시 두 나라가 적대 관계에 놓여 있었을망정 민간 교류까지 완전히 단절된 상태는 아니었으므로, 자장대사는 백방으로 손을 써서 아비지를 초빙해 오는 데 성공했다.

황룡사에 도착한 아비지는 극진한 환대 속에 조탑 공사에 들어갔다.

그리하여 탑의 중심 기둥인 탱주擤ⵑ를 세운 날 밤, 아비지는 뜻밖의 꿈을 꾸었다. 백제 도성이 온통 불바다가 되고 그 속에서 자기의 사랑하는 처자식뿐 아니라 온 백성이 아우성을 치는 끔찍한 내용이었다.

깜짝 놀라 깨어난 아비지는 혼자 생각했다.

'이상하구나. 이 꿈이 무슨 조짐이란 말인가. 내가 여기 와서 탑을 쌓는 일이 내 나라를 망하게 하는 짓이라는 계시인가. 그렇게는 할 수 없지. 무슨 핑계를 대서라도 이 일에서 손을 떼고 돌아가야겠어.'

이런저런 생각으로 잠을 이루지 못한 아비지는 이튿날 아침이 되자 몸이 아프다고 하며 자리에서 일어나지 않았다. 그 다음날도 마찬가지였다. 그렇게 몇날 며칠을 방안에서 한 발짝도 나가지 않았다.

그렇게 되자 황룡사에서는 물론이고 대궐에서조차 이상하게 생각했다. 탱주만 세워 놓고 공사를 더 진척시키지 않는 아비지의 속셈이 딴 데 있는 것이 아닌가 하는 의심을 품게 된 것이다.

아비지는 점점 자신의 입지가 좁혀져 가는 것을 느꼈다. 아프다는 거짓말이 언제까지 통할 수는 없었다. 그래서 마침내 한밤중에 도망치기로 결심했다.

드디어 탈출을 결행하기로 한 날 밤, 아비지는 삼라만상이 고요히 잠든 시간에 몰래 일어나 방을 나왔다.

그때였다. 갑자기 거센 바람이 휘몰아치면서 천지가 진동하는 꽹음이 울렸다. 깜짝 놀라서 눈을 크게 뜨고 바라보니, 황룡사 마당에 키가 열 자도 넘는 무섭게 생긴 장수 한 사람과 신선처럼 생긴 늙은 중 한 사람이 나타나더니 아비지가 세워 놓은 탱주 옆에다 또 하나의 탱주를 세우는 것이 아닌가. 순식간에 탱주를 세운 장수와 중은 아비지를 향해 무슨 말을 할 듯하다가 홀연히 사라져 버렸다. 다시 정신을 차리고 보니, 방금 두 사람이 세운 탱주 역시 흔적도 보이지 않았다.

'아! 이상도 하구나. 이것이 무슨 조화란 말인가. 내가 설령 만들지 않더라도 이 탑은 세워지고 말 것이라는 신령한 계시일까?'

더럭 의심이 생긴 아비지는 달리 생각해 보았다. 어쩌면 자기가 공연한 의혹에 사로잡혀 있는 것인지도 모른다는 생각이 들었다. 자신이 탑을 건립하는 것과 나라의 흥망을 결부하는 것은 사실 허무맹랑하기도 했다.

'오히려 내가 이 탑을 전심전력으로 완성하면 그것이 부처님에 대한 큰 공덕이 되어 신라와 백제가 사이좋은 나라가 될 뿐 아니라, 나한테 좋은 일이 있을지도 모르지.'

이렇게 생각을 바꾼 아비지는 날이 밝자마자 새로운 각오로 나서서 구층탑 건립에 전념하게 되었다.

탑이 완성되기까지에는 신라의 기술자 용춘을 비롯한 2백여 명의 인력이 동원되었지만, 어쨌든 그 제일의 공은 아비지의 몫인 것이 틀림 없었다.

아비지는 자신이 만든 구층탑을 감개무량한 심정으로 쳐다보았다. 높이 225척의 웅장하고 아름답기 짝이 없는 대 예술품이었다. 그는 자신의 손으로 그만한 작품을 완성했다는 뿌듯한 자부심을 느꼈다.

그러나 아비지의 기쁨도 한 순간이었다. 탑의 완성을 기리는 축하 법회가 성대히 열렸는데, 거기에서 읊조려지는 경문을 가만히 들어본 결과 그 탑의 건립 목적이 명명백백하게 드러났던 것이다.

부처가 탑의 치성을 받아들여 이웃 아홉 나라가 신라에 무릎을 꿇고 조공을 바치도록 해달라는 기원이 담겨 있었다.

그 아홉 나라는 탑의 각 층에 따라서 정해져 있었는데, 1층은 일본,

2층은 중화, 3층은 오월吳越, 4층은 탁라托羅, 5층은 응유鷹遊, 6층은 말갈靺鞨, 7층은 단국丹國, 8층은 여적女狄, 그리고 9층은 예맥濊貊으로서, 백제는 고구려와 함께 종족으로 볼 때 예맥에 속해 있었던 것이다.

아비지는 비로소 깨달았다. 탑주를 세운 날 밤에 꾼 꿈은 결코 예사로운 뜻이 아니었던 것이다. 그러나 이제 와서 어떻게 하랴. 그의 눈에서는 뜨거운 회한의 눈물이 쏟아졌으나, 이미 후회해도 소용없는 일이었다. 아비지는 신라인들의 많은 찬사와 사례품도 마다하고 쓸쓸히 백제로 돌아갔다.

아니나 다를까, 아비지가 구층탑을 건립한 지 15년 후인 의자왕 20년 660년에 백제는 신라 무열왕에 의해 망하고 말았던 것이다.

순교자 이차돈

　이차돈은 신라 제22대 지증왕 4년^{503년}에 태어나서 다음 법흥왕 14년^{527년}에 세상을 떠났는데, 그의 속성은 박씨, 자^子는 염촉으로 전한다.

　아버지가 일찍이 고구려와의 싸움에서 전사한 바람에 할아버지의 훈도와 홀어머니의 사랑 속에 자라났는데, 할아버지는 습보 갈문왕의 아들인 아찬 한마로였다.

　이차돈은 어려서부터 총명한 데다 학문과 무예를 열심히 닦아 그 이름이 온 서라벌에 널리 알려져 있었다.

　법흥왕 8년 8월 한가윗날, 신궁 앞 넓은 뜰에서는 임금이 직접 관전하고 수많은 구경꾼들이 둘러선 가운데 젊은이들이 무예 겨루기에 한창이었다. 출전 선수들은 시합에서 우승하기 위하여 모든 기량을 한껏 발휘했다. 그럴 수밖에 없는 것이, 이 날의 시합에서 우승하기만 하면 임금의 눈에 들어 출세는 보장된 것이나 다름없었기 때문이었다.

　어느덧 시합은 많은 탈락자가 나오는 가운데 종반전으로 접어들었고, 마침내 두 젊은이가 남아 결승전을 치르게 되었다.

"저 우락부락하게 기골이 장대하고 목소리가 우렁찬 젊은이는 이름이 뭐라고 하는가?"

"그 유명한 거칠마로라네."

"아, 그런가? 듣던 대로 과연 사나이로군."

"상대역인 저 젊은이는 아무래도 안 되겠는걸. 재빠르기는 하지만, 몸집이 우선 거칠마로의 상대가 되지 않잖아."

"얼굴이 너무 잘 생겼는데. 저 얼굴 가지고서야 여자의 마음을 홀리는 것은 몰라도 장군감으로는 어울리지 않아. 대체 누구지?"

"아찬 한마로 어른의 손자인 이차돈일세."

구경꾼들이 이런 소리들을 하는 가운데 이차돈과 거칠마로는 있는 힘과 재주를 모두 발휘하여 맞붙었다. 그런데 결과는 사람들의 예상 밖이었다. 이차돈이 거칠마로를 물리치고 승리를 거둔 것이다.

우렁찬 박수와 환호성이 터져나오는 가운데, 이차돈은 임금의 앞에 나아가 엎드렸다.

"장하구나. 그래, 어느 집안의 자제인고?"

"아찬 한마로 어른이 저의 할아버님입니다"

"오, 그런가! 과연 가문의 명망에 손색 없는 젊은이로고. 과인이 그대에게 후한 상을 내리리라."

"성은이 망극하옵니다."

임금으로부터 칭찬과 상을 받고 물러나온 이차돈은 나중에 할아버지로부터 뜻밖의 말을 듣고 깜짝 놀랐다. 임금이 자신을 부마로 삼고 싶어 한다는 것이었다.

법흥왕은 자식이라곤 평양공주 하나뿐이었다. 그래서 그날, 무예 겨루기에서 장원을 하는 젊은이에게 딸을 맡긴 다음, 인물됨을 보아 장차 왕위까지 물려줄 궁리를 하고 있었다.

'이것 야단났구나. 공연히 무술 경연에 나갔는걸.'

이차돈은 뜻밖의 고민을 떠안게 되었다. 다른 사람은 몰라도 그만은 공주한테 장가가고 싶은 생각이 추호도 없었다. 왜냐하면, 그는 지증왕 때의 울릉도 정벌로 널리 알려진 당대의 명장이요, 대정치가인 이찬 이사부의 딸 달님과 서로 깊이 사랑하여 장래를 약속한 사이였기 때문이었다.

이튿날 아침, 법흥왕은 문무백관이 모인 가운데 아찬 한마로를 앞으로 나오라고 한 다음, 다음과 같이 선언했다.

"과인은 아찬의 손자를 부마로 삼을 것이며, 아울러 장차 이 나라를 맡기고자 하노라. 모두들 그렇게 알고 합당한 절차를 거행하도록 하라."

한마로는 너무나 감격하여 성은에 감사했고, 신하들은 임금의 분부를 따르기 위해 서둘렀다. 그리하여 신궁과 시조묘에 햅쌀과 햇과일로 엄숙한 제사를 지낸 뒤 큰 잔치를 열어 나라와 왕실의 경사를 축하하게 되었다.

그 무렵 신라에서는 달이 뜬 뒤에야 제사를 지내는 것이 풍습이었다.

한참 풍악소리가 울리는 가운데 신궁의 제사가 진행되는 동안, 이차돈은 달님을 데리고 신궁 뒷산으로 올라갔다.

"도련님은 이제 부마가 되어 저를 버리실 건가요?"

달님은 울먹이며 물었다.

"그럴 리가 있겠소. 내가 달님 아가씨를 버리다니."

"그래도 임금님의 뜻을 거스를 수는 없잖아요."

"사실은 그래서 무술 대회에 나간 것이 크게 후회스럽소. 당장 혼례식을 치르는 것은 아니니까, 무슨 수가 있겠지요."

"저는 도련님 없이는 살 수 없어요."

"나 역시 마찬가지 심정이오. 너무 염려 말아요."

이차돈은 자기 품에 무너져 오는 달님의 연약한 몸을 소중히 안았다. 그러는 그들을 밝은 달이 내려다보고 있었다.

한편, 제사가 진행되는 신궁에서는 소동이 벌어졌다. 당연히 참석하고 있어야 할 이차돈의 모습이 보이지 않았기 때문이었다. 더군다나 임금이 그를 찾는 바람에 일은 더욱 커지고 말았다.

"지금쯤 이차돈은 사가의 규수를 데리고 몰래 엉뚱한 짓을 하고 있을 것이옵니다."

임금 앞에 나아가서 이렇게 고자질을 한 것은 거칠마로였다. 이차돈에 대한 그의 원한은 뼈에 사무칠 정도였다. 그 역시도 달님을 사모하고 있었으나, 이차돈의 존재에 밀려 다정한 눈길 한번 받아보지 못하고 있는 데다가, 무술 경연에서 장원까지 빼앗겼기 때문이었다.

"그것이 무슨 소린가?"

"아뢰옵기 황공하오나, 이차돈은 이찬 이사부 어른의 딸 달님과 이미 통정하고 있습니다. 더구나 이처럼 경건한 제사에 참례조차 하지 않는 것은 감히 대왕마마의 높으신 뜻을 거역하고 공주마마의 마음을 아프게 하려는 고의가 분명합니다. 통촉하옵소서."

"이런 고약한 일이 있나. 여봐라! 이차돈을 당장 잡아들여라!"

사태는 갑작스럽게 악화되었다. 임금의 추상같은 명령에 군졸들은 이리 뛰고 저리 뛰며 이차돈을 찾았고, 마침내 신궁 뒷산에서 사랑을 속삭이고 있던 이차돈과 달님을 발견하여 오라로 묶어 끌고 왔다.

법흥왕은 노발대발하여 이차돈과 달님을 곧 참형에 처하리라

선언하고 옥에 가두었다.

이 느닷없는 소동에 이차돈과 달님의 가족 못지않게 가슴이 조마조마해진 사람은 왕후 박씨 보도부인이었다. 왕후는 다른 사람을 해치면 그 죗값을 치르게 된다는 불교의 교리를 믿어 의심치 않았다.

당시 신라에는 옛날부터 조상 숭배, 국토신國土神 숭배, 천신 숭배 등 고유 신앙이 내려오고 있었고, 민간에는 미신적인 무당의 푸닥거리와 점술 따위가 일반화되어 있었다.

그러다가 5세기 초엽 눌지왕 때 고구려 출신이며 묵호자라는 별명으로 알려진 아도화상이란 중이 들어와 일선군지금의 경북 선산의 모례라는 사람 집에 머물면서 불도를 전한 이래로 민간에서는 몰래 불교를 믿는 신자의 수가 점점 늘어갔다. 따라서 전생과 내세라든지, 인과응보, 살생의 죄 같은 불교 사상이 새로운 가치관으로 사람들의 의식 속에 자리잡아 가고 있었다.

왕후 역시 그 비밀 신자의 한 사람이었다. 법흥왕이 늘 병치레를 했기 때문에, 부처의 영험을 빌려 임금의 건강을 되찾겠다는 소박한 소망에서였다. 그러나 불교는 아직도 나라에서 인정하지 않는 종교였기 때문에, 아무리 왕후의 신분일망정 드러내 놓고 불교 신자 행세를 할 수는 없었다.

임금이 이차돈과 달님을 죽이고 나면 그 벌을 받아 병이 악화되어 죽을지도 모른다고 생각한 왕후는 무슨 수를 쓰든지 임금의 노여움을 누그러뜨려 두 억울한 목숨을 구하려고 애를 썼다.

그러나 그 노력은 평양공주의 원념 때문에 물거품이 되고 말았다. 이차돈이 다른 여자를 사랑하여 자기 따위는 안중에도 없다는 사실을 안 공주는 아버지인 임금 앞에 엎드려 대성통곡을 하며 부르짖었던 것이다.

"그 두 남녀의 목을 베어 붉은 피가 솟구치는 것을 보기 전에는 천년 만년이 가도 잠을 못 이룰 거예요. 아바마마, 소녀의 가슴에 맺힌 한을 풀어주소서."

"네 심정을 알겠노라. 이 아비도 생각하는 바가 있다."

임금으로서의 체면도 있거니와 딸의 앙칼진 분노를 무시할 수도 없는 법흥왕은 날이 밝는 대로 백관들을 불러 모아 이차돈과 달님의 처벌 문제를 공론에 붙였다. 그 자리에는 이차돈의 할아버지인 아찬 한마로와 달님의 아버지 이찬 이사부도 참석하고 있었다.

사건의 당사자라 할 수 있는 그 두 명망가가 옆에 있는 만큼 백관들도 선뜻 나서서 고양이 목에 방울을 다는 짓을 할 수가 없었다.

모두 꿀먹은 벙어리가 되어 주위의 눈치만 보는데, 임금의 아우 선마로가 앞으로 나와서 허리를 굽히고 말했다.

"나라님의 뜻을 거역한 이차돈의 소행은 엄중한 처벌을 받아 마땅하옵니다. 그러나 그의 아비는 일찍이 전장에 나가 죽었고, 그 할아비 또한 도학이 높을 뿐 아니라, 나라에 공헌한 바가 큽니다. 달님으로 말하면 감히 공주와 겨룸으로써 만 번 죽어 마땅하나, 그 아비도 누구 못지 않게 나라에 공을 세웠습니다. 그러니 아찬과 이찬 두 분의 얼굴을 봐서라도 두 철없는 어린 것들의 목숨만은 살려주심이 어떠하오리까. 다만, 저희 둘이 부부가 되어서는 아니 될 것인즉, 이차돈은 고구려로 추방하여 3년 말미로 그 안에 그 나라 왕의 목을 베거나 한 고을을 떼어 가지고 돌아오면 죄를 사하도록 하시고, 달님은 일생동안 출가를 금하여 홀로 늙도록 하시지요. 그러면 대왕마마의 성덕도 상하심이 없고, 공주의 원망하는 마음도 반분이 풀어질 것이며, 이울러 나라법의 위엄도 설 것이 아니겠습니까."

"현제賢弟의 의견이 참으로 그럴 듯하다. 과연 지혜로운 방법이구나. 그렇게 시행하도록 하라."

법흥왕이 선뜻 결정을 내렸고, 백관들 역시 모두 기뻐하며 선마로의 탁월한 지혜를 칭송했다.

이 선마로는 임금에게 아들이 없으므로 다음 차례는 자기라고 은근히 기대하고 있었으며, 파진찬 공목과 대아찬 알공 등 음험한 책략가들을 동지로 끌어들여 훗날을 기약하고 있었다.

그러던 차에 뜻하지 않게 이차돈이라는 존재가 튀어나와 임금이 그를 부마로 삼아서 왕위를 물려주려고 하므로 낙심천만이었으나, 그 이차돈이 돌이킬 수 없는 죄를 범하는 바람에 그로서는 절호의 기회를 잡은 셈이었다.

더군다나 그런 지혜로운 계책을 내놓음으로써 자신의 성가를 높이는 동시에 한마로와 이사부에게도 크게 생색을 쓴 셈이었으니, 선마로로서는 참으로 도랑 치고 가재 잡은 격이었다.

이차돈은 늙은 할아버지와 어머니의 애끓는 전송을 받으며 서라벌을 출발하여 고구려로 향했다.

국경인 너른나루한강를 건널 때는 고구려 쪽의 조사가 심했으나, 국내성평양의 흥복사에 있는 백봉국사를 찾아 불교를 공부하기 위해 간다고 속여 위기를 넘기곤 했다.

고구려는 당시 제22대 안장왕 시대였는데, 이미 제17대 소수림왕 때 272년에 중국 전진으로부터 순도, 아도 두 중이 불경과 불상을 가지고 들어와 임금과 백성들로 하여금 불교에 처음으로 눈을 뜨게 한데 이어, 나라에서도 초문사와 이불란사 두 절을 지어 각각 그들에게 헌사함으로써 불교를 전파하도록 적극적인 배려를 해주었다.

그런 까닭에 이차돈이 들어갔을 무렵의 고구려는 왕실을 비롯하여 민간에 불교가 상당히 폭넓게 퍼져 있었으며, 흥복사를 비롯하여 많은 절이 건립되어 있었다.

그중에서도 도읍 국내성의 큰 사찰 흥복사에는 백봉국사라는 고명한 중이 있어 많은 제자를 가르쳤는데, 그는 임금의 신임과 존경을 받아 영향력이 막강했다. 그런 까닭에 신라에서 고구려로 가는 사람들은 흥복사와 백봉국사를 들먹임으로써 별 탈없이 국경을 통과할 수 있었고, 고구려도 신라와 비록 정치적인 적대 관계에 있기는 했지만, 불교를 배우러 온다는 사람한테는 그다지 심한 조사를 하지 않았던 것이다.

그런 사정을 잘 이용하여 국내성까지 잠입하는데 성공한 이차돈은 그곳에 와서 살고 있는 신라 사람들의 도움을 받아 숙식을 해결하면서 임금으로부터 부여받은 임무를 수행할 기회를 엿보았다.

어느덧 10월 상달이 되었다. 그 상달 초사흗날이면 고구려 신궁에서는 팔관제라는 큰 제사를 지냈는데, 임금과 왕후를 모신 가운데 모든 귀족 가문의 남녀노소들이 나와 여러 가지 재주를 겨루거나 재미있는 놀이를 하는 것이었다.

이차돈은 그 놀이를 구경하러 나갔다가 공교롭게도 한 젊은이와 시비가 벌어졌다. 그 젊은이는 기골이 장대하고 성질이 사나웠으며, 그런 자신의 기세를 믿고 이차돈을 형편없이 누르려 했다.

이차돈은 싸울 생각이 추호도 없었다. 그러나 젊은이가 워낙 기세등등하게 달려들었으므로, 마침내 실력으로 꺾을 수밖에 없다고 생각하여 날쌘 솜씨로 상대방의 한쪽 귓불을 잘라 버렸다.

"그래도 덤빌 테냐? 순순히 그만 두는 것이 좋을걸."

"잔말 말고 끝장을 보자."

무참히 창피를 당한 젊은이는 이판사판으로 달려들었다. 더군다나 그의 동아리들이 합세하여 달려들었으므로, 아무리 몸이 날래고 무술이 능한 이차돈이라 할지라도 위험한 곤경에 처하고 말았다.

바로 그때, 구경꾼들 속에서 벽력같은 호통소리가 터져나왔다.

"멈춰라! 한 사람한테 여럿이 달려들다니, 이 무슨 졸렬한 짓이냐."

그 바람에 다들 싸움을 멈추고 소리 나는 쪽으로 고개를 돌리자, 나이 예순쯤 되어 보이는 위풍당당한 노인이 서 있었다.

노인을 본 이차돈의 상대 일행은 금방 기가 죽어 무릎을 꿇고 잘못을 빌었다. 그러나 이차돈은 노인의 신분을 알 리가 없었으므로, 그냥 무르춤하게 서 있기만 했다.

"나를 알아보지 못하는 것을 보니, 젊은이는 이곳 사람이 아닌 듯하구나. 신분을 말하여라."

"예, 신라에서 불교를 배우고자 온 이차돈이라 합니다."

"그런가. 아무튼 나를 따라오라."

노인은 그렇게 말하고 몸을 돌려 걸어가기 시작했다.

이차돈은 이러기도 저러기도 난처했으나, 노인의 수행 무사들이 눈짓을 하는 바람에 따라가지 않을 수 없었다.

그렇다면 그 노인은 누구였던가. 그는 장수왕의 둘째아들인 미추대가로서, 장수왕이 세상을 떠났을 때 큰아들인 고추대가 조다가 이미 죽었기 때문에 손자인 나운이 보위를 물려받아 문자왕이 되었고, 그 문자왕이 세상을 떠나자 큰아들 흥안이 안장왕으로 즉위했으니, 촌수를 따지면 현 안장왕에게는 작은 할아버지뻘이 되었다.

미추대가는 대단한 장수였다. 그의 명성은 신라에서도 두려움의 대상으로 통하여, 그가 살아 있는 한 고구려하고는 전쟁을 벌이지 말아야 한다고 고개를 저을 정도였다.

그 미추대가가 이차돈을 데리고 간 곳은 자신의 집이었는데, 크고 으리으리한 저택이었다.

미추대가는 이차돈에게 성의 있는 대접을 하며 은근히 물었다.

"그대는 풍모를 보나 무예 솜씨를 보나 보통 인물이 아님을 알 수 있다. 해롭게 하자는 뜻은 아니니, 신분을 밝히는 것이 어떤가?"

상대방이 그렇게까지 말하는 데는 이차돈으로서도 끝까지 숨길 수가 없었다. 그래서 신라의 아찬 한마로가 할아버지이며, 임금으로부터 부마로 낙점됐음에도 불구하고 다른 여자를 사랑한 바람에 노여움을 사서 고구려로 추방당했다고 대답했다. 다만, 자기 죄를 용서받을 수 있는 조건에 대해서는 차마 입을 열 수 없었다.

"아찬 한마로의 손자라……. 역시 그랬었군. 그대의 조부에 대해서는 비록 섬기는 나라는 다를망정 진심으로 존경하는 바이네."

"그러신줄 몰랐습니다."

"약관의 나이에 나라로부터 추방이라는 가혹한 벌을 받았으니 심정이 오죽하겠는가. 앞으로는 내 집을 자기 집처럼 생각하고 드나들도록 하라. 어려움이 있으면 기탄없이 이야기하게나."

"감사합니다."

그렇게 되어 이차돈은 미추대가의 집에 자주 출입하게 되었는데, 미추대가의 딸 버들아기가 이차돈의 잘 생긴 용모에 반하여 어느덧 연정을 품게 되었으니, 아마도 그는 여난으로부터 자유로올 수 없는 운명이었던 모양이다.

이 무렵, 신라의 사정은 어떠했는가.

법흥왕은 이차돈의 일로 심기가 편하지 못했는데, 그가 부여받은 사면의 조건을 충족하지 못하면 못하는 대로, 성공하면 성공하는 대로 골치 아픈 문제가 따르기는 마찬가지였다. 게다가 공주가 이차돈을 끝내 단념하지 못한 나머지 마음의 병이 깊어져 자리에서 일어나지 못하게 되고 말았던 것이다.

법흥왕은 선마로를 조용히 불렀다.

"이차돈을 고구려로 추방한 뜻은 피를 보지 않으면서 법의 위엄을 세우자는 것이었는데, 그가 우직하게 사면의 조건을 채우려고 날뛴다면 국가간에 중대한 문제가 발생하지 않겠는가. 더군다나 공주가 저 모양이고 보니, 아무래도 그를 도로 데려와야 할 것 같군. 아우님의 생각은 어떤고?"

"대왕마마의 뜻이 곧 법인데, 신이 뭐라고 말씀드릴 수 있겠습니까."

"그러면 아우님이 알아서 이차돈을 소환해 주게."

"알겠사옵니다."

임금 앞에서는 듣기 좋은 소리만 했으나, 선마로의 꿍꿍이속은 달랐다. 집으로 돌아온 그는 공목과 알공을 불러 계책을 의논했다.

"이차돈이란 놈이 돌아오면 나의 10년 적공이 물거품이 되고 말 것인 즉, 이 노릇을 어찌하면 좋겠소?"

선마로가 묻자, 공목이 서슴없이 말했다.

"이차돈을 몰래 죽여 없애버리면 문제가 해결되지 않습니까."

"그러나 놈은 멀리 있을 뿐 아니라 무예가 보통이 아니니, 어떻게 간단히 해치울 수가 있단 말이오."

"솜씨 있는 자객을 보내면 되지요."

"자객을? 그럴만한 재목이 있을까?"

그러자 이번에는 알공이 나섰다.

"거칠마로가 있지 않습니까. 그를 덮을 만한 적임자는 따로 없습니다. 그는 이차돈을 몹시 미워하기 때문에 좋아라 하고 달려갈 것입니다."

"그렇겠군."

알공이 장담한 대로 거칠마로는 흔쾌히 그 음모의 하수인 노릇을 받아들였다.

한편 그런 고국의 사정을 알지 못하는 이차돈은 미추대가의 집에 드나들면서 나라에 공을 세울 기회를 엿보고 있었는데, 겨울 어느 날 저녁 미추대가가 그에게 조용히 물었다.

"그대는 자신의 장래 일을 어떻게 생각하고 있는가?"

"언젠가는 고국에 돌아갈 수 있게 될 것으로 기대합니다."

"지금의 임금이 살아 계시는 한 불가능하지 않을까?"

"그럴지도 모르지요."

"그대는 이미 신라로부터 버림을 받았고, 이곳에 와 있으니 아예 고구려 사람이 되는 것이 어떻겠는가? 듣자니 신라 조정에 간신배가 많고 어진 이는 드물다고 하던데, 임금으로부터 사면을 받아 돌아간다 하더라도 무슨 별다른 좋은 일이 있겠나. 우리 딸아이가 그대에게 은근히 마음을 두고 있는 모양이니, 혼례를 치르고 내 사위가 되어주기 바라네. 그렇게 하면 벼슬길에 나아가 높이 되도록 내가 뒤를 받쳐주겠네."

"저는 어디까지나 신라 사람이고, 연로하신 할아버님과 어머님을 생각해서라도 돌아가야 합니다. 호의는 대단히 감사하오나 받아들이지 못함을 용서해 주십시오."

"내가 일방적으로 청한 것이니 그대를 책망할 수는 없지. 당장 결정을 보자는 것은 아니니까 시일을 두고 곰곰이 생각해 보도록 하게나.”

섭섭한 듯이 말하는 미추대가와 헤어져서 숙소로 돌아가는 이차돈의 마음은 착잡했다. 미추대가의 말대로 신라로부터 버림을 받았으니 고구려에서 장가들고 벼슬살이를 한다 해도 떳떳하지 못할 것은 없었다. 그렇지만 할아버지와 어머니 곁으로 영영 돌아가지 않는다는 것은 생각조차 할 수 없는 노릇이었고, 눈앞에 어른거리는 달님의 모습을 지워 버리기도 불가능했다.

‘흔들려서는 안 돼. 나는 꼭 고국으로 돌아가야 한다. 그러기 위해서는 하루빨리 공을 세우지 않으면 안 된다.’

그렇게 자신을 격려하면서 숙소인 신라 사람의 집에 거의 다다랐을 때, 누군가가 어둠 속에서 급한 걸음으로 그에게 다가왔다. 뜻밖에도 주인댁의 딸이었다. 그녀 역시 이차돈에게 연정을 품고 안타까운 눈길을 항상 보내오던 중이었다.

그녀는 이차돈에게 어서 몸을 피하라고 다급하게 말했다.

“아니, 무슨 일이오?”

“지금 서라벌에서 어떤 사람이 찾아와 아버지와 밀담을 하고 있어요. 방문 앞을 지나다가 언뜻 엿듣자니까, 조정의 명을 받아 도련님의 목숨을 빼앗으려고 왔다지 뭐예요.”

“뭐라고!”

“나라에서 하는 일이라는 바람에 아버님도 그 사람을 돕지 않을 수 없나 봐요. 그러니 집에 들어가지 마시고 어서 피하세요.”

이차돈으로서는 청천벽력이나 다름없는 노릇이었다. 자기를 죽이러 왔다는 자의 인상 착의를 물어본 결과 거칠마로임이 분명했다. 속에서 불같은 분노가 치밀었다. 무술 경연에서 패한 앙심으로 임금에게 고자

질하여 추방당하게 만든 것으로도 모자라 이제는 죽이기까지 하려는 것이다.

이차돈은 한달음에 숙소로 뛰어갔다. 그러고는 문을 열어 젖히자마자 소리질렀다.

"이놈 거칠마로야! 네가 무슨 철천지 원한으로 나한테 이렇게까지 못되게 군단 말이냐."

"어명을 받들어 네 머리를 가지러 왔다."

"임금의 뜻이 그렇다면 나를 서라벌로 소환하여 죽일 것이지, 너를 보내어 구차한 짓을 하게 할 리가 없다. 네놈은 어명을 빙자하여 간신배들의 사주를 받았음이 분명해."

"잔말 말고 순순히 목을 내밀어 칼을 받아라."

"흥! 그 하찮은 솜씨로 나를 어찌 당할 수 있겠느냐. 신궁 무예 경연에서 톡톡히 혼난 기억을 잊은 모양이로구나."

"뭐가 어째?"

화가 치민 거칠마로가 칼을 빼어들고 달려들었으나, 그는 몇 합 겨루지도 않아서 피보라를 뿌리며 쓰러지고 말았다.

거칠마로를 죽인 이차돈은 그대로 숙소를 나섰다. 그러고는 곧장 서라벌로 향했다.

임금 앞에 나아가서 진상을 확인하고 어명을 도용한 간신들을 처치한 다음, 자기에 대한 처분을 조용히 기다릴 각오를 한 것이다.

눈이 두껍게 쌓인 길을 따라 청류벽을 거쳐 이불란사 앞을 지나 강을 건너려던 이차돈은 문득 걸음을 멈추었다. 길에 쓰러져 눈 속에 파묻혀 있는 사람을 발견한 것이다.

이차돈은 달려가서 그 사람을 일으켰다. 늙고 쇠약한 중이었다.

중은 용천암까지 데려다 달라고 부탁했다. 이차돈은 아무리 갈 길이 바쁘지만, 그 청을 물리치고 떠날 수가 없었다. 그래서 할 수 없이 중을 업고 용천암까지 갔고, 대화를 나누다 보니 자신의 사연을 죄다 털어놓게 되었다.

이차돈이 다시 떠나려고 하자, 그 중이 타일렀다.

"지금 신라 조정에서는 간신배들의 농간이 심하여 법이 바르게 시행되지 않고 있으니, 자네가 들어가면 필경 죽음을 면치 못할 것이야. 간신배 한두 사람을 처치한다고 세상이 달라지겠느냐. 그러니 헛된 죽음을 자초할 것이 아니라, 더 큰 포부를 가지고 불도를 깨친 후에 고국에 돌아가서 중생을 바른 길로 인도하는 것이 참으로 가치 있는 삶이 아니겠는가."

그러면서 불교의 심오한 교리에 대해 길게 설명해 주었다.

"사람들은 권세와 재물과 명예에 집착하지만 그것이 무슨 가치가 있으며, 남녀가 어울려 즐기는 애욕 또한 무슨 의미가 있겠나. 이 하늘과 땅 가운데 존재하는 만물이 모두 물거품이요. 잠시 번쩍하는 번개요, 꿈이며 허깨비에 지나지 않아. 자아와 모든 욕심을 버리고 이 세상을 바라보면 평화로운 천국이고, 부처님의 마음을 빌려 중생을 어여삐 여기면 그 자신이 바로 생불이 되는 것일세. 그대는 영험하신 부처님이 이 늙은이한테 인도하신 재목이니, 부디 어지러운 속세의 일은 깨끗이 잊고 불제자의 밝은 길을 밟도록 하게나."

듣고 있던 이차돈의 마음이 차츰 솔깃해졌고, 자신도 모르게 무릎을 꿇어 중을 우러러보게 되었다.

"말씀을 듣고 보니 태어나서 처음으로 진리를 접하는 것 같아 참으로 감명이 큽니다. 스님의 존함이 어찌 되십니까?"

"내 법명은 백봉이라 하네."

이차돈은 깜짝 놀랐다. 영험한 생불로 추앙 받는 백봉국사가 바로 눈앞에 있지 않은가. 사실 백봉국사는 이차돈을 붙들어 불도에 귀의시키기 위해, 또한 그의 인간됨을 시험하려고 연극 삼아 눈속에 일부러 쓰러져 있었던 것이다.

이차돈은 크게 깨달은 바가 있어 즉시 머리를 깎고 백봉국사의 문하에서 불도를 닦기 시작했다. 그러자 그에게 타고난 총명과 열성에다 백봉국사의 지극한 애정이 상승작용을 함으로써, 입문한 지 3년이 지났을 때, 그는 어느덧 한 사람의 나무랄 데 없는 불제자가 되어 있었다.

어느 봄날, 한 아리따운 젊은 여자가 용천암에 나타났다.

그녀의 모습을 본 이차돈은 깜짝 놀라지 않을 수 없었다. 속세에서 자신이 목숨처럼 사랑한 달님이었기 때문이다. 그녀는 이차돈을 잊지 못하여 1년 전에 서라벌을 떠나 고구려에 들어와 그의 행적을 뒤지고 있었는데, 그가 수년 전에 백봉국사의 제자가 되었다는 소문을 듣고 물어물어 찾아온 것이다. 그러나 그녀는 너무도 변한 연인을 알아보지 못한 채 백봉국사를 만나게 해달라는 부탁만 했다.

자칫 어지러워지려는 마음을 간신히 붙든 이차돈은 먼저 백봉국사에게 사정을 털어놓고 나서 태연히 달님을 백봉국사에게 안내했다.

달님이 자기를 찾아온 까닭을 짐짓 듣고 난 백봉국사는 눈을 지그시 감으며 말했다.

"소저의 사정은 몹시 가여우나, 이차돈을 찾는 일은 허사가 되었으니 이 노릇을 어찌할꼬."

"스님, 그것이 무슨 말씀이옵니까?"

"그는 일시 소승의 문하에 있기는 했으나 번뇌를 끝내 극복하지 못하여 벌써 이태 전에 강물에 몸을 던지고 말았소이다. 나무관세음보살."

"아니, 뭐라구요?"

자기 귀를 의심하며 다시 한 번 물은 달님은 백봉국사의 입에서 똑같은 대답이 나오자, 그만 혼절하고 말았다.

백봉국사는 길게 한숨을 내쉰 다음, 이차돈에게 말했다.

"중생을 계도하는 것도 중요하지만, 사람 목숨 하나를 구하는 것도 그보다 가치가 덜한 노릇은 아니다. 너 스스로 헤아려서 판단하라."

그러고는 홀연히 어디론가 사라지고 말았다.

이차돈은 할 수 없이 혼자 달님을 구원하여 깨어나게 했다. 그러고는 진실을 털어놓고, 이제는 속세를 완전히 떠난 자기를 단념하라고 타일렀다.

너무나 기막히고 슬픈 나머지 눈물을 펑펑 쏟고 난 달님은 부부로 맺어지는 것을 단념하는 대신 자신도 중이 되어 이차돈을 따르겠다고 했다. 아무리 말려도 마음을 바꾸지 않으므로, 이차돈은 결국 그녀의 머리를 깎아주지 않을 수 없었다.

이차돈은 백봉국사가 떠난 것이 자기더러 신라에 들어가 불도를 전파하여 악에 물들고 욕심으로 서로 다투는 불쌍한 중생을 구하라는 뜻이라고 생각했다. 그리하여 불상을 향해 오랫동안 합장한 다음, 달님을 데리고 마침내 용천암을 떠났다.

두 사람이 흥복사 앞을 지날 때, 누군가가 뒤에서 이차돈을 불렀다. 돌아보니 자취를 감추었던 백봉국사였고, 그의 옆에는 한 여승이 서 있었다. 놀랍게도 그 여승은 미추대가의 딸 버들아기였다. 그녀 역시 이차돈을 단념할 수 없어 그의 옆에 있는 것으로나마 만족하고자 중이 되었던 것이다.

"나무관세음보살, 이 모든 것이 너의 업이다. 애욕의 죄악만 물리칠 수 있다면 함께 행동하는 것이야 어떻겠느냐. 세 사람은 항상 부처님을 생각하여 마음의 흔들림이 없게 하고 사생과 고락을 같이 하여 불쌍한 중생을 구제해야 하느니라. 알겠느냐?"

"명심하겠사옵니다."

"그럼 떠나거라."

말을 마친 백봉국사는 뒤도 돌아보지 않고 용천암으로 향했다. 이차돈은 경건한 합장으로 스승의 은혜에 감사한 다음, 달님과 버들아기를 데리고 귀국길에 올랐다.

이차돈 일행이 서라벌에 도착하자, 법흥왕은 반갑게 맞아들였다. 늙고 병이 든 데다 국사의 무거운 책임에 지쳐 있었기 때문에, 이름난 중이 되어 돌아온 이차돈으로부터 어떤 구원의 길을 찾을 수 있지 않을까 하는 기대감에서였다.

이차돈은 임금 앞에 나아가 불법을 강설했다. 그 자리에는 왕후는 물론이고 공주까지 동석했는데, 공주는 연모하는 이차돈이 중이 되어 나타난 것이 견딜 수 없었으나 그의 설법을 듣는 동안 차츰 마음의 안정을 되찾을 수 있었다.

'인생은 덧없는 것이다. 모든 생명은 반드시 죽고, 세상에 존재하는 것은 반드시 없어진다. 자기가 지은 업보는 머리카락 하나의 무게도 더함이나 덜함이 없이 반드시 자기에게 돌아온다. 이 업보만은 영겁으로 살아서 여섯 길에 흘러 다닌다.'

이차돈이 열정어린 목소리로 전하는 불법의 이치는 뜨거운 감동으로 법흥왕의 가슴 속에 파고들었다. 법흥왕은 이차돈을 한시도 궁중에서 떠나지 못하게 했고, 왕후와 함께 불상 앞에 합장 배례까지 하게 되었다.

임금의 마음을 부처에게 끌어오는 데 성공한 이차돈은 불교 진흥책을 본격적으로 펼치기 위하여 큰절을 짓자고 하여 허락을 받았으며, 절터는 천경림天鏡林으로 정했다.

그렇게 되자 큰 물의가 일어났다. 천경림은 토속 신앙의 성역으로, 아무리 임금이라 하더라도 그 숲을 건드릴 수 없게 되어 있었기 때문이었다. 불교를 아직 공인하지 않고 있는 마당에 신성한 천경림을 쳐 없애고 그 자리에 절을 짓겠다고 했으니, 그러잖아도 불교에 대해서 못마땅하게 생각하고 있던 대다수 민중과 귀족들이 벌떼처럼 들고 일어나는 것은 당연한 결과였다. 특히 공목과 알공 같은 벼슬아치들은 눈엣가시 같은 이차돈을 없앨 절호의 기회라 생각하여 입을 모아 임금에게 아뢰었다.

"이차돈은 법으로 금하고 있는 이색 종교를 교묘한 말로 설법하여 대왕의 마음을 어지럽게 할 뿐 아니라, 절을 짓기 위해 신성한 곳을 파헤치려는 대역 죄인입니다. 마땅히 그를 참형에 처하고 불교를 엄중히 금하여야 합니다."

"이차돈은 짐짓 속세를 떠난 체하면서 머리 깎은 두 여자를 곁에 거느리고 있으니, 이런 추잡한 일이 어디 있겠사옵니까. 그를 문죄하여 법도를 세우소서."

많은 사람들이 그처럼 아우성을 치니, 심약한 법흥왕으로서는 견딜 노릇이 못 되었다. 그래서 마침내 이차돈은 죄를 뒤집어쓰고 사형을 받게 되었다.

그러나 이차돈은 죽음을 눈앞에 두고도 전혀 흔들리는 빛을 보이지 않았다. 오히려 자기 한 목숨을 던짐으로써 우매한 민중으로 하여금 부처의 큰 사랑을 깨닫게 할 수 있을 것이라는 기대와 사명감으로 불탔다.

마침내 참수 집행을 구경하려는 사람들이 구름처럼 모여든 가운데 이차돈은 형장에 끌려나와 꿇어앉았다. 사람들은 바람 잔 호수처럼 고요한 평화가 깃들어 있는 이차돈의 모습을 경외의 눈길로 바라보며 숨을 죽였다.

이차돈은 마지막으로 하늘을 우러러 부르짖었다.

"부처님이시여! 소승에게 이적異蹟을 내림으로써 불쌍한 백성들이 크게 깨닫게 하시옵소서."

곧이어 형리의 칼이 번쩍 무지개를 그렸고, 이차돈의 목은 몸에서 떨어져 나갔다.

그 순간, 참으로 이상한 일이 일어났다. 이차돈의 목에서 흰 젖 같은 피가 열 자나 솟구쳐 나왔고, 머리는 튀어 날아가 금강산의 꼭대기^{지금의 경주 북산의 서쪽 고개}에 떨어진 것이다.

그 광경을 본 임금과 대신들과 백성들은 놀라움과 감동을 이기지 못하여 모두 무릎을 꿇고 탄성을 질렀다.

"아아! 과인이 우유부단하여 애꿎은 이인만 잃고 말았구나. 애석하고 또 애석한 일이로다."

법흥왕은 땅을 치고 후회했다. 그러고는 결연히 선언했다.

"이제부터 불법에 대해 이러쿵저러쿵 말하는 사람이 있으면 그 죄를 물을 것이다. 또한 백성들은 누구나 구애받지 않고 자기가 원하는 믿음을 가지도록 하라."

법흥왕은 이차돈의 몸을 수습하여 머리가 떨어진 곳에다 정중한 장례를 지냈으며, 대궐의 나인들은 좋은 장소에 '자추사'라는 절을 지어 이차돈의 뜻을 기렸다.

그때부터 신라에 불교가 흥성하게 되었으며, 세계에서도 자랑 거리로 꼽히는 찬란한 불교문화 유산이 우리에게 전해지게 되었다.

삼국시대 야사

4

賜紫金魚袋臣 崔致遠奉

敎撰

聞王者之基祖德而峻孫謀也攺以

體以孝爲先仁以推濟衆之善

莫不體無偏於

거칠부와 혜량법사

　신라 제24대 진흥왕 때의 거칠부는 전장에 나가서는 뛰어난 장수로, 조정에 들어와서는 탁월한 정치가며 학자로 이름을 날린 사람이다.

　그는 신라 제17대 내물왕의 5세손이며 이찬 물력의 아들로 태어났는데, 젊어서 남다른 포부를 가지고 중이 되었다. 그리하여 사방으로 돌아다니다가, 문득 이웃 나라 고구려의 정세와 인정, 풍속 등을 알아보고 싶은 생각이 들어 국경을 넘어 들어갔다.

　당시 신라에서는 이차돈의 순교 덕분에 불교가 공인을 받은 지 10여 년밖에 되지 않은 때였지만, 고구려는 불교를 받아들인 지 150년 이상이나 되었다. 그 때문에 불교가 크게 융성했을 뿐 아니라 이름 난 중들도 많았는데, 그 가운데 가장 유명한 고승의 한 사람으로 혜량법사가 꼽히고 있었다.

　거칠부는 그 혜량법사를 찾아가서 제자가 되어 가르침을 받고 싶다고 말했다.

　"그대는 어디 사는 누구인가?"

"예, 어릴 적부터 떠돌아다니는 몸이라 일정한 거처가 없으며, 이름은 거칠부라 합니다."

"그러냐. 그럼 어디 내 밑에서 공부를 해보아라."

"은혜를 베풀어 주셔서 감사합니다."

그래서 거칠부는 혜량법사의 문하에 들어가 불교를 공부하게 되었다.

혜량법사는 며칠 동안 거칠부를 눈여겨본 다음, 다른 사람들이 다 잠든 밤에 그를 조용히 불러서 말했다.

"내 그대를 가만히 보아하니 필시 곡절이 있는 것 같고, 고구려 사람도 아니다. 숨김없이 말하라."

그러자 거칠부는 무릎을 꿇고 머리를 숙이며 솔직히 털어놓았다.

"스승을 기만한 죄를 용서해 주십시오. 사실 저는 신라에서 왔습니다."

"내가 평소에 많은 사람을 만나 보았기 때문에 그대의 모습과 행동거지를 보고 대강 그런 줄 짐작했느니라. 지금 두 나라 사이가 한창 좋지 못한 때인데, 그대는 무슨 생각으로 여기에 들어왔는가?"

"예, 스님. 다른 뜻이 아니고, 제가 멀리 신라에서 자라나 아직도 세상과 학문의 오묘한 도리를 듣지도 깨치지도 못하여 늘 안타깝게 여겨 왔는데, 그러던 중에 스님의 높으신 존함을 듣게 되어 좋은 법문의 가르침을 얻고자 찾아온 것입니다. 부디 물리치지 마시고 저한테 길을 열어주십시오."

거칠부의 진실에서 우러난 고백을 들은 혜량법사는 한숨을 쉬고는 부드러운 목소리로 말했다.

"그대의 말을 듣고 보니 거짓이 아닌 줄을 알겠다. 그러나 나 같은 사람의 눈에도 그대가 범상하지 않은 인물로 비치는데, 다른 사람인들 그대를 눈여겨보지 않는다고 어떻게 장담하겠는가. 고구려는 큰 나라이니, 인물을 알아볼 줄 아는 사람이 도처에 널려 있다고 해도 과언이 아니야. 그러므로 혹시 누군가 자네를 관가에 밀고라도 하는 날이면 어떻게 되겠나. 나는 그것을 걱정하는 바일세. 법문의 깨침도 좋지마는, 일신상의 안전에 비교하겠는가. 그러니 이 길로 자네 나라로 돌아가는 것이 좋겠군."

당시 삼국 가운데 가장 국력이 충실한 고구려는 신라와 백제에 압박을 가하고, 신라와 백제는 개별적으로 또는 연합 형태로 고구려의 남진 정책에 대항하는 실정이었기 때문에, 고구려의 처지에서 볼 때 거칠부는 명백한 첩자의 신분이라 할 수 있었다.

혜량법사의 충고를 들은 거칠부가 생각해 보니, 적국의 정세도 살피고 좋은 스승을 만나 불교에 대한 가르침도 받겠다는 희망으로 고구려에 들어왔으나, 더 이상 오래 머문다는 것은 스스로 위험을 부르는 무모한 일이라 하지 않을 수 없었다.

"스님의 말씀이 백 번 지당합니다. 날이 밝는대로 아침에 떠나겠습니다."

"잘 결정했어. 현명한 생각일세."

그리하여 거칠부는 이튿날 아침에 행장을 차리고 마지막으로 혜량 법사에게 작별 인사를 올렸다.

혜량법사는 거칠부의 손을 잡으며 간곡히 말했다.

"무사히 돌아가길 빌겠네. 헤어지는 마당이니 내 간곡하게 이를 말이 있어. 내가 관상을 좀 볼줄 아는데, 보아 하니 그대는 제비턱에 매눈의 용모를 가졌고, 기상과 후광으로 보아 장차 큰 인물이 될 것 같아. 지금의 정세를 보면 머지 않은 장래에 우리 고구려와 그대의 나라 신라는 전쟁 상태에 들어갈 것으로 예상되는데, 그때 그대가 신라의 장수로서

참전하게 될지 누가 알겠나. 만일 그렇게 되는 경우, 혹시 이 늙은이의 어려움을 보게 되거든, 오늘의 작은 인연을 생각해서라도 모른 척하지 말아주었으면 고맙겠군."

거칠부는 혜량법사가 막연한 예상처럼 말하고 있지만, 그의 높은 법력으로 보아 미래를 꿰뚫어 보고 하는 말임을 알아차렸다. 그는 자기가 높은 인물이 된다는데 감격하여 손을 잡고 간곡히 말했다.

"참으로 감사한 말씀입니다. 훗날 제가 스님께서 말씀하신 정도의 인물이 된다면, 어찌 오늘 베풀어주신 후의를 잊겠습니까. 스님을 도와드릴 수 있는 기회를 얻는다면 더없는 영광일 것입니다. 하늘에 맹세코 제 힘껏 보살펴드릴 것이니 염려마십시오."

"고마운 말이군. 그럼 어서 떠나게."

"다시 뵐 때까지 부디 안녕히 계십시오."

그렇게 작별한 다음, 거칠부는 신라로 돌아왔다.

거칠부는 이번에는 중의 신분으로 돌아가지 않고 머리를 길러 벼슬길에 나섰다. 그리하여 승진에 승진을 거듭하여 신라의 관직 17등급 가운데 5등급인 대아찬이 되었다.

진흥왕 6년545년에는 임금의 명을 받아 국내의 많은 문사를 불러 모아 신라 건국 이래 당시까지의 역사를 편찬하면서 그 총지휘를 맡았다. 그때 편찬된 역사가 지금에 전해지지 않는 것은 애석하기 짝이 없는 일이지만, 어쨌든 거칠부는 역사 편찬의 공로로 한 계급 높은 파진찬까지 승진했다.

그로부터 다시 6년이 지나 진흥왕 12년551년이 되었을 때, 혜량법사의 예언이 실제로 나타나게 되었다. 그 해는 고구려 양원왕 7년이고, 백제 성왕 29년이었는데, 신라는 백제와 동맹을 맺고 고구려를 치기 위한 큰 전쟁을 일으켰다. 그리고 거칠부는 신라군의 으뜸 장수로서 구진, 비태,

탐지, 비서, 노부, 서력부, 비차부, 미진부 등 8명의 장수를 거느리고 출전하게 되었다.

거칠부가 거느린 신라군은 죽령을 넘어 고구려 영내로 쳐들어가 고현 등 10여 고을을 빼앗았고, 연전연승을 거두어 고구려 사람들의 간담을 서늘하게 만들었다.

그러던 어느 날, 군사를 이끌고 행군하던 거칠부는 깜짝 놀랐다. 길가에는 피난을 떠나는 고구려 사람들이 많았는데, 그 가운데 혜량법사의 모습이 눈에 띄었기 때문이었다.

거칠부는 얼른 말에서 내려 혜량법사 앞에 엎드렸다.

"스님, 저를 알아보시겠습니까?"

"오오! 그대는……."

늙은 혜량법사의 눈이 둥그레졌다.

"그렇습니다, 스님. 지난날의 제자 거칠부입니다. 벌써 10여 년 까마득한 세월이 지났습니다마는, 이렇게 갑자기 뵙고 보니 스님께서 하신 말씀이 소롯이 생각나 참으로 감격스럽습니다. 그때 저를 보호해 주신 은혜와 각별한 말씀을 어찌 잊었겠습니까. 저한테 원하시는 것이 있으면 말씀해 주십시오. 제 힘이 닿는 한 도움이 되어드리겠습니다."

"지난날 잠깐 맺은 인연을 그렇게까지 소중히 생각하는 장군의 성실한 태도가 참으로 고맙고 감격스럽구려. 지금 고구려의 국내 사정은 정치가 어지러워서 백성이 살기가 어렵고, 나 같은 빈도가 불법을 전파하는 것도 한계에 다다른 느낌이오. 속인의 세상에서는 나라와 나라가 있으나 부처의 세계에서는 국경 같은 것은 무의미한 즉, 빈승이 신라에 들어가서 불법을 널리 전하는 것으로 여생을 마무리하고 싶은데, 장군은 도와주실 수 있을는지……."

"그런 말씀이라면 소장이 오히려 절하고 받들어야 할 처지입니다."

거칠부는 기뻐하며 혜량법사를 말에 태워 모시고 신라로 돌아왔다. 그러고는 함께 임금을 뵙고, 두 사람 사이에 맺어진 지난날의 인연을 털어놓았다.

진흥왕은 불교에 심취해 있었으므로, 전쟁으로 고구려의 여러 고을을 빼앗은 것보다 혜량법사만한 고승을 얻은 것을 더욱 기쁘게 생각했다. 그리하여 혜량법사에게 승통의 직함을 내리고 신라 역사상 처음으로 불교의 강설회를 열도록 조치했다. 덕분에 혜량법사는 여생을 신라에서 편안히 보내며 불법의 전도에 전념할 수 있었고, 거칠부는 끝까지 그를 보호하여 보은의 약속을 지켰다.

거칠부는 그 후, 관직으로서는 가장 높은 상대등이 되어 78세로 세상을 마쳤다.

우륵과 가야금

　고구려가 북방 민족 특유의 활달하고 진취적인 기상을 십분 발휘하여 급격히 강국으로 올라선 반면에, 신라는 국가 성립이 오히려 고구려보다 한참 앞섰으면서도 반도 남동쪽의 한 귀퉁이만 겨우 차지한 채 발전의 속도가 매우 느렸다.

　그러다가 6세기 무렵부터 이웃 가야국들을 하나하나 병합하여 국토를 넓히면서 커진 국력을 외부로 과시하기 시작했는데, 그 가야국들을 모두 흡수하고 낙동강 유역을 완전히 손아귀에 넣은 것은 제24대 진흥왕 23년[562년]이었다.

　그러나 가야는 비록 신라에 무릎을 꿇기는 했을망정 5백여 년에 이르는 독자적인 국가 역사를 이어왔을 뿐 아니라, 그들의 문화는 초기의 신라보다 오히려 한 단계 우위였음이 오늘날 전해진 모든 유적 유물들이 증명해 주고 있다.

　그 증거물의 하나가 바로 가야금인데, 이 가야금은 지금의 경상북도 고령에 있던 대가야의 마지막 임금 가실왕의 작품으로 알려져 있다.

가실왕은 타고난 예술가인 동시에 발명가였다. 음악에 남다른 조예와 관심이 있는 그는 중국으로부터 들어온 '쟁'이라는 악기를 한참 들여다보다가 이렇게 탄식했다.

"세상 나라마다 사람의 말이 다르듯이 생각과 감정도 다를 것인데, 어찌 그 생각과 감정을 실어내는 악기가 같을 수 있겠는가. 설령 같은 악기를 쓴다 하더라도 곡조만은 달라야 할 것이다. 그렇다면 우리에게 맞는 악기를 먼저 만들어 내고, 다음으로는 그것을 탄주할 곡조를 짓는 일이 필요해. 내가 그 일을 맡아서 성공시켜야겠군."

이렇게 생각한 가실왕은 새로운 악기를 창안하기 위해 연구에 들어갔다. 임금이 부국치민에 힘을 쏟지 않고 생산성과는 전혀 상관없는 분야에 몰두하고 보니 나라가 위태로워지는 것은 당연할지 모르나, 어쨌든 긴 역사와 문화의 안목으로 생각할 때는 대견스럽고 가치 있는 행위가 아닐 수 없었다.

또한 당시는 임금 한 사람이 정신을 똑바로 차린다고 사태가 호전될 수 없을 만큼 가야 사회는 총체적으로 쇠약해져 무너지고 있었고, 상대적으로 신라는 국력이 일어나는 무렵이었으므로 단순 비교와 판단은 적절하지 못한 것이다.

어쨌든 가실왕은 밤낮으로 구상하고 기술자를 독려하여 제작을 거듭한 끝에 마침내 훌륭한 악기 하나를 발명했으니, 그것이 지금 전하고 있는 가야금이다.

가야금의 모양은 천지 구조를 형상화했다. 둥근 머리는 하늘의 둥근 것을 상징하고, 공명부가 평평한 것은 대지의 평평한 것을 나타낸 것이다. 줄이 12가닥인 것은 1년이 12개월인 것과 무관하지 않고, 줄을 고이는 기둥 높이를 세 치로 한 것은 하늘과 땅과 사람 세 가지가 세상을 이루는 기본 조건임을 상정한 것이다. 또한 가야금이 12음계인 것과 지금의 발달한 현대 서양음악이 12음계인 것과 대조하면, 가야금이야말로 가장 완전한 악기의 시초라 할 만하다.

가야금 발명의 주도자가 가실왕이긴 하지만, 그 우수성을 널리 퍼뜨리고 사랑받게 함으로써 민족의 악기, 민중의 음률로 성가를 높여준 사람은 대가야의 음악가 우륵이었다.

우륵은 새로운 악기 가야금을 안고 앉아 여러 가지 곡을 지었다. 그 곡조는 대부분 듣는 사람의 심금을 찌르는 듯한 애조를 띠고 있었는데, 그것은 점점 기울어져 가는 나라의 형편을 걱정하고 슬퍼하는 감정이 뇌리에서 떠나지 않았기 때문이었다. 그가 보기에 나라의 운명은 바람 앞의 촛불과 같았고, 기울어진 운세를 바로잡을 길은 없어 보였다. 그런 생각을 하자니 애끓는 슬픔을 견딜 수 없었고, 그러니 가슴에서 우러나오는 곡조 또한 자연히 슬픔을 띠게 되었던 것이다.

우륵은 도성 앞의 가야천 개울가에 앉아 온종일 가야금을 뜯었다. 수목이 울창한 산, 풍요로운 들판, 유유히 흐르는 강물, 산야에 뛰노는 온갖 짐승들, 계절 따라 피고 지는 꽃들의 아름다움을 각각 곡조에 담아 노래를 지었다. 그것은 힘없는 한낱 예술가의 우국충정인 동시에 자기 책망의 흐느낌이었다. 해가 지고 달이 돋도록 우륵은 일어설 줄을 몰랐고, 눈에서는 하염없는 눈물이 흘러내렸다.

그렇게 슬픔과 탄식으로 나날을 보내던 우륵은 마침내 대가야가 망하는 것과 동시에 가족을 데리고 국원^{지금의 충주}으로 떠났다. 그의 고향은 본래 성열현^{지금의 청풍}이었기 때문에, 고향 가까운 고장으로 이주한 것이다.

이 무렵 신라의 진흥왕은 사방으로 국토를 넓히는 한편, 국내의 여러 고을을 순시하며 백성들이 사는 형편을 살펴보았다. 그리하여 낭성^{지금의} ^{청주}이란 곳에 이르러 피곤한 행차를 쉬게 되었다.

그곳 사람들이 임금을 즐겁게 해주기 위해 여러 가지로 애를 쓰는 가운데, 누군가가 이렇게 말했다.

"대가야 출신 음악인 우륵이란 사람이 지금 이곳에서 가까운 국원에 와서 살고 있사온데, 그를 불러다 탄주하게 하오면 어떨는지요."

그 말을 들은 진흥왕은 기뻐하며 말했다.

"과인이 도성을 출발한 후로 음률다운 음률을 들어보지 못하였구나. 우륵이라고 하면 그 이름이 널리 알려진 인물이니, 사람을 보내어 데려오 도록 하라."

초대를 받은 우륵은 마음이 내키지 않았으나 거절할 수가 없었다. 진흥왕이 비록 신라의 임금이긴 하지만 현명한 군주로 알려져 있었고, 또한 간곡히 청하는 태도가 예술을 이해하고 사랑하는 것 같았기 때문 이다. 그래서 제자인 이문에게 가야금을 들려 함께 낭성으로 들어갔다.

우륵을 만난 진흥왕은 몹시 기뻐하며 맞이했다.

"그대의 명성은 익히 들어서 알고 있다. 노독에 지친 과인을 위하여 몇 곡조 울려 주겠느냐?"

"하찮은 재주로 대왕마마의 기대에 부응할 수 있을지 두렵나이다."

우륵은 그렇게 대답하고 나서 제자로부터 가야금을 넘겨받아 눈을 지그시 감고 줄을 퉁기기 시작했다. 열두 가닥 줄에서 흘러나오는 가락은 듣는 이의 가슴을 뭉클하게 하고, 까닭 모를 슬픔에 콧날이 시큰하도록 만들었다. 진흥왕뿐 아니라 그 자리에 있던 모든 사람들이 우륵의 가야금 솜씨에 취하여 넋이 나간 것처럼 되었다.

이윽고 한 차례의 연주가 끝나자, 진흥왕은 우륵에게 손수 술을 따라주면서 말했다.

"그대의 음률은 참으로 신묘하다. 그 악기를 그대의 예전 임금이 만들었다지?"

"그렇사옵니다."

"무릇 임금된 자가 가무에 너무 빠지면 나라가 걱정스러워지는 법이다. 그러지 않아도 가야는 이미 국운이 기울어 돌이킬 수 없는 지경이 되었으니……, 하기야 그 임금인들 무슨 방법이 있었겠는가. 신라와 가야는 비록 경계가 달랐을망정 같은 땅을 파먹고 사는 같은 백성들이었으니, 이제 한 나라로 합쳐진 것도 하늘이 정한 운수가 아니겠느냐."

"지당하온 말씀입니다."

"그대가 명성에 걸맞지 않게 궁벽한 곳에 숨어 지내는 심정은 짐작이 가는 바이나, 과인을 따라 서라벌로 올라가 만천하에 기예를 한껏 펼치는 것이 어떨꼬?"

"분에 넘친 말씀이오나, 저는 오로지 산야에서 자연과 음악을 벗삼아 남은 세월을 마치고자 하나이다."

"정 그렇다면 할 수 없구나."

진흥왕은 한숨을 내쉬고 더 강권하지 않았다.

이윽고 서라벌로 돌아온 진흥왕은 우륵에 대한 아쉬움을 떨쳐버리지 못해 젊은 음악인 중에서 유능한 사람을 골라 우륵에게 보내어 그의 음악을 전수 받게 했다. 왕명을 받은 사람은 법지, 계고, 만덕 세 젊은이였는데, 그들은 국원의 우륵을 찾아가서 임금의 뜻을 전하고 제자로 받아줄 것을 요청했다.

우륵은 자기에 대한 임금의 호의가 고마웠고, 총명한 젊은 제자들을 얻은 것이 기뻤다. 그리하여 법지에게는 성악을 가르치고, 계고에게는 기악을 가르치며, 만덕에게는 춤을 가르쳤다.

세 젊은이가 우륵의 문하에서 음악을 공부한 지 몇 년이 지났다. 그동안 그들은 스승이 지은 열두 곡조를 완전히 통달한 다음, 그것을 자기들 나름대로 분석해 보았다.

"아무리 선생님의 곡이고 아름답긴 하지만, 망국의 한을 풀어낸 듯한 슬픈 가락은 마음에 들지 않아."

"그래, 음악은 본래 기쁨을 얻기 위하여 있는 것인데 마음을 슬프게만 한대서야 곤란하지 않은가."

그렇게 마음을 맞춘 세 젊은이는 우륵의 곡을 좀 더 명랑하고 흥겨운 다섯 곡으로 개작하여 본인에게 들려주었다.

'이런 버릇없는 놈들! 감히 스승의 곡을 이 따위로······.'

우륵은 순간적으로 화가 났으나, 감정을 억제하고 끝까지 들어보았다. 그러고는 고개를 끄덕였다.

"너희들은 내가 지은 곡이 망국의 슬픔을 의미한 것이라 하여 마음에 들지 않았던 모양인데, 그것은 나로서도 어쩔 수 없는 노릇이었다. 그러나 음악이란 것은 꼭 즐거움을 얻고자 하여 존재하는 것은 아니다. 슬픔을 슬픔 그대로 표현한 음악도 훌륭한 가치가 있는 법이야."

"······."

"그러나저러나, 너희들이 개작한 곡도 나쁘지는 않구나. 너희들의 기예가 상당한 수준에 달하여, 이제 나로서는 더 가르칠 것이 없다. 그러니 서라벌로 돌아가 가야금을 보급하고 음악을 널리 전하도록 하여라."

이렇게 말하고 세 사람을 돌려보낸 우륵은 찢어지게 가난한 살림살이에는 아랑곳하지 않고 여전히 가야금을 벗삼아 자연과 더불어 남은 여생을 보냈다.

역사 문헌에는 우륵이 망해 가는 가야를 버리고 신라로 귀화한 것으로 되어 있으나, 그것은 승리한 자의 기록에 근거한 것일 뿐이다.

어쨌든 고령의 금곡, 충주의 탄금대 등이 우륵의 유적으로 지금까지 전하고 있거니와, 가야금은 마침내 신라의 대표적인 악기가 되어 널리 퍼졌고, 당시에 작곡된 곡조만도 185곡이나 되었다고 한다.

가실왕도 우륵도, 신라도, 가야도 없어진 지 오래되었지만, 그래도 가야금은 고유의 악기로 지금까지 고스란히 살아남아서 아득한 시공을 뛰어넘어, 당시와 오늘의 민족 정서를 연결해 주고 있다.

도화와 진지왕

신라 25대 진지왕 때의 일이다.

사량부란 곳에 도화라는 처녀가 있었는데, 한미한 집안 출신이기는 하나 마음씨가 착하고 슬기로울 뿐 아니라 그 모습이 절세의 미모여서 수많은 남자들을 애타게 만들었다. 도화라는 이름도 봄바람에 피어나는 복숭아꽃 같다고 하여 부모가 이어준 것이었다.

도화는 나이 15살이 되었을 때 근처에 사는 근실한 청년과 결혼을 했다. 그들은 비록 가난하긴 했으나 서로 사랑하고 아낌으로써 달콤하고 행복한 나날이 계속되었다.

그러한 형산의 백옥은 바위틈에서도 빛이 나고, 깊은 골짜기의 난초는 십 리까지 향기를 전하는 법이라고 했다. 도화의 빼어난 아름다움은 사람의 입에서 입으로 널리 전해져, 어느덧 그 소문이 임금의 귀에까지 들어가게 되었다.

진지왕은 진흥왕의 작은아들로서 이름은 사륜이라 했는데, 태자 인 형이 일찍 죽는 바람에 보위를 이어받은 행운아였다. 그런데, 이 진지왕이라는 인물은 임금으로서의 능력은 여하간에 여색을 몹시 좋아하는 인물로 알려져 있었다. 그런 진지왕의 귀에 도화의 이름이 들어갔으니, 사건이 생기지 않을 수 없었다.

'도화라는 여자가 그토록 이름답단 말이냐. 그렇다면 과인 같은 호걸 한량이 어찌 듣고 가만히 있을 수 있겠는가.'

호기심이 동한 진지왕은 사람을 시켜 도화를 불러오게 했다. 그러나 사량부에 갔던 신하는 빈 손으로 돌아와 말했다.

"황공하옵게도, 그 여인을 데려올 수 없었나이다."

"그게 무슨 말인가?"

"그 여인은 이미 결혼한 몸이었고, 정절은 여자에게 생명보다 중요한 것이라고 하며 거절하는 바람에 어쩔 수 없었습니다."

"아니, 지엄한 왕명을 그토록 무시하더란 말이냐."

"강제로 끌고 간다면 혀를 깨물고 자결하겠다고 했습니다."

"저런!"

진지왕의 입에서 탄식이 흘러나왔다. 그로서는 생각지도 못한 결과였다. 웬만한 여자라면 임금의 후궁이 되어 부귀영화를 누릴 수 있는 기회를 마다할 리가 없을 터였다. 비록 결혼을 했다 하더라도 임금의 명령이라면 혼비백산해서 체념하고 따라야 정상이 아니겠는가. 그런데도 죽음을 걸고 거부했다고 하니 기가 막힐 노릇이 아닐 수 없었다.

"그토록 정절이 굳센 여자라고 하니 더더욱 궁금하구나. 과인은 내일 사량부로 사냥을 나갈 것이니 채비를 차리도록 하라."

진지왕이 말했다. 도화를 만나 보기 위해 일부러 사냥을 떠나기로 한 것이다.

이튿날, 진지왕은 신하들을 거느리고 대궐을 나섰다. 그리하여 사량부에 도착한 진지왕은 사냥은 뒷전으로 돌리고 도화의 집으로 먼저 행차했다.

느닷없이 임금의 일행이 들이닥친 바람에 도화의 집은 물론이고 이웃에서도 혼비백산하여 어쩔 줄을 몰랐다.

"네가 도화냐?"

진지왕은 땅에 엎드린 사람들을 둘러보다가 몸매가 유난히 돋보이는 여자를 발견하고는 물었다.

"그러하옵니다."

기어들어가는 대답이었으나, 옥이 쟁반 위에 구르는 듯이 영롱한 음성이었다.

"어디 고개를 들어보아라."

"……."

"고개를 들라고 하지 않느냐."

그제야 여인은 눈을 내리깐 채 고개를 살짝 들었다.

"아하!"

진지왕의 입에서 감탄사가 저절로 나왔다. 비록 허름한 옷을 입고 있을망정 맑은 살결이며 긴 속눈썹, 오뚝한 콧날, 도톰하고 붉은 입술은 절세의 미모임이 틀림없었다. 가슴이 두근거리고 정신이 혼란해진 진지왕은 체통도 잊어버리고 말했다.

"너의 소문이 퍼지고 퍼져 과인의 귀에까지 전해졌기에 한번 만나보고 싶어 불렀으나 그대가 응하지 않는다기에 이렇게 찾아왔노라."

"지존이신 대왕마마를 이런 누추한 곳까지 납시게 한 죄가 큰 줄 아옵니다."

"아무튼 직접 만나보니 소문이 헛되지 않구나. 과연 화용월태로다."

"미천한 것을 두고 칭찬이 지나치시어 듣기 민망하옵니다."

"그렇지 않다. 여자에 관해서는 과인만큼 눈이 높은 사람도 드물 것이다. 그만한 인물로 이런 벽지에서 들꽃처럼 살다가 스러져서야 아깝지 않으냐. 어떤가. 과인을 따라서 궁궐로 들어갈 생각이 없느냐?"

"황공하오나 이 몸은 이미 지아비가 있사옵니다."

"여자의 정절이란 생각하기 나름이지. 네가 앞으로 오로지 과인 한 사람을 섬기는 것도 정절이 될 수 있어. 너의 남편한테는 평생 호의호식할 수 있도록 충분한 보답을 하면 되지 않을까?"

"지아비 역시 천녀를 사랑하여 어떤 조건을 제시해도 응하지 않을 사람입니다."

"그것은 장담할 수 없지. 지금 남편은 어디에 있느냐?"

"멀리 사냥을 나갔기 때문에 오늘은 돌아오지 않을 것이옵니다."

"과인은 이 나라의 임금이다. 따라서 원하는 것은 무엇이든지 이룰 수 있고, 누구도 과인의 뜻을 거스를 수 없느니라. 과인이 임금의 위엄으로 너를 붙들어 도성으로 데려간다고 하면 어떻게 하겠느냐?"

"황공하오나, 천녀는 오로지 죽음으로 정절을 지킬 따름이옵니다."

진지왕은 기가 막혔다. 여자가 그토록 완강하게 나오는 마당에는 어쩔 도리가 없었던 것이다.

그렇다고 해서 그냥 단념하고 돌아갈 수도 없었다. 임금의 체통도 체통이려니와, 한번 본 도화의 모습을 도저히 잊을 수가 없을 것 같았기 때문이었다.

"네가 그토록 완강하게 거부한다면 하는 수 없구나. 그렇지만 과인이 너를 생각하는 마음은 일시적 음욕이 아니다. 후궁으로 들여 평생을 사랑하고 싶은 것이 과인의 진실한 마음임을 알아주면 고맙겠구나."

"천녀를 그렇게까지 생각해 주셔서 감사하오나, 제 지아비가 살아 있는 한 절대 불가한 일일 것이옵니다."

"그렇다면 남편이 죽는 경우에는 어떻게 하겠느냐?"

"……."

"왜 대답을 못하는가. 남편이 혹시 병이라도 들어 덜컥 죽고나면 과인에게 몸을 허락하겠느냐?"

"그, 그때에야 왕명을 거역할 명분이 없지 않겠사옵니까."

도화는 당황해서 얼른 대답했다. 자기의 그 대답이 스스로 판 함정 이라는 사실을 미처 깨달을 틈이 없었다.

"알겠다. 네가 그렇게까지 말하는데 과인인들 어떻게 하겠느냐."

진지왕은 짐짓 그렇게 말하고 신하들을 데리고 떠나갔다.

임금의 처지에서 보면, 도화의 남편 하나쯤 쥐도 새도 모르게 죽여 버리는 일은 아무것도 아니었다. 다만, 즉시 일을 벌이면 의심을 사서 도리어 도화의 마음이 꽉 닫히게 될지 모르는 일이므로 시간을 두고 적당한 기회를 기다리기로 했다.

그러나 일이란 결코 원하는 대로 잘 풀리지 않는 것이 세상 이치다. 진지왕은 보위에 오른 지 3년 만에 도화에 대한 염원을 가슴에 품은 채 갑자기 병이 들어 세상을 떠나고 말았다. 더욱 공교로운 일은, 진지왕이 죽은 이듬해에 도화의 남편 역시 사냥을 나갔다가 크게 다쳐서 결국 죽고 만 것이다. 그렇게 되니 도화의 처지는 속담처럼 '게도 구럭도 다 잃은' 격이었다.

남편의 장례를 치르고 나서 3주일이 지난 날 밤이었다.

도화의 집 바깥에서 갑자기 차마 소리와 시위 소리가 요란하게 들려

왔다. 깜짝 놀란 도화가 내다보니, 진지왕이 생전의 모습 그대로 용포를 입고 옥관을 쓰고 싱긋이 웃으며 나타나는 것이 아닌가. 원념을 가진 혼은 저승으로 가지 못하고 인간 세계를 떠도는 법이건만, 도화로서는 임금이 세상을 떠났다는 사실조차 모르고 있었다.

"오래간만이구나. 남편이 죽어서 상심이 클 것이다만, 과인은 한시도 너를 잊지 못해 애를 끓이다가 때가 되었기에 달려왔노라. 이제는 과인에게 몸을 허락할 수 있겠지?"

도화는 기가 막혔다. 임금이 이렇게까지 자기를 못 잊어 했는가 싶어 감격스럽기도 했다. 사람의 마음은 얄궂은 것이다. 지난날에는 음흉한 색한으로 보았던 임금이 이제는 정열의 사나이로 보이자, 이것도 내 운명이고 팔자가 아니겠느냐 싶었다.

"천녀를 그토록 생각하셨다니 감읍할 따름이옵니다. 지아비도 세상을 떠난 마당에 이제 무슨 핑계로 또 대왕마마의 뜻을 거스르겠습니까. 처분에 따르겠사옵니다."

"잘 생각했다. 그 말을 듣고 싶어 그동안 얼마나 애간장이 탔던고."

진지왕은 몹시 기뻐하며 도화의 손을 넌지시 끌어당겼다.

그로부터 1주일 동안 진지왕과 도화는 만사를 잊은 채 즐거움과 행복 속에 파묻혀 지냈다. 그러던 어느 날, 진지왕이 슬픈 듯이 말했다.

"그대와 운우지락의 염원을 풀었으니, 이제는 떠나야겠구나."

"그러면 천녀도 데리고 가시는 거지요?"

"미안하지만 그럴 수가 없구나. 과인은 그대를 잊지 못해 잠시 들른 것일 뿐, 우리는 이미 다른 세계에 몸을 담고 있으니 어쩌겠느냐. 부디 잘 있거라."

그렇게 말한 다음, 진지왕은 홀연히 자취를 감추었다. 깜짝 놀란 도화가 붙잡을 겨를도 없었다. 임금과 함께 도화의 집을 둘러썼던 신하들과 차마들도 순식간에 흔적도 없이 사라졌으나, 다만 지붕 위에 오색구름과 집안에 알 수 없는 향기는 오래도록 남아 있었다.

그제야 사정을 알아차린 도화는 한편 두렵기도 하고, 슬프기도 했다. 그녀는 자신의 기구한 운명을 탄식하면서 눈물을 흘렸다.

이야기는 거기에서 끝나지 않고 다시 이어진다.

진지왕의 영혼과 아쉽게 짧은 사랑을 나누었을 뿐인데 도화의 몸에는 태기가 있더니, 열 달만에 사내아이가 태어났다. 그가 곧 신라의 신장군神將軍으로 일컬어지는 비형이다.

당시 신라의 임금은 26대 진평왕으로서, 그는 전왕의 조카였다. 진평왕은 그 신기한 소문을 듣고 도화와 비형을 대궐에 불러들여 따뜻하게 뒤를 보살펴주었다.

비형은 점점 자라나서 15세가 되자, 몸집이 우람하고 지혜가 뛰어났는데, 진평왕은 사촌이라 할 수 있는 비형을 몹시 아꼈다. 그런데 이상한 소문이 진평왕의 귀에 들어갔다.

'비형은 날마다 밤에 대궐을 몰래 빠져나갔다가 새벽 종소리가 들려서야 다시 몰래 들어온단다.'

그 말을 들은 진평왕은 몸이 날래고 담력이 센 신하를 시켜 소문의 근거를 조사하게 했다. 임금의 명을 받은 신하는 밤이 되기를 기다렸다가 비형의 뒤를 밟았는데, 밤중에 대궐을 빠져나간 비형은 월성 서쪽의 강가에서 여러 도깨비들과 재미있게 놀고 있었다.

신하로부터 그 보고를 받은 진평왕은 위의를 차리고 비형을 불러들여 물었다.

"네가 밤중이면 대궐을 빠져나가 뭇도깨비들과 어울린다고 하는데, 그것이 사실이냐?"

임금의 추궁을 받은 비형은 거짓말을 해봐야 소용이 없음을 알았다.

"예, 사실이옵니다."

"그러면 너는 도깨비를 능히 부릴 수 있단 말이냐?"

"그렇사옵니다."

"요사스러운 짓을 한 죄를 물을 것이지만, 네가 과연 그만한 재주를 가지고 있다는 증거를 보이면 용서하리라. 그럼 오늘밤 신원사의 북대천에 다리를 놓아 보아라."

신원사는 당시 서라벌의 이름난 절이었는데, 북쪽에 큰 개울이 있어서 사람들이 드나들기에 큰 불편을 느끼고 있었다.

임금의 명을 받은 비형은 그날 밤 도깨비들을 동원하여 북대천 위에 크고 튼튼한 돌다리를 만들어 놓았다. 사람들은 그 다리를 귀교라 했다.

진평왕이 다시 말했다.

"이제 네 재주가 보통이 아님을 알겠다. 그런데, 도깨비 가운데 조정에 나와서 일을 할 만한 귀신이 있으면 천거하라."

"예, 길달이라고 하는 도깨비가 능히 그럴 만한 그릇이 됩니다."

"그런가. 어디 데려와 보아라."

그렇게 하여 조정에 출사한 도깨비 길달은 임금으로부터 벼슬을 받고 사람처럼 조정의 일을 보게 되었는데, 충직하고 부지런해서 무슨 일이든지 잘 감당해 내었다.

매우 흡족한 진평왕은 길달을 각간 벼슬에 있는 임종의 양아들로 주선하고, 흥륜사의 절문을 짓게 했다. 그래서 명을 받은 길달이 하룻밤 사이에 절문을 뚝딱 지어 놓으니, 그 문이 길달문이다.

길달은 비록 사람의 세상에 나와서 사람처럼 행동하기는 했으나 위화감과 한계를 느끼지 않을 수 없었다. 그래서 마침내 여우로 변신하여 도망치고 말았다.

그 사실을 알고 몹시 노한 비형은 여러 도깨비를 시켜 길달을 잡아오게 하여 죽여 버렸다. 도깨비들은 비형의 행동을 보고 몹시 두려워하여, 그 뒤부터는 비형이라는 이름만 들어도 천리만리 도망칠 지경이었다.

사람들은 노래를 지어 비형을 찬미했는데, 그 노랫말은 나중에 귀신을 쫓는 부적으로서 신라 사람들이 너도나도 문에다 붙일 정도였다고 한다.

나라의 기둥 김유신

　　김유신은 금관가야를 세운 수로왕의 12세손이다. 금관가야의 제
10대 구해왕은 수로왕의 9세손인 동시에 김유신의 증조 할아버지다.

　　법흥왕 때 금관가야는 신라에 병합되었는데, 김유신의 할아버지
무력은 신라 조정에 출사하여 신주도 행군총관이 되어 백제의 성왕과
장수 4명을 사로잡고 군사 1만여 명의 머리를 자르는 무공을 세워 이름을
떨쳤으며, 김유신의 아버지 서현은 벼슬이 소판, 대량주도독, 안무
대량주제군사에 이르렀다. 이만하면 김유신의 출신이 어느 정도인가를 알
수 있다.

　　서현은 우연히 길에서 만명이라는 아름다운 아가씨를 만나 서로
사랑하여 몰래 깊은 관계를 맺었는데, 그녀는 갈문왕 입종의 아들인
숙흘종의 딸이었다.

　　서현이 만노군^{지금의 진천} 태수가 되어 부임할 때 만명을 데리고 가려
했으나, 사정을 알게 된 숙흘종이 크게 노하여 딸을 방에 가두고 식구들
로 하여금 지키게 했다.

그런데 갑자기 벼락이 쳐서 방문이 부서지는 바람에 지키던 사람이 한동안 정신이 혼미한 틈을 타서 만명은 도망을 쳐 서현에게 달려갔다. 그리하여 두 사람은 만노군으로 사랑의 도피행을 할 수 있게 되었다.

어느 날 밤, 서현은 화성과 토성 두 별이 자기한테 내려와 떨어지는 꿈을 꾸었다. 잠에서 깨어난 서현은 아내에게 꿈 이야기를 했다.

"부인, 이것은 신묘한 꿈이 아니겠소?"

"그렇군요. 아마도 태몽인 듯합니다."

"그래요? 그렇다면 우리가 큰 인물을 얻게 되려나보군. 어디 하나 만들어 봅시다."

서현은 그러면서 만명을 끌어안았다.

그로부터 한 달 남짓 후 이번에는 만명이 꿈을 꾸었는데, 하늘에서 한 동자가 금빛 갑옷을 입고 구름을 타고 내려와서 집안으로 들어오는 것이었다. 그 역시 매우 길한 꿈이었으므로, 부부는 큰 기대를 갖게 되었다.

아나나 다를까, 만명은 곧 임신하여 다른 사람의 경우보다 곱절인 스무 달 만에 지독한 난산 끝에 건강한 사내아이를 낳으니, 때는 제26대 진평왕 12년595년이었다.

"수고했소, 부인. 드디어 우리가 원하던 아이를 얻었구려."

"정말 꿈이 점지한 대로 큰 인물이 되었으면 좋겠어요."

"되겠지. 암, 되고말고."

부부는 몹시 기뻐했다.

"그런데 이름을 뭐라고 하면 좋을까요?"

"가만 있자. 내가 그 별꿈을 꾼 날이 육십갑자로 따지면 경진庚辰날이 었지. 그걸 따와서 김경진이라……. 어떻소?"

"그렇지만, 일진으로 아이 이름을 정하는 것이 괜찮을지 모르겠군요."

"부인 마음에 정 꺼림칙하다면⋯⋯. 경庚은 유庾와 새김이 비슷하고 진辰은 신信과 발음이 비슷하며, 옛날 현인 중에도 유신이란 이름이 있었으니, 그렇게 따와서 유신으로 합시다."

"그래요 그것이 좋겠군요."

이렇게 하여 역사상의 인걸 김유신이 탄생하게 된 것이다.

김유신은 15세에 화랑이 되었는데, 당시 삼국은 서로 영토 확장에 급급하여 끊일 사이없이 치열한 전투를 했다.

17세 때 김유신은 크게 뜻한 바가 있어 홀로 깊은 산 속의 석굴에 들어갔다. 그러고는 몸을 깨끗이 하고 하늘을 우러러 간곡히 빌었다.

"하늘이시여! 오늘날 적국은 승냥이나 호랑이처럼 사나워져서 거의 해마다 우리나라의 강토를 침공하여 소란하게 하므로 평안한 날이 없을 지경입니다. 저는 한낱 미미한 존재로서 재량과 용력은 부족하나 이와 같은 환난을 없애고자 하는 뜻을 가지고 있사오니, 부디 이를 살피시어 이 손에 힘을 주소서."

이처럼 기도하기 나흘만에 갑자기 갈포옷을 입고 수염이 허연 노인이 나타나서 물었다.

"이곳은 독한 벌레와 사나운 짐승이 많으므로 무서운 곳인데, 소년은 무슨 까닭으로 이런 곳에 와서 이러고 있는가?"

김유신은 그 노인이 보통 사람이 아님을 알아차리고, 공손한 말씨로 자신의 포부를 밝혔다.

"어른께서는 어디서 오셨으며, 존명을 어떻게 부르는지 알고 싶습니다."

"나는 일정하게 사는 곳이 없고, 가고 오는 것은 오로지 인연에 따라서 행한다네. 사람들은 나를 난승이라고 부르지."

김유신은 노인 앞에 두 번 절하고 꿇어앉아 간곡히 말했다.

"저는 서라벌 태생으로 나라의 원수를 생각하면 속이 상하고 머리가 아파 기도를 하려고 여기에 왔습니다. 이제 다행히 신령한 어른을 만나 뵙게 되었으니, 아무쪼록 불쌍히 여기셔서 물리치지 마시고 방책을 가르쳐 주십시오."

그러나 노인은 눈을 감고 아무 말없이 고개를 젓기만 했다.

김유신은 눈물을 흘리며 몇 번이고 머리를 조아려 애걸했다. 마침내 노인은 할 수 없다는 듯이 한숨을 쉬고 말했다.

"네가 어린 몸으로 삼국을 아우르려는 포부를 가지고 있으니 가상하구나. 그러나 내가 가르쳐주는 비법은 삼가하여 사용해야 하고 다른 사람한테 전하지도 말아야 한다. 만약 이것을 불의에 사용하면 큰 앙화를 면치 못할 것이니, 그대로 시행할 수 있겠느냐?"

"하다 뿐이겠습니까. 맹세코 한 입으로 두 말을 하지는 않을 것이오니 걱정마십시오."

그제야 노인은 무예에 관한 실기와 이론과 병법을 전수해 주었는데, 김유신으로서는 듣지도 보지도 못한 고차원의 내용이었다. 워낙 총명한 김유신이고 보니 받아들이는 것도 빨라서, 수십 일만에 노인의 신비한 기량을 모두 전수받을 수 있었다.

노인이 마침내 말했다.

"이제 내가 더 가르칠 것이 없다. 너는 세상에 나가 뜻을 펴야 할 것이거니와, 아무쪼록 나와 한 약속을 저버리지 말라."

"여부가 있겠습니까. 스승님의 은혜는 실로 백골난망입니다."

"장수로서 가장 경계해야 할 일이 교만과 서두름이니라. 아직도 자신이 부족하다고 늘 생각하면서, 나한테 배운 것을 기초로 하여 더욱 정진을 거듭하라. 나라에 헌신할 기회는 저절로 찾아오리라."

"말씀 명심하겠습니다."

김유신은 거듭 절하며 노인에게 감사를 올렸다. 그리고 나서 고개를 드니 노인의 모습은 온데 간데 없고, 다만 산 위에 찬란한 오색 광채만 빛나고 있었다.

산을 내려온 김유신은 노인의 당부대로 무예 연마와 병서 공부에 더욱 노력하면서 나라에 공을 세울 기회를 기다렸다.

이듬해에도 외적이 변방을 침공하여 나라가 어수선했으나, 그는 출정의 기회를 얻지 못했다. 마음이 산란해서 열박산 깊은 골짜기에 들어가 향불을 피우고 지난번처럼 하늘을 향하여 맹세의 기도를 하니, 하늘에서 갑자기 이상한 빛이 내려와 그의 보검을 비추었다. 그러다가 사흘째 되는 날에는 허성과 각성의 두 별이 눈부시게 빛나면서 그 빛이 내려와 칼날을 찌르릉하게 울리는 것이었다.

'이것은 필경 신령스러운 힘이 점점 내 몸에 실리는 징조이다.'

그는 그렇게 생각하며 호국의 피 끓는 정열을 달래었다.

김유신은 심신의 수련에 더욱 열중하는 한편, 동료 낭도들과 나라의 장래 문제를 놓고 수시로 열띤 토론을 벌이곤 했다.

같은 낭도 중에 백석이란 화랑이 있었는데, 그가 어느 날 김유신에게 은근히 말했다.

"우리의 강적은 뭐니뭐니 해도 고구려야. 백제는 땅도 작고 국력 또한 보잘것없지만, 고구려는 강토가 광활하고 백성들의 기상이 사나워 우리에게 큰 위협이 아닐 수 없어. 우리 신라가 융성하려면 기필코 고구려를 쳐서 넘어뜨려야 하는데, 그러기 위해서는 그 나라의 사정을 속속들이 아는 것이 무엇보다 우선 과제란 말이야."

"그래서?"

"그러니 우리 둘이 몰래 고구려에 잠입하여 탐색하고 돌아오는 것이 어떻겠어? 그러면 우리가 나라에 큰 공을 세울 수 있을 거야."

"그거 썩 괜찮은 생각이군. 그럼 같이 조용히 떠나자꾸나."

이처럼 말을 맞춘 두 사람은 밤중에 몰래 서라벌을 출발했다. 그리하여 다음 날 어느 고갯마루에서 쉬고 있을 때, 아리따운 세 여자가 나타났다. 여자들은 길동무를 하자며 따라붙었는데, 은근한 교태로 유혹하는 수작이 매우 수상쩍었다. 그렇지만 김유신이나 백석 또한 피가 더운 젊은이였으므로 그 유혹을 굳이 물리치려고 하지 않았다.

마침내 김유신은 특히 자기에게 관심을 보이는 한 여자를 데리고 따로 숲속으로 들어갔다. 그런데 숲속에 들어가자마자 여자는 갑자기 신령으로 변하여 말했다.

"너는 어찌하여 철없이 위험한 짓을 하려고 하는가?"

"그것이 무슨 말씀이오니까?"

"우리는 호국신護國神이니라. 너는 지금 적국인이 너를 유인해 가는 줄도 모르느냐."

"아니, 그럼……."

"그렇다. 너의 동행자는 적국의 첩자로서, 장차 이 나라의 대들보가 될 너를 처치하기 위해 거짓말로 부추긴 것이다. 사실을 알았으면 적절한 방도를 취하여 큰 후회가 없도록 하여라."

이런 말을 해주고 신령은 홀연히 자취를 감추었다.

김유신은 놀랍고도 고마워 절을 한 뒤, 어떻게 해야 할지를 생각해 보았다. 섣불리 백석을 붙잡으려고 하다가는 칼부림이 일어나거나 놓치는 결과가 될지도 모르는 일이었다. 그래서 계략을 쓰기로 하고 숲에서 나오니, 백석 역시 여자들이 갑작스럽게 자취를 감춘 바람에 어리둥절해 있었다.

김유신은 그런 백석에게 태연히 말했다.

"우리가 본 것은 사람이 아니라 헛것이었던 모양이야. 이런 일을 당한 것을 보더라도 이번 길이 순탄하지 못할 것임을 알 수 있어. 가만히 생각해 보니 우리 집에 전해 내려오는 고구려의 지도가 있는데, 그것을 가지고 가면 길도 수월하게 찾을 수 있을 뿐 아니라 내정 탐색에 많은 참고가 될 거야. 도로 가서 그걸 가지고 떠나자."

김유신은 그렇게 설득하여 다시 서라벌로 돌아오자마자, 백석을 붙잡아 그의 정체를 노출시키고 위기를 모면했던 것이다.

김유신이 처음으로 전투다운 전투에서 공을 세운 것은 진평왕 46년629년, 그의 나이 서른네 살 때였다. 그 해에 신라군은 이찬 임영리, 파진찬 용춘, 소판 서현 등의 지휘 아래 고구려의 낭비성淸주을 공략하게 되었는데, 김유신은 당주幢主라는 군관 신분으로 참가했다.

처음에는 신라군이 크게 불리했다. 그럴 때, 유신이 투구를 벗어 던지고 필마단기로 구덩이를 뛰어넘어 적진에 쳐들어가 적장의 머리를 베어오는 바람에 크게 사기가 오른 신라군이 총공격을 감행해 5천여 명을 죽이고 1천여 명을 사로잡는 대전과를 올린 것이다.

그 한 번의 전투로 김유신은 일약 영웅으로서 이름을 떨치게 되었고, 그의 벼슬은 점점 올라갔다. 선덕여왕 치세이던 48세 때에는 압량주지금의 경산의 군주軍主가 되었다가 이듬해에 소판이 되었고, 다시 상장군이 되었다.

그는 투구와 갑옷을 벗을 겨를도 없이 전장을 누비고 다녔다. 그러다 보니 싸움에서 돌아와 임금에게 복명한 다음 집에 들르기도 전에 다시 급한 상황을 당하여 전장으로 달려가는 경우도 없지 않았다.

그는 가는 곳마다 승리를 거두어 나라를 구하는 동시에 적의 간담을 서늘하게 만들었다. 외교의 김춘추와 더불어 실로 나라의 굳건한 기둥이었던 것이다.

그처럼 외적의 침공에 온 나라가 어려움을 겪을 무렵, 이번에는 국내에서 환난이 발생해 자칫 국가 기반이 위태롭게 되었다. 647년에 선덕여왕이 재위 16년을 마감하고 세상을 떠난 후 제28대 진덕여왕이 즉위했는데, 대신인 비담과 염종 두 사람이 반란을 일으킨 것이다.

"도대체 치마 입은 족속들이 대를 이어 왕위를 차지하다니, 이러고서야 나라꼴이 무엇이 되겠는가. 마땅히 새로운 임금을 추대하여 왕권을 강화하고 국난을 극복해야 한다."

이것이 비담과 염종의 명분이었고, 일부 동조자들도 있었다. 실로 내우외환의 국면이 아닐 수 없었다.

반란자들은 명활성을 근거지로 하여 상당한 군사력으로 서라벌을 압박했는데, 그에 대하여 관군은 월성에 주둔하여 맞섰다. 그리고, 그 관군을 이끈 사람은 김유신이었다.

거의 10여 일 동안 때리고 맞는 공방전이 계속되었을 때, 한밤중에 갑자기 큰 별이 월성에 떨어졌다. 그 광경을 본 비담이 칼을 높이 빼어들며 소리쳤다.

"보아라! 별이 떨어지면 그곳에 유혈이 있을 징조라고 했거늘, 이제 여왕은 틀림없이 패망할 것이다."

반란군들은 그 말을 듣고 환호성을 질렀는데, 그 소리는 마치 우레처럼 천지를 진동시켰다.

임금이 그 소리를 듣고 얼굴이 창백해져 어찌할 바를 모르자, 김유신이 말했다.

"대왕마마, 무릇 길흉이란 무상한 것으로서, 오로지 사람이 불러들이는 것입니다. 옛날 은나라의 주왕은 붉은 공작 때문에 망했고, 노나라는 기린을 잡는 바람에 쇠약해졌습니다. 반대로, 고종은 꿩이 날아와 울어서 흥했고, 정공은 용이 나타나 싸우는 바람에 성했다고 하지 않았습니까. 그와 같은 사례에서 보듯이, 덕이 요망한 것을 이긴다는 것은 만고불변의 진리입니다. 그러므로 별의 이변 같은 것은 전혀 두려워할 일이 아닌즉, 마마께서는 동요하지 마시고 마음을 굳건히 가지소서."

"경의 말을 듣고 보니 조금 마음이 놓이기는 하오만, 적의 기세가 저렇게 등등하니 어찌하면 좋겠소?"

"신에게 하나의 계책이 있으니 두고 보십시오."

이렇게 대답한 김유신은 즉시 허수아비 하나를 만들어 그것을 큰 연에 매단 다음 불을 붙여 하늘로 날려 올렸다. 그것은 멀리서 보면 불덩어리만 하늘로 올라가는 것 같았다.

"월성에 떨어진 별이 도로 하늘로 올라갔다!"

김유신은 이튿날 이런 소문을 크게 퍼뜨려 반란군의 심리를 동요시킨 다음, 별이 떨어진 자리에다 백마를 잡아 제시를 지내고 친히 제문을 지어 독촉했다.

"하늘이시여! 천도天道는 양陽이 강건한 반변에 음陰은 유순하고, 인도人道는 임금이 높고 신하는 낮은 법입니다. 만약 이 도리를 바꾸게 된다면 크나큰 변이 일어나고 맙니다. 그런데 지금 비담의 무리들은 신하의 몸이면서 임금을 도모하려 하고, 아랫사람의 신분으로서 윗사람을 해치려고 하니, 이것은 소위 난신적자亂臣賊子의 소행이므로 사람과 귀신 모두가 미워할 뿐 아니라 천지가 용납하지 못할 노릇입니다. 그런데도 지금 하늘은 이에 무심한 듯 왕성에 성신星辰의 변을 나타내시니, 저희들은 그 연유를 알 수 없습니다. 생각하건대 하늘의 위엄은 오로지 사람의 정성에 달렸은즉, 선은 선으로 악은 악으로 받아들이셔서 저희들이 부끄러운 일을 만들지 않게 하소서."

이렇게 하늘에 고함으로써 휘하 병사들의 자긍심을 건드린 다음 총공격 명령을 내렸다. 대개 싸움은 실력의 차이가 현저하지 않는 한 정신력의 차이에서 승패가 갈리는 법이므로, 김유신의 관군은 반란군을 크게 깨뜨렸을 뿐 아니라 비담 등 수괴 일당은 물론 그 구족을 몰살시켰다.

진덕여왕 2년 여름에 백제의 장군 은상이 군사를 거느리고 와서 석토성 등 일곱 성을 공격하므로, 김유신이 왕명을 받고 나아가 방어하게 되었다. 김유신은 군사를 세 부대로 나누고 다시 다섯 방향으로 진격시켰는데, 양쪽이 10여 일 동안이나 싸워 시체가 들판에 가득하고 피가 흘러 다듬이 방망이가 뜰 정도인데도 승부가 결정 나지 않았다.

김유신이 도살성 밑에 군사를 집결시켜 휴식을 취하도록 하고 있는데, 갑자기 동쪽으로부터 물새들이 떼를 지어 날아와 대장군의 장막을 스치고 날아갔다.

그 광경을 본 장수들과 군사들이 상서롭지 못한 징조라고 수군거리며 얼굴빛이 변하자, 김유신은 주위를 둘러보며 꾸짖었다.

"쓸데없는 걱정이다. 새는 한낱 날짐승이고 미물일 뿐이지, 그것이 무슨 조화를 가져온다는 말인가. 그보다도 내가 하는 말을 잘 듣고 이행하라. 오늘 협수룩하게 차린 사내들 몇이 군막 앞을 지나갈 터인즉,

붙잡아서 조사하지 말고 그냥 통과시켜 주어라. 명심하렷다."

"그들이 대체 누구입니까?"

"백제의 첩자들이니라."

"아니, 그렇다면 더더욱 붙잡아 문초해야 하지 않습니까?"

"모르는 소리, 허허실실의 계책을 쓰려는 것이다."

주위에서는 대체 무슨 뚱딴지같은 소린가 하며 반신반의했다. 그런데 아나나 다를까, 그로부터 얼마 후에 협수룩하고 지저분하게 생긴 세 남자가 나타나 머뭇머뭇하며 진영 앞을 지나가려 하고 있었다. 그들을 본 장수들과 병사들은 대장군의 선견지명에 속으로 놀라고 감탄하면서도 명령에 쫓아 그들에게는 관심이 없는 듯 딴전을 피우고 있었다.

바로 그때, 대장군의 군막에서 작전 명령이 하달되었다.

"오늘은 방책을 굳게 지키기만 하고 절대 움직이지 말라. 내일 원군이 도착할 것이니, 그때 백제군과 결전을 벌일 것이다."

이 명령은 입에서 입으로 전달되었고, 병영 앞을 지나가던 세 사나이 백제 첩자들의 귀에도 들어갔다. 첩자들은 신라군의 병영을 멀리 벗어나 백제군 진영으로 돌아가서 들은 대로 보고했다.

은상 이하 백제 장수들은 신라군의 기미를 보건대 오늘은 굳이 싸움을 걸어봐야 어차피 소득이 없을 것이므로 내일에 있을 결전에 대비하여 작전 계획에 골몰했다. 모든 군사들로 하여금 최대한의 휴식을 취하게 했음은 물론이다.

바로 그때, 신라군이 전격적인 공격을 감행해 왔다. 백제군은 수장인 좌평 은상과 달솔 자견 등 10여 명의 장수와 군사 9천여 명이 죽고 1백여 명이 사로잡혔으며, 빼앗긴 군수물도 말 1만 필에 갑옷이 1,800벌이나 되었다고 한다.

이처럼 김유신은 단순한 용장이 아니라 임기응변이나 심리전에서도 탁월한 전략가였던 것이다.

이와 같은 전과 기록을 보면서 우리는 한 가지 석연찮은 의문을 가지게 된다. 전군을 동원하고 국가의 운명이 걸린 일전도 아닌 한낱 국지전에서 왜 이처럼 엄청난 인명 피해가 생겼는가 하는 것이다.

그 무렵 일련의 크고 작은 전투 결과는 언제나 패잔군 거의 전부의 목이 달아나는 동물적 참상으로 끝나곤 했다.

9천 명의 전사자 모두가 전투 중에 죽었다고 보기는 어렵다. 승리한 쪽에서 패잔군을 무차별로 살육한 것이라고 짐작된다. 오랫동안 계속된 단발성 소모전에 피차 진력이 날 대로 나 있었고, 그것이 동물적인 잔인성을 유발했으며, 가혹한 조치로 상대방에게 심리적인 타격을 가함으로써 다시는 도발을 할 수 없게 만들려는 의도가 강하게 작용했을 것이다.

654년에 진덕여왕이 세상을 떠나자, 김유신은 조정 대신들의 의견이 분분한 가운데 주도적인 입장에서 분위기를 몰아가 이찬 김춘추를 새 임금으로 옹립하는 데 성공했다. 그 임금이 곧 제29대 무열왕이다.

김유신과 김춘추는 소싯적부터 마음이 통하는 친구이고 동지였다. 또한 김유신의 누이동생이 김춘수에게 시집을 갔으므로 처남과 매제의 친척 관계이기도 했다.

김유신이 칼을 빼어 전장을 누비며 외침을 막고 국토를 지켰다면, 김춘추는 탁월한 외교 수완가로서 때로는 고구려 임금을 달래고, 때로는 당나라 황제를 구워 삶는 '무기를 들지 않은 싸움'으로 국가 안위를 위해 동분서주했던 것이다.

그와 같은 벗이 한 사람은 임금이, 한 사람은 군 최고 통수권자가 되었으니 신라의 융성 발전은 보장받은 것이었다 해도 과언이 아닐 것이다. 마침내 무열왕 7년660년에 신라는 당나라의 원군을 받아들여 오랜 숙원의 경쟁인 백제를 멸망시키는 데 성공했다.

그 무렵 백제는 자멸의 길을 걷고 있었다. 초기에는 백성을 잘 다스리고 국토를 넓히는 등 영명한 군주라는 소리를 듣던 의자왕이 점점 무도해져서 국사를 돌보지 않고 향락만 일삼아 국력을 소모하는가 하면, 조정에는 간신들이 우글거려서 민원이 하늘까지 닿을 지경이었다.

그와 같은 백제 사정을 탐지한 신라는 좌평 임자 같은 자들을 포섭하여 안에서 호응하게 하고, 당나라를 움직여 소정방의 13만 원정군이 바다를 건너오게 함과 동시에 김유신이 거느린 정병 5만 명을 동원하여 협공 작전으로 678년 이어지던 백제를 쓰러뜨린 것이다.

그런데 이듬해 6월에 대관사의 우물이 핏빛으로 붉어지고, 금마군에서는 땅에서 피가 흘러나와 5보步나 넓게 퍼졌다. 불길한 조짐이라 하여 모두 걱정을 하는 가운데 무열왕이 갑자기 세상을 떠나니 온 나라가 슬퍼하는 가운데, 특히 김유신의 상심은 이루 말할 수 없었다.

'대왕마마께서는 이 난국을 소신에게 짐 지워 놓고 어찌 눈을 감으십니까. 이제 백제를 쓰러뜨렸다 하나 그 잔당들이 아직도 사방에서 아우성을 치고 있으며, 북쪽에는 난적 고구려가 태산처럼 버티고 있나이다. 삼국 통일의 위업을 이루어 국난을 일소하고 백성들이 전란의 어려움을 겪지 않고 화평하게 살 수 있도록 하기 위해서는 마마께서 높은 경륜과 탁월한 지혜로 길을 열어주시더라도 어려운 노릇인데, 이제 그 막중한 국사를 어떻게 할지 실로 막막합니다. 그러나 신이 비록 몸은 늙고 정신은 흐려졌사오나 일찍이 마마와 언약한 바는 뼈骨가 가루가 되더라도 이루고말 것입니다. 그런 다음 마마를 뒤따라 갈 것인즉, 부디

황천에서나마 소신이 바른 길로 나아갈 수 있도록 힘을 실어주옵소서.'

김유신은 임금의 주검 앞에서 이렇게 슬퍼하며 한편으로는 삼국 통일의 결의를 다졌다.

무열왕의 뒤를 이어 그의 맏아들 법민이 왕위에 오르니, 그가 바로 제30대 문무왕이며, 김유신에게는 생질이 된다. 문무왕은 왕자시절에 백제 정벌에 종군하여 큰 공을 세울만큼 출중한 인물이었으며, 부왕이 터전을 마련한 삼국 통일을 완성함으로써 한반도에 단일민족 통일국가 시대를 처음으로 연 임금으로 평가되고 있다.

새 임금을 맞이한 신라의 사정은 암담하고 미묘했다. 비록 백제를 쓰러뜨렸다고는 하나 그 잔존 세력이 일본의 힘을 벌어 부흥 운동을 힘차게 전개함으로써 승리감에 도취되어 있는 신라에 찬물을 끼얹었으며, 당나라는 백제 땅에 웅진도독부를 설치하고 원정군을 그대로 머물게 하여 자기네 영토로 삼으려 하는 야욕을 은연중에 드러내고 있었다. 또한 여전히 강성한 힘을 보유하고 있는 북쪽의 고구려는 신라가 중국의 세력을 끌어들여 백제를 멸하는 것을 보고 더 한층의 경계심과 적대감으로 압박해 왔던 것이다.

김유신은 우선 당나라 주둔군과 힘을 합하여 백제 잔존 세력을 공략하여, 문무왕 3년663년에 이를 완전히 평정함으로써 백제 부흥 운동을 3년 만에 종결시키고 한시름 놓을 수 있었다.

그 다음 목표는 고구려였다. 고구려에 대해서는 신라보다 오히려 당나라가 정복을 서둘렀다. 국경을 직접 맞대고 있는 당나라는 위협적인 동방의 강력한 세력 고구려와 70여 년에 걸쳐 크고 작은 전쟁을 치르는 동안 원한이 컸고, 또한 진력이 날 대로 나 있었던 것이다.

고구려는 오랫동안 당나라에 맞서 꿋꿋이 싸워왔으나, 장기전에 국력이 피폐할 대로 피폐해진 데다 국권을 장악하고 있던 연개소문이 죽은 후 그 뒤를 이은 아들들 사이에 다툼이 일어나는 자중지란으로 결정적인 위기 국면을 맞게 되었다.

그와 같은 사정을 알게 된 당나라는 문무왕 8년^{668년}에 이적을 지휘관으로 한 고구려 정벌군을 동원하면서, 신라에도 출동을 요구했다. 그에 따라 신라는 임금이 직접 진두지휘하는 비장한 각오의 원정군을 동원했는데, 그때 김유신은 뒤에 홀로 남아 병참 역할을 잘 수행함과 동시에 임금과 모든 장수들이 빠져나간 힘의 공백을 탁월한 경륜과 출중한 능력으로 대비함으로써 참전에 못지않은 공훈을 세웠다.

마침내 나당 연합군의 공격을 견디다 못한 고구려는 평양성 함락과 함께 제28대 보장왕을 끝으로 705년의 역사를 마감하고 말았을 뿐 아니라, 저 만주 일대의 광활한 땅이 송두리째 중국의 손에 들어가고 말았으니, 이만한 민족의 큰 손실이 있을 수 없다고 하겠다.

그나마 신라가 한반도의 민족상잔을 종식하고 비로소 통일 국가를 성립시킨 것은 다행이었다.

개선하던 신라군이 남한주에 이르렀을 때, 문무왕은 주위를 둘러보고 말했다.

"김유신은 오랫동안 바깥에서는 장수로서 적을 무찌르고 안에서는 재상으로서 국정을 탁월하게 이끌었으니 그 공적이 참으로 크오. 또한 그의 조상들 역시 나라에 많은 공훈을 세웠음은 경들도 잘 아는 바이오. 그와 같은 사정을 밝혀 이제 김유신에게 마땅한 포상을 내리려고 하니, 경들은 어떻게 생각하오?"

장수들과 대신들은 하나같이 김유신을 치켜세우며 임금의 뜻을 칭찬했다. 그리하여 김유신에게 재상인 대각간 위의 '태대각간'이라는 전무후무한 최고 직책을 부여했던 것이다.

오랫동안 적대 관계에 있던 백제와 고구려를 쓰러뜨리는데 성공했다고는 하나, 신라에게 그것은 문제의 해결이 아니라 새로운 또 하나의 문제 발생에 지나지 않았다. 당나라는 옛 백제 땅에 웅진도독부를 두고 옛 고구려 땅에는 안동도호부를 두어 직접 경영했을 뿐 아니라, 심지어는 신라 본토에까지 계림도독부를 설치하여 한반도 전체에 대한 지배권을 구축하려고 했기 때문이다.

그렇기 때문에 신라 조정에서는 당나라와의 일전이 불가피하다는 판단 아래 백제 유민과 고구려 유민들을 잘 회유하여 그들과 힘을 합하여 당나라의 세력을 몰아내려 하고 있었다.

그럴 즈음이던 문무왕 13년673년 봄, 난데없는 요성妖星이 나타나고 지진이 일어나는 바람에 다들 이것이 나라에 좋지 못한 사건이 생길 징조가 아닌가 하여 걱정을 했다.

그러자 김유신이 임금 앞에 나아가 말했다.

"지금의 변괴는 그 액운이 노신에게 있을 조짐이지 나라의 재난을 예고하는 것은 아니옵니다. 대왕께서는 염려하지 마십시오."

그 말을 들은 임금은 깜짝 놀랐다.

"아니, 경의 불행이 곧 나라의 불행인데, 그것이 무슨 말씀이오? 더군다나 지금 삼국 통일을 이루었다고는 하지만, 나라 안의 정세가 아직 안정되지 못하고 있는데 그런 말씀을 하시니, 과인은 더욱 근심이 되는구려."

문무왕은 그렇게 말하고, 곧 유사에게 명하여 액땜을 위한 기도를 올리도록 했다.

6월이 되었을 때, 사람들이 보니 군복을 입고 무기를 든 수십 명의 병사들이 김유신의 집에서 울며 나오더니 갑자기 사라지더라는 것이었다.

그 말을 들은 김유신이 조용히 말했다.

"이것은 나를 보호하던 음병陰兵이 내 복이 다한 것을 알고 떠나버린 것이니, 머잖아 내가 죽을 것이다."

그러고 나서 10여 일 후에 김유신은 갑작스런 병이 들어 자리에 눕고 말았다.

그 소식을 들은 문무왕이 친히 왕림하여 문병을 하자, 김유신은 병석에서 눈물을 흘리며 말했다.

"신은 대왕의 팔다리가 되어 힘을 다해 섬기고자 했으나 병이 이 지경에 이르렀으니, 다시는 용안을 우러러 뵐 수 없을 것이옵니다."

그 말을 들은 문무왕도 울면서 말했다.

"과인은 경이 있으므로 해서 고기가 물에 있는 것과 같았는데, 만약 경이 돌아가신다면 백성들은 누구를 믿고 살며, 또한 나라의 사직은 어떻게 되겠소?"

"어리석고 불초한 이 늙은이가 나라에 무슨 유익한 공이 있었겠습니까. 다행히 영명하신 대왕마마께서 소신을 쓰실 때 의심하지 않으시고 일을 맡겨주신 덕택에 마마를 보필할 수가 있었고, 삼한을 한 집으로 만들었으며, 백성들은 두 마음이 없게 된 것이옵니다. 비록 아직 태평성세에는 이르지 못했다 할지라도 소강상태는 되었다고 말할 수 있습니다. 신이 옛날부터의 역대 왕실과 임금의 치적을 살펴본 결과, 처음에는 정사를 잘못하는 분이 드물었고, 나중에는 잘 하는 분이 적어서 여러 대의 공적을 하루아침에 망치는 일이 허다했기로 이를 통탄했나이다. 엎드려 마마께 여쭈오니, 모든 일의 성공은 쉽지 않다는 사실을 명심하시고, 또한 지키는 것도 어렵다는 것을 생각하시옵소서. 소인배를 멀리하고 군자를 가까이 하셔서, 위로는 조정의 화합을 도모하시고, 아래로는 백성들을 안정되게 하시어 환난이 일어나지 않고 나라의 기업이 무궁하게 하시옵소서. 그러면 신은 죽어도 여한이 없겠나이다."

이 충언을 들은 문무왕은 눈물을 뿌리며 그렇게 하겠다고 약속했다.

7월 초하룻날, 김유신은 고요히 눈을 감았다. 그의 나이 79세였다.

문무왕은 그 부고를 듣고 몹시 슬퍼하며 비단 1천 필, 벼 2천 석을 부의로 보내어 장사 비용에 쓰게 하고, 군악대 1백 명을 보내어 주악을 담당하게 했으며, 경주 금산벌에 장례를 지내도록 배려했다.

김유신의 죽음은 당나라의 세력을 몰아내고 실질적인 삼국 통일을 완성하려 노력 중이던 신라로서는 나라의 기둥을 잃은 것과 다름없는 타격이었다.

그러나 그는 죽어서도 수호신이 되어 나라의 장래를 걱정했고, 덕분에 신라는 그가 세상을 떠난 지 3년 후인 676년에 한반도에서 당나라 세력을 완전히 축출하는 데 성공했다.

길몽으로 등극한 원성왕

'어허! 이것이 대체 무슨 조짐이란 말인가.'

각간 김경신은 침상에서 일어나 앉아 침통한 기분으로 중얼거렸다. 희붐한 새벽녘이었다. 혼곤한 잠에서 꾼 꿈이 너무나 기이하고 놀라워 깨어난 것이다.

때는 신라 37대 선덕왕 5년^{748년} 봄이었다.

이 선덕왕^{27대 선덕여왕은 다른 왕}은 속명이 김양상이고, 내물왕 10세손이다. 선대 혜공왕이 어려서 왕위에 올라 나이가 들면서 정사에는 관심이 없어 놀이만 일삼고 음탕하여 나라의 기강이 문란해졌을 뿐 아니라 각종 천재지변이 일어나자, 그것을 기화로 이찬 지정이 반란을 일으켜 궁궐을 침범하여 임금을 살해했는데, 당시 상대등 지위에 있던 김양상은 이찬 김경신의 도움을 받아 군사를 일으켜 반란을 진압하여 지정 일당을 주살하고 주위의 추대를 받아 780년에 보위에 올랐던 것이다.

선덕왕은 공신이며 동지인 김경신을 상대등에 승진시키고 대사령을 내리는 등 어지러워진 국정을 바로잡으려 애썼지만, 위급한 정치 상황에 내몰린 데다 조정의 재상 지위에 있었던 탓으로 변혁에 앞장섰을 뿐, 그 자신은 왕권에 대한 욕심이 없었고 몸도 허약했으며, 더군다나 자식도 없었다. 그래서 동극한 지 4년밖에 안된 그 해 4월에 스스로 물러나 능력 있는 사람한테 보위를 넘기는 문제를 정식으로 공론에 붙였던 것이다.

조정은 발칵 뒤집히고 말았다. 어지러운 세월을 겨우 넘겼다 싶은데, 임금이 자리를 내놓겠다는 것이다. 모든 신하들이 들고 일어나 양위의 부당함을 극구 간언하여 임금이 마음을 일단 바꾸도록 하는데 성공하기는 했으나, 그렇다고 문제의 불씨가 완전히 꺼진 것은 아니었다.

그 불씨가 언제 되살아날지, 또 그렇게 되었을 때 조정 대신들 내지 왕족들 사이의 역학관계가 어떤 양상으로 미묘하게 돌아갈지 모르는 노릇이었다. 그렇기 때문에 모두들 말을 조심하고 상대방의 눈치를 살피기에 급급하는 실정이었다.

상대등에서 한 등급 내려와 각간 지위에 있던 김경신 역시 남과 다를 바가 없었다. 임금과의 신뢰관계는 여전히 지속되고 있다고 하지만, 한 마디 실언이나 어설픈 행동이 꼬투리가 되어 어떤 화를 불러일으키게 될지 모르는 일이었다. 그래서 언행을 조심하느라고 몹시 신경을 쓰는 즈음인데, 참으로 이상한 꿈을 꾼 것이다.

꿈속의 자신은 평소와 다른 모습이었다. 귀인이 쓰는 모자인 복두 대신에 흰 갓을 쓰고 있었고, 가야금을 들고 있었으며, 장소는 천관사 마당이었다. 뒤에서 여러 사람들의 아우성 소리가 들리는 가운데, 그는 서둘러 절 마당의 우물 속으로 첨벙 뛰어들었다. 그러고는 깨어난 것이다.

김경신은 그것이 자기의 신상에 일어날 변화의 예시임이 틀림없다고 생각했다. 그렇지만 그 꿈을 어떻게 해석해야 좋을지 몰랐다. 그래서 더욱 궁금하고 조바심이 났다.

아침이 되자, 김경신은 용하다고 알려진 점쟁이를 집으로 은밀히 불러들였다.

점쟁이는 큰절을 하고 물었다.

"대인께서 무슨 일로 하찮은 소인을 찾으시는지요."

"내가 지난 새벽에 기이한 꿈을 꾸었기에, 그것이 무엇을 뜻하는가 하여 그대를 부른 것이다."

"말씀해 보시지요."

"그 전에 단단히 일러두어야겠다. 이 자리에서 들은 꿈 이야기는 밖에 나가서 절대 발설해서는 안 되느니라. 그 점을 언약한다면 복채를 두둑이 줄 것이며, 만일 약속을 어기고 함부로 입을 놀렸다가는 붙들어다 경을 칠 것이다. 약속할 수 있겠느냐?"

"남의 길흉을 점괘로 판단하고 그 바른 길을 일러주는 것을 업으로 하는 놈이 어찌 함부로 입을 놀릴 수 있겠습니까. 염려 마십시오."

점쟁이가 그렇게 단단히 약속을 했으므로, 김경신은 비로소 자기가 꾼 꿈을 소상히 이야기해 주었다. 그런데 잠자코 듣고 있는 점쟁이의 얼굴에 어두운 그늘이 끼었다.

"왜 그러나. 좋지 않은 꿈인가?"

"차마 말씀 올리기가 곤란해서 그럽니다."

"길몽이든 흉몽이든 내용을 알려고 그대를 부른 것이니 개의치 말고 이야기하라. 그대를 탓할 일이 아니지 않는가."

"그렇다면 송구하오나 말씀 올리겠습니다. 복두를 벗으신 것은 지위에서 물러날 조짐이옵고, 거문고를 탄 것은 칼^{형구}을 쓰게 될 것이며, 우물 속에 들어가신 것은 옥에 갇힐 징조입니다."

"아하!"

김경신은 가슴이 철렁 내려앉아 탄식했다. 이거야말로 파멸의 운수가 아닌가.

"어떻게 하면 그 액운을 모면할 수 있을꼬. 남의 운수를 짚는 재주를 가졌다면, 그것을 바로잡을 방법 또한 알지 않겠느냐."

"참으로 송구하옵니다. 약간의 액땜이라면 몰라도, 이 경우는 사안이 워낙 중대하여 소인의 하찮은 재주로는 도리가 없을 뿐 아니라, 섣부른 짓을 시도했다가는 그 액운을 오히려 덧들일 우려가 있습니다. 이 점 헤아려주십시오."

그렇게 말하며 죄라도 지은 듯이 머리를 조아리는 점쟁이를 붙들고 더 말을 시켜 봐야 헛수고에 지나지 않으므로, 김경신은 복채를 지불한 다음 입에 자물쇠만 단단히 채워서 점쟁이를 돌려보냈다.

'이 노릇을 어찌하면 좋단 말인가.'

혼자 남은 김경신은 머리를 골똘히 굴려보았다. 그렇지만 점쟁이도 일러주지 못하는 타개책이 그의 머리에서 나올 리가 없었다. 생각할수록 머리만 지끈거리고 가슴이 천근만근 무거워질 뿐이었다.

'나의 운수가 여기에서 끝나다니……. 고귀한 가문의 음덕을 입어 승승장구해 왔고 일인지하만인지상一人之下萬人之上 자리에도 올라 보았으므로 여한이 없으나, 말로가 그처럼 비참한 꼴이어야 하다니…….'

참으로 기막히고 암담한 노릇이었다.

김경신은 밥숟가락을 입에 넣기도 싫고 모든 일에 의욕을 잃은 나머지 자리에 드러눕고 말았다. 아프다는 핑계로 조정에도 나가지 않았다. 그처럼 은거하여 조신하고 있으면 혹시라도 액운이 비켜갈지도 모른다는 지푸라기 같은 희망에 매달린 것이다.

유력한 대신이 병이 나서 입궐을 못한다고 하니, 조정에서도 걱정이었다. 그래서 문병사를 파견하는 등 큰 관심을 보였지만, 김경신은 완곡한 사양으로 면회를 차단했다. 임금의 지시를 받고 나온 문안사도 전염을 빙자하여 문을 사이에 둔 대화 몇 마디만으로 돌려보냈다.

그런데 다른 사람들은 다 김경신의 속임수에 넘어갔어도 유일하게 회심의 미소를 짓는 사람이 있었다. 아찬 여삼이었다. 역술에 밝고 직관력이 뛰어난 여삼은 김경신의 꾀병을 꿰뚫어 보고 있었던 것이다.

여삼은 퇴궐하고 곧바로 김경신의 집을 찾아갔다. 그리고는 면회사절이라는 말에도 아랑곳없이 고집을 부려 기어코 김경신을 만났다.

"하하, 그처럼 일부러 자리에 누워 있자니 얼마나 등이 배기겠소. 그만 일어나시지요."

"공은 지금 무슨 말씀을 하시는 게요?"

"다른 사람은 속여도 이 사람의 눈은 못 속입니다. 무슨 근심이 있는지, 속 시원히 털어놓아 보십시오."

그렇게까지 말하는 데야 어쩔 수 없었다. 자리를 털고 일어난 김경신은 자기가 꾼 꿈을 이야기하고, 파멸에 직면한 심적 고충을 털어놓았다.

가만히 귀를 기울이고 있던 여삼은 갑자기 자리에서 일어나서 김경신에게 큰 절을 했다.

뜻밖의 일을 당한 김경신은 깜짝 놀라 외쳤다.

"아니, 지금 무슨 짓을 하시는 게요!"

"그 꿈은 절대 흉몽이 아닙니다. 오히려 굉장한 길몽이올시다."

"길몽이라고?"

"그렇습니다. 만일 공께서 훗날 존귀한 신분에 오르시게 될 때 저를 저버리지 않겠다고 약속해 주신다면 꿈을 풀어올리겠습니다."

"약속하리다. 어서 설명해 주시구려."

"주위의 사람들을 멀리 물리쳐 주십시오."

그리하여 두 사람만의 은밀한 자리가 되자, 여삼은 비로소 가슴속의 말을 털어내어 놓았다.

"복두를 벗은 것은 더 이상의 위에는 사람이 없다는 뜻이며, 흰 갓을 쓰신 것은 옥관을 쓰시게 된다는 징조입니다. 그리고 열두 줄 가야금은 대를 잇는 분이 12세손이라는 상징이며, 천관정天官井에 뛰어들어가신 것은 입궐하시게 된다는 징조입니다. 이제 이해가 되십니까?"

꿈보다 해몽이 좋다는 말도 있지만, 듣고 보니 과연 그럴 듯했다. 아니, 그렇게 좋은 쪽으로 해석해 주는 여삼이 고마웠고, 어쩔 수 없이 귀가 솔깃해졌다. 정말이지 그 해몽대로 이루어지기만 한다면야 그보다 더한 홍복이 어디 있겠는가.

그러나 시름을 벗어나려고 하던 김경신의 가슴 속에 다시금 그늘이 끼었다. 그는 한숨을 쉬고는 말했다.

"공의 말씀이 고맙기 그지없소마는, 황공하옵게도 지금의 대왕께 유고가 있으시더라도 그런 행운이 과연 나한테까지 돌아올 수 있을까요? 내 윗분도 계신데."

그가 말한 '윗분'이란 상대등 김주원으로서, 그는 조정의 재상일 뿐 아니라 내로라 하는 왕족이었다. 그렇기 때문에 임금이 세상을 떠나든지 양위를 하는 경우 보위를 이어받을 제1 순위는 당연히 김주원이었으며, 그 점을 인정하지 않을 사람은 아무도 없었다.

여삼이 빙그레 웃으며 말했다.

"상식적으로 본다면야 그렇지요. 하지만 방법이 있습니다. 제가 일러드리는 대로만 하시면, 하늘의 복이 분명 공에게 돌아올 것입니다."

"부디 가르쳐 주시오. 우리가 서로 이렇게 속내를 털어놓은 이상 무엇을 숨기며 무엇을 주저하겠소. 공의 은혜는 내 꼭 잊지 않으리다."

"아무도 모르게 북천北川의 신에게 제사를 올리십시오. 그렇게 하시면 소원을 이루게 될 것입니다."

785년 정월, 원래부터 허약하던 선덕왕은 큰 병이 들었다. 1백 가지 약과 극진한 가료도 아무 소용이 없었고, 감히 입 밖에 꺼내지는 않았지만 모두들 다음 보위에 오를 사람이 누구냐 하는 데에 관심이 쏠려 있었다.

자신의 명이 다한 것을 직감한 선덕왕은 대신들을 침전으로 불러들이고는 말했다.

"과인이 본래 덕이 얕아서 대보大寶를 받을 마음이 없었는데, 역적의 환난을 만나 나라가 어지러운 가운데 모든 사람들이 추대함으로써 어쩔 수 없이 즉위했던 것이오. 그러나 과인이 보위에 오른 후 농사가 순조롭지 못하여 백성들이 곤궁에 빠졌으니, 이것은 과인의 덕망이 백성들의 희망에 부합하지 않을 뿐 아니라 하늘의 뜻과도 다르다는 징후가 아니겠소."

"황공하옵니다, 대왕마마."

"지난날 신들이 마마를 추대한 것은 오로지 세상 형편과 기본 도리에 따른 것이니 무슨 하자가 있겠사옵니까. 자책하실 일이 아닌 줄 아옵니다."

대신들은 황망하여 머리를 조아리고는 외쳤다. 그러나 선덕왕은 눈물을 흘리며 고개를 저었다.

"그렇지 않아요. 과인이나 경들이나 잘못 선택했던 것이오. 그렇기 때문에 진작부터 양위를 하려고 했던 것인데, 경들이 하도 반대하는 데다 과인도 결단성이 부족하여 미적미적하다보니 이 지경에 이르렀구려.

아무래도 이제 다시는 일어나지 못할 것 같소."

"대왕마마!"

"죽고 사는 것은 하늘이 정할 노릇이니 더 무엇을 한탄하겠소. 이제 과인이 죽거든 불법에 따라 화장하여 그 재를 동해에 뿌려 주기 바라오."

"대왕마마!"

"부탁하오."

그 말을 남기고 선덕왕이 눈을 감으니, 정월 열사흘 날이었다.

재위 기간이래야 겨우 5년밖에 되지 않았으므로, 국가적으로 본다면 본인의 술회대로 그다지 바람직하지 못한 임금이었는지도 모른다.

어쨌거나 커다란 슬픔에 싸인 대궐에서는 통곡 소리가 높은 가운데 국상을 치를 준비에 분주해졌고, 조정에서는 하루도 비워 둘 수 없는 보위의 임자를 정하는 일로 숨막힐 듯한 긴장감이 감돌고 있었다.

조정의 일차적인 중론은 역시 상대등 김주원에게로 쏠렸다. 선왕에게 적자가 있다면 마땅히 후계로 삼아야 하겠지만, 그렇지 않은 이상 혈통 관계로나 정치적 비중으로나 김주원에게 제1 순위를 주지 않을 수 없었던 것이다.

그러나 역시 큰 자리의 임자는 하늘이 정하는 것인 모양이었다. 나라의 큰 불행을 애도하듯, 새벽녘부터 내리기 시작한 비가 장대비로 변하여 강이고 개울이고 할 것없이 범람하여 사람들이 도저히 건너다닐 수 없는 형편이 되었는데, 공교롭게도 김주원의 집은 도성 북쪽 20리 밖에 있었다.

그는 비에 갇혀서 입궐도 못했기 때문에 임금의 임종을 지켜보지도 못했고, 후계자 논의에 낄 수도 없었다. 어쨌든 의견이 모아진 이상 조정에서는 사람을 보내어 추대 소식을 알렸다. 그러나 김주원이 입궐하여 등극하기 위해서는 알천閼川을 건너야 하는데, 도강은 도저히 불가능한 형편이었다.

사정이 이렇게 되자 조정에서는 자연히 새로운 소리가 튀어나오기 시작했다.

"상대등 김공을 한시바삐 모셔와야 하는데 무심한 하늘은 저렇게 비를 퍼붓고 강물은 넘쳐나니, 이 노릇을 어찌하면 좋겠소?"

"나라의 보위는 잠시도 비워 둘 수 없는 법입니다. 최선이 통하지 않으면 차선책이라도 강구해야 하지 않겠습니까."

"감히 우리가 논의는 할지언정 임금을 뜻대로 정하시는 것은 하늘의 몫입니다. 오늘의 폭우는 하늘이 김공을 세우려 하지 않는 것으로 받아들여야 합니다."

"어쨌든 시간을 지체할 수도 없고……. 차선이라고 한다면 과연 어느 분을 옹립하는 것이 마땅하겠소?"

"지체로 보나 나라에 끼친 공적과 덕망으로 보나 각간 김경신 공을 덮을 사람이 어디 있겠습니까."

"과연 옳은 말씀입니다. 정말이지 하늘의 정하심인 듯하오이다."

군중 심리란 이상한 것이다. 조금 전까지만 해도 김주원 아니면 옥좌가 마치 공중으로 떠서 올라갈 것처럼 말하던 사람들이, 일단 김경신의 이름이 나오자 너도나도 앞을 다투어 그가 새 임금의 적임자임을 강조하였다.

김경신은 몇 번 사양하다가 못 이긴 척 추대를 받아들였다. 그리하여 비어 있는 옥좌에 오르니, 그가 곧 제38대 원성왕이다.

'사람의 운수란 것은 참으로 알 수 없는 것이로구나.'

옥관을 쓰고 용포를 입고 옥좌에 높이 올라앉아 모든 대신들의 하례 인사를 받으며, 원성왕은 속으로 뇌이고 있었다. 자신과 김주원의 운명적

대비를 생각하면 할수록 기가 막힐 노릇이었다.

'그때 내가 점쟁이란 놈의 엉터리 말을 그대로 믿었던들……. 그러나 저러나 정작 나에게 밝은 길을 일러준 사람은 나의 이 모습을 보지 못하는구나.'

원성왕은 감격스럽고 기쁜 중에서도 한 가닥 아쉬운 감정을 떨어버릴 수 없었다. 아찬 여삼이 지난해에 병사했던 것이다.

'내가 이 자리에 오른 것이 아무리 하늘의 정하심이라 할지라도, 나에게 모든 것을 무조건 허용하신 것은 아닐 터, 밝고 어진 정사로서 하늘과 열성조列聖朝의 음덕에 반드시 보은하리라.'

원성왕은 아들 인겸을 세워 태자로 봉하고 문무백관의 작위를 한 등급씩 올려 인심을 썼으며, 이찬 충렴을 상대등에, 이찬 제공을 시중에 임명하여 자기 중심 정치 체제를 갖추었다.

또한 여삼과의 약속을 지키려 했으나 본인이 이미 고인이 되었으므로, 그 아들을 발탁하여 벼슬을 하사하는 것으로 대신했다.

한 가지 미묘한 걸림돌은 김주원의 존재였다. 공교롭게도 폭우가 운명을 바꾸어 놓았고 스스로 쟁취한 것이 아니라 여러 사람들의 추대를 받았다 할지라도, 막상 김주원과 일대 일의 인간적인 대면에서 본다면 그에게 갈 기회를 가로챈 것이 아니라고 할 수도 없었다.

따라서 원성왕은 김주원에게 미안한 마음이 없을 수 없었고, 김주원의 입장에서는 새 임금에게 못마땅한 감정이 있는 것이 사실이었다.

김주원은 결국 자의 반 타의 반으로 멀리 명주지금의 강릉로 내려가 자신의 불운을 달래야 했다. 그렇게 함으로써, 원성왕은 거북한 사람을 보지 않게 됨으로 한결 홀가분한 심정으로 임금 노릇을 할 수 있게 되었던 것이다.

최치원과 당나라 여인

　　최치원은 신라 47대 헌안왕 1년^{857년}에 태어나 고려 광종 2년^{951년}에 94세의 나이로 세상을 떠났으며 해동의 대문장으로 유명한데, 그처럼 문명^{文名}을 떨친 한편으로 신라 말기의 혼란 끝에 나라가 망하는 비운과 새로운 왕업의 활력적인 출발을 차례로 경험한 곡절 많은 일생을 산 주인공이기도 하다.

　　그의 본관인 경주 최씨는 육두품^{六頭品}으로서 관직에 나아갈 수는 있으되, 여섯 번째 품계인 아찬 이상으로는 올라갈 수 없었다. 신라의 골품제도는 첫 번째 품계인 이벌찬부터 다섯 번째 품계인 대아찬까지의 요직 전부를 성골과 진골이 독차지하도록 되어 있었고, 그렇기 때문에 성골, 진골이 아닌 사람은 아무리 재주가 뛰어나고 인물이 출중해도 출세할 수 없는 것이 신라 사회였다.

　　최치원처럼 재능이 탁월한 인물이 그와 같은 사회적 모순에 고민하고 갈등을 느끼지 않았다면 이상한 노릇일 것이다. 그가 열두 살의 어린 나이에 홀로 당나라에 건너간 것도 중원에서 학문을 넓히겠다는 소박한 야심과 함께 신라의 신분제도에 대한 반발 심리가 작용했기 때문이었을 것으로 짐작된다.

아무튼 당나라에 간 최치원은 천부적인 재능을 십분 발휘하여 열여덟 살에 빈공과實貢科에 장원하여 선주 표수현의 현위縣尉로 벼슬길에 첫발을 내디뎠고, 나중에 승무랑시어사내공봉承務郎侍御史內供奉으로 승진했다.

그 무렵 황소라는 자가 반란을 일으키자, 고병이 제도행영병마도통이 되어 토벌에 나섰는데, 최치원은 총사령관 비서격인 종사관으로 따라갔다. 이때 그가 지은 표表, 장狀, 서書, 계啓 등의 탁월한 문장이 지금 까지도 남아서 전한다.

최치원은 스물여덟 살이 되었을 때 이국 생활을 청산하고 귀국하기로 결심했다.

당나라 황제 희종이 그 뜻을 허락하고 조서를 주어 보내니, 당시 신 라의 49대 헌강왕은 최치원을 반갑게 맞아들여 시독겸한 림학사侍讀兼翰林學士에다 수병부시랑지서서감守兵部侍郎知瑞書監의 벼슬을 내렸다.

이때부터 최치원은 당나라에서 배워 온 학문을 펼쳐 나라에 크게 봉사하겠다는 의욕을 불태웠으나, 당시는 이미 신라가 말기적 현상을 보여 제도가 어지럽고 사회 기강이 해이해져 있었기 때문에 그의 포부를 수용할 수 있는 상태가 아니었다. 더군다나 중앙 관계에는 그를 시기하는 무리가 많았으므로, 그는 부득이 외직으로 나가 대산군 태수가 되었다.

그 후에도 최치원은 벼슬살이를 한동안 계속하며 국정의 어지러움을 바로잡고 도탄에 빠진 민생을 구제하기 위해 진성여왕에게 개혁을 건의하기도 했으나 별 효력이 없자, 마침내 관직에서 물러나 명승지를 순례하고 산천을 유람하며 울적한 심사를 달랬다. 그러다가 가족을 이끌고 가야산에 들어가 세상을 아예 등지고 만년을 보냈다.

이상이 〈삼국사기〉 등의 사적에서 대강 짚어본 최치원의 드러난 삶이라면, 다음의 이야기는 그가 당나라에 있을 때의 사랑 이야기이다.

"기어코 떠나실 거예요?"

"그래."

"무엇 때문이죠? 이곳이 싫어졌나요?"

"그렇지는 않아. 하지만, 나는 원래 신라 사람이니, 내 나라로 돌아가려는 것 뿐이야."

"그럼 저는 어떻게 해야 하나요?"

화선은 아름다운 눈에 눈물을 담고 원망스러운 듯 최치원을 쳐다보았다.

"아하!"

최치원은 탄식했다. 그리고 공연히 여자에게 정을 주었다고 후회했다.

화선은 최치원이 숙식을 의탁하는 집의 딸이었는데, 그녀는 그를 본 순간부터 연정을 품고는 어떻게 하든지 마음을 사로잡으려 갖은 수단을 다 부렸다.

최치원 또한 만리 이국에서 외로움을 느끼는 신세였으므로, 아름다운 여자의 유혹을 받고 보니 마음이 흔들리지 않을 수 없었다.

강남의 풍속이 호탕하다 보니

기르는 딸도 예쁘고 이름답구나

바느질하는 성품은 부끄러움의 버릇이오

화장하기 바쁘게 거문고를 탈 줄 아네

배운 바 없어도 곡조가 우아하고

대부분 사내를 끄는 노래뿐일세

스스로를 개울가 어여쁜 풀꽃으로 여기고

고운 미모는 언제나 화려해서 자랑이라

문득 이웃 아가씨 웃는 모습 생각나네

밤새워 길쌈하느라 아침되는 줄 모르누나

베틀도 자기 몸도 피로하건만

비단옷은 네 몸에 오지를 않아

여자가 가장 여자다운 모습을 보일 때 남자는 사랑을 느끼는 법이다. 베틀에 앉아 밤늦도록 길쌈하는 화선의 모습은 최치원의 눈에 천사처럼 비쳤고, 춘정을 억제하지 못한 그는 그런 사랑의 시를 헌정하기까지 했던 것이다. 순정의 남자 최치원은 그와 같은 화선의 모습이 자기를 유혹하기 위한 고단수였다는 사실을 알 리가 없었다.

어쨌든 화선이 적극적인 반면에 최치원은 소극적이었다. 언젠가는 당나라에서의 모든 것을 훌훌 떨어버리고 고국으로 돌아가야 하기 때문이었다. 그렇지만 아무리 발 한쪽은 빼놓고 있다 해도 인간사의 모든 관계란 상대성이니 만큼, 막상 귀국하려는 마당에 와서는 여자의 끈질긴 눈물 공세에 시달리지 않을 수 없었다.

"나리, 소녀한테 손수 글을 써주신 일을 잊지는 않으셨겠지요?"

"그, 그거야⋯⋯."

"남자한테 글을 받는 일은 나리 이전에도 없었거니와, 이후에도 절대 없을 거예요. 그 글은 저에겐 나리께서 주신 소중한 신물信物이랍니다. 이처럼 애절하게 말씀드려도 소녀를 버리고 떠나려 하십니까?"

"그럼 어떻게 하나. 내 마음도 편치 않아."

"정 가시려거든 소녀를 데려가 주세요."

"그것은 안 될 말일세. 산 설고 물 설고 말도 다른 나라에 가서 어떻게 살려 구."

"나리 곁이기만 하면 어디라도 상관없습니다. 제발 데려가 주세요."

최치원으로서는 기가 찰 노릇이었다. 자신은 작은 나라 출신이면서도 대국에 와서 과거에 급제까지 하고 문명을 떨친 신분인 만큼 나라 안팎으로 주목의 대상인데, 귀국하면서 여자 하나를 꿰차고 돌아간다면 어떻게 되겠는가. 편협한 이기심에서가 아니었다. 대범하지도 호탕하지도 못한 지성적인 그의 성품으로서는 남의 시선을 감내하기가 어려웠던 것이다.

화선과의 문제를 말끔하게 매듭짓지 못한 가운데 귀국 날짜는 하루하루 다가왔다. 당나라 황제의 허락까지 받아놓았고 더구나 나라와 나라 사이의 외교 문서까지 휴대한 신분이고 보니 마음을 바꾸기는커녕 단 하루도 지체할 수 없는 형편이었다.

그런데도 화선은 식음을 전폐하면서까지 울고불고 야단이었고, 그녀의 부모마저 은근히 스스로 저지른 일이니 책임을 지든지 데리고 가든지 하리는 무언의 압력을 가해 왔다.

'에라, 차라리 눈 딱감고 데려가 버릴까?'

그런 생각도 해보았다. 그러나 역시 현명한 처사가 아닐 것 같았다. 마침내 최치원은 스스로 하나의 방안을 찾아내었다. 그는 울어서 눈이 퉁퉁 부운 화선을 좋은 말로 달래었다.

"네가 이런다고 해결될 일은 아니지 않느냐. 원하는 대로 해주지 못하는 내 마음도 무척 아프다."

"그럼 저는 어떻게 하면 좋아요?"

"지금은 너를 데리고 갈 수 없다. 너도 알다시피 나는 나라의 일을 보아야 할 사람이다. 이곳 당나라에서는 황공하옵게도 황제 폐하의 은총으로 벼슬을 살았거니와, 귀국해서는 또 우리 임금께 출사하여 나라의 일을 보아야 할 것이다. 그러니 이렇게 하자꾸나. 내가 먼저 귀국하여 자리를 잡는 동안, 너는 너대로 준비를 하여 뒤따라 와서 나를 찾으려무나. 어떠냐?"

"정말 그렇게 해도 되는 거지요?"

화선은 금방 얼굴에 화색이 돌면서 눈을 빛냈다.

"되다마다. 난들 너를 두고 가는 것이 어찌 속이 편하겠으며, 사랑하고 그리워하는 마음이 너만 못 하겠느냐. 금성에 와서 최한림을 찾으면 금방 나를 만날 수 있을 것이니라."

"알겠어요. 나리. 제가 꼭 뒤따라 가겠어요."

"그러렴. 그러나 미리 말해 두겠는데, 네가 찾아왔을 때쯤이면 나는 이미 장가를 가서 가정을 꾸리고 있을 것이다. 우리 집 어르신께서는 내가 나이 스물여덟이 되도록 머나먼 외국에서 떠꺼머리로 빈둥거리는 것이 마땅찮고 안타까워 못 견뎌 하시거든. 무슨 뜻인지 알겠느냐?"

"알아요. 저는 감히 나리 댁 안방까지 차지하려는 욕심은 없어요. 오직 나리 곁에서……. 몸종이라도 괜찮아요."

"화선아."

최치원은 화선을 와락 끌어안았다. 그 토록이나 자신에 대한 모정慕情이 지극했던가 하고 새삼스런 감동을 느꼈기 때문이다.

마침내 최치원은 요동반도에서 배를 타고 출발했고, 막상 귀국 길에 오르고부터는 귀향의 기쁨과 앞날에 대한 희망으로 마음이 설레었다. 그래서 푸른 바다를 바라보며 이렇게 호방한 시를 읊었다.

자리 펴고 푸른 바다에 뜨니

장하게 부는 바람 만 리에 통하누나

돛대 잡은 사람 보면 한나라 사신이 생각나고

약 캐는 사람 보면 진나라 아이 생각난다네

해와 달은 얼마 밖이 아니고

하늘과 땅이 태극 가운데 있는 듯하구나

금강산도 지척인 것 같아

나 또한 늙은 신선을 찾아가고 싶어라

이윽고 금의환향한 최치원은 사람들의 주목 속에 임금의 지극한 환영을 받고 곧바로 벼슬길에 나섰다.

공인으로서의 그런 바쁜 일상 가운데 개인적으로도 큰일을 맞게 되었으니, 바로 그의 혼사 문제였다. 그가 없는 동안에 아버지는 이미 세상을 떠났고, 홀로 된 어머니는 그토록 학수고대하던 아들이 귀한 신분이 되어 돌아오고 보니 어서 장가를 들이지 못해 안달이었던 것이다.

"애야, 너희 아버님은 너를 생각하느라 눈을 감지 못하고 돌아가셨다. 어서 혼인을 하여 최씨의 손을 이어야 하지 않겠니. 너의 나이 벌써 삼십이 다 되었구나."

최치원은 당나라에 두고 온 화선을 생각했다. 그녀의 뜨거운 정열이 새삼 그리웠으나, 본인이 말한 대로 안방 차지에 어울리는 존재는 아니었다. 헤어질 때는 울고불고 했지만, 그녀가 약속대로 신라로 찾아온다는 보장도 없었다.

최치원은 어머니가 원하는 대로 적당한 혼처를 택해 장가를 들었다. 좋은 가문 출신의 규수로서 후덕한 여자였고, 이듬해에 아들까지 태어났으므로 결혼 생활은 다복 무난했다.

그러나 그런 가운데서도 최치원의 마음 한구석에는 화선의 모습이 항상 자리잡고 있었다. 그토록 매달릴 때 데리고 올 것을 하는 후회가 들기도 했다. 1년이 가고 2년이 가도 화선이 나타나지 않는 것을 보고는, 헤어질 때만 그렇게 죽자 살자했을 뿐 막상 헤어지고 나니 자기를 쉽게 단념했는지도 모른다는 생각이 들었다.

'하긴 계집의 마음이란 아침 이슬같은 것이렷다. 연연하는 내가 어리석은 놈인지도 모른다.'

이렇게 생각한 최치원은 애써 화선의 모습을 기억에서 지워 버리려고 노력했다. 그래서 어느덧 그럭저럭 그녀를 잊을 만하게 되었다.

그러던 어느 해 늦은 가을이었다. 땅거미가 지고 쌀쌀한 바람이 부는 저녁 무렵, 최치원의 집 대문을 두드리는 두 사람이 있었다. 중국식의 초라한 복색에 보퉁이를 든 젊은 여자와 어린 청년이었다. 여자는 바로 화선이었고, 청년은 그녀의 부탁을 받고 최치원의 집을 찾아주기 위해 동행한 금성 사람이었던 것이다.

"여기가 최한림崔翰林 댁이 맞습니까?"

청년이 큰소리로 물었다.

문을 열어준 종이 돌아와서 주인에게 보고했고, 사정을 안 최치원은 버선발로 뛰어나갔다.

"오, 화선이!"

"나리!"

두 사람은 체면도 잊어버리고 서로의 손을 꽉 부여잡았다. 화선은 부모 초상이라도 당한 것처럼 울음을 터뜨렸고, 최치원의 눈에도 눈물이 맺혔다.

"곧바로 뒤따라온다고 하고서는 왜 이리 늦었느냐."

"아버님이 돌아가시는 바람에……."

화선은 말을 더 잇지 못했다. 부친상을 당하여 3년 동안 복을 입어야 했기 때문에 출발이 늦어졌던 것이다. 최치원은 그런 줄도 모르고 변심한 줄 오해했던 자신이 부끄러웠다.

뒤늦게 따라 나와서 사정을 알아차린 최치원의 어머니와 아내도 수만리 험한 바다를 건너온 화선을 따뜻하게 맞아들였다. 종으로라도 있게 해달라는 그녀의 애절한 마음씨에 같은 여자로서 동정하지 않을 수 없었던 것이다.

그날 밤, 화선은 꿈에서도 그리던 남자의 품에 안겨서 가슴 속에 맺힌 회포와 오랜 고난의 피로를 함께 풀었다. 그녀가 입버릇처럼 말한 종으로서가 아니라 측실의 신분으로서 말이다.

삼국시대 야사

5

도미의 아내

백제 4대 개루왕은 3대 기루왕의 아들로서, 기루왕이 재위 52년[128년] 11월에 승하하자, 그 뒤를 이어 보위에 올라 39년 동안 나라를 다스리고 나서 166년에 세상을 떠났다.

〈삼국사기〉는 개루왕을 '성품이 공순하고 조행이 단정'한 임금으로 기록하고 있는데, 이것은 그의 초기에나 해당하는 평가일 것 같다.

백제의 마지막 임금 의자왕이 처음에는 성군 소리를 들었을 정도로 괜찮은 임금이다가 끝에 가서는 황음무도한 폭군으로 변해 그 자신은 물론 나라까지 망친 것처럼, 개루왕 역시 말년에는 신라에서 도망 온 역적을 우대하여 공연한 분란을 불러일으키지 않나, 남의 아내를 겁간하려고 하지 않나, 뒤끝이 좋지 않은 임금이었던 것이다.

이 개루왕의 통치 시대에 백제 도읍인 한성에는 한 절세미녀가 살았다. 도미라는 평범하고 가난한 남자의 아내였는데, 그 미색이 너무도 뛰어났을 뿐 아니라 마음씨가 어질고 정절이 곧아서 사람들의 입방아에 오르내리기 일쑤였다.

"저 색시는 시집을 가더니 점점 더 예뻐지는군. 어쩜 저렇게 고울까."

"마음씨는 또 어떻구. 참으로 요조숙녀야."

"저런 여자가 어떻게 도미 같은 잘 난 데라곤 없고, 가난뱅이인 사람의 계집이 되었는지 모르겠어. 학이 닭에게 시집간 격이지."

"들으니까 여기저기에 번듯한 혼처가 있었음에도 불구하고 '좋은 집안에 시집 가서 마음 고생하고 사느니, 평범한 남자의 아내가 되어 마음 편히 살겠다'고 우겼다더군. 얼마나 성실한 생각이냐구."

"하여튼 도미라는 친구만큼 행운아는 없어. 세상 일이란 참으로 모를 노릇이라니까."

이런 소문이 한 사람의 입에서 두 사람의 귀로 들어가고, 다시 그 두 사람의 입을 통해서 네 사람의 귀로 전달되다 보니, 어느덧 구중궁궐의 임금마저 도미의 아내에 관한 소문을 듣게 되었다.

국가 창건의 과업도 처음 한두 임금의 대에서 어려움을 겪은 다음, 서너 대에 이르러 어느 정도 기반을 확보하게 되면 차츰 긴장감도 풀어지고 안일에 빠지게 되는 것은 어쩔 수 없는 일인지도 모른다.

개루왕 역시 유별나게 어리석다든가 포악하다든가 할 정도는 아니었으나 태평성대에 이르자, 대궐에 많은 궁녀를 곁에 두고 술과 환락으로 하루하루를 즐기는 그런 평범한 임금으로 변했다.

그런 어느 날, 대궐에서 잔치를 열고 신하들과 어울려 어지간히 흥에 겨웠을 때, 누군가가 도미의 아내를 화제에 올렸다.

개루왕은 그 말을 듣고 코웃음을 쳤다.

"허허, 그 계집이 얼마나 정절이 곧은지는 몰라도 세상의 치마 두른 것들 치고 형편에 따라서는 신발을 거꾸로 신지 않을 계집이 어디 있단 말이오."

"그러나 도미의 계집만은 다른 줄 아옵니다. 도성의 뭇사내들이 넋을 잃고 쳐다보며 추파를 던지는 모양이지만, 그 여자는 눈도 한번 깜짝하지 않는다고 하옵니다."

"그거야 똑똑한 상대를 만나지 못해서 그렇겠지. 조용한 곳에서 은근한 유혹을 받거나 값진 패물이 눈앞에 어른거리면, 아무리 그 계집이라도 생각이 달라질걸."

"사람 나름이겠지요. 소문에 의하면 내로라 하는 한량패들이 이따금 수작을 거는가 봅디다만, 그 여자는 끄떡도 하지 않는다 하옵니다."

"허! 그렇게도 도도한 계집이란 말이지."

신하들이 이구동성으로 도미의 아내를 칭찬하고 두둔하는 바람에, 개루왕은 슬며시 마음보가 비뚤어지기도 하고 호기심이 부쩍 동하기도 했다.

'대체 어떻게 생겨먹은 계집이기에 평판이 그 정도란 말인가. 그렇다면 어디 한번 시험해 보아야겠구나. 여자에게 정절이라니, 호강과 재물에 넘어가지 않을 계집이 세상에 있을라고.'

태평성대의 전형적인 임금이라 할 수 있는 개루왕이었다. 그는 국왕의 권위로서 도미의 아내를 시험하여 그 정절을 깨뜨려 입이 마르도록 칭찬하는 신하들의 코를 납작하게 만들어주리라 마음먹었다.

그런 지 며칠 후, 도미의 집에 느닷없이 한 관원이 찾아와서 도미더러 같이 따라 가자고 말했다.

"대, 대궐에는 왜요?"

"나라님께서 자네를 찾으신다네."

"예? 뭐라구요?"

도미는 몹시 놀랐다. 하늘처럼 까마득한 임금이 한낱 무지몽매한 백성인 자기를 왜 부른단 말인가. 도미는 두려운 나머지 몸이 떨렸다.

어쨌거나 임금의 심부름이라는 관원이 와서 가자고 하는데 못 가겠다고 버틸 수는 없었다.

마침내 도미는 입궐하여 임금 앞에 부복했다. 감히 고개를 들지도 못하고 땅바닥에 코를 처박은 채 사시나무처럼 떨며 숨도 못 쉬는 도미의 정수리에 임금의 옥음이 떨어졌다.

"네가 도미라는 백성이냐?"

"예."

"과인이 너한테 물어볼 것이 있어서 불렀느니라."

"어, 어인 말씀이온지……."

"네 처의 정절이 높다고 소문이 자자한 모양인데, 사실이 그러하냐?"

"황공무지하옵니다. 변변치 않은 계집의 소문이 구중까지 넘나들어왔다 하니 그 허물이 크옵니다. 용서하옵소서."

"과인은 사실을 알고자 하는 것이니라. 네 처의 정절이 과연 소문대로냐?"

"외람되오나, 주위에서 다들 그렇게 말합니다."

"너도 그렇게 믿느냐?"

"예."

개루왕의 입가에 지렁이 같은 미소가 떠올랐다.

"믿는다고 하면, 세상의 계집들이 다 부정不貞할지언정, 네 처는 그러지 않을 것이라고 믿는다는 말이지?"

"황공하오나, 소인은 그렇게 생각하옵니다."

"허나, 조용한 곳에서 다른 남자가 잘 꾄다면 넘어가지 않을까?"

"그럴 리가 없사옵니다."

"부귀영화를 미끼로 꾄다면?"

"마찬가지일 것이옵니다."

"그렇다면 권세로써 억지로 제압하려고 한다면 어떻게 될꼬?"

"그래도 소인의 처는 굴하지 않을 것이옵니다."

"만일 그 세 가지를 병행한다면?"

"그래도 결과는 마찬가지일 줄 아옵니다."

"허허! 알겠다. 기특한 처를 두어서 기쁘겠구나. 물러가 있거라."

개루왕은 그런 문답을 거친 다음 도미를 집으로 돌려보낸 것이 아니라 그대로 대궐 안에 대기하도록 했다.

그런 한편으로 자신과 모습이 비슷한 신하 한 사람을 불러서 임금의 복색을 빌려주고 수행 시종까지 붙인 다음, 도미의 집으로 가서 임금인 체하고 그 아내를 유혹해 보라고 지시했다.

신하는 입이 벌어졌다. 하룻밤이나마 임금의 행세를 할 수 있게 되었을 뿐 아니라, 천하의 절색이라는 여자를 건드려 볼 수 있게 된 것이다. 아무려면 임금의 동침 요구를 거절할 배짱 있는 백성이 어디 있겠는가.

가짜 임금은 신바람이 나서 도미의 집으로 향했다.

남편이 대궐에 불려간 후, 그의 아내는 몹시 걱정이 되었다. 도대체 평범하고 가난한 백성의 한 사람에 불과한 자기 남편을 임금이 찾을 이유가 없기 때문이었다.

어쨌든 무사히 풀려나 돌아오기만 하면 그만이라는 생각으로 짬짬이 문밖을 내다보며 초조하게 기다리는 가운데, 어느덧 땅거미가 지고 어둠이 찾아와 저녁이 되었다. 그래도 남편은 돌아오지 않았다. 순간, 일이 잘못되어도 단단히 잘못되었다는 느낌이 들었다.

그녀가 그렇게 안절부절 못하고 있을 때, 갑자기 바깥이 수런수런 해지며 시위 소리가 들려왔다. 이게 무슨 소동인가 싶어 나가 본 도미의 아내는 간이 철렁 내려앉았다. 천만 뜻밖에도 임금의 행차가 아닌가.

그녀가 벌벌 떨며 어쩔 줄 모르는 가운데, 가짜 임금은 그녀의 방에 들어가 좌정하고는 그녀를 불렀다. 그러고는 마룻바닥에 코를 박고 엎드린 그녀를 바라보며 말했다.

"네가 도미의 계집이냐?"

"예."

"어디 고개를 들어보거라."

어느 안전이라고 감히 고개를 든단 말인가. 도미의 아내는 더욱 고개를 떨어뜨릴 뿐이었다.

"과인이 너희 집에 거동한 것은 바로 너를 보기 위함이니라."

"……"

"무슨 소린지 알아듣겠느냐?"

"모, 모르겠사옵니다."

도미의 아내는 더듬거리며 대답했다. 그러나 당황하여 머릿속이 어지러운 중에도 임금의 말이 형언할 수 없는 충격으로 다가왔다.

'너를 보기 위해 왔다'는 뜻이 무엇이겠는가. 밝은 한낮에 불러도 열 번은 더 부를 수 있을 것을, 굳이 밤에 이런 누추한 곳까지 거동한 속셈이야 뻔하지 않은가.

도미의 아내가 천만가지 생각을 하며 절망하고 있을 때, 가짜 임금이 말했다.

"이 보아라. 오늘 네 서방을 대궐로 불러들인 것을 너도 알지?"

"아옵니다."

"너는 지아비를 어떻게 생각하느냐?"

"천녀한테는 하늘과 같다고 생각하옵니다."

"허! 그래. 그렇다면 하늘과 같은 지아비의 뜻을 잘 받들어야 한다는 것도 알겠구나."

"예."

"설령 너의 뜻에 거슬린다 하더라도 하늘인 지아비의 뜻에 무조건 따라야 하느니라. 그럴 테지?"

"그렇사옵니다."

"그러면 너는 몸단장을 다시 하고 이 방에 들어오너라."

"……."

"오늘 과인은 대궐에서 네 서방과 내기 장기를 두었다. 과인이 지면 네 서방한테 벼슬을 주기로 하고, 네 서방이 지면 너로 하여금 하룻밤 과인을 모시게 한다는 조건이었느니라. 그런데 과인이 이기고 말았구나. 그러니, 너는 하늘인 지아비의 뜻을 순종하여 오늘밤 과인을 모시도록 하라."

청천벽력이라는 것은 이런 경우를 두고 하는 말일 것이다. 도미의 아내는 눈앞이 캄캄했다. 살리고 죽이고를 마음대로 할 수 있는 임금의 권력에다 지아비의 뜻까지 들먹이고 나오는 판이니, 봉변을 모면하기는 아예 글렀다는 절망감이 가슴을 쳤다. 슬기롭기로 정평이 난 그녀도 이런 경우는 속수무책이었다.

"지아비의 뜻이라면 복종할 뿐이라고 방금 네 입으로 말하지 않았느냐. 왜 대답이 없는고?"

도미의 아내는 입속이 바작바작 타고 전신에 진땀이 흘렀다 그러나 다음 순간 위기를 모면할 수 있는 계략이 번개같이 머리를 스쳐갔다.

"대왕마마의 뜻이 그러하옵고 지아비의 뜻도 그러하다면 천녀가 어찌 감히 거역하리까. 잠시 몸단장을 할 수 있도록 여유를 주옵소서."

"그렇게 하라."

가짜 임금의 입이 벌어지는 줄도 모르고, 도미의 아내는 기듯이 물러나와 건넌방으로 들어갔다. 그러고는 벌벌 떨며 문밖으로 나오지 못하고 있는 계집종의 손을 잡고 말했다.

"애야, 네가 나를 도와줘야겠구나. 방금 죄다 들었을 것이다마는, 아무리 어명이고 또 지아비의 뜻이라고 하지만, 한 남자의 지어미된 몸으로 어찌 다른 남자에게 몸을 허락하겠느냐. 차라리 목을 매고 죽는 것 만도 못한 노릇이다. 그러니 나 대신 네가 오늘밤 나라님을 모셔 다오."

계집종은 주인의 딱한 처지를 십분 이해했다. 그래서 지시대로 하겠다고 약속했다.

도미의 아내는 계집종을 앉혀 놓고 최대한의 재간과 정성을 쏟아 단장했다. 큰 머리를 얹어서 얼굴을 절반쯤 가리고 분을 희게 바른 다음 연지를 크게 찍어 최대한 자신과 모습이 비슷하도록 꾸몄다. 그런 다음 신신당부했다.

"방에 들어가거든 잠자리에 들어가기 위해 불을 끌 때까지 절대로 고개를 들지 말고 물으시는 말씀에는 작은 소리로 대답하여라. 거짓이 발각되면 나나 너나 살아남지 못할 것이니, 실수 없도록 명심하거라."

그녀는 그처럼 단단히 이른 다음 계집종을 안방에 들여보냈다. 일찍이 도미의 아내를 본 적도 없었고 그녀가 좀 전 마루에 엎드린 모습을 잠깐 보았을 뿐이었으므로, 가짜 임금은 몸단장을 하고 방에 들어오는 여자가 도미의 아내가 아니리라고는 꿈에도 생각하지 못했다.

그리하여 도미의 집 안방에서는 두 가짜 인물의 동침이 이루어졌고, 건넌방에서는 조작극이 탄로날까 마음이 조마조마한 안주인이 뜬눈으로 밤을 지새웠던 것이다.

　도미의 집에서 그런 일이 벌어지고 있는 동안, 대궐에 억류되어 있던 도미는 청천벽력 같은 소리를 들었다.

　"오늘밤 나라님이 너희 집에 가서 네 처를 보시겠다 하신다."

　그러나 도미가 정작 걱정한 것은 임금의 음행 그 자체가 아니었다. 정절이 대쪽 같은 아내가 아무리 임금의 강압이라 한들 굴복하여 몸을 허락할 리가 없고, 그래서 시달리다 보면 십중팔구 자결로 몸을 지킬 것이라는 사실이었다.

　스스로 죽을지언정 몸을 더럽히지 않을 여자, 그런 아내의 절개가 눈물겹도록 고맙고 소중하면서도, 아내가 혀를 깨물고 자결하는 모습을 상상하자니 미칠 것만 같았다.

　방안에 갇힌 도미는 주먹으로 방바닥을 치고 벽에 머리를 부딪치며 오열할 뿐이었다.

　하룻밤 임금 행세를 톡톡히 해보았을 뿐 아니라 절세의 미색을 품고 즐겼다고 믿은 가짜 임금은 날이 밝자마자 신바람 나게 입궐하여 개루왕에게 자초지종을 보고했다.

　개루왕은 자기가 직접 여자를 못 품어본 것이 아쉽기는 해도, 어쨌든 계집의 절개란 한낱 허울에 불과하다는 평소의 자기 지론이 입증된 것에 만족했다. 그래서 도미를 다시 불러보니, 얼마나 울고 짓찧었는지 눈이 퉁퉁 부었을 뿐 아니라, 온 머리가 상처 투성이였다.

　"네 꼴이 그게 웬일이냐?"

　"황공하오나, 소인이 상배喪配를 당했기에 애통하다 보니 이 꼴이 되었습니다."

"상배라? 허허허, 너의 말이 옳다. 계집을 잃었으니 상배는 상배로다. 네 처는 어젯밤으로 과인의 후궁이 되었느니라."

"무, 무슨 말씀이온지……."

"왜 놀라느냐. 간밤에 네 처는 몸단장을 하고 과인의 침소에 들었느니라. 부귀영화를 말하니 싫은 기색이 아니더구나. 계집의 정절이란 것을 믿다니, 너는 참 어리석은 놈이로고."

"……."

"이젠 너희 집으로 물러가거라. 그러나 어제까지는 네 처이던 사람이 이제 과인의 후궁이 되었으니, 그런 줄 알고 예의범절에 소홀함이 없도록 하라. 알겠느냐?"

도미로서는 세상에 그보다 더 무서운 말과 무서운 일이 있을 수 없었다. 아내가 임금에게 몸을 허락하다니, 자결지도 않고 운명적으로 순종하다니, 그것은 상상할 수도 없는 일이었다. 그러나 임금이 자신있게 하는 소리고 보면 믿지 않을 도리가 없었다.

'그래도 설마 그렇지 않을 거야. 사랑하는 내 아내가.'

도미는 한달음에 집으로 달려갔다.

"여보!"

문간을 들어서자마자 냅다 소리쳐 부르니, 그의 아내는 울면서 맨발로 달려나와 얼싸안았다.

"아니! 이게 무슨 꼴입니까."

"어쩌다 사정이 그렇게 되었소. 그보다는……."

말을 하다 말고 도미는 도로 입을 다물었다. 어디서부터 어떻게 말을 꺼내야 할지 몰라서였다. 그는 그저 아내의 손을 잡고 방으로 들어갔다.

그리하여 각자 하루 사이에 신변에 일어났던 일을 이야기했다.

눈물로 하소연하는 아내의 이야기를 듣고 난 도미는 아내를 와락 끌어안았다.

"그러면 그렇지. 나는 임자가 차라리 죽을지언정 절개를 꺾을 사람이 아님을 믿고 있었소. 그러고 보면 나라님은 우리 종년을 당신인 줄 알고 좋아라 했겠군 그래."

"아무렴요. 제가 혀를 깨물고 죽으면 죽었지, 어찌 서방님 아닌 남정네한테 몸을 허락하겠어요 그런 저를 일시나마 의심하셨다니 야속하군요."

"미안하오. 그리고 한없이 고맙고 고맙소."

그들은 위험한 풍파가 그 정도로 지나간 것을 다행으로 생각하며 서로의 변함없는 사랑을 다시 한 번 다짐했다.

그러나 세상에 영원한 비밀은 없다고 했으며, 낮말은 새가 듣고 밤말은 쥐가 듣는다고 했다.

'나라님께서 도미의 처한테 음심을 품었다가 감쪽같이 속아 넘어가셨다네.'

언제부턴가 그런 이야기가 한 입에서 두 입으로 건너더니, 어느덧 도성 안에 쫙 퍼졌다. 그리고 마침내 임금의 귀에까지 들어가게 되었다.

개루왕은 격노했다. 장난을 좀 친다는 심정으로 한 일이었는데, 결과적으로 임금의 체통이 말이 아니게 된 것이다. 사유야 어떻든 임금을 기만한 죄는 죽음을 내려야 마땅했다.

그러나 가만히 생각해 보니 이거야말로 기회가 아닌가 싶었다. 충분히 죄를 물어 도미를 죽여 없앨 수 있고, 그러고나면 아무리 절개가 곧은 계집이라 하더라도 남편이 이 세상에 없는 이상 임금이 제시하는 부귀영화에 눈길을 돌리지 않겠는가.

개루왕은 즉시 추상같은 명령을 내려 도미를 잡아들였다.

"네 이놈! 네 죄를 알렷다."

도미는 간이 콩알만 해지면서도 기가 막히다고 생각했다. 그래서 머뭇머뭇 대답을 못하자, 다시 호령이 떨어졌다.

"알겠느냐, 모르겠느냐. 대답하라!"

"모, 모르겠사옵니다."

"저런 발칙한 놈! 네 계집이 임금을 속였는데, 그래도 모르겠다고 잡아뗄 작정이냐?"

"그, 그것은 소인의 처가 어리석은 꾀를 부려 그런 일이 있었던 줄 아오나, 천리天理를 거스르지 않으려고 한 소행인즉 너그럽게 용서해 주옵소서."

"뭐라고? 천리가 어쩌고 어째? 그 말투는 과인의 허물을 꼬집는 것이 아니냐."

"망극하옵니다. 소인 같은 천한 놈이 어찌……."

"듣기 싫다! 여봐라! 저 천하 무엄한 놈의 두 손목을 자르고 두 눈을 멀도록 하라."

누구의 명령인데 거역할까. 군졸들이 달려들어 도미의 사지를 꼼짝달싹 못하게 찍어 누르고는 꼬챙이로 눈을 찔러 장님으로 만들어 버린 다음 손목을 잘라 버렸다.

"생각 같아서는 목을 쳐야 마땅하나, 인생이 불쌍하여 목숨만은 부지하게 하리라. 그 대신 그놈을 상앗대도 노도 없는 쪽배에 태워 송파강松波江에 떠내려 보내도록 하라."

도미를 죽였다가는 그 가혹한 처사가 오히려 여자의 원한을 사서 죽도

밥도 되지 않을 것 같았기 때문이었다.

어쨌든 도미는 아름다운 아내를 두었다는 죄 아닌 죄로 두 눈과 손목을 잃고 쪽배에 실려 강물 위를 하염없이 떠내려가는 신세가 되고 말았다.

개루왕은 도미에게 그런 처분을 내리고 나서 그의 아내를 데려오라고 명령했다.

도미의 처는 대궐에서 군졸들이 달려와 남편을 붙잡아 갈 때, 이미 모든 것이 들통나고 끝장났음을 알아차렸다. 그리하여 남편이 어떤 형벌을 받고 있을까. 나는 자결을 해야 하나 말아야 하나. 한다면 언제 결행하는 것이 마땅한가 하는 생각을 어수선한 머릿속으로 굴리고 있는데, 이번에는 군졸 대신 임금의 칙사가 찾아온 것이다.

그녀는 남편의 안부를 알아보고 나서 자결해도 늦지 않다는 생각이 들었다. 그래서 순순히 칙사를 따라 입궐했다.

개루왕이 전각 누마루에 높이 앉아 뜨락에 꿇어 엎드린 여자를 내려다보니 우선 그 몸매만 보더라도 군침이 돌 정도로 아름답다는 생각이 들었다.

"고개를 들어라."

개루왕이 자못 부드러운 소리로 명령하자, 도미의 아내는 마지못해 얼굴을 반쯤 들었다.

"좀 더 들어라."

임금의 명령에 도미의 아내는 다시 조금 더 얼굴을 들었다.

"어허!"

개루왕의 입에서 저절로 탄식이 새어나왔다. 과연 천하의 절색이었다. 그는 저러니 세상에 소문이 떠돌만도 하다고 속으로 감탄하며, 무슨 수를 쓰더라도 설득하여 자기 여자로 만들어야겠다는 욕심이 무럭무럭 일어났다.

"듣거라. 너는 지난번에 임금을 속여 체통을 손상시켰다. 그것이 얼마나 큰 죄인 줄 알겠느냐?"

"다급한 김에 부득이 취한 노릇이었사오니 죽여 주옵소서."

"죽여 달라……. 그것은 어렵지 않지. 그러나 죽는 것보다는 사는 것이 낫지 않을까. 무릇 정절이니 절개니 하는 것은 지켜 주어야 할 대상이 있을 때만 가치가 있는 법. 어떤고, 과인의 후궁이 되어 대궐에 들어와 부귀영화를 누릴 생각은 없느냐?"

"대답 올리기 전에, 천녀의 지아비가 어찌되었는지부터 먼저 가르쳐 주소서."

"임금에게 불경한 소리를 하기에 두 눈과 두 손목을 빼앗아 강물에 띄워 보냈느니라. 목숨을 남겨준 것만 해도 선처가 아니겠느냐. 어떤고, 이만하면 그놈을 단념하고 새로운 호강을 해볼 만하지 않느냐?"

도미의 아내는 남편이 죽임을 당하지 않았다는 사실을 알고 어느 정도 마음을 놓았다. 그렇지만 두 눈과 손목을 잃고 강물에 버려져서 떠내려갔다는 생각에 불쌍하고 걱정이 되어 미칠 것만 같았다.

'그러나 여기서 말 한마디 잘못하는 날에는 내 목숨마저 남아나지 않을 뿐 아니라, 그이한테 돌아가고 싶어도 갈 수가 없게 된다. 앞도 보이지 않고 노도 저을 수 없으니 얼마나 답답하고 불안할까. 가엾기도 해라.'

이런 생각을 간파한 도미의 아내는 목소리를 가다듬어 말했다.

"대왕마마의 거룩하신 말씀대로, 여자의 정절은 바칠 이가 있어야만 가치가 있는 법이 아니겠사옵니까. 이제는 천녀의 지아비가 없사오니, 새로운 지아비를 맞이해야만 그것이 소용될 것이옵니다."

"잘 생각했다. 그렇고말고. 그러면 오늘부터 대궐에 머물면서 과인을 섬기도록 하라."

"대왕마마께서 천녀를 그토록 생각해 주시니 감읍할 따름이옵니다. 그러나 아무리 미천한 살림이라 하더라도 여태껏 살아오던 것을 처분해야 하고, 또 차마 부끄러워 말씀 올리기 송구하오나, 천녀가 지금 달거리를 하는 중이라 2, 3일만 말미를 주시면 몸도 주변 일도 깨끗이 하고 다시 입궐하여 마마를 성심껏 모시겠나이다. 선처하시옵소서."

"그래, 그것도 무리한 이야기는 아니로구나."

개루왕은 선선히 응낙했다.

간신히 빠져나오기는 했으나, 도미의 아내는 눈앞이 캄캄했다. 사랑하는 남편이 처참한 꼴을 당한 데다 살았는지 죽었는지 모르는 형편인 것이다.

그녀는 남편이 버려졌다는 강가로 달려가 보았다. 혹시라도 흔적이나마 발견할 수 있을까 해서였다. 그러나 적막한 강가에는 소슬바람만 불었고, 남편의 흔적 같은 것은 눈을 씻고 봐도 보이지 않았다.

"아아 서방님! 이년을 두고 어디로 가셨단 말입니까."

그녀는 강가에 철퍼덕 앉아 대성통곡을 했다. 그리고 이제는 스스로 목숨을 끊는 수밖에 도리가 없다고 생각했다.

그러다가 문득 보니, 모래톱에 올려져 있는 작은 배 한 척이 눈에 들어왔다.

'옳지! 저것을 타고 강을 따라 내려가 보자. 혹시나 서방님을 만날 수 있을지 어떻게 알랴.'

이렇게 생각한 그녀는 울음을 그치고 일어나 배 있는 곳으로 갔다.

그런 다음 배를 밀어서 간신히 강에 띄우고 올라탔다. 노가 있었으나 저을 줄을 모르니 없는 것과 마찬가지였다. 그래서 흐르는 강물에 모든 것을 맡기고 떠내려갈 수밖에 없었다.

어느덧 해가 지고 어둠이 깔려 왔다. 그녀는 울음에 지치고 허기가 져서 뱃바닥에 드러눕고 말았다.

'이렇게 흘러가다 보면 망망한 바다로 나가게 될 것이고, 마침내 물에 빠져 고기떼에 이 죄 많은 육신을 던져주게 되겠지.'

그녀는 하늘에 총총히 뜬 별을 올려다보면서 망연히 생각했다. 그런 생각을 하다가, 어느덧 잠인지 혼수인지 모를 몽롱한 상태에 빠져들고 말았다.

그녀가 언뜻 정신이 돌아온 것은 배가 어딘가에 부딪치는 듯한 충격을 감지하고서였다. 뱃전을 잡고 부스스 일어나 둘러보니 때는 어스름한 새벽녘이었고, 배는 어느 모래톱에 얹혀 있었다.

고기밥이 될 운명은 아닌가 보라고 생각하며 일어난 그녀는 사방을 둘러보다가 문득 이상한 물체를 발견했다. 제법 멀리 떨어져 있고 아직 어둠이 다 가시지 않아서 분명히 식별할 수는 없었으나, 자신이 타고 온 배와 비슷해 보였다.

혹시나 하는 생각으로 기운을 내어 배에서 내린 그녀는 그쪽으로 다가가 보았다. 그것은 분명히 배였다. 그 배 역시 떠내려 오다가 모래톱에 앉힌 것이 분명했다.

한달음에 달려간 그녀는 배 속을 들여다보았다. 그러고는 자기도 모르게 비명을 질렀다. 분명 자신의 사랑하는 남편이 처참한 몰골로 거기 누워 있었던 것이다.

"서방님!"

"아니, 이, 이게 누구 목소리야!"

기운을 잃고 죽은 듯이 누워 있던 도미는 벌떡 일어났다.

"제가 왔어요, 서방님."

"오오, 하느님도 고마우셔라!"

"아무 걱정 마세요. 이제는 살아도 같이 살고 죽어도 같이 죽어요."

두 사람은 얼싸안고 목을 놓아 울었다. 그것은 참혹한 운명에 대한 분노의 울음이었고, 또한 사랑하는 사람을 다시 만난 기쁨과 감사의 울음이었다.

그렇게 재회한 그들은 칡뿌리를 캐고 나무 열매를 따서 요기를 하여 기운을 차린 다음 길을 떠났다. 잘못하다기는 붙들릴지도 모르는 일이므로 인적이 없는 산 속으로 걸어 들어갔다. 그리하여 도달한 곳이 고구려 땅이었다.

이제는 무도한 백제 임금을 두려워할 필요가 없어졌다. 도미의 아내는 호젓한 곳에 정착하여 땅을 일구어 밭을 만들고 곡식을 가꾸어 생활 기반을 마련했으며, 눈 멀고 아무 일도 할 수 없는 병신 남편을 극진히 모시고 평생을 나름대로 행복하게 살았다.

선화공주와 서동

백제의 서울 남쪽 연못가의 작은 오막살이에 한 과부가 아들 하나를 데리고 살고 있었는데, 그 아들의 이름은 서동이라 했다.

이 서동薯童이란 말은 '마薯를 파는 아이'라는 뜻이니, 그의 집 가업이 밭에 마를 길러서 캐어 내다 파는 것이기 때문에 사람들이 지어 부른 이름이었다.

서동이 자라나서 열 대여섯 살이 되었을 때, 이상한 소문이 그의 귀에 들어왔다.

"이웃 신라 임금님의 셋째 따님인 선화공주는 세상에 둘도 없는 미인이라네."

"서라벌 젊은이들은 선화공주님을 한 번이라도 똑바로 쳐다보는 것이 소원이라고 하더군."

이런 소리를 들은 서동은 공연히 마음이 설레이었다.

'도대체 얼마나 아름답기에 그런 소문이 이웃 나라에까지 전해 졌을까. 그런 천하의 미인을 아내로 얻을 수만 있다면 얼마나 기쁠까.'

그로서는 꿈도 꾸어서는 안 될 일이었으나, 사람의 감정은 묘한 것이었다. 선화공주를 생각하면 할수록 그녀한테 장가를 가고 싶다는 욕망이 꿈틀거렸고, 그것이 전혀 불가능한 일만은 아니라는 생각이 들었다.

한동안 고민하며 심사숙고한 서동은 마침내 행동을 개시했다. 그는 칼을 들어 머리를 깎고는 어머니한테 하직 인사를 했다.

"어머니, 뜻한 바가 있어서 서라벌로 떠날까 하니 허락해 주십시오."

그 말을 들은 어머니는 깜짝 놀랐다.

"아니 얘야, 갑자기 그게 무슨 소리냐?"

"두고 보시면 압니다. 아무튼 깊은 생각 끝에 말씀드리는 것이니 막지 마십시오."

그렇게 말한 서동은 눈물짓는 어머니를 뿌리치고 이웃 나라로 향했다. 그리하여 몇 날만에 서라벌에 도착한 서동은 마를 한 짐 짊어지고 거리마다 돌아다니며 길에서 놀고 있는 아이들을 불러모아 마뿌리 하나씩을 주면서 노래를 따라 부르게 했다.

선화공주님은 남몰래 얼어 두고
서동 방을 밤에랑은 안고 가요

아이들은 그 노래의 내용이 무슨 뜻인지도 모르고, 다만 맛있는 마 하나씩을 얻어먹는 재미로 따라 부르게 되었다.

하루가 지나고 이틀이 지나는 사이에 먼 동네의 아이들조차 그 이상한 노래를 따라 부르게 되었고, 그것은 어느덧 온 서라벌 거리 거리에서 울려 퍼지는 동요가 되고 말았다. 그러다 보니 조정 대신 들의 귀에까지 들어가,

마침내 큰 문젯거리로 비화되기에 이르렀다.

"대왕마마, 요즈음 온 서라벌 장안에 해괴한 노래가 떠도는 사실을 알고 계시온지요."

대신들은 어느 날 임금 앞에서 정식으로 그 일을 끄집어냈다.

진평왕은 영문을 알 수 없었다.

"노래라니, 갑자기 그것이 무슨 소리요?"

"말씀드리기 심히 민망하오나, 셋째 공주님이 밤이면 서동이라는 남자의 방에 몰래 들어간다 하옵니다."

"아니, 뭐라고!"

"때지 않은 굴뚝에서 연기가 오를 수는 없는 노릇입니다. 공주님의 처신에 한두 번이라도 실수가 있었기에 이런 노래가 생겨나지 않았나 여겨집니다. 설령 그것이 사실이 아니라 하더라도 이것은 나라와 왕실의 부끄러움임에 틀림없으니, 황송하오나 공주님을 멀리 내보내심이 마땅할 것으로 생각됩니다."

진평왕으로서는 기가 꽉 막힐 노릇이었지만, 누구보다도 놀란 것은 선화공주 본인이었다. 구중궁궐 속에서 함초롬히 피어난 꽃처럼 보호와 떠받들림 속에 금지옥엽으로 자라난 그녀로서는 억울하기 짝이 없는 모함이었다. 그러나 온 서라벌 안에 그 노래가 퍼지고 보니 입이 열 개라도 변명할 도리가 없었다.

진평왕은 영을 내려 문제의 노래를 금지시켰으나, 그것은 오히려 역효과를 가져왔다. 못하게 하면 할수록 더하고 싶은 것이 사람의 심리이며, 더군다나 물리적으로 금지하려고 함으로써 그것이 진짜 비위를 감추려는 시도로 비쳐졌기 때문이었다.

대신들의 공론이 분분해지고 인심은 시끌시끌해져, 마침내 진평왕으로서도 여론에 굴복하지 않을 수 없게 되었다. 선화공주를 먼 곳으로 귀양 보내기로 결정한 것이다.

눈에 넣어도 아프지 않을 정도로 애지중지하는 공주를 멀리 떠나 보내게 된 왕후의 상심은 이루 말할 수 없었다. 얼싸안고 통곡한 후에 공주는 수레를 타고 몇 사람의 수행인과 함께 길을 떠나게 되었고, 왕후는 순금 한 말을 수레에 실어주며 울음 섞인 목소리로 말했다.

"아가, 아무쪼록 아바마마의 노여움이 가라앉고 세상이 조용해질 때까지 고생이 되더라도 참고 견뎌라."

"제 염려 마시고 부디 옥체 보전하세요. 어머니."

선화공주는 모후와 애끓는 이별을 한 다음 떨어지지 않는 귀양길에 올랐다.

공주 일행이 얼마쯤 갔을 때인데, 문득 한 젊은이가 나타나 수레를 따라오며 말했다.

"제가 공주님을 모시고 뒤따를까 하오니 허락하여 주십시오."

공주가 보아하니 비록 좋은 옷을 걸치지는 않았으나 인물이 훤하고 씩씩하게 생긴 젊은이였다. 아무 조건없이 수행해 주겠다니 마다할 이유가 없었다. 귀양길인 만큼 앞으로 어떤 어려움에 직면하게 될지 모르는 일이므로, 그런 젊은이가 있으면 힘이 될 것이기 때문이었다. 그리하여 그 젊은이를 수행원 속에 포함시켰는데, 그가 바로 서동임은 말할 필요도 없다.

사람의 인연이란 참으로 묘한 것이다. 특히나 남녀 간의 감정 교류는 상식을 불허하는 구석이 있다. 한낱 굴러들어온 수행원에 불과했으나, 같이 먼 길을 가면서 서동이 이것저것 눈치있게 공주의 불편을 덜어주고 지극 정성으로 모시다 보니, 어느덧 공주의 가슴속에 이상한 감정이 싹트게 되었다. 그리하여 어느 달 밝은 밤, 산속에서 노숙을 하게 되었을 때, 두 젊은 영혼은 정열을 이기지 못하여 각자의 잠자리에서 몰래 빠져나와 교교한 달빛 아래에서 끊으려야 끊을 수 없는 인연을 맺고 말았다.

짧지만 행복한 시간이 흐른 다음, 서동은 마침내 신분을 털어놓았다.

"이제야 말하지만, 나는 백제 사람이고 이름은 서동이라 하오."

"뭐라고? 서동?"

공주는 벌어진 입을 다물지 못했다. 그러고는 탄식했다.

"과연 서라벌 장안에 퍼진 동요가 괜한 헛소리는 아니었구나. 내가 이 사람한테 시집을 가는 것은 필경 하늘이 정해 놓은 일인가 보다."

"그렇게 상심할 필요는 없지 않겠소. 그보다는 이제 어떻게 하시겠소?"

"어떻게 하다니?"

"기왕 나와 백 년 가약의 인연을 맺었으니, 굳이 귀양지로 갈 것까지 없지 않은가 해서 하는 말이오."

"그럼 어디로 가야 하는 거죠?"

"나와 함께 백제로 갑시다. 그래서 새로운 생활을 시작합시다."

공주가 가만히 생각해 보니 터무니 없는 제안은 아니었다. 이 남자와 사고를 저질렀으니, 이제는 정말로 죄를 지은 것이다. 그러니 설령 귀양에서 풀려 돌아간다 하더라도 부왕과 모후를 쳐다볼 면목이 없었다. 면목은커녕 진짜로 처벌을 받아야 될 판이었다.

마침내 선화공주는 연인을 따라 백제로 향했다.

서동이 세상에 둘도 없는 아름다운 아내를 얻어 돌아오니, 그의 어머니는 이것이 꿈인가 싶었다. 그녀는 너무나 기쁜 나머지 공주의 손을 부여잡고 눈물을 글썽였다.

공주는 시어머니한테 말했다.

"어머니, 이제부터는 힘든 일 같은 것은 하지 않으셔도 됩니다. 제가 가져온 금은보화가 제법 상당하니까, 이것을 팔아 논도 사고 밭도 사고 큰집도 지을 수 있을 거예요."

공주는 그러고 나서 순금 한 말을 시어머니 앞에 풀어놓으니, 찬란한 금빛으로 방안이 갑자기 환해졌다.

그것을 보고 서동이 픽 웃었다.

"그까짓게 뭐가 대단하다고 그러는 거요."

"대단하지 않구요. 이것은 귀한 황금이란 말예요."

"쳇! 내가 어려서부터 밭에 나가 마를 캐다보면, 땅 밑에 깔린 것이 다 그런 것이던데 뭐."

"뭐라구요? 아니, 그게 정말이에요?"

"그럼, 사실이지 않구. 같이 가보겠소?"

서동은 공주를 데리고 마밭으로 갔다. 그러고는 괭이로 땅을 깊이 파헤치니, 아닌 게 아니라 어마어마한 황금 광맥이 드러났다. 두 사람은 온종일 땀흘려 그 황금을 다 파내어 밭두렁에 쌓아 놓았다. 그러자 어지간히 큰 언덕만한 양이었다.

"이걸 서라벌로 보낼 수 있으면 좋겠어요. 그러면 아바마마께서도 우리를 용서해 주실 텐데."

"용화산 사자사에 지명법사라는 스님이 계신데, 그 어른은 술법으로 조화를 부린다고 들었소. 그분한테 찾아가 부탁하면 어떨지 모르겠군."

"그럼 어디 안내해 봐요."

그래서 서동과 공주는 용화산으로 지명법사를 찾아갔다. 그리고는 공주의 신분을 밝힘과 동시에 사연의 자초지종을 털어놓고 도움을 청했다.

지명법사가 말했다.

"그렇다면 소승이 술법을 써서 그 금을 서라벌 대궐로 옮겨드리지요. 우선 그 금을 죄다 이 산문 밖까지 실어다 놓으십시오."

서동과 공주는 지명법사가 시키는 대로 황금을 사자사 산문 밖까지 운반해 놓았다.

그런 다음 공주는 장문의 편지를 써서 황금더미 위에 놓았다.

"나무관세음보살!"

지명법사는 불호에 이어 주문을 외면서 이상한 술법을 펼쳤다. 그러자 산더미 같던 황금들이 눈 깜짝할 사이에 사라지고 말았다.

한편 신라 대궐에서는 왁자지껄 소동이 벌어졌다. 난데없는 황금더미가 갑자기 나타나 대궐 마당에 쌓여 있는 것이었다.

그러나 곧 공주의 편지가 발견됨으로서 진평왕을 비롯한 모든 사람들은 사정을 납득할 수 있게 되었다. 그러지 않아도 귀양길에 올랐던 공주가 도중에 행방불명이 된 바람에 안달복달하던 왕후는 손뼉을 치며 기뻐했다.

그처럼 엄청난 양의 황금은 국고에 들어가 나라의 재정에 큰 보탬이 되었고, 그런 공적이 있는 이상 신라 왕실과 조정에서 공주와 서동을 새삼스럽게 문죄할 까닭이 없었다.

그리하여 서동과 공주는 자주 서라벌 나들이를 하면서 행복하게 살았으며, 마밭의 황금 광맥이 워낙 풍부한 관계로 그것을 다시 캐내어 백제 국고에도 바치고, 또한 가난한 백성들에게도 고루 나누어 주었다.

그러는 가운데 서동의 인망은 나날이 높아져서 백성들의 추앙을 받았으며, 마침내 그들의 추대를 받아 왕위에 올라 곧 백제의 제30대 무왕이 되었다.

그러나 이것은 어디까지나 야사일 따름이고, 〈삼국사기〉 27권의 '백제무왕본기' 첫머리를 보면, '무왕의 이름은 장璋으로 법왕의 아들인데, 위풍이 뛰어나고 지기가 호걸다웠다. 그는 법왕이 즉위하였다가 이듬해에 세상을 떠나자 뒤를 이어 즉위하였다.'고 기록되어 있다.

백제의 남천南遷

　　고구려에서 온 중 도림이 바둑을 잘 둔다는 소문이 백제 사람들에게 널리 퍼졌는데, 급기야 개로왕蓋鹵王의 귀에까지 들어갔다. 백제 제21대 왕인 개로왕은 바둑을 잘 두어 신하 중에서는 당해낼 사람이 없었다.

　　도림의 소문을 들은 개로왕은 곧 신하에게 그 사실 여부를 물었다.

　　"경도 도림의 소문을 들었는가?"

　　"예. 신으로부터 배운 바둑인지라 아무도 당할 사람이 없다고 합니다."

　　"그래? 도림을 불러드리도록 하라, 내 한 수 두어볼 것이다"

　　"하오나, 폐하……."

　　옆에 있던 통성通成이 앞으로 나오며 머리를 조아렸다. 통성은 조정 좌평朝廷佐平 벼슬을 하고 있는 강직한 신하였다.

　　"도림은 중이라고는 하오나, 본래 고구려 사람이오니, 그를 가까이 하심은 옳지 않은 일이라 생각됩니다."

　　"좌평. 그러나 그는 중이라지 않소. 또한 그자가 딴 뜻이 있다면 어찌 태연하게 이 나라에 올 수가 있단 말이요?"

"하오나……."

"듣기 싫소. 그러면 좌평이 한 번 그 자를 조사해 보시오."

본래 개로왕은 통성이 강직한데다 지나치게 고지식하여 그닥 좋아하지 않았다. 아무튼 통성은 도림을 조사한 후 개로왕에게 고했다.

"그래 어떻소이까?"

"고구려에서 죄를 짓고 도망한 자입니다."

"그렇겠지……. 고구려에서 죄를 짓고 도망왔다면 벌써 고구려의 신하는 아니로군……. 일전에 걸루桀婁, 만년萬年 등의 무리가 나를 배반하고 고구려로 도망 가지 않았소. 그러니 꺼릴 것이 없는가 하오."

"하오나, 신이 보니 그 사람됨이 음흉하고 또 고구려에서 죄를 지었다 하오나 제 나라를 등진 인간이라 결코 가까이 하실 것이 못 되나이다."

"좌평은 너무나 고지식하여서 탈이오. 그냥 바둑이나 둘 뿐인데 무에 걱정이 되겠소이까."

결국 개로왕은 사람을 보내어 도림을 오게 하였다.

"폐하께옵서 이런 보잘 것 없는 몸을 부르시니 감읍하옵니다."

"내, 들으니 그대의 바둑이 대단한 고수라 하더이다."

"황공하옵니다."

"내 그대에게 한 수 배워볼까 하오."

개로왕은 즉시 바둑판을 가져오게 하여 도림과 바둑을 두기 시작하였다. 하지만 몇 수 두어보니 도림의 바둑 실력은 소문과 달리 그저 그렇게 보였다.

수가 어느 정도 진행되자. 개로왕은 내심 놀랐다. 과연 소문대로 엄청난 실력이었다. 그의 한 수 한 수가 놓여질 때마다 완전히 몰리고 있었다.

"음!"

개로왕의 입에서 절로 신음소리가 흘러나왔다.

그런데 그렇게 잘 두던 도림은 어느 순간부터 공격이 무디어지면서 급격하게 기울어지더니 간간이 실수조차 하였다. 바둑은 개로왕의 승리가 명백해지고 말았다.

도림은 낮은 신음 소리를 내더니 바둑판 옆에 엎드려 개로왕 앞에 머리를 조아렸다.

"황공하오나, 도저히 폐하의 수를 넘지 못하겠나이다."

하지만 개로왕은 도림이 일부러 져주었다는 것을 알고 있었다.

그날 이후 개로왕은 자주 도림을 불러들여 바둑을 두었고, 융숭한 주연을 베풀어 주는 등 그를 귀빈으로 대하였다.

언제부터인가 일부러 져주던 것도 없어지고 바둑은 늘 도림의 압도적인 승리로 끝나기 일수였다. 그런데도 개로왕은 존경심을 더해 그를 상객上客이라 부르며 후하게 대했다.

이러는 사이 어느덧 신하들도 개로왕의 총애를 받는 그를 서서히 두려워하게 되었다.

어느 날 개로왕은 도림에게 무슨 죄를 지어 고구려에서 도망했느냐고 물었다.

"언젠가 장수왕과 바둑을 두어 이겼는데, 그 후부터 소신을 지나치게 박대하여 어쩔 수 없이 백제로 도망을 하였습니다."

"허허……. 바둑에 졌다고 박해를 하다니, 그래서야 어디 한 나라의 군왕이라 할 수가 있나?"

"사실 지금 장수왕이 너무 오래 왕위에 있는 바람에 다음 왕위를 물려받을 왕손 나운의 불평이 이만저만 한 것이 아니옵니다."

"그래……?"

"들리는 말로는 나운이 하루라도 빨리 왕위에 오르려고 장수왕을 죽일 생각까지 하고 있다고 합니다."

개로왕은 내심 기뻐하지 않을 수가 없었다. 이 날 이후 개로왕은 도림과 거의 매일처럼 만나 바둑을 두는 것은 물론 온갖 국사에 대해서도 도림과 스스럼없이 의견을 주고 받았다.

어느 날 바둑이 끝난 후 도림은 개로왕에게 말했다.

"폐하, 작금 폐하의 가장 큰 근심은 무엇이온지요?"

"그야, 고구려를 막는 것이 아니겠소?"

"폐하, 아뢰옵기 황공하오나 그 같은 근심은 전혀 하실 것이 못 되옵니다. 이 나라 백제로 말할 것 같으면 남쪽과 서쪽에 큰 바다가 있고, 동쪽은 높은 산이, 북쪽은 큰 강으로 막혀 있어 어느 나라라 해도 감히 침략할 수 없사옵니다."

"상객은 바둑만 고수인 줄 알았더니 천문지리도 달통하십니다."

"황공하옵니다. 폐하, 다만 한 가지 아뢰올 일이 있사옵니다."

"어서 말하시오."

"아국 백제는 누대를 내려오는 사직이온데, 궁궐 크기가 그에 걸맞지 않아 나라의 위신을 세울 만하지 않은 것으로 여겨집니다. 사직이 있으면 태묘太廟를 세워 위엄을 보여야 할 것이온데, 신이 살펴건대, 아직 그렇지 못한 듯하옵니다."

"음……."

도림의 말에 개로왕은 다음날 전국에 영을 내려 궁궐을 짓게 하였다. 또한 욱리하郁里河에서 나오는 큰 돌을 골라 부왕인 비유왕毗有王의 유골을 담는 관을 만들어 큰 묘에 모시게 하였다.

이러한 일에 대해 좌평 통성은 그 불가함을 고했으나, 개로왕은 이에 아랑곳하지 않고 끝내 궁궐과 태묘를 세웠다. 이런 무리한 역사에 많은 백성이 죽거나 다치며 노역에 시달렸다. 백성들의 원성이 자자했다.

결국 호화찬란한 누각들과 태묘 등이 완공되었을 즈음에는 백제의 국고는 거의 탕진되고 말았다. 때마침 농사마저 흉년이 거듭된 탓에 도탄에 빠진 백성들이 도적떼로 변하기 일수였다.

그러던 어느 날, 도림이 연기처럼 사라졌다. 이를 안 통성이 개로왕에게 이 사실을 고했다.

"폐하! 아무도 도림이 간 곳을 모른다고 하옵니다."

"그럴리가? 계속 찾아보아라!"

"폐하, 그 자는 고구려로 돌아간 것이 분명합니다. 폐하를 부추겨서 지나친 역사를 일으키게 한 것은 아국을 피폐하게 만들려는 그의 술책이었다 생각합니다."

"듣기 싫소. 이제라도 도림이 나타나면 경은 어찌 할 것이요. 신선 같은 바둑의 재주를 지닌 사람이오. 이제 곧 나타날 것이니 두고 보오."

하지만 이런 개로왕의 장담에도 불구하고 도림은 끝내 나타나지 않았다. 그러자 개로왕은 점차로 초조하여졌고, 신하를 대하면 터무니없이 화를 내기 일쑤였다.

처음부터 그는 고구려왕의 첩자로서 개로왕을 농락하려 온 것이었다. 백성들은 개로왕이 술책에 넘어가 국고를 탕진하고 백성을 도탄에 빠뜨렸다면서 주색으로 나라를 망친 왕은 있어도, 바둑으로 나라를 망치는 왕은 개로왕뿐이라는 소문이 온 나라에 돌았다.

신하들은 언제 고구려가 쳐들어올지 모르는 노릇이니 어서 병력을 키워야 한다고들 하였다. 지금 병력을 다스린다는 것은 거의 불가능한 일이기도 하였거니와, 개로왕에게는 아직도 신하들의 말이 믿어지지 않았다.

바둑이란 고상한 놀이다. 바둑판을 대하고 앉았으면 정신이 쇄락하여지고 마음도 맑고 깨끗해지는 것이다. 그 바둑을 두는 사람이 첩자가 될 수 있단 말인가?

더구나 도림은 신선에게 바둑을 배웠다 하지 않았던가? 자기의 적수가 될 수 있는 사람은 오직 도림이 처음이었다. 그 도림이 자기를 배반한다는 것은 생각조차 할 수 없는 일이다. 더구나 도림은 중생을 제도하려는 중이 아닌가? 부처님을 섬기는 중이 첩자가 될 수 있단 말인가?

이제 국력이 쇠약해지니 그 원인을 도림에게로 돌리고 있는 것이다. 그러나 사직의 위엄을 보이는 화려한 누각이나 태묘는 꼭 필요한 것이다. 이것을 호화롭게 지어야 한다는 도림의 말에는 틀림이 없었다. 다만 그것을 지탱할 만큼 국력이 강하지 않았을 뿐이다.

'도림이 어째서 사라졌을까? 내가 절대적으로 신임을 하고 있거늘 도대체 무엇 때문이란 말인가?'

초조하게 개로왕은 도림을 기다리고 있었으나 내내 도림은 나타나지 않았다. 신하들은 일제히 도림이 고구려 첩자였는지 아닌지를 조사하기 위하여 백제도 고구려에 첩자를 보내자는 의견이 나왔다.

개로왕으로서는 탐탁하지 않았으나, 신하들의 말을 따라서 사람을 골라 북쪽으로 출발시켰다. 출발한 첩자가 고구려에서 갔다가 돌아오기를 기다리는 판에 뜻하지 않은 소식이 날아들었다.

"폐하, 고구려의 대군이 쳐들어 왔다 하옵니다."

"뭣이?"

개로왕은 자리에서 벌떡 일어나며 두 주먹을 쥐었다.

"고구려왕이 3만 대군을 거느리고 이미 그들의 서울을 떠났다고 하오며, 걸루, 만년 등이 선봉이 되어서 남쪽으로 길을 재촉하고 있다는 줄로 아뢰오."

청천벽력과도 같은 고구려의 침략 소식에 개로왕은 눈앞이 캄캄해져 중신들에게 방책을 물었다. 하지만 좋은 방책이 있을 리 없었다.

쳐들어오는 고구려를 맞아 싸워야하는데 이미 국고는 탕진되었고 백성들은 강제부역에 허덕이던 터라 모든 것이 역부족이었다.

통성이 태자를 신라에 보내 구원을 청하자고 했다. 고구려는 백제나 신라가 언제나 위험을 느끼고 있는 터이라 급한 소식을 전하면 도와줄 것이라는 기대를 했기 때문이었다.

태자는 즉시 무사 두 사람을 거느리고 말을 달려 신라로 떠났다. 개로왕이 친히 신라왕에게 보내는 서신과 예물 몇 가지를 보냈다.

태자가 신라를 향하여 떠난 뒤에, 개로왕은 백성을 모아서 군졸을 만들라는 명을 내리자, 인심이 더욱 소란해져 백성들은 하나 둘 도망가기 바빴고, 졸속으로 만든 군졸들은 망망한 얼굴로 공포에 질렸다.

이윽고 고구려의 선봉이 강을 건넜다는 보고를 받자, 개로왕은 비로소 도림에 대한 증오심으로 자기가 애용하던 바둑판을 칼로 두 동강을 내버렸다.

고구려의 대군이 물밀 듯이 닥쳐드는 절박한 순간에 태자가 돌아왔다.

"폐하! 소자 돌아왔나이다."

"신라왕은 친히 위로의 말을 전하라 하였사옵고, 병사 1만을 주어서 아국을 돕게 하였사옵니다. 이제 신라의 강병이 이곳에 당도하려니와 소자가 한 발 먼저 와서 소식을 전하옵니다."

태자를 바라보는 개로왕의 눈에는 하염없이 눈물이 흘렀다.

"벌써 고구려군은 성을 에워싸고 있다. 신라군이 오기 전에 이 성은 함락되리라. 그리고 먼 길을 온 신라군이 곧바로 싸움을 하기가 힘들 것이다. 태자는 신라군이 도착하면 멀리 남쪽으로 가서 후일을 도모하거라."

"폐하께옵서 이곳에 계시거늘 소자가 어찌 남쪽으로 가다니요. 아니 되옵니다."

"내가 어리석게도 간자의 술책에 넘어가 나라를 망쳤으니 죽어 마땅하다. 이제 태자마저 없으면, 누가 이 나라의 사직을 세운단 말이냐? 내가 여기에 있는 동안은 고구려의 관심이 다른 곳으로 옮기지는 않을 것이니, 태자는 그 사이에 먼 남쪽으로 내려가 사직을 이어야 한다."

"하오나, 폐하……."

"부왕의 명이니 무조건 받들라."

개로왕의 명을 더는 거역할 수 없는 태자는, 홀연히 말을 달려 성을 빠져나갔다.

고구려의 군졸들은 완전히 성을 에워쌌다. 화살이 빗발같이 날아들었고 소함소리가 천둥처럼 들려왔다.

이미 생각하던 일이기는 하였으나 고구려의 공격을 지탱하지 못하고 성은 손쉽게 무너졌다.

이제 절망적인 사태에 이르르자, 개로왕은 단신 말을 달려 서쪽으로 도망갔다. 남쪽으로 가지 않은 것은 태자에게 시간적인 여유를 주고자 함이었다. 그러나 성밖에 나서자, 기다렸다는 듯 고구려의 장수가 뒤를 따랐다. 말 등에 촉촉이 땀이 나도록 도망치고 따르고…… 얼마를 가다가 따라던 고구려 장수의 화살이 개로왕이 탄 말에 맞았다. 놀라서 말이 앞발을 들고 일어서는 바람에 개로왕은 땅에 굴러 떨어졌다.

"백제왕은 멈추어라!"

고구려 장수의 벽력같은 고함이 가까이에서 울렸다. 몸에 아무 무기도 가지고 있지 않았거니와, 개로왕은 몸이 지칠 때로 지쳐 땅바닥에 주저앉은 채 고구려 장수의 얼굴을 쳐다보았다.

고구려 장수는 다름아닌 걸루였다. 일찍이 개로왕의 신하였다가 배반하고 도망간 역적이었다. 온몸의 힘이 한꺼번에 풀리며 눈을 감은 개로왕의 얼굴에 걸루는 침을 탁 뱉았다.

"죄인은 멈추어라. 네가 네 죄를 아는가……."

개로왕은 이미 넋이 빠져서 걸루가 시키는 대로 결박을 받았고, 고구려 왕이 대기하고 있는 아단성阿旦城으로 끌려갔다. 거기에서 개로왕은 군율에 의하여 목이 잘리었다.

한편 태자는 원병 온 일만의 신라병을 거느리고 남쪽으로 길을 재촉하였다.

"오오, 백제의 사직이 이렇게 무너지는 구나……."

태자는 몇 번이고 북쪽 하늘을 우러러 탄식하며 하염없는 눈물을 흘렸다. 이 태자가 백제 22대 문주文周왕이다.

결국 백제는 지금의 광주에 있던 도읍을 버리고, 공주 웅진에 다시 도읍을 세웠다. 고구려는 이때 이후로 남쪽으로 영토를 늘려갔다.

시역^{弑逆}

　　"폐하, 해마다 계속되는 흉년에 백성들이 허덕이고 있사온데, 다시 큰 역사役事를 일으키심은 불가하온 줄로 아뢰오."

　　"작은 누각을 짓는 것을 어찌 큰 역사라고 하는가?"

　　"하오나, 지난 여름에 드물게 큰 가뭄이 들었고, 도처에 도적이 일어났습니다. 또 북쪽에서는 고구려로 2천이나 되는 우리 백성들이 흘러들어갔습니다. 하옵고 지난 겨울에는 역병이 돌아 많은 백성이 죽은 탓에 인심이 흉흉한 시기에 누각을 짓는 것은 옳지 않사옵니다."

　　"듣기 싫소."

　　"하오나……."

　　"듣기 싫소."

　　좌평 백가苩加는 진심으로 간했으나, 동성왕백제 24대은 벽력같은 호령을 하였다.

　　대궐 동쪽에다 새로 누각을 짓는다는 왕명을 들었을 때 백가는 눈이 둥그레졌다. 근년에 해마다 흉년이 들어 전국 방방곡곡에 거지떼가 늘어갔고, 자식을 얼마의 곡식에 파는 사람이 허다한 판인데 당치 않다는 생각에서였다.

그러기에 신하된 도리로 간하였으나 왕은 도무지 듣지 않았다. 그러나 왕의 백가에 대한 냉대는 거기에서 그치지 않았다. 누각을 짓기 시작하자, 백가를 아예 대궐에 들어오지도 못하게 했다.

동성왕은 좌평에게 다시 듣기 싫은 말을 하여 자기의 뜻을 꺾으려는 것이 두려워서한 일이었으나, 백가에게는 적지 않은 타격을 주었다.

'대궐에 들어가는 것을 금하다니! 그러면 다음은 또 어찌될 것인가? 백가는 왕이 군사를 보내 자신을 붙잡아 갈 것 같았다.

누구의 말도 듣지 않는 왕이니 무슨 일인들 못하겠으며, 또 미움을 받고 있거니와 그냥 앉아서 잡혀가기가 싫었다. 그렇다고 무슨 묘안이 있거나 다른 방도가 있는 것도 아니었다.

다만 한 가지 믿는 것은 그렇게 쉽게 자신을 처단할 수 없으리라는 생각이었다.

'많은 백성을 동원해야 누각이 세워질 것이 아닌가? 굶주림과 병에 시달리고 있는 백성들을 얼마나 이 역사에 끌어낼 수 있단 말인가? 강제로 끌어온들 온전히 일이 이루어지지는 않을 것이다. 결국 왕은 나의 간언이 옳았다는 것을 알게 될 것이고, 그때가 되어야만 왕 스스로 잘못을 깨달을 것이다. 아무튼 지금은 누각 짓기에 바빠서 나를 잡아가지는 못할 것이다.'

이렇게 생각하니 백가는 적당한 때가 올 때까지 조용히 지내기로 하고 뜰에 심은 화초를 바라보는 것으로 하루하루를 보냈다.

하지만 역시 밖에 돌아가는 세상일을 알고는 있어야 했기에 젊은 무사 질원에게 밖의 소식을 몰래 보고하게 했다.

질원은 오랜 동안 백가를 따랐던 심복이었고, 더구나 백가의 딸 도랑桃娘에게 생각이 있는지라 입의 혀와 같이 움직여 주었다.

"누각을 짓는 일이 어떻게 되어가나 보살피게."

"예."

질원은 백가에게 잘 보이기 위해 자주 소식을 가지고 왔다.

"어찌 되어가고 있는가?"

"예. 오늘은 돌을 나르던 백성이 돌에 치어서 둘이나 죽었습니다."

며칠 후에 이런 소식이 전해졌다.

"흠, 그렇겠지. 어림이나 있는 소린가……, 얼마나 더 죽게 될런지 모르는 일이지. 이제 얼마있지 않으면 다 도망치고 아무리 위협을 하여도 잡아다 일을 시킬 백성이 없어질 걸세."

백가로서는 만사가 자기가 예측한대로 되어간다고 생각했다. 질원이 돌아간 뒤에도 며칠이나 더 순조로울 것이냐고 속어림을 하였다. 그러나 다음 번에 온 질원에게서 백가는 뜻하지 않은 소식을 들었다.

"부역하는 백성의 수효가 줄지 않았나?"

"그게 오히려 나날이 늘어가고 있습니다."

"뭐, 늘어가?"

백가는 입이 딱 벌어졌다.

"흠, 그래? 얼마나 혹독하게 몰았으면 줄지 않고 늘어간단 말인가?"

"강제로 몰아오는 것이 아니라 백성들이 자진하여서 모여들고 있다고 합니다."

"그럴 리가 있나?"

"예. 궁궐 곡간을 열어 적게나마 먹을 것을 주니 모여들 수밖에 없습니다."

"음!"

"나날이 많은 백성들이 일을 하겠다고 모여들어 쫓아보내기에 정신이 없다고 합니다."

"그래?"

백가는 어이가 없다는 듯 입을 딱 벌리었다. 이번 일은 손이 모자라서 실패로 돌아갈 줄로 알았던 것인데, 너무 많이 모여와 쫓아보내기에 정신이 없다니 너무나 터무니 없는 이야기였다.

"곡간을 열고 먹을 것을 나누어 준다? 아니 그러면 나라가 위급할 때 쓰려고 모아논 것을 누각 짓기 위하여 내논단 말인가? 그 가뭄에도 내놓지 않았던 것을 이렇게 쉽게 양식을 푼다면, 정작 나라에 큰일 이라도 나면 무엇으로써 감당하겠단 말인가?"

"작년에 백성들이 굶주린 탓에 인심이 흉흉하여 곡간을 열어 도탄에 빠진 백성을 구해야 한다고 간했는데, 그때 내 말을 듣지 않더니 정말 어이가 없군그래!"

질원은 자기의 잘못을 책망이라도 듣는 듯 고개를 숙이고 말이 없었다.

"이 일을 어찌하면 좋은가?"

"나라가 이런 꼴이 된다면 차라리 폐하께서 계시지 않으니만 못 합니다."

"쉬잇!"

백가는 당황하여 손을 내저었다. 질원은 백가의 비위를 맞추려고 하는 말이었으나, 백가로서는 가슴에 못이라도 박히는 듯 뜨끔하였다. 자기의 뜻을 몰라주는 왕이라면 차라리 없으니만 못하다는 것은 이미 여러 번 백가가 생각하던 일이었다.

그러나 다른 사람의 입을 통해 그 이야기가 나올 때에는 전신이 오싹하였다. 아무리 가까운 사이라도 그런 이야기를 할 수는 없었다.

"자네 무슨 말인가? 그게⋯⋯?"

"예? 예. 그만⋯⋯."

그제서야 질원도 얼굴을 붉히고 당황하였다.

질원이 돌아간 뒤에도 백가의 가슴에는 풍파가 일어나기 시작하였다.

'문주왕文周王도 여러 가지로 정사에 실수가 많아 좌평 해구解仇에게 죽임을 당했다. 지금의 왕은 문주왕의 아들인 삼근왕의 사촌동생에다 문주왕보다 더 우둔하지 않는가? 그렇다면⋯⋯.'

생각에 잠겨 있다가도 백가는 누가 옆에 있기라도 한 듯 고개를 흔들었다.

단지 스쳐가는 생각일 뿐이라고 믿고 싶었으나, 질원이 가져오는 소식들은 점점 더 견디기 어려운 것들 뿐이었다. 일을 하겠다고 모여드는 백성이 너무나 많아서 내주던 곡식의 양을 훨씬 줄였고, 그 바람에 강제로 쫓아 내기에 이르렀다고 했다.

대궐 동쪽에 짓기 시작한 누각은 높이 다섯 길이나 높직하게 지어졌으며, 이름은 임류각臨流閣이라 지었다고 했다. 누각만이 아니었다. 그것이 끝난 뒤에는 큰 연못을 팠고, 작은 산을 쌓아올려 신기한 새와 기이한 짐승을 기르게 되었다고 하였다. 만사가 백가가 생각하던 것과는 너무나 거리가 멀었다.

모든 역사가 끝나자 왕은 크게 잔치를 베풀었다. 이제껏 대궐에 드나들지 못하게 했던 백가도 잔치에는 참석하라는 명령을 받았다.

'이제는 목이 달아나나 보다.'

잔치에 참석하라는 명령을 받자, 백가는 온몸에 소름이 끼쳐졌다.

자기가 반대하던 일이 이루어진 마당에 자신을 부르는 것이 심상치 않았던 것이다. 그러나 어찌하는 도리가 없어 백가는 이를 악물고 잔치에 참석하였다.

"누각이 완성되었사오니 경축하옵니다."

불쾌감과 공포가 동시에 밀려왔으나 백가는 머리를 조아려 입만으로라도 기쁜 소리를 하여야만 하였다.

"그래 어떤가? 이 일을 하여서는 안 된다고 하더니 이렇게 훌륭하게 되지 않았는가? 그래도 내 생각에 틀림이 있다는 것인가?"

"황공하온 줄로 아뢰오."

백가는 등골에 식은 땀이 흐름을 느끼며 머리를 조아렸다.

"허허허…… 충성을 잊지 않을지어다."

"예."

다시 머리를 조아리면서도 백가는 주먹이 부르르 떨렸다. 확실히 자기가 옳은 말을 하였는데, 왕의 뜻대로 일은 완성이 되었고, 아직 아무 소란도 일어나지 않고 있다.

그렇다고 해서 자기를 충성되지 않다고 나무래는 것은 무엇인가 싶었다.

임류각을 만들기에 성공한 왕은 또 다시 역사를 일으켰다. 이번에는 신라와의 국경지대인 탄현에다가 성을 쌓고 가림성이라고 부르기로 한다는 것이었다. 백가로서는 불만이었으나 간하지는 않았다. 이미 왕에게 마음이 떠난지 오래인 백가는 간언을 하겠다는 마음마저 없어졌던 것이다.

"우리에게 있어서 원수는 고구려다. 어째서 신라와의 국경에다 성을 쌓는단 말인가? 헛된 일을 하여서 신라와의 관계를 악화시킬 것은 무엇인가?"

백가가 자기의 말을 함부로 내쏟을 수 있는 상대는 역시 질원밖에 없었다.

"이제, 신라하고 싸우자고나 하지 않을런지요?"

"글쎄 말일세…… 이런 짓을 한다면 우리 백제가 신라와 싸우려 들기 전에 신라가 쳐들어올지 누가 아나?"

백가는 상을 찡그렸고, 왕에 대한 걷잡을 수 없는 증오심이 끓어올랐다.

일찍이 신라가 살수에서 고구려와 싸우다가 당하지 못하고 견아성으로 물러갔으나 고구려에게 포위된 적이 있었다. 그때 백제가 군졸 삼천을 보내어서 신라를 돕지 않았는가?

다음해에는 고구려가 백제의 치양성을 포위하였을 때 신라가 장군 덕지德智를 보내어서 도와주었기에 백제가 화를 면하지 않았던가? 그리하거늘 이제 신라와의 국경에 가림성을 쌓는다는 것은 무엇인가?

나라 안에 호화로운 궁궐이나 누각을 짓는 것도 문제거니와 이웃 나라와의 국경에 성을 쌓아 시비거리를 만드는 것은 나라를 무너뜨리는 것이라는 생각이 들었다.

백가는 싸늘한 눈초리로 되어가는 일을 지켜보고만 있었다. 그러나 임류각 때와 같이 아무 탈없이 가림성은 완성이 되었다. 백가는 실망을 금할 수가 없었다.

왕이 나라를 위하여서 그릇된 일이 무사히 지나가면 그럴 때마다 백가는 무엇엔가 배반당한 듯한 불쾌감을 금할 수 없었고, 저절로 입맛이 썼다.

가림성이 완공되자, 왕은 백가를 불렀다.

"경도 가림성이 이미 지어진 것을 알 것이오. 국경에 있는 중요한 성이니, 이 성에 보낼 성주城主는 최고의 장수여야 할 것이오."

"지당하옵니다."

"여러 가지로 생각하였으나, 이 성을 담당할 수 있는 사람으로는 오직 경뿐이오."

'흠, 나를 멀리 내쫓자는 심산이군.'

"어떠하오?"

"예. 아뢰옵기 황공하오나 신은 이미 나이 많고 기력이 쇠하여 도저히 그 직을 감당키 어렵사옵니다."

백가는 머리를 조아렸다. 어름어름하다가 멀리 가게 되면 큰 일이라는 생각뿐이었다.

"마뤼 생각해도 경이 가장 적임이요."

"하오나, 이 일은 중대한 일이오니 신과 같은 무력한 자에게 경경히 맡기실 것이 되지 못하오며, 또한 신은 근자에 갑자기 노쇠하여 폐하의 뜻을 어길까 두렵사오니 황공하옵신 분부를 걷우시옵고 적임자를 고르시옴이 마땅하온 줄로 아뢰나이다."

백가는 등골에 식은땀이 쭉 흘렀으나, 왕은 입가에 웃음조차 띠우고 한참을 내려다보는 것이었다. 잠시 후에 왕은 정색을 하더니 위험있게 단정하듯 말하였다.

"경과 같이 충성심이 강한 사람이 어찌 짐의 명을 받들지 않는 것이오? 즉시 떠날 차비를 하오."

백가는 하는 수 없이 머리를 숙이고 왕 앞을 물러나왔다. 이미 일은 결정되었으니 하는 수 없이 떠날 차비를 하여야만 하였다.

"가림성……"

멀고 아득한 노릇이었다. 험한 산속에 있는 성이니, 우선 단신으로 출발하기로 하였고, 딸 도랑을 비롯하여 다른 식구들은 집에 머무르게 하였다. 떠나지 않았다가는 정말 목이 달아날 판이니 하는 수 없이 출발하거니와 서서히 적당한 핑계를 꾸며서 돌아오자는 생각이었다.

백가가 가림성으로 떠나는 날. 도랑은 말없이 눈물만 흘렸다.

"먼 길이오니 몸조심 하십시오."

"염려 말거라……. 내 비록 늙기는 하였으나 아직은 기력이 좋으니 안심하거라."

다음은 질원을 돌아다보았다. 근자에 이르러 왕은 임류각에서 호탕하게 술좌석을 벌이는 일이 많아졌고, 그럴 때면 그 주변을 호위하는 군졸 중에 질원도 끼이게 되었다. 그러니 왕의 행위나 말은 누구보다도 잘 알 수 있는 자리였다.

"급한 일이 생기거든 곧장 알려주게……."

백가는 의미 있는 시선을 질원에게 보냈고, 질원도 알았노라고 고개를 끄덕였다.

"잠시도 부주의하면 안 되네."

"예."

"혹여 간사한 무리들이 있어 폐하를 그릇된 길로 인도하면 야단이니까 하는 말일세."

"예."

은근한 부탁을 하면서도 이렇게 말하는 것을 잊지 않았다. 이제 자기가 미움을 받고 있는 판이니, 자기의 말이 어떻게 왕의 귀에 들어갈지 모르는 노릇이다. 그러나 말로라도 대의명분을 내세울 수밖에 없었다. 경계를 게을리할 수도 없었다.

가림성에 도착할 때까지 백가는 억울하고 분한 생각뿐이었다. 말 위에서 먼 허공을 바라보며 하염없는 생각에 잠겼다가 몸이 휘청하는 바람에 제 정신이 돌아오곤 하였다.

가림성은 생각하던 것보다 더 보잘 것 없는 성이었다. 아직 완전히 역사가 끝나지도 않았거니와, 군졸의 수도 적고 훈련이 되어있지 않았다.

"흠, 신라가 쳐들어오면 이 가림성은 함락될 것이고, 그러면 나는 신라에 잡혀 죽을 판이로군."

백가는 매일같이 이 가림성에서 어떻게 벗어나느냐 하는 생각뿐이었다.

그러던 어느 날 저녁 무렵에 질원이 말을 달려 가림성에 도착하였다. 말이나 사람이 온통 땀에 젖었고, 질원은 숨이 가빠서 말도 제대로 하지 못하였다. 이때 백가는 자신의 숨결이 거칠어지는 것을 어쩔 수 없었다.

"저어…… 도랑이……"

"도랑?"

딸의 이름을 듣자, 백가는 다소 가슴이 가라앉았다. 그렇다면 왕이 일으킨 큰 변은 아닌 것 싶었기 때문이었다.

"예."

"도랑이 어쨌단 말인가?"

"도랑은 어명으로 궁중에 들어갔습니다."

"뭐?"

백가의 눈에서 번쩍 불이 일었다.

"예. 어명으로 잡아갔습니다. 듣기에는 후궁을 삼는다고 합니다."

"음…… 이 애비에게는 알리지도 않고서…… 그러면 나를 이곳으로 내 쫓은 것은 도랑을 빼앗기 위한 수단이었단 말이냐? 내 어찌 그

간사한 꾀를 몰랐을까?"

"어쩌면 좋습니까?"

질원은 이가 딱딱 부딪치는 듯 말이 제대로 나오지 않고 눈은 충혈되어 있었다. 백가는 눈을 감고 얼마동안을 침묵하더니 번쩍 눈을 뜨고 질원을 뚫어지게 바라보았다.

"자네는 아직도 상감을 모시고 있지?"

"예⋯⋯."

"지척에서 말이지?"

"예. 평상시에는 그렇게 하지 않습니다만, 임류각 잔치를 여실 때에는 그렇게 합니다."

"음⋯⋯."

백가는 또 얼마를 말없이 앉았다가 품에서 작은 칼을 꺼내어 질원에게 주었다. 그의 눈은 이글이글 타올랐고, 입 언저리는 야릇하게 떨리기조차 하였다.

"이것을 주겠네."

"예?"

"이것을 한번 써보란 말이야⋯⋯."

"어디다가요?"

"지척에서 호위하고 있다고 하였지?"

그제서야 말의 뜻을 알아차린 질원은 주먹을 부르르 떨었다.

"오늘, 곧 떠나게. 잘 달리는 말을 내줄 것이니, 뒤에는 내가 있으니 걱정 말고⋯⋯."

백가는 결심이 서지 않은 듯한 질원의 팔을 끌고가서 말에 태웠다.

"어서 가게."

"......"

말을 타고서야 질원은 훌쩍 백가를 한번 돌아다보고는 서쪽을 향해 달리기 시작하였다. 별이 하나 둘 나타나기 시작한 어두운 하늘을 우러러보며 백가는 한숨을 내쉬었다.

질원은 도랑에 대한 연정이 대단하였으니까, 그는 무슨 짓이라도 할 것이라 생각했다.

'아무리 왕이기로서니 중신의 딸을 함부로 겁탈하는 법이 어디에 있는가? 이 흉년과 질병에 허덕이는 백성들에게 왕은 무엇을 하였는가? 호화로운 누각 건설과 질탕한 잔치에 그것도 모자라 변방에다 별 쓸모없는 성까지 쌓고, 이제는 또 도랑까지?'

그런데 얼마 후 느닷없이 자객의 손에 왕이 죽었다는 놀라운 소식이 들려왔다.

"드디어 올 것이 왔군!"

하지만 백가는 오히려 기뻐하기보다 걱정이 밀려왔다. 갈팡질팡 어찌할 바를 몰랐으며, 밤에 잠을 자다가도 익몽을 꾸다가 깨기 일쑤였다.

22대 문주왕을 쓰러뜨린 해구는 연신燕信과 더불어 대두성大豆城에서 반란을 일으켰고, 문주왕의 아들 삼근왕은 이를 공격하였었다. 그 싸움에서 해구는 잡혀 죽었고, 연신은 고구려로 도망을 갔다.

'이제 나는 어찌해야 한단 말인가? 고구려는 백제의 원수이니 신라로 도망을……?'

그러나 백가가 싸울 준비를 미처 하기도 전에 이미 백가를 잡으러 온 수많은 군졸이 몰려와 가림성을 에워쌌다. 그러더니 한 장수가 말을 달려 성문 앞에 이르러 고함을 쳤다.

"역적 백가는 듣거라! 이미 역적의 가족은 모조리 그 목을 베어 후환을 경계하는 뜻으로 만인이 지나다니는 거리에 매달았거니와, 이제 새로 등극하옵신 폐하께서 친히 군사를 거느리고 이곳에 이르셨으니 그리 알아라! 무험하게도 자객을 보내 대행왕을 시해한 역적 백가는 마땅히 나와 목을 느리고 이 칼을 받아라."

화살이 비오듯 성 안으로 날아들자, 가림성의 군졸들은 두려움에 휩싸여 누구도 싸우려 하지 않았다.

"와아!"

성 밖에선 다시 하늘이라도 찌를 듯한 군졸들의 함성이 요란하였고 말발굽 소리가 진동하였다.

동성왕의 아들 백제 제25대 무녕왕은 가림성을 함락시켰다. 군졸들을 시켜 찾아보니 백가는 이미 죽어 시체 속에 섞여 있었다.

신왕은 백가의 머리를 잘라 그 시신을 백강에 던져버리게 하고서 군사를 돌려 돌아갔다.

구천^{拘川} 싸움

성왕이 관산성을 공격한 지 여드레나 되었지만, 좀체로 성은 함락되지 않았다.

"흠, 이제는 군량이 떨어져서 항복할 수밖에 없을 것이다."

"장군을 부르라!"

"예."

군졸이 진막 밖으로 나간 지 얼마 후 장군 방도가 들어와 엎드렸다.

"장군, 오늘은 무슨 일이 있어도 관산성을 함락시켜야 하오. 군사를 독촉하여 공격을 가하오."

"예. 소장 명을 받들겠나이다"

"장군!"

성왕은 나가려는 방도를 다시 불러 세웠다.

"마지막으로 공격하기 전에 순순히 성문을 열고 항복하라 권하여 보시오."

"예."

성왕이 이렇게 적을 항복시키려는 것은 자신이 군졸을 이끌고 떠날 때에 왕후의 말이 생각났기 때문이었다.

"마마, 어찌 혈연으로 맺은 신라를 치려 하시는지요?"

"혈연?"

지난해 시월에 공주를 보내어 신라 진흥왕의 소비小妃를 삼은 일이 있었다. 멀리 공주가 가 있는 나라를 어찌 치겠냐는 뜻이었다.

"그러나 우리 백제와 신라는 누대를 내려오는 구수지간이거늘, 어찌 사사로운 일로써 버려두리까?"

"어찌 사사롭다고 하시나이까?"

"특히 생각하여 공주를 보내었거늘 신라는 그 은혜를 저버리고 자주 변경을 침범하니 어찌 보고만 있으란 말이요. 그대로 두었다가는 언제 고구려와 손을 잡고 우리 백제를 침공할는지도 모르는 일……흠."

"하오나, 마마!"

"아녀자가 상관할 일이 아니요!"

흐느껴 우는 왕비를 돌아다보지도 않고, 성왕은 싸움터로 나왔던 것이다. 그러기에 이제 말로 달래어 스스로 항복할 기회를 주자는 것이 성왕의 뜻이었다.

관산성을 에워싼 군졸들에게는 공격할 준비를 하라는 군령이 내리었고, 싸움을 돋구는 고함소리가 하늘을 찌를 듯하였다.

모든 준비가 끝나자, 백제의 장수가 단신으로 말을 달려 성문 앞으로 달려갔다. 성안은 죽은 듯이 고요하고 화살에 맞아 갈기갈기 찢기운 깃발이 문루 위에 한가히 휘날릴 뿐이었다.

"신라의 무리들은 듣거라!"

단신으로 달려온 장수가 문루를 바라보며 고함을 쳤다.

"이미 너희들도 알거니와 성은 완전히 포위되었고, 이제 모두 다 도륙이 될 것이다. 그러나 폐하께옵서는 산같이 높고 바다같이 넓은 은혜를 베푸시어 너희들의 항복함을 받으실 것이다. 폐하의 길을 거역한 죄 백번 죽어 마땅하나 특히, 생각하옵시는 것이니 성문을 열고 엎드려 용서하심을 받으라!"

"……."

고함치는 소리가 쩡쩡 울릴 뿐 성안은 고요하기만 하였다.

"신라의 무리들은 듣거라!"

다시 한번 되풀이하여 고함을 치는데 문루 위에서 화살이 날아와 가슴을 맞췄다.

"칵!"

외치던 장수는 말을 맺지 못하고 말에서 굴러 떨어졌고 놀란 말은 곤두섰다. 성안에서 신라 군졸을 지휘하던 군주 우덕과 담지는 죽기를 각오하고 항복을 하지 않았다.

"이런 무도한 것들……."

멀리서 이 광경을 바라보던 성왕은 주먹을 부르르 떨었고, 눈이 부릅떠졌다.

"쳐라!"

화살이 날아오기를 기다리고 있었다는 듯 방도 장군이 군령을 내리자, 백제의 군졸들은 일시에 밀려들었다.

성으로부터 빗발같이 화살이 날아왔고, 그것에 지지 않게 백제군의 화살도 성안으로 쏟아부었다. 양 진영의 고함소리와 북소리가 낭자하였고, 성벽을 기어오르는 백제군과 막으려는 신라군 사이에 격렬한 싸움이 벌어졌다.

"한 놈도 남김없이 베어라!"

성왕은 스스로 말고삐를 당겨 군졸을 독촉하였다.

겹겹이 둘러싸고 물밀듯이 닥치는 백제군의 공격을 막을 길이 없어진 관산성은 무너지기 시작하였다. 수세에 몰린 신라군은 성문을 열고 칼과 창을 두르며 덤벼들었다.

"이미 성은 떨어지고 있다. 전진하라."

방도 장군이 마상에서 호령을 하였고 이에 힘을 얻은 군졸들은 다시 우렁찬 함성을 울렸다.

"모조리, 모조리…… 남김없이 다 베어!"

성왕은 끓어오르는 분노를 참지 못하는 듯 칼을 빼어들고 적진을 향해서 뛰어들었다. 휘두르는 칼에 신라의 군졸들이 하나 둘 쓰러져갔다.

"성주는 어디에 있느냐?"

성왕은 벽력같은 소리로 호령했다. 이왕이면 졸개들에게 칼을 휘두르는 것보다 성주의 목을 치고 싶었던 것이다. 그러나 백제군과 신라군이 서로 뒤엉켜 싸우고 있었기 때문에 누구의 말도 귀에 들리지 않았다.

"성주는 나오너라!"

성왕은 연신 고함을 지르며 닥치는 대로 신라 군졸을 쓰러뜨렸다. 성 문루에서는 검은 연기가 하늘을 찌를 듯이 피어올랐고 문루 위에서 마지막까지 버티고 활을 쏘던 신라 군졸들이 비명을 지르며 쓰러져 갔다.

성왕은 분노가 치밀었다. 항복을 권유하는 군졸을 활로 쏘아 죽이고, 성문을 열고 나와 싸우지 않는 것은 장수의 도리가 아니라 생각했기 때문이었다.

벌써 왕 위에 오른지 삼십년째가 되나, 그동안 성왕은 친히 군졸을 거느리고 신라와 싸운 적이 여러 차례였다. 그 많은 싸움터의 일이 하나

하나 머리에 떠올랐다. 그것은 모두가 괘씸하게 여겨졌다.

더구나 공주를 신라로 보낼 때의 일이 생생하게 떠올랐다. 신라에서는 각간角干 지위에 있는 장수를 필두로 하여 여섯 명이 멀리 백제의 서울까지 마중왔었다. 그때 그들의 오만하고 방자한 행동에는 저절로 눈살이 찌푸려졌었다.

그중에서도 잊을 수 없는 것은 삼년산군三年山郡을 다스리고 있다는 도도라는 자였다. 서로의 친목을 위한 활쏘기나 말 달리기에서는 언제나 그가 일등이었다.

백제의 장수들도 그의 무술에 경탄하여 찬사를 아끼지 않았는데, 이것이 더욱 성왕의 울화를 치밀게 하였다.

하지만 그의 백발백중 활재주를 보자, 성왕은 대범하게 칭찬하여 넘기려고 하였다.

"신의 무술이 보잘것이 없는데 이렇게 칭찬을 하시니 그저 황공할 따름입니다."

"그럴까?"

"예. 이 정도 솜씨는 신라에서는 칭찬할 만한 것이 되지 않사옵니다."

"겸양의 덕도 있으니 참으로 드문 자로다."

성왕은 다른 말로 돌리었으나 불현듯 주먹이 쥐어지고 숨이 거세지는 것을 참을 수가 없었다. 그 말은 왜 백제에는 똑똑한 무사가 없느냐는 힐난으로, 그리고 신라에 비하면 백제는 어림도 없다는 야유로 느껴졌던 것이다.

그 다음부터는 무술로써 친선을 도모하려 들지 않았다. 활이나 쏘고 칼이나 휘두르는 도도를 압박하려는 생각에서 가무와 주연을 배풀었으나 도도는 칼춤도 매우 잘 추었다.

'괘씸한 놈이······.'

생각 같아서는 어떻게 죄를 얽어서 도도를 베고 싶었다. 그러나 공주를 신라로 보내는 경사스러운 일이요, 또 공주를 마중 온 사람들이라서 분을 꾹 참았다.

막상 공주가 신라로 떠나는 날에 성왕은 5백의 군졸로써 배웅하게 하였다.

"아뢰옵기 황공하오나······."

그때 신라에서 온 각간 지위에 있다는 대표는 공손히 머리를 조아렸다.

"음."

"5백의 군졸은 너무도 많은 줄로 아뢰오."

"도중 먼 길이다······."

"하오나 일당천一當千의 신라의 무사들이 있사오니 심뇌하심이 가하지 않을 줄로 아뢰옵니다."

"허나, 이 나라의 공주가 길을 떠나거든 어이 5백이 많단 말인가?"

"예."

불쾌한 표정의 성왕은 백제의 권위를 내세웠다. 그제서야 신라의 무사들은 더 큰 소리를 못하고 숙으러졌다. 그러기에 그들을 누르려는 듯 더욱 화려하고 찬란하게 꾸며서 출발시킨 것이요, 엄청나게 큰 잔치를 마련하였다.

"신라! 괘씸한 놈들이다!"

공주가 떠난 뒤에도 성왕은 석연치 않은 감정을 어쩌는 수가 없었다.

"틈을 주지 말고 다가가!"

칼과 창이 햇빛을 받아 번쩍이었고 백제의 군졸들은 관산성 안으로 물밀듯이 몰려들었다. 성을 지키던 신라의 군졸들은 거의 전멸되었는지

대항이 없어졌다.

성왕은 가슴이 크게 벌어지며 호기있게 성쪽을 바라보았다.

"폐하!"

어디에선지 방도 장군이 달려왔다.

"음, 모두 장군의 힘이요."

관산성이 함락하였다는 기쁨에서 성왕은 너그러운 찬사를 장군에게 보냈다.

"이는 폐하의 위엄에 적이 굴복하온 것이옵니다."

처처에 뒹구는 시체를 넘어서 성왕은 방도 장군을 앞세우고 관산성 안으로 들어갔다. 성안은 이미 백제의 천지가 되어있어, 성왕이 들어서자 군졸들이 일제히 무릎을 꿇고 엎드려 맞았다.

"성은 이미 떨어졌으니, 오늘은 여기서 묵을 것이다. 군사들은 배불리 먹고 푹 쉬도록 하라."

성안을 샅샅이 뒤졌으나 별로 군량은 남은 것이 없었다. 군량이 남은 것이 없다는 보고를 듣자, 성왕은 또 한번 그들 신라가 괘씸하고 악착스럽다는 생각뿐이었다. 성에 기대할 것이 없음을 알자, 백제 군졸들은 인근 촌락을 뒤져 먹을 것을 찾았다. 주민들이 달아난지 오래인 인근 촌락에는 그래도 먹을 것이 남아 있는 곳이 있었다.

밤에는 모닥불을 피워놓고 싸움에 지친 얼굴의 군졸들이 모여 앉아 있었다. 간간히 상처를 입은 군졸들의 신음소리가 흘러나왔다.

성왕은 장군 방도로 하여금 부근 일대에 수색대를 보내 신라의 동향을 파악토록 했다.

관산성을 공격한 지가 벌써 여드레나 되었으니, 그들은 필시 다른 성으로 급한 보고를 하였을 것이다. 요망한 신라는 반드시 포위를 뚫고 밖으로 보고를 보냈으리라고 생각되었다.

그렇다면 다른 곳에서 구원군이 올지도 모르는 노릇이다. 또 다른 성들은 싸움 준비에 여념이 없을 것이다.

"폐하!"

이 궁리 저 궁리에 몰두하고 있는 판에 방도 장군이 들어와서 머리를 조아렸다.

"황공하옵게도 폐하께서 친히 군사를 거느리시어 신 등은 물론이어니와 군졸들까지도 용기가 백배하여졌습니다. 하오나, 신의 미련한 생각에 만일 성체聖體에 무슨 일이 있사올까 두렵습니다. 하오니 싸움은 신에게 맡기시옵고, 몸소 적진에 들어가지는 마옵소서."

"감히 누가 나와 맞선단 말이오. 장군은 너무 염려마오. 그리 호락호락한 내가 아니요."

"하오나, 폐하……."

"핫핫! 염려하지 마시오."

성왕의 이런 모습에 방도는 말문이 막혔다. 방도는 성왕이 진중에서 칼과 창을 휘두르며 적과 싸우는 것이 내심 불안했다. 성왕의 무술을 누구보다도 높게 아는 그였으나, 성왕은 이미 나이가 많았고, 무엇보다 적의 좋은 목표가 되기 때문이었다.

지금의 전투가 왕이 직접 진중에 뛰어들 만큼 불가피한 것이 아니었으므로, 왕이 괜한 모험을 하지 않기를 바라는 마음뿐이었다.

그러나 성왕의 의지가 쉽게 누구의 권고를 받아들이지 않음을 잘 알고 있는 터에 또 너무 간청하면 왕은 자기의 무술을 얕보는 것으로 오해하고, 더욱 자신을 내세울까 염려되어 일단 말을 거두기로 하였다. 기회를 보아 다시 간곡히 권하리라고 마음을 가다듬었다.

밤이 새고 아침이 되었다. 긴장이 풀린 마음으로 하룻밤을 쉬자 군졸들도 피로가 거의 회복된 듯했다.

대낮이 되었을 무렵 수색을 나갔던 군졸이 돌아왔다.

"적을 보았느냐?"

"예, 적의 대군이 이리로 몰려오고 있습니다."

"대군이라니?"

"예. 신주 군주로 있는 김무력이 거느리는 군사가 몰려오고 있습니다. 아마도 구원병인 듯싶습니다."

"음, 알았다."

근처에 매복시켰던 군졸이 신라의 군졸을 만나 누구냐고 외치자 도망가더라는 보고도 들어왔다.

"적은 구천에 도착하여 진을 치고 있습니다."

다음에 들어온 보고는 더 구체적이었다.

신라의 군졸들이 구천을 건너지 않고 진을 친 것은 이미 관산성이 함락하였음을 안 까닭이다. 또 관산성은 지난 싸움에 많이 부서졌으니, 성을 의지해서 신라군을 맞아 싸울 수는 없다. 이러한 성왕의 의견에 대하여 방도도 수긍을 하였다.

"장군, 군령을 내려 구천으로 향하게 하오."

구천으로 백제군은 몰려갔다. 첫 싸움에 관산성을 무너뜨린 백제군은 위세가 등등하여서 앞으로 나갔다.

성왕이 공주를 신라로 보내어 진흥왕의 소비를 삼게 한 것은 딴 생각이 있어서였다. 백제 공주를 신라의 소비로 삼는다면, 신라에서도 공주나 귀족의 딸을 보내어 백제의 후궁으로 삼게 하는 것이 당연한 일이 아니냐는 것이다.

'백제와 신라가 연합하여 고구려를 타도하는 것은 너무도 타당하지 않은가. 그렇거늘 신라는 고구려와 백제가 국경에서 다투는 틈을 타서 백제의 변경을 침범하기가 예사다. 이러니 끝내 신라가 고구려와 연합하여 백제를 치지 않는다고 그 누가 장담할 수 있을 것인가?'

어느덧 백제군이 구천에 이르렀다. 건너다 보니 신라군이 왔다갔다 하는 모습이 보였다.

"사이에 강이 있으니 적이 쉽게 건너 오지도 못하려니와, 우리 군이 건너 가기도 쉽지 않은 줄로 아뢰오."

"음."

방도 장군의 말에 성왕은 고개를 끄덕이며, 병사들에게 진을 치도록 명령을 내렸다. 한편으로는 어둡기를 기다려 강의 깊이가 얼마나 되는지 알아보도록 지시하였다.

밤이 깊고 달이 떠오를 무렵 상류 쪽으로 올라가면 말을 타고 건너갈 수 있을 정도로 얕다는 보고를 듣고 성왕은 빙긋이 입가에 웃음을 띄웠다.

"흠, 그러렸다!"

구천을 중심으로 해서 양편에서는 신라와 백제의 군졸들이 피우는 모닥불이 피어 올랐으나, 밤이 깊어 갈수록 점점 불빛 수효가 줄어들었다. 으스름한 달이 떠올랐다.

성왕은 방도 장군을 앞에 불렀다.

"날쌔고 칼 쓰기에 능한 군졸 오십 명만 뽑으시오."

"예."

"상류로 올라가 금야 오십기를 거느리고 구천을 건널 것이요. 적의 장수를 단숨에 꺾어서 적을 혼란에 빠뜨릴 계획이오. 만약, 여의치 않으면 측면으로 적을 위협하여 적이 그쪽으로 주력을 모으면, 이때 장군이 아군을 거느리고 강을 건너 일시에 적을 친다면 승리를 거둘 수 있을 것이오."

백제의 진중은 갑자스런 전투 준비에 소란해졌고 성왕 스스로 일일이 군졸들의 무장과 말을 검사하였다.

"금야, 적장의 머리를 베는 자에게는 후한 상이 있을 것이니 그리 알라."

성왕은 기병 오십 명을 거느리고 구천을 거슬러 올라가 상류에 이르렀다. 좌우는 적막하고 간간히 짐승의 울음소리가 들릴 뿐이었으나, 병사들의 신변에는 싸늘한 살기가 감돌았다.

구천을 거의 다 건너서였다.

"칵!"

어디에선가 날아온 화살에 앞의 군졸이 말에서 굴러 떨어졌다.

"어이쿠!"

"악!"

빗발같이 쏟아지는 화살에 열 명이 넘는 군졸들이 쓰러졌고, 놀란 말들은 곤두서서 요란한 소리를 질렀다.

"이놈들아, 정정당당하게 나와서 싸워라!"

그러자 날아들던 화살이 멎었다.

"쥐새끼 같은 놈들아, 이리 나와서 이 칼을 받아라!"

"와!"

마주 고함을 치는 소리가 들리더니 신라 군졸들이 우루루 몰려 나왔다. 어느 사이 좌우 양쪽에 신라군이 보였다.

"그 수가 얼마건 겁을 낼 우리가 아니다!"

"오직 죽음이 너희들을 기다리고 있을 뿐이다."

함성과 함께 칼과 창을 휘두르는 싸움이 벌어졌다. 성왕은 앞뒤로 말을 달리며 닥치는 대로 신라군을 쓰러뜨렸다.

"하나도 남김없이 죽여라!"

신라 군졸을 재촉하는 적장의 소함소리가 들리자, 성왕은 더욱 화가 났다.

"이놈들!"

격렬한 싸움 끝에 백제군이 밀리기 시작하였다. 싸움을 오래 끌수록 신라군에 비해 백제군의 수가 점점 줄어들었다.

성왕은 얼마를 싸우다가 주위를 살펴보니 신라군에 포위되어 있는 것을 깨달았다. 이대로라면 머지않아 패배할 것이 분명했다.

"쥐새끼 같은 놈들······"

성왕은 있는 힘을 다해 싸웠지만, 점차 온몸의 힘이 빠져갔다.

"쥐새끼 같은 놈들 말고, 장수가 나오너라."

"자, 여기에 나왔다. 나는 김무력 장군의 비장 도도이다. 내가 상대를 하마! 너는 누구냐?"

도도라는 말에 성왕은 정신이 번쩍 들었고 몸서리가 쳐졌다. 자신의 신분을 밝힐 수 없는 일이어서 성왕은 말을 달려 도도에게 도전하였다.

'쩡그렁!'

칼과 같이 부딪치는 소리가 계속 되었다. 어느 순간 도도의 칼이 번뜩이며 날아들었다.

"내 칼을 받아라!"

성왕은 도도가 내리치는 칼을 재빨리 칼로 막으며 고개를 움츠렸으나 투구가 벗겨져 나갔다.

"다음은 네 놈의 목이다!"

불을 뿜는 싸움이 계속되자 도도나 성왕이나 온몸의 힘이 빠져갔다. 한참을 싸우는 중에 갑자기 도도가 뒤로 물러서며 말했다.

"백제왕이시군요, 역시 대단하십니다. 하지만 도도의 손에 죽는다면 아무 여한이 없을 것이요."

"시끄럽다!"

다시 칼이 맞부딪쳤고, 서로가 서로를 쫓아 다람쥐 쳇바퀴 돌듯 말이 뛰며 돌았다.

"이제 그만 항복하시오."

"시끄럽다!"

날듯이 내려치는 도도의 칼이 성왕의 가슴을 깊숙이 찔렀다.

성왕이 말에서 떨어지자, 신라군이 함성을 질렀다. 역시 말에서 굴러 떨어진 도도가 단도를 치켜 들고 외쳤다.

"적 왕은 죽었다!"

성왕이 죽자, 백제군은 오합지졸이 되어서 사방으로 흩어졌고, 용맹하게 싸우던 방도 장군도 창에 찔려 죽고 말았다.

견훤과 후백제

청태淸泰 2년935년 을미 3월.

후백제 도성에서 동쪽으로 멀리 떨어진 산기슭에 금산사金山寺라는 낡은 산사가 있었다. 법당 뒷방에는 후백제 왕 견훤이 감금되어 있었고 이를 감시하기 위해 후백제 군졸이 경내에 진을 치고 있었다.

견훤은 머리끝까지 치미는 분노를 참을 길이 없었다. 순찰을 도는 군졸들의 발소리가 가까워질 때면 더욱 분노가 치밀었다.

이미 나이가 칠순이어서 머잖아 태자에게 양위를 생각하고 있었는데, 멀쩡한 아비를 앞에 놓고 왕자들간에 권력쟁투 와중에 이런 산속 사찰에 감금되어 있는 자신의 처지가 더욱 기막혀서였다.

'오호라! 후백제의 기운이 정녕 다했단 말인가……'

이런 상황에 왕위 다툼하는 것을 신라나 고려가 안다면 당장 군사를 몰아 쳐들어올 것이 분명했다.

견훤은 상주 가은현에서 농사로 생업을 하는 아자개의 아들로 태어났다. 어려서부터 기질이 걸출하고 지략과 용맹이 뛰어났다.

견훤이 신라의 비장으로 있을 당시 신라는 진성여왕의 총애를 받는 간신배들의 농락으로 나라 꼴이 말이 아니었다. 거기에 기근까지 들어 유리걸식하는 백성들이 헤아릴 수없이 많았다.

견훤은 이 기회를 타고 군사를 일으켜 서남주현을 치고 무진주를 쳤는데, 그 수하에 모여든 군사가 5천이었다. 한편 도탄에 빠진 백성들은 견훤이 이르는 곳마다 환호성을 질렀다.

견훤은 백성들이 무엇을 원하는지를 잘 알고 있었다. 천운이 자신에 미쳤다고 생각한 견훤은 완산주에 자리를 잡았다.

"백제 개국 6백년에 김유신이 당나라와 연합하여 백제를 멸망케 하였으나, 내가 다시 새 도읍을 세우고 그 원수를 갚으리라."

견훤은 이렇게 후백제를 창업하고 스스로 왕의 자리에 올랐다. 이 위세를 몰아 견훤은 정명貞明 4년918년 12월에 신라의 이십여 성을 빼앗고 9월에는 근품성을 쳐서 불사른 다음 고울부를 지나 신라 도성으로 들이닥쳤다.

마침 포석정에서 주연을 즐기던 신라왕을 한 칼에 베고 그 왕비를 스스로 범하였다.

"허어, 통쾌하도다. 이제 백제의 원수를 갚았노라. 신라왕의 청을 받은 고려 태조도 우리 군사를 당하지 못할 것이로다. 이제 후백제의 사직은 두 번 다시 무너지지 않을 것이다."

후백제 도성으로 회군한 견훤은 신라와 더불어 고려 태조와 화친을 맺는 척하면서 은밀히 힘을 길렀다. 어차피 후백제에 대한 두 나라의 원한은 풀리지 않을 것인즉, 그 화를 면하는 길은 오로지 힘에 있을 뿐이라 믿었다.

왕은 아홉 왕자와 왕녀 중에서도 몸이 장대하고 지략이 뛰어난 넷째

왕자 금강金剛을 세자로 봉하고 오로지 국력을 기르는 데만 온갖 정력을 쏟았다.

하지만 부왕 견훤의 뜻을 헤아리지 못한 맏아들 신검은 둘째 용검 셋째 양검과 다음 왕위를 차지하기 위해 암투를 벌인 끝에 부왕 견훤을 금산사에 감금하고 자신이 왕의 자리에 올랐다.

'숱한 군사와 충직한 신하들을 잃어가면서 천신만고 끝에 이룩한 나라이거늘…'

견훤이 이렇게 깊은 시름에 젖어 있을 때 군병들의 말발굽 소리가 들렸다. 견훤은 귀를 기울인 채 칼을 당겨 쥐었다.

그런데 돌연 군병들의 발자국 소리가 멈춰진 곳은 법당 앞 승방 근처였다. 그 승방에는 두 후궁과 시비 고비녀와 나인 능우남, 그리고 세자로 봉한 넷째 아들 금강이 감금되어 있었다.

'후궁을 범하려는 것이 아니면 금강을 해치려는 것인가?'

견훤은 환도를 꽉 움켜쥐고 벌떡 일어섰다. 그러나 문밖을 철통같이 에워싼 군병들 때문에 한 걸음도 밖으로 나설 수가 없었다.

바로 이때였다.

"으악!"

처절한 비명이 들렸다. 누구인지 분간하기 힘들었지만, 불의의 습격을 받은 비명 소리임에는 틀림없었다.

"하늘이 무섭지 않으냐, 이놈들아."

울부짖는 여인은 시비 고비녀임이 분명했다.

견훤은 더 이상 참을 수가 없어 얼른 영창으로 한 발을 내딛었다. 하지만 이내 군병들의 창검이 앞을 막았다.

"아니 되옵니다. 한 발작도 밖에 나갈 수 없습니다."

"어느 놈의 영이드냐?"

"대왕마마의 영이옵니다."

"뭣이? 짐이 왕이거늘 어느 왕이 또 있다고 하느냐?"

"신검태자께서 등극하시와 영을 내리셨나이다."

"신검에게 양위한 일이 없다. 어서 비켜라."

"아니되옵니다. 어명이옵니다."

"시끄럽다 이놈들아!"

견훤은 어떡하든 나가려 했지만, 두 겹 세 겹으로 둘러싼 군병들은 한사코 왕이 문밖으로 나오지 못하게 막았다.

"이놈들이!"

견훤은 환도를 뽑아 다가드는 군병들을 치려했다. 하지만 달려든 군병들에 의해 환도마저 빼앗기고 말았다.

왕의 분노는 극에 이르렀다. 부라린 눈에서는 피를 뿜을 듯했다.

그때 시비가 병사들 사이를 뚫고 들어와 왕의 발밑에 엎드리었다.

"오, 고비녀야."

"대왕마마, 원통하옵나이다."

"무슨 일이냐?"

"금강 세자께서 자객의 칼에 맞아 그만 운명하셨나이다."

"뭣이 금강이? 어느 놈이 시킨 일이냐?"

"신검왕자께서 보낸 자객인가 하옵니다."

"신검이?"

시비 고비녀는 엎드려 흐느끼더니 왕 앞에 바싹 다가앉아 음성을 낮추고 말했다.

"대왕마마. 이 몸이 절 밖으로 나갈 길이 있사옵니다. 분부 계시오면 받들어 어김없이 행하겠나이다. 절을 지키는 군졸 중에 사촌 오라비가 있아온데 대왕마마를 위하 는 일이라면 어떤 것이라도 하겠다 하옵니다.

"음…… 기특한 일이로다."

"이리 가까이 오너라."

왕은 고비녀의 귀에 대고 무엇인가를 이르고, 고비녀는 이에 알아들었다는 듯이 여러 번 고개를 끄덕였다.

다만 고비녀의 얼굴에도 애통한 빛이 옮겨가고 있는 것 만은 숨길 수 없었다.

"분부대로 하오리다. 대왕마마."

고비녀는 조심히 몸을 일으켜 문밖으로 사라졌다. 그 뒷모습을 바라보던 왕은 깊은 숨을 몰아쉬었다.

다음날 밤 자정이 훨씬 넘었을 때. 아래위 검은 옷으로 가볍게 차린 그림자는 한 군졸의 부축을 받고 산사의 높은 담을 넘었다. 시비 고비녀였다.

동녘 하늘이 훤히 밝아올 무렵 도성 밖 어구에 다다른 고비녀는 평복으로 바꿔 입었다. 그리고 도성 안으로 들어가자, 재빨리 몇몇 장수의 집 대문을 두드렸다.

해가 기울고 사방이 어두워지자, 도성을 빠져나온 고비녀는 다시 검은 옷으로 바꿔 입고 견훤이 감금된 산사에 이르렀다.

"대왕마마 분부대로 시행하였나이다."

"오냐. 수고가 컸노라."

다음날 밤도 또 그 다음날 밤도 시비 고비녀는 먼 도성을 은밀히 왕래하며 견훤의 밀명을 수행했다.

4월. 휘영청 밝은 달이 온 천지를 밝게 비치는 밤, 왕은 은자 수십 냥으로 술과 안주를 마련하여 산사를 지키는 군졸들을 불렀다.

"그동안 수고가 극심하였으니 마음껏 먹어라."

군졸들은 느닷없는 술과 고기에 입이 헤벌어졌고, 자정이 넘어 축시가 가깝도록 질탕하게 마시고는 곤죽이 되어 모두가 깊이 잠들어 버렸다.

시비 고비녀가 눈짓을 후궁에게 보내자, 후궁은 황급히 왕이 거처하는 방으로 달려가 이를 견훤에게 알렸다.

견훤은 환도를 들고 방문을 나섰다.

"대왕마마 절통하여이다."

왕의 모습이 보이자 시비 고비녀를 통해 밀명을 받고 은밀히 달려온 일단의 무리들이 그 앞에 엎드렸다. 그들은 소원, 보향우, 오염, 충질, 그리고 시비 고비녀, 나인, 능우남 등이었다.

"자, 어서 가자."

이렇게 견훤은 자신을 따르는 일단의 신하들과 함께 백제를 떠나 고려로 망명을 했다.

고려 태조는 망명해 온 견훤이 자신보다 십년 연장이기에 상부尙父라 불렀다. 그리고는 남궁에 기거하게 한 후 양주 식읍 전장과 종 열 명, 말 아홉 필을 주고, 후백제 신강信康을 삼게 하였다.

"폐하의 후덕, 신 견훤 결코 잊지 않겠나이다."

견훤은 남궁에 머무르는 동안 늘 침울하여 침식을 잃고 때로는 분을 참지 못해 헛소리까지 했다.

수개월 극심한 마음 고생을 한 견훤은 더는 참을 수가 없었다. 고려 왕의 도움이라도 받아 왕위를 찬탈한 신검을 응징하겠다고 결심했다.

6월 어느 날, 견훤은 태조 앞에 나아가 머리를 조아렸다.

"신 견훤, 폐하께 청이 있나이다."

"무슨 청이시오?"

"신이 폐하께 몸을 의탁한 것은 대왕마마의 힘으로 역자를 벌하고자함이옵니다. 복망하옵건대, 폐하의 신병神兵으로 난적을 잔멸시켜 주시면소신 백 번 죽어도 여한이 없겠나이다. 통촉하옵소서."

"짐도 그 같은 생각이 없는 바 아니오만, 아직 때가 아닌 줄 아오."

"폐하, 지금 벌하지 아니 하면 오래지 않아 신의 나라가 신라의 말발굽에 짓밟힐 것입니다. 부디 통촉하여 주옵소서."

"알겠소이다."

고려 태조는 속으로 쾌재를 불렀다.

"황공하옵나이다."

7월에 고려 태조는 태자와 장군 술희述希에게 군사 십만을 주어 미리천안부에 이르러 기다리게 하였다. 그리고 자신은 친히 3군을 거느리고천안에 이르러 태자와 술희의 군사 십만과 합세하여 남으로 진군하였다.

이런 상황에 견훤의 마음이 편할 리가 없었다.

"역자들이 망하는 꼴을 똑똑히 봐야겠다."

애써 만류하는 후궁과 시비 고비녀의 만류를 무릅쓰고 견훤은 남궁을나섰다.

견훤이 고려 진중에 이르렀을 때 태조는 장막 밖에까지 나와 반겨맞아주었다.

"굳이 이렇게 나서시지 않아도 될 터인데……."

"도저히 참고 기다릴 도리가 없었나이다. 신이 이룩한 사직이오니신의 눈으로 망하는 꼴을 보겠나이다."

고려 태조가 거느린 3군에 대항하여 후백제 신검의 군대는 나름 대로 열심히 싸웠으나, 막강한 고려군을 막을 수 없었다. 결국 연전연패한 끝에 후퇴하기 바빴다. 후백제군의 효봉, 덕술, 애술, 명길 등의 장수들은 갑옷을 버리고 태조 앞에 나아가 무릎을 꿇었다.

　"패륜의 역자 신검을 사로잡아라."

　황산 탄현에 이르러 고려군의 맹렬한 협공에 퇴로를 잃어버린 후백제군은 더는 버틸 수가 없었다.

　끝까지 독전하던 신검과 그의 두 아우 그리고 장군 부달, 능환 등 사십여 장수들은 일제히 태조 앞에 무릎을 꿇고 항복을 했다. 뒤이어 수만을 헤아리는 후백제 군사들이 창검을 버렸다.

　후백제 사직의 최후의 모습은 참으로 참담했다. 후백제왕 견훤의 눈에 어느덧 눈물이 고였다.

　고려 태조가 호통을 쳤다.

　"역자 신검은 들으라. 어버이가 있어 그 아들이 있거늘 천륜과 도리를 거역하고 부왕을 유폐까지 하여 나라를 이 꼴로 만들었으니 백 번을 죽임 당해도 오히려 그 죄는 남음이 있으리라. 지금 짐에게 굴복하였으니 심회가 어떤고?"

　"백번 죽어 마땅하옵니다마는 모두 간신들의 꾀임에 넘어가 저지른 것이오니 폐하께서 굽어 살피시어 목숨을 보존케하여 주옵소서."

　신검은 태조 앞에 머리를 조아리며 비굴하게 목숨을 구걸했다.

　이런 꼴을 본 견원은,

　"이놈아. 이제는 속이 시원하더냐? 금강은 무슨 연고로 죽었느냐? 이제 천년 사직을 이 꼴로 만들고도 아직 살기를 바라더란 말이냐?"

　절통함과 분노에 미쳐 버린 견훤은 몸을 일으켜 발을 굴렀다. 얼굴에는 온통 사나운 경련이 일었고 부라린 큰 눈에는 피눈물이 고였다.

"오! 이렇게 후백제가 망했도다."

견훤은 소리쳐 통곡했다. 이를 본 후백제 군사들도 땅을 치며 흐느꼈다.

고려 태조는 울부짖는 견훤을 위로하면서 말했다.

"모두 들으라. 능환은 대역을 꾸민 나라의 원흉으로서 그 죄는 하늘에 미칠 것이므로 이에 효수하고, 신검은 부왕의 정상을 가긍히 여겨 목숨을 살려주겠노라. 또한 나머지 왕자들과 장수들과 군졸들도 모두 그 죄를 사하노니, 각기 창검을 버리고 집으로 돌아가 생업에 힘쓸지어다."

결국 후백제는 부자지간의 권력다툼으로 인하여 망해 버리고 말았다. 후백제가 망한 후 얼마 후 견훤도 끝내 병을 얻어 시름시름 앓다가 죽고 말았다. 9월 8일, 그의 나이 칠십이었다.

삼국시대 정사·야사

초판 인쇄 2018년 10월 20일
초판 발행 2018년 10월 25일

이강래 편저

펴낸곳 문지사
등록 제25100-2002-000038호
주소 서울특별시 은평구 갈현로 312
전화 02)386-8451/2
팩스 02)386-8453

ISBN 978-89-8308-534-4 03910

값 16,000원